광고로 배우는

미국영어 미국문화

© Copyright Notice

The author wishes to sincerely thank those copyright holders who kindly granted the use of their copyrighted materials. Despite efforts the author was unable to reach some of the copyright holders of the advertisements for clearance. Considering that the content of this book contains no criticism of the advertisements in any manner, but on the contrary, contains only positive appraisal of same; and furthermore, that their appearance in this volume should be beneficial to the copyright holders by promoting their cause or products; the author in good faith took the liberty of using the materials without prior consent. If there should be any copyright holders who wish to have their material removed from this volume, it is requested that the holder contact the publisher. Likewise, if any copyright holders wish to have their material be considered for inclusion in a subsequent volume, please contact the publisher.

책을 내면서

광고문은 가히 모든 문장의 꽃이라고 해도 과언이 아니다. 카피라이터들이
단어 하나하나를 며칠씩 몇 달씩 고심하며 문구 하나를 만들어내고 수백 수천 번씩 다
듬어낸 생각의 정수를 글에 담은 결정체가 바로 광고문안이기 때문이다. 짧은 광고 하
나에도 수억 원씩의 카피라이팅 수수료를 내고 있는 것을 생각하면 광고문에 나오는
단어들은 그 한 단어가 수백만 원짜리 단어라고 할 수 있다. 광고문은 사람들의 시선을
사로잡지 못하면 실패하는 것이기 때문에 사람들이 가장 쉽게 마음이 흔들리는 바로
그 부분을 건드려야 한다.

이러한 기술은 대개 이미지와 글의 정교한 합동작전으로 이루어진다. 이러한 작전
은 주로 광고문을 보는 사람들의 문화적인 패턴상 가장 취약한 부분, 한 마디에도 쉽게
동요할 수 있는 그런 부분을 타깃으로 한다. 따라서 광고문은 본질적으로 문화에 의존
하게 되어 있다.

이처럼 정교하게 다듬어진 광고문을 잘 살펴보면 여러 가지 측면에서 유익하다. 특히 영어 광고문을 통해서 우리는 여러 가지 영어학습의 효과를 얻을 수 있다. 무엇보다도 다듬어진 언어표현을 통해 일반 상황에서는 접하기 어려운 세련된 표현들을 배울 수 있다. 이런 표현들을 통해 고급스러운 영어 구사력을 갖출 수 있다. 또한 영어 문화권을 잘 이해하게 되는 장점이 있다. 언어와 문화가 불가분의 관계에 있다는 것은 모든 인류학자나 언어학자들이 공감하고 있는 사항이다. 따라서 문법적인 지식만으로는 그 언어를 안다고 할 수 없는 것이다. 특히 미국인들이 늘 대화에 유머를 사용하고 이들 유머는 거의 전적으로 문화의존적이기 때문에 문화를 알지 못하고는 언어를 제대로 할 수 없는 것이 불변의 진리이다. 뿐만 아니라 우리는 광고문을 통해서, 생각을 언어로 포장하는 데 있어서 함축적이고도 강력한 방법으로 표현을 만들어내는 이른바 수사적 기술을 익히게 된다. 아울러 이처럼 높은 수준의 영어 능력 교육이 따분하고 힘든 과정을 통해 이루어지는 것이 아니라 광고물 자체가 주는 흥미 때문에 즐겁게 거의 의식적인 노력을 들이지 않고 학습이 이루어지게 해준다는 장점이 있다.

모든 언어학습이나 교육에 있어서 처음에는 그야말로 급한 불부터 끄는 방식에 초점을 두지만 이런 방식에 끝까지 매여 있을 수는 없는 일이다. 그래서 언어교육에서는 그 최고봉의 단계에 언어의 스타일과 장르 문제를 놓게 된다. 간단하게는 문체라고 부를 수 있는 이 스타일과 장르의 문제는 너무나도 중요한 것임에도 불구하고 부지런히 문장의 뜻을 해독하고 거칠더라도 자기의 뜻을 전달하고 보아야 하는 방식의 저급하고 국부적인 교육이나 학습에서는 등한시할 수밖에 없는 것이 현재 영어교육의 한계라 할 수 있다. 그러나 만일 어린아이가 학교에서 집에 돌아와 엄마에게 "엄마, 나 고픈데 섭취할 음식물을 제공해줘"라고 말한다거나, 대통령이 대국민담화에서 "친애하는 국민 여러분, 지난 한 해 동안 경제침체로 된통 고생을 했지만 전 국민이 똘똘 뭉쳐 죽어라고 일해 나라 경제가 기가 막히게 잘 풀리게 되어 심심한 사의를 표하는 바입니다"
라고 한다면 얼마나 우스운 일인가. 이런 현상은 영어에도 마찬가지여서 "Ladies and
gentlemen, you know, we're gonna convene our meeting now. Guess what, we will
first address our membership issue…" 이라고 한다면 대단한 코미디가 된다.

이러한 스타일과 장르의 문제에 대한 식견을 높이는 데에도 광고문은 탁월한 효과가
있다. 따라서 수준 높은, 다듬어진 영어교육 영어학습을 위해서는 우리가 광고문을 주
목해볼 필요가 있다.

이 책은 부족하나마 저자가 오래 전부터 대학 학부와 대학원에서 「언어와 문화」, 「문
화인류언어학」, 「영어교육론」, 「영어교재연구」 등 여러 강좌를 진행하면서 구상하게
된 책이다. 문화라고 하는 것이 인간 생활 전체를 포괄하고 있기 때문에 비록 미국 문
화 전체를 다루는 것은 불가능하지만, 그래도 문화를 교육하는 데 있어서 손쉽게 구할
수 있고 그 간결하면서도 강력한 임팩트를 지속적으로 유지시켜 주는 광고문에 대해
해설을 하기 시작하면서 만들어진 책이다. 이 책을 읽는 분들이 이 책을 통해 미국 문
화를 좀 더 잘 이해하고 세련된 영어를 구사하는 능력이 향상될 것으로 기대한다.

끝으로 이 책이 나오기까지 거친 초벌 원고들을 읽어주시고 여러 모로 도와
주신 구현정 교수님과 한국외국어대학교 영어대학 교수님들, 그리고 박소영 양과 엄
수진 선생을 비롯한 학부 및 대학원생 여러분께 감사드린다. 또한 이 부족한 책의 출
판을 도와주신 글로벌콘텐츠 홍정표 사장님께 감사의 말씀을 드린다.

2009년 2월
저 자

차례

Food, Clothing & Shelter

Social and Humanitarian Services

Technology

Miscellaneous

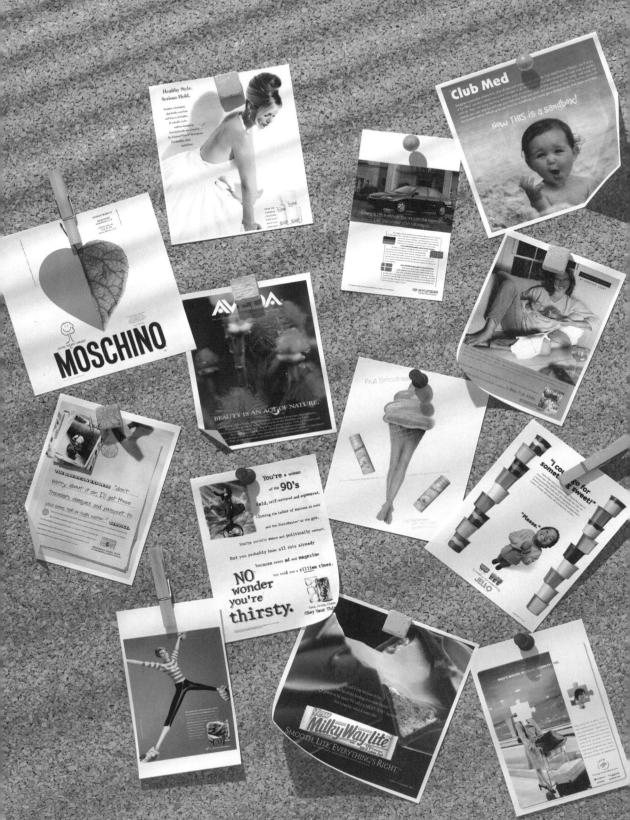

세계화 속의 광고 수난

    인류의 역사에서 기록에 남아 있는 최초의 광고는 2000여 년 전의 것으로 달아난 노예를 찾아주면 사례를 하겠다는 한 노예주인의 광고였다고 한다. 그러나 현대적 개념의 광고는 15세기에 출판 기술이 생겨나면서 가능해졌는데 17세기에 와서 영국의 주간지들이 광고를 싣기 시작하고 18세기부터는 광고가 매우 활발하게 되었다고 한다. 오늘날에 와서는 위성과 인터넷 통신망의 발달로 지구 어느 한 구석의 광고도 순식간에 전 세계에서 접할 수 있도록 변하였다. 한국도 광고업계의 매출이 10조원을 넘어가는 방대한 시장이 되었고 전 세계 시장의 규모는 가히 상상을 할 수 없을 정도이다.

    그런데 이처럼 놀라운 광고산업의 발달 속에서 피할 수 없이 벌어지는 일은, 광고야말로 가장 문화적인 특성이 잘 드러나는 것이기 때문에 다른 언어, 다른 문화권에서 수난을 당하기 쉽다는 것이다. 예를 들어 코카콜라가 우리나라에 처음 들어오던 시절, 코카콜라의 캐치프레이즈였던 Enjoy Coca-Cola!(즐겨요, 코카콜라)는 우리나라 사람들에게는 매우 거부감을 주었다. 그 이유는 한국의 문화에서는 '즐겁다' '즐거운' 등과 같이 사람이 피동적인 의미를 갖는 어휘들은 괜찮았지만 '즐기다' 란 능동적 어휘는 매우 부정적으로 인식되었기 때문이다. 그 시절엔 '그 사람은 인생을 즐긴다' 라는 표현은 그가 뭔가 진지하지 않고 피상적이고 그야말로 '날라리' 같은 라이프스타일을 가진 사람으로 생각되던 시절이었기 때문이다. 이 광고문구는 지금도 사용되고 있는데 한국의 문화가 바뀌면서 그 표현에 대한 수용성도 많이 달라졌기 때문에 한국에서도 사용이 가능하게 되었다. 다국적 기업으로 성공한 대표적인 사례였던 코카콜라는 사실 국제광고에서 많은 후문을 남기고 있다. 예를 들어 중국에서는 처음에 Coca-Cola를 Ke-kou-ke-la라는 발음으로 한자표기를 했는데 이것이 방언에 따라서 "왁스로 만든 올챙이를 씹으세요" 또는 "왁스로 속을 꽉 채운 암말"이란 해괴한 뜻이 되어서 할 수 없이 모든 광고문들을 회수하고 다시 "입속의 행복"이란 뜻을 가진 Ko-kou-ko-le로 바꾸게 되었다. 콜라 업계에서 코카콜라와 쌍벽을 이루는 펩시의 경우에도 대만에서 비슷한 사고가 있었는데 펩시의 캐치프레이즈인 "Come alive with the Pepsi Generation"(펩시세대와 함께 활기찬 생활을!)이란 표현이 "펩시는 당신의 죽은 조상들을 다시 불러낼 것입니다"란 으스스한 뜻이 된 적도 있다.

이처럼 언어와 문화가 달라지면서 광고문들은 예기치 못한 사고를 겪을 수 있는데 다음은 광고업계에 널리 알려진 그런 몇 가지 광고 수난사의 예들이다.

- 켄터키 프라이드 치킨(KFC)의 슬로건 "Finger-lickin' good"(손가락을 쪽쪽 빨아먹을 정도로 맛있어요)가 중국어에서 "당신 손가락을 깨물어 뜯어 먹으세요"가 되었다.

- 미국의 유명한 담배 Salem의 광고에서는 "Salem — Feeling Free"(살렘 — 자유를 느끼세요)가 일본어 광고에서는 "살렘을 피우면 마음이 텅 비어 바보가 됩니다"가 되었다.

- 미국의 쉐비(쉐브롤레) 자동차회사는 그 모델인 Chevy Nova라는 이름을 남미시장에서 그대로 썼는데 남미 사람들이 쓰는 스페인어에서는 이 뜻이 "쉐비 자동차는 안 간다"란 뜻이 되었다.

- 마찬가지로 미국의 포드 자동차회사는 브라질에 Pinto란 모델을 수출했는데 이 Pinto는 브라질 속어로 "쪼그만 남자 꼬추"란 뜻이 되어서 할 수 없이 Corcel(말)이란 단어로 모델명을 바꾸었다.

- 미국의 콜게이트 치약회사는 Cue란 상표명을 그대로 쓴 제품들을 프랑스 시장에 수출했는데 프랑스에서 Cue는 유명한 포르노 잡지 이름이어서 곤욕을 치른 바 있다.

- 일본 굴지의 여행사인 Kinki Nippon Tourist Company는 국제여행업계에 뛰어들면서 엄청난 고객들이 몰려들었는데 이들 고객은 늘 이상한 섹스여행을 원하는 주문을 많이 했다. 이 회사는 그 후에야 Kinki란 단어가 영어에서 성적으로 변태를 뜻한다는 것을 알게 되었다. 마찬가지 이유로 일본의 오사카 지역의 Kinki란 이름도 1989년부터 Kansai로 바뀌게 되었고 유명한 Kinki 연구소도 Kansai 연구소가 되었다. 우리말에서는 Kinki가 '경기도' 처럼 '경기' 에 해당하는데 '낑끼' 라고 안 읽는 것은 다행스런 일이다.

- 미국에서 엄청난 맥주시장 점유율을 보이고 있는 Coors는 "Turn it loose"(병마개를 돌려 따세요. 긴장을 푸세요.)라는 슬로건을 스페인어로 번역해 광고를 했는데 이것이 스페인어로는 "설사하세요" 란 뜻이 되어 사람들을 놀라게 한 적이 있다.

- 스칸디나비아의 진공청소기 회사인 Electrolux는 미국시장에 제품을 출시하면서 "Nothing sucks like an Electrolux"(Electrolux처럼 잘 빨아들이는 것은 없습니다)라는 그럴 듯한 슬로건을 붙였다. 그런데 이 표현은 "Electrolux처럼 엉망인 것은 없습니다"라는 뜻이 있어 미국시장에서 웃음거리가 되었다.

- 어린이 유아식 메이커로 세계적으로 유명한 Gerber사는 전 세계 공통으로 얼굴이 통통하게 살찐 귀여운 아기의 얼굴 그림이 그려진 조그만 유리병에 이유식을 담아 팔고 있는데 이 이유식이 아프리카에 상륙하면서 큰 소란을 불러 일으켰다. 그 이유는 아프리카에서는 글씨를 못 읽는 문맹률이 높아서 병조림이나 통조림에는 내용물의 원료를 그림으로 표시하기 때문이었던 것이다.

- 미국의 낙농협회가 우유소비촉진을 위해 내세운 슬로건인 "Got milk?"(우유는 샀어요?)라는 슬로건은 스페인어로 문자적으로 번역을 해서 멕시코 시장에 진출하게 되었는데 스페인어로는 이 말이 "지금 젖먹이고 있어요?" 라는 뜻이 되었다.

- 미국의 Braniff 항공사는 비행기 좌석을 고급 가죽 시트로 단장하고 "Fly in leather"(가죽 시트에 앉아 비행하세요)라는 슬로건을 내세웠고 이것을 스페인어로 번역해 널리 광고를 했는데 이 문장이 스페인어로는 "알몸으로 날아가세요" 가 되어 웃음바다를 만들었다.

• 세계적인 닭고기 제조업체인 Frank Perdue사는 그 회사의 유명한 광고문인 "It takes a tough man to make a tender chicken"(닭고기를 연하게 하려면 힘 센 사람이 필요합니다)라는 글귀를 스페인어로 번역하여 닭을 안고 있는 '터프 맨' 사진과 함께 대형광고에 올렸는데 이 스페인어 문구는 "닭을 성적으로 흥분시키려면 단단하게 흥분된 남자가 필요합니다"라는 아연실색할 표현으로 둔갑하였다.

• 머리 염색업계의 대부인 Clairol사는 로맨틱한 분위기를 나타내는 '안개' '이슬비'라는 뜻을 가진 Mist Stick이라는 이름을 가진 머리 고데기 모델을 독일에 시판했는데 독일어에서는 이 뜻이 "쇠똥 스틱"이라는 기상천외한 문구가 되었다.

• 화장용 티슈 메이커로 이름난 Puff사는 티슈를 독일에 수출하게 되었는데 그 상표명을 그대로 쓰게 되었다. 이 단어는 미국에서는 '퍼프'라고 발음하지만 독일어에서는 '푸프'로 발음이 되는데 기가 막히게도 이 단어는 '매춘부 소굴'이란 뜻이 있어 회사나 소비자 모두가 황당하게 되었다.

• 필기구 업계의 대명사인 파커회사도 그 회사의 잉크 브랜드인 Quink야말로 새지 않는 잉크라고 선전하면서 "Avoid Embarrassment — Use Quink"(당혹스러운 일을 당하시지 않으시려면 Quink 잉크를 쓰세요.)라는 슬로건을 스페인어로 번역하여 광고를 했는데 불행히도 스페인어에서는 "임신을 피하시려면 Quink 잉크를 쓰세요"라는 뜻이 되어 잉크가 피임약이 되는 소동이 벌어졌다.

이러한 광고 오역의 대소동은 지금도 지구 곳곳에서 일어나고 있다. 때때로 이런 소동의 파장은 매우 크기도 하지만 대개는 작은 규모로 거의 매일 비슷한 일이 벌어지고 있는 것이다. 얼마 전 외국인들이 많이 다니는 세종로의 한 식당에서 식사를 하게 되었는데 외국인 손님들이 많아서인지 친절하게도 메뉴판에 영어로 이름을 달아 두었다. 그런데 그 중에 '육개장'이 있었는데 이것이 영자로는 "Yuck Gae Jang"으로 표시되어 있었다. 매니저를 좀 보자 해서 외국인들이 이 육개장을 잘 먹느냐 했더니 이상하게 다른 음식은 다 골고루 잘 팔리는데 유독 육개장만은 주문하는 외국인이 없다는 것이었다. Yuck은 영어에서 '토할 것 같은' '비위가 뒤집히는'이란 뜻이 있다고 설명해 주었더니 수년간의 신비가 드디어 풀렸다고 감탄을 했다.

언어가 사고를 결정하고 지배한다는 언어상대성이론을 구태여 끌어들이지 않는다 해도 언어와 사고가 불가분의 관계에 있으며 사고는 문화의 산물이라는 것은 너무나도 확연한 일이다. 또한 광고에서는 그것이 겨냥하는 독자들의 문화에 따라 이미지와 광고문 즉 카피가 임팩트를 갖도록 정밀하게 구성하게 되어 있기 때문에 문화가 가장 선명하게 드러나는 현대사회의 매체 중 하나다. 따라서 광고 카피를 통해 언어와 문화의 인터플레이를 파악해 보는 것은 단순한 언어능력의 향상을 넘어 그 언어와 그 문화 전체에 대해 폭넓은 이해를 가능하게 해줄 것이다. 세계화 속에서 모든 문화의 담장이 넘어져 하나의 동네를 이루고 있는 이 시대는 다른 문화에 대한 폭넓은 이해가 그 어느 때보다 절실한 때라 할 수 있을 것이다.

우수 광고 카피 100선 해설

A day without orange juice is like a day without sunshine. (Florida Citrus Commission)
오렌지 주스 없는 하루는 태양 없는 하루와 같다.

플로리다 주 감귤류 위원회에서 오렌지 주스의 판촉을 위해 만든 슬로건이다. 미국인들이 가장 많이 즐겨 마시는 주스가 오렌지 주스인데, 오렌지 주스는 주로 햇볕이 많은 캘리포니아와 플로리다 지역의 오렌지로 만든 것이 맛있기로 유명하다. 대개의 오렌지 주스는 큼직하고 먹음직스런 오렌지 한 개를 팩 표지 전체에 꽉 차도록 디자인을 한 경우가 많기 때문에 이 오렌지의 모습은 태양을 많이 닮았다. 그런 점에서 오렌지 주스 팩을 볼 때마다 태양을 연상하게 될 것이 분명하고, 또 a day without sunshine이란 말은 단순히 햇볕만 없을 뿐 아니라 아울러 암울하고 언짢은 날이란 걸 뜻하기 때문에 "오렌지 주스를 안 마시면 하루 종일 되는 일이 없다"라는 생각을 불러일으킬 만하다.

> **A mind is a terrible thing to waste. (United Negro College Fund)**
> 사람의 마음이란 그냥 내버려두기엔 정말 아까운 것입니다.

흑인들의 대학교육을 촉진하기 위한 기금 조성을 위해 만든 슬로건이다. 영어의 waste 란 말은 묘미가 있는 단어이다. 여기에 a terrible thing to waste란 표현은 우리 식으로 는 '정말 아깝다'에 해당되는데 원래 한국어의 '아깝다'에 직접대응 관계를 갖는 영어 단어는 없다. '너는 그 직장에서 썩고 있는 거야' '너는 거기서 일하긴 참 아까워'라고 할 때 You are being wasted at the job.이라 하면 된다.

> **A-1 makes hamburgers taste like steakburgers. (A-1 Steak Sauce)**
> A-1 스테이크 소스를 쓰시면 햄버거 맛이 스테이크버거 맛이 됩니다.

미국에서 가장 많이 쓰이는 스테이크 소스가 A-1이다. A-1은 문자적으로 '최상급'이란 뜻인데 따라서 우리나라에서 '제일'이란 이름이 상호나 상표명으로 잘 쓰이듯이 미국 에서 애용되는 이름이다. 대개 한국인들은 버거라고 하면 고기를 갈아서 만든 패디 (ground beef patty)를 넣어 만든 햄버거만 생각하지만 실제로 고급 햄버거는 패디 대 신 스테이크를 넣어서 만든다. 이런 햄버거는 스테이크버거라고 한다.

> **Adam and Eve ate the first vitamins, including the package. (E. R. Squibb)**
> 비타민을 제일 먼저 먹은 것은 아담과 이브지요. 껍질째 말입니다.

이 광고는 E.R. Squibb이라는 제약회사가 1958년에 비타민 알약을 팔기 위해 처음으 로 실은 것이다. 미국인들은 아담과 이브가 성서에서 말하는 선악과를 따먹은 것을 대 개 '사과'를 먹은 것으로 생각을 하고 그래서 남자 목에 있는 성대를 사과가 목에 넘어 가다가 걸린 것이라는 우스운 해설과 함께 Adam's Apple이라고 한다. 통째로 삼킬 수 있는 알약 선전을 위해 껍질째 비타민을 먹었다고 선전하고 있다. 한국인들이 보약을 밝히는 경향이 있듯이 미국인들은 비타민을 과용하는 경향이 있다.

> **All you add is love. (Ralston Purina Pet Food)**
> 당신이 더 첨가할 것은 사랑뿐입니다.

애완동물 사료 선전문구이다. 대개 많은 식품의 선전에서 "물만 부어서 먹을 수 있다"는 의미로 All you add is water의 구문이 잘 쓰이는데 이런 문구를 이용해서 만든 광고문이다. 현실적으로는 '아무 것도 할 필요 없이 그냥 먹이면 됩니다'라는 문구와 같은 것이겠지만 그보다는 훨씬 더 눈을 끌도록 되어 있다.

> **America's most gifted whiskey. (Four Roses Whiskey)**
> 미국에서 선물로 가장 많이 주고받은 위스키 / 미국에서 가장 뛰어난 위스키.

이 선전의 가장 큰 묘미는 바로 gifted란 단어이다. 이 단어는 '신으로부터 선물을 받은', 즉 '재능이 있는' '훌륭한'이란 단어인데, 여기서는 이 의미가 생겨나게 된 원래의 의미인 '선물로 주다'의 의미를 이중적으로 갖게 만든 선전문구이다. 미국에서는 위스키를 국산품인 경우에는 whiskey, 수입품일 때는 whisky라고 구별해 쓰기도 한다.

> **American Home has an edifice complex. (American Home Magazine)**
> American Home은 이디피스 콤플렉스가 있습니다.

이 선전은 미국의 주택관련 잡지인 American Home이란 회사가 만든 것이다. 여기서의 묘미는 edifice란 단어로, 이것은 원래 '웅장한 건물'을 나타내는 것으로 일반적으로 건물을 고상하게 부를 때 'building' 대신 사용되는 단어이다. 이 단어는 고대 그리스 신화에서 스핑크스의 수수께끼를 풀고 자기 아버지를 죽이고 어머니와 결혼했다는 테베의 왕 Oedipus와 그 발음이 거의 같기 때문에 오이디푸스 콤플렉스와 발음이 똑같다. 또한 complex도 심리학에서 말하는 콤플렉스도 있지만 또 거대한 건물들이 모여 있는 것도 complex라고 하기 때문에 매우 흥미로운 중의성을 잘 보여주고 있다. 즉 '미국인의 집에는 오이디푸스 콤플렉스가 있다'에서부터 'American Home 잡지에는 거대하고 웅장한 건물들이 들어서 있습니다'에 이르기까지 다양한 의미들이 가능하다.

> **At sixty miles an hour the loudest noise in the new Rolls-Royce comes from the electric clock. (Rolls-Royce)**
> 시속 60마일로 달리는 Rolls-Royce 새 차 안에서 들리는 가장 큰 소리는 전자시계소리입니다.

세계적으로 가장 좋은 차 중에 속하는 Rolls-Royce 차 선전이다. 시속 60마일이라면 약 110킬로 정도 되는데 일반적으로 고속도로의 제한 속도이다. 차들은 대개 여러 가지 장점에 대해 선전을 하는데 소음이 없는 것도 자주 자랑거리로 등장한다. 이 선전문은 처음에 읽으면서는 at sixty miles an hour 그리고 the loudest noise 등의 문구 때문에 뭔가 큰 굉음을 기대하게 되다가 '전자시계소리'라는 말로 기대가 급작스럽게 위축되는 효과를 가져오게 한다. Rolls-Royce는 부자들이 타는 좋은 차의 대명사처럼 되어 있어서 '너희 나라에서 제일 좋은 차는 뭐냐?'라고 할 때 What's the Rolls-Royce in your country?라고 말하기도 한다.

> **Be a Pepper! (Dr. Pepper)**
> 페퍼가 되세요!

닥터페퍼는 약간 살구씨 맛 같은 독특한 맛이 나는 소프트 드링크다. 텍사스에서 1885년에 처음으로 만들어졌는데 이것을 좋아하는 팬들은 닥터페퍼가 코카콜라보다 1년 앞서 만들어졌다는 걸 특히 자랑스럽게 생각한다. 원래 약국에서 일하던 한 약사가 개발했는데 그 주인과 관련된 인물 중에 Dr. Pepper라는 사람이 있었고 그 사람의 이름에서 본 딴 것이라 한다. 그런데 pepper라는 단어는 그 생김새가 'pep하는 사람'이란 뜻을 갖도록 생겼다. pep은 '원기' '활력' 같은 것을 가리키는 말로, 예를 들어 어른들이 아이들에게, 또는 코치가 선수들에게, 장교가 부하들에게 '힘내라'고 권면하는 말을 pep talk라고 부른다. 따라서 이 광고는 '힘을 북돋우어 주는 사람이 되세요.' '원기가 넘치는 사람이 되세요.'와 같은 뜻을 부가적으로 가지고 이런 효과를 노린 슬로건이다.

> **Be all that you can be. (United States Army)**
> 당신의 모든 잠재력을 발휘하세요.

미 육군성의 군 자원입대를 권유하는 선전문이다. 미국의 군대는 한국처럼 징병제 (conscription system)가 아니라 자원하는 직업군인들로 이루어져 있는 모병제이기 때문에 군대조차 광고를 낸다. 이 선전문은 문자적으로는 "당신이 될 수 있는 모든 것이 되세요"라는 문구인데 미국 내에서 선풍적인 인기를 모은 선전문이다.

> **Betcha can't eat just one. (Lay's Potato Chips)**
> 절대로 한 개만 먹지는 못할 걸!

미국에서 가장 유명한 포테토칩 중의 하나인 Lay's의 선전문구이다. Betcha는 I bet you를 간단하게 한 표현인데 문자적으로는 '…할 거라고 내기할 수 있다'라는 뜻이지만 우리말식으로는 '아마 …할 걸'이라고 하는 것이 원래 뉘앙스에 더 가깝다. 즉 이 광고문은 '아마 한 개만 먹고는 절대로 못 배길걸!' 하는 뜻이 들어 있다.

> **Better gas mileage. A Civic responsibility. (Honda Civic)**
> 연료대 주행거리 향상. 시민으로서의 의무지요. / 연료대 주행거리 향상. Civic의 의무지요.

미국에서는 우리와 달리 갤론과 마일 단위를 쓰기 때문에 연료대 주행거리를 mpg, 즉 mile per gallon으로 쓴다. 미국엔 대형차들이 많아서 가스 마일리지가 7~8마일 즉, 우리 식으로는 리터당 3~4킬로밖에 안 되는 차들도 많기는 한데, 최근 이라크와의 전쟁 때문에 유가가 갤론당 2달러를 훨씬 넘기기도 했지만, 평상시에는 대개 휘발유가 갤론당 1달러 남짓 즉 우리의 4분의 1밖에 안 되는 값이라 그렇게 부담이 되지는 않는다. 그래도 연료위기를 고려하면 연료절감은 시민으로서의 당연한 의무라고 할 수 있다. 여기서 묘미가 있는 것은 '시민의'란 뜻을 가진 Civic이 바로 이 차종 이름이라는 데에 있다. 따라서 '시민으로서의 의무'가 'Civic의 의무'로 해석이 가능하다.

> **Come to the Central Park Zoo Cafeteria. Let the animals watch you eat for a change. (Central Park Zoo)**
> 센트럴파크 동물원 카페테리아로 오십시오. 심심한데 동물들이 당신 식사하는 걸 볼 수 있게 해 주십시오.

동물원에 가면 사람들은 동물들에게 먹이를 주고 그걸 받아먹는 모습을 즐거워한다. 그런 점은 세계 어디서나 마찬가지인데 바로 이 점을 이용해서, 동물들이 먹이를 먹는 모습을 즐겨 보는 대신, 이제는 '심심풀이 삼아, 변화를 주어' 사람이 식사를 하는 모습을 동물들에게 보여 주면 어떻겠냐는 식당 광고 겸 동물원 광고이다. 사람의 눈을 끌기에 충분한 광고문이다.

> **Cooks who know trust Crisco. (Crisco Vegetable Shortening)**
> 뭔가를 아는 주방장은 모두 크리스코를 믿고 씁니다.

Crisco는 미국의 식용유 업계에서 가장 유명한 회사 중의 하나다. 우리도 '알 만한 사람은 다 알지요.' 같은 표현을 쓰는데 영어에서도 이런 식으로 쓴다. 이 표현은 크리스코 회사의 유명한 광고 슬로건이다. 쇼트닝은 튀김용 기름인데 한국에서는 흔히 '쇼팅'이라고 잘못 쓰이는 단어이다.

> **Do you arise irked with life? Are you prone to snap at loved ones? Our strong, hearty breakfast coffee will change all this! Breakfast becomes a spirited, even hilarious affair. (General Foods Company, Gourmet Foods)**
> 당신은 아침에 기분이 찌뿌드드하게 일어납니까? 당신은 사랑하는 사람에게도 곧잘 쏘아 부치곤 합니까? 저희의 강하고 따뜻한 커피가 이 모든 걸 바꿔드리겠습니다. 아침식사가 이젠 기분 좋은 일, 심지어는 떠들썩할 정도로 유쾌한 일이 됩니다.

이 광고는 1958년에 General Foods Company가 커피 광고로 내 놓은 슬로건이다. 대부분의 미국인들은 아침 커피가 거의 필수적으로 되어 있다. 아침 식전에 몇 잔씩 마시는 사람들도 있다. 가정에서는 물론 직장에서도 늘 한 구석에는 원두커피[drip coffee]

가 따뜻한 향기를 내고 있게 마련이다. 어떤 사람은 커피를 Dark as Hell, Strong as Death, Sweet as Love라고 표현을 했는데 커피의 특징을 잘 나타내준다고 할 수 있다.

Does it make sense to jump out of a warm bed into a cold cereal? (Quaker Oats)
아니, 따뜻한 침대에서 일어나 차가운 씨리얼을 먹는다는 게 말이 됩니까?

미국인들의 아침 식사 중에 가장 간편한 것이 곡물로 만든 씨리얼에 찬 우유를 부어 먹는 것이다. Quaker Oats는 Quaker사에서 만든 씨리얼인데 이것은 귀리로 된 따뜻한 씨리얼, 즉 죽처럼 끓여서 먹는 씨리얼이다. 이 표현은 미국 속담에 있는 'Jump out of frying pan into the fire'(후라이팬에서 튀어나와 불 속에 떨어지다; 사슴을 피하니 범을 만난다)는 속담을 원용한 것이다. '차가운 씨리얼 속으로 뛰어든다'는 것은 반갑지 않은 일이다. 왜 구태여 일을 나쁘게 할 필요가 있느냐는 것이다. 경쟁 제품인 찬 씨리얼을 겨냥한 광고이다.

Does she ⋯ or doesn't she? (Clairol Hair Color)
글쎄 저 여자가 할까⋯ 안 할까?

문구만 보아서는 매우 궁금하도록 만든 슬로건이다. 이것은 사람들의 마음속에 궁금증을 잔뜩 불어넣는 이른바 티저(teaser)광고인데 사실은 이 광고가 머리 염색약 광고이고 이 문구는 "저 여자가 머리 염색을 하는 걸까⋯ 안 하는 걸까?" 하는 생각이 들 정도로 염색한 머리의 색깔이 자연스럽다는 것이다. 이 문구도 큰 반응을 불러 일으켰고 Clairol사의 등록상표가 되었다.

Doesn't your dog deserve ALPO? (Alpo Dog Food)
당신의 개는 Alpo를 먹을 자격이 있지 않아요?

사람들이 개를 아끼는 마음에서 개들에게 좋은 것을 먹이고 싶어하는 마음을 겨냥한

슬로건이다. 이처럼 Doesn't your dog deserve…? Don't you deserve…? Doesn't she deserve… 같은 표현들이 광고문구로 자주 등장한다. 이것은 우리식으로는 '당신의 개도 …할 자격이 있습니다.' '당신도 …할 자격이 있습니다.' 등등의 뜻을 가지고 있다. 대개 이런 문구에는 Treat yourself to… Treat her to… 등과 같은 표현이 뒤따라온다.

> **Don't leave home without it. (American Express Charge Card)**
> 이것 없이는 집 밖에 나가지 마세요.

이 표현은 간결하면서도 강력한 메시지를 담고 있어서 아메리칸 익스프레스의 전용 슬로건이 되었다. 사람들이 집 밖에 나가서 어떤 일이 생길지에 대해서는 모두 공통적인 불안감이 있게 마련이다. 이런 불안감을 해소시켜 주는 방안을 제시하는 것처럼 만들어진 이 문구는 Don't leave home으로 시작되기 때문에 외출할 때 잘 떠오르도록 되어 있어 강렬한 광고효과를 만들어 내고 있다.

> **Don't spread the cold …. Spread the word. (Coldene Cold Tablets)**
> 감기를 퍼뜨리지 마세요…. 말을 퍼뜨리세요.

즉 감기가 걸리면 그냥 두어서 다른 사람에게 전염시키지 말고 빨리 Coldene 감기약을 먹어 감기가 다 나은 다음 다른 사람에게 Coldene 좋은 소문을 퍼뜨리라는 광고이다. 여기서는 Don't spread A… Spread B와 같은 대칭구문을 써서 그 운율을 맞추었다. 물론 뜻은 달라서 하나는 전염시키는 것이고 하나는 말을 퍼뜨리는 것이다. 우리말에서도 둘 다 '퍼뜨리다'라고 쓸 수 있다는 점에서 영어와 닮았다.

> **Don't treat your puppy like a dog. (Ralston Purina)**
> 당신의 강아지를 개 취급하지 마세요.

개를 사랑하는 미국에서도 보편적으로 사용되는 dog이란 단어는 그리 좋지 않은 뜻을 가진 때가 많다. 특히 like a dog이라 할 때에는 마치 우리말의 '개같다'처럼 그 뉘앙스가 별로 좋지 않다. 강아지에게 좋은 것을 잘 골라 먹여야지 개처럼 아무거나 갖다 먹이면 안 된다는 메시지이다. 이 puppy란 단어에는 애정이 담겨 있어서 미국인들은 자기 개는 황소만한 개라도 My cute puppy라고 부른다.

Even a Policeman can get Stuck in Traffic. (Talon Zipper)
경찰이라고 교통체증에 걸릴 때가 없나요?

우리가 간혹 '자크'라고 부르는 지퍼는 시카고의 윗컴   슨이라는 엔지니어가 1893년에 개발한 것인데 처음에는 자꾸 벌어져서 잘 쓰이지 못했다고 한다. 지퍼는 그 fastner가 지나가면서 열고 닫고를 잘 해 주는 것이 생명인데 중간에 걸려서(get stuck) 잠기거나 열리는 게 안 된다면 난처한 일이다. 이 광고는 교통경찰도 혼잡한 교통에 걸려서(get stuck) 꼼짝달싹 못하는 때가 있지만 Talon 지퍼는 그렇지 않고 잘 소통된다는 광고이다. 이 표현의 기본이 되는 생각에는 '원숭이조차 나무에서 떨어질 때 있다'는 것인데 영어에서는 이것을 'Even Homer nods'라고 한다.
특히 상표명 talon은 독수리와 같은 맹조류의 발톱을 가리키는 단어이어서 일단 발톱으로 잡으면 빠져 나가지 않는 강력한 힘을 표현해주는 좋은 상표명이기도 하다.

Even your best friends won't tell you. (Listerine Mouthwash)
아무리 친한 친구도 그건 말해 주지 않습니다.

이것은 Listerine이란 회사에서 1920년대에 mouthwash, 즉 입가심 용액을 선전하기 위해 만든 문구이다. 사람의 입냄새(mouth odor)는 불쾌하기 이를 데 없는 것이긴 하지만 그렇게 불쾌한 것인 만큼 남에게 입냄새 난다고 말을 하는 것은 모욕적인 일이 된다. 사람들은 가장 친한 친구란 아무 것도 숨기지 않는 사람이라는 생각을 가지고 있는데 이 광고문에서는 그럼에도 불구하고 내가 입냄새가 나더라도 말을 안 해줄 것이라는 것이다. 물론 자신이 입냄새가 나는지는 알 수 없는 일이니 결국은 이 세상 아무도 자기가 입냄새 나는지는 알 수 없다는 불안감을 모든 사람이 갖게 되고 그 결과 모든 사람이 mouthwash를 쓰도록 하는 효과를 겨냥하고 있는 것이다.

> **Finger-lickin' good. (Kentucky Fried Chicken)**
> 손가락을 쪽쪽 빨아먹을 만큼 맛있어요.

음식을 먹을 때 손가락을 사용하는 것이 금기시되어 온 한국의 문화에서 보면 미국인들이 음식을 먹으면서 손가락을 빨아먹는 것은 참 역겹기 그지없는 일이다. 더욱이 손가락에 양념 같은 것이 많이 묻어 있을 때에는 손가락을 요리조리 돌려가며 빨아먹는데 이런 것에는 오랜 세월이 걸려도 익숙해지기 어렵다. 여기 광고에서는 너무나 맛이 있어서 손가락을 쪽쪽 빨아먹지 않고는 배길 수 없을 것이라고 하여 켄터키 후라이드 치킨이 맛있다는 것을 선전하고 있다. 켄터키 후라이드 치킨은 그 이름에 '후라이드'란 말이 기름과 고칼로리를 연상시키기 때문에 최근 KFC라는 약어로 이름을 바꾸었다.

> **Give your baby something you never had as a baby. A drier bottom. (Pampers Diapers)**
> 당신의 아기에게 당신이 어렸을 때 가져보지 못한 것을 주세요. 뽀송뽀송한 궁둥이 말입니다.

팸퍼스 기저귀회사의 광고이다. 사람들은 모두가 자기가 가져보지 못한 것을 자녀에게만은 주고싶어 한다. 바로 이 점을 노린 광고문이다. 그런데 이 선전문은 영어식이어서 우리말로는 대응관계가 성립되지 않는다. 즉 아기의 궁둥이가 뽀송뽀송한 것을 영어에서는 have를 써서 소유의 개념으로 표시가 가능한데 우리말에서는 '뽀송뽀송한 궁둥이를 갖고 있다'는 표현은 조금 어색하기 때문이다. 기저귀를 찬 아기들은 사타구니가 습해서 자주 발진이 생기고 이것이 엄마의 가장 큰 고민거리이다. 이와 같은 엄마의 마음을 정통으로 겨냥한 선전문구이다.

> **Good coffee is like friendship: rich and warm and strong. (Pan-American Coffee Bureau)**
> 좋은 커피는 우정과 같습니다. 진하고 따뜻하고 강하지요.

이 광고문은 1961년에 커피 판촉을 위해 내놓은 광고인데, 단어의 인지적인 유사성을 잘 이용한 슬로건이다. rich란 단어는 우정과 관련해서는 풍부함을 커피와 관련해서는 깊은 맛을 나타내고, warm이란 단어는 우정과 관련해서는 진심을 커피와 관련해서는 따끈함을 나타낸다. 또한 strong이란 단어는 우정과 관련해서는 두터움을 커피와 관련해서는 마신 효과가 큼을 나타낸다. 이 문구에서 계속 and를 반복해 쓴 것은 그 뒤에도 더 있음을 나타내는 수사법이다.

> **Hair color so natural only her hairdresser knows for sure. (Clairol Hair Color)**
> 너무나 머리색이 자연스러워서 확실히 알 수 있는 사람은 단골 미용사밖에 없습니다.

머리 염색을 했을 때 색깔이 자연스럽지 못하면 표가 날 수밖에 없다. 그런데 이 선전에서는 자기가 늘 단골로 다니는 미용실의 미용사 밖에는 아무도 확실히 알 수 없을 정도로 염색이 자연스럽다는 것을 선전하고 있다. Clairol회사에서 자연스러운 염색을 선전의 초점으로 하고 있는 또 다른 광고문인 Does she… or doesn't she?도 같은 메시지를 담고 있다. 이 광고문구들은 둘 다 Clairol사의 등록상표이다.

> **Have it your way. (Burger King)**
> 당신 맘대로 해요.

미국의 유명한 샌드위치 비즈니스인 버거킹의 광고문이다. 원래 Have it your way는 '너 원하는 대로 할 테면 해봐' '너 하고 싶은 대로 해'라는 좀 거친 표현이다. 대개 싸울 때 한 쪽이 포기하면서 상대방에게 내뱉는 말이다. 그런 말이 광고문에 나옴으로써 독자들에게 충격을 주는데, 이 문구를 이 선전에서는 다른 뜻으로 사용하고 있다. 즉 당신이 원하는 대로, 예를 들어 양념을 더 넣어 달라는 것은 더 넣어주고 빼달라는 것은 빼주고, 스테이크패디도 많이 익혀달라면 많이 익혀주고 덜 익혀달라면 덜 익혀주는 식으로 고객이 원하는 대로 요리를 해 주겠다는 것이다. 원래 햄버거샌드위치는 획일적으로 만들어지기 때문에 먹는 사람의 개성이 많이 고려되지 못하고 그것이 햄버거를 별로 고급스럽지 않게 생각하도록 하는 원인이 되는데 버거킹에서는 그렇지 않다는 것을 부각시키는 광고이다.

> **Have you ever had a bad time in Levi's? (Levi's Jeans)**
> 리바이스 입고 재미없는 때가 있던가요?

리바이스 청바지 선전이다. 청바지를 입으면 활동이 편해지기 때문에 미국에서는 어른들 심지어는 할아버지들도 청바지를 입는 경우가 많은데 이처럼 활발하게 즐기는 생활을 리바이스가 가능하게 해준다는 뉘앙스를 주고 있다. 이런 슬로건이 뇌리에 박히고 나면 '리바이스를 입으면 좋은 일이 생긴다'는 생각이 만들어지게 되어 있다. 시간을 잘 보내거나 잘못 보내는 것을 영어에서는 have a good time, have a bad time이라고 한다.

> **How do you spell relief? R-O-L-A-I-D-S. (Rolaids Antacid Tablets)**
> relief란 단어 철자가 어떻게 되지? R-O-L-A-I-D-S야. / 어떻게 하면 아픈 게 가라앉지? 바로 R-O-L-A-I-D-S야.

영어 단어의 철자가 고약한 것은 미국인들에게도 마찬가지이다.

특히 receive, perceive, deceit, relief, grief, believe 등과 같이 -ei-, -ie-가 나오는 단어의 경우에 철자의 혼동이 많이 있어서 글을 쓰는 도중에 'relief'란 단어의 철자가 어떻게 되는지 묻는 것은 참 흔한 일이다. 그런데 답은 전연 다른 R-O-L-A-I-D-S라고 하는데 이 광고의 묘미가 있다. 여기서는 spell이란 단어가 '철자'를 가리키기도 하지만 '마술처럼 불러오다'라는 뜻으로도 쓸 수 있기 때문에 그것을 노린 것이다. 즉 '어떻게 하면 아픈 걸 싹 가라앉게 할 수가 있지?'라는 이중적인 뜻을 노린 것이다. 이 광고는 Rolaids의 제산제 약 선전이다.

> **I can't believe I ate the whole thing! (Alka-Seltzer)**
> 아니 내가 이걸 다 먹었다니 믿어지지 않네요!

소화촉진제인 알카셀처 선전이다. 알약으로 되어 있는데 물에 넣으면 거품이 일어나면서 녹게 되는데 이것을 마시면 더부룩한 배가 편해지게 되어 있다. 우리나라의 소화제 선전에서도 이와 매우 유사한 광고가 있었다. 영어 광고에서는 여기서처럼 I can't believe…가 자주 사용된다. 심지어는 요거트 중에 I can't believe it's yogurt라는 상호명이 있을 정도이며, 이와 유사하게 세계적인 체인을 가지고 있는 TCBY(This Can't Be Yogurt) 상호명도 있다.

> **I dreamed I stopped traffic in my Maidenform bra. (Maidenform Bra)**
> 나는 Maidenform 브래지어 바람으로 온 교통을 막는 꿈을 꾸었네.

Maidenform이라는 속옷제조업체는 1920년대에 설립되어 1949년부터 늘 "I dreamed … in my Maidenform bra"라는 문구로 선전을 해오면서 급성장한 기업인데 이것이 너무 유명해서 미국의 숙녀들의 일반상식(trivia)에 이 선전이 몇 년부터 시작되었는지를 묻는 질문이 등장할 정도이다. 선전의 문구가 주는 이미지가 너무 기발해서 사람들의 시선을 사로잡기에 충분하다. 여성들이 가지고 있는 노출에 대한 은밀한 fantasy와 노출된 여성에 대한 호기심을 이용한 광고문이다.

> **I dreamed I went shopping in my Maidenform bra. (Maidenform Bra)**
> 나는 Maidenform 브래지어 바람에 쇼핑을 가는 꿈을 꾸었네.

위의 선전과 마찬가지로 Maidenform 브래지어 선전문구이다. 브래지어만 입고서 쇼핑을 가는 장면을 연상시킨다. 최근에는 간혹 브래지어 바람에 골프를 치러 다니는 사람도 있지만 이런 유의 상상은 아직은 사람들의 생각을 사로잡을 만하다. 이러한 유의 선전문구들 또는 이런 선전문구로부터 만들어진 패러디들이 많이 등장했는데 예를 들면, I dreamed I was a sharpshooter in my Maidenform bra. I dreamed I was in a bra ad in my Maidenform bra. I dreamed I could breathe in my Maidenform bra 등과 같은 문구들이 있고 심지어는 이런 문구를 흉내낸 시까지 있다.

> **I seem to be Achilles … but, my dear, it happens to be your heel that is my vulnerable spot. (Peacock Shoes)**
> 나는 아킬레스처럼 강한 사람인데… 하지만 내 사랑이여, 나의 약점은 바로 당신의 발뒤꿈치라오.

이 광고문은 우리가 잘 아는 아킬레스 이야기를 이용해 만든 것이다. 즉 그리스 신화에 나오는 무적의 장수 아킬레스가 유일하게 뒤꿈치가 약점이었다는 이른바 Achilles heel에 대한 이야기이다. 그런데 이 광고는, 아킬레스처럼 강한 사람이 가장 자기 마음을 약해지게 하는 약점이 바로 발뒤꿈치인데 그 발뒤꿈치는 자신의 발뒤꿈치가 아니라 자신이 사랑하는 사람의 발뒤꿈치라는 데에 묘미가 있는 것이다. 즉 Peacock Shoes를 신은 사람의 발뒤꿈치만 보면 너무 매력적이어서 천하장사라도 맥을 못 쓴다는 메시지를 담고 있는 광고문이다.

> **I'd rather fight than switch. (Tareyton Cigarettes)**
> 바꾸느니 싸우겠어요.

원래 버스나 비행기 좌석에 앉았을 때 옆 사람이 뭔가 거슬리는 일을 하면 그걸 시정해 달라고 싸울 것인지 아니면 자리를 옮기고 말 것인지에 대해 이야기하면서 대개 '싸우느니 자리를 바꾸고 말라'는 충고를 한다. 여기서부터 I'd rather switch than fight라고 하면 어떤 문제가 있을 때에 적극적으로 개입하기보다는 피하고 말겠다는 말이 되었다. 이런 문구를 뒤집어서 표현했으니 이 문구를 보는 사람들에게 호기심을 불러일으키게 된다. 바로 이 점을 이용한 것이다. Tareyton 담배 대신 다른 걸 피우라고 하면 맞서 싸우겠다는 뜻이다.

> **I'd walk a mile for a Camel. (Camel Cigarettes)**
> Camel 담배를 위해서라면 1마일을 걸어도 좋아요.

'walk a mile'이란 표현은 '5리를 가자하면 10리를 가라'는 성서의 문구에서부터 주는 '기꺼이 하겠다'는 느낌이 들어 있다. 여기에서는 Camel 담배를 구하기 위해서라면 1

마일이라도 기꺼이 걸어가서 사오겠다는 뜻이다. 특히 낙타가 주는 사막 풍경 이미지가 있어서 사막의 1마일을 연상하게 되고 따라서 매우 힘들고 어렵더라도 Camel 담배를 위해서라면 기꺼이 하겠다는 의지를 담은 광고문구이다.

If gas pains persist, try Volkswagen. (Volkswagen)
가스 때문에 계속 고통스러우면 Volkswagen을 써 보십시오.

세계적인 소형차 메이커인 독일의 폴크스바겐 자동차 선전이다. 이 선전의 전반부 'If gas pains persist'는 전형적인 약품 선전문구이다. 즉 '계속해서 뱃속에 가스가 차고 속이 더부룩한 통증이 계속되면…'이란 뜻으로 풀이된다. 그러나 이 선전의 묘미는 바로 이 '가스'가 '휘발유'로 해석이 가능하다는 점이다. 즉 '휘발유 값 때문에 계속 고통스러우시거든 저희 경차를 이용해 보십시오'라는 것이다. 폴크스바겐 자동차는 늘 '작고 못생겼지만, 단단하고 기름이 덜 들어가는 경제적인 승용차'란 이미지를 늘 부각해서 광고하고 있다.

If I've only one life, let me live it as a blonde! (Clairol Hair Coloring)
내가 살 수 있는 인생이 오직 한 번뿐이라면 금발로 살고 싶어라!

이 선전문구는 Clairol에서 개발하여 세계적으로 금발 염색약의 붐을 일으킨 문구이다. 금발들은 약간 머리가 나쁘다는 식으로 금발을 폄하하는 분위기도 없지 않지만 많은 남성들이 금발여성을 원하고 여성들조차도 금발을 부러워한다고 한다. 따라서 이 선전문구는 많은 사람들에게 금발 염색을 하고 싶은 용기를 불어 넣었음직하다.

If it wasn't in VOGUE It wasn't in vogue. (Vogue Magazine)
Vogue에 안 나왔으면 유행이 아니지요.

이 표현은 우리말로 번역을 해서는 그 맛이 다 없어진다. 그 이유는 이 광고문이 원래 영어에서 tautology라고 부르는 이른바 항진명제(항상 맞는 말)을 이용한 말장난

(pun)에 기초해 있기 때문이다. 항진명제란 'Business is business' 'A war is a war'나 '그 분은 오시면 오시고 못 오시면 못 오신대요.' 같은 것들을 가리키는 말이다. 여기에서는 잡지 이름인 Vogue와 '유행'이란 뜻을 가진 일반 단어인 vogue를 이용한 광고 즉 'Vogue에 없으면 vogue에 없는 것이다'라는 항진명제를 선전으로 이용한 것이다.

> **If it's Borden's, it's got to be good. (Borden Inc.)**
> Borden 제품이라면 당연히 좋아야 하고 말고요.

Borden은 미국에서 아이스크림을 비롯한 최대의 유제품 생산업체 중 하나이다. 여기서처럼 '…이면 당연히 …이다'라는 구문은 Borden사의 광고에서 시작되었는데 다른 광고에서도 자주 사용된다. 즉 명성이 있으니까 그 회사제품이라면 말하나 마나라는 뜻을 함축하고 있다. 예를 들면 식품점에서 어떤 사람이 물건을 고르고서는 '이거 괜찮을까?' 하는 의구심을 갖다가 '아, Borden거라면 말하나마나지 뭐.' 하면서 확신을 갖게 되는 상황이 이미지로 떠오른다.

> **If it's got to be clean, it's got to be Tide. (Tide Laundry Detergent)**
> 꼭 깨끗하게 빨아야 한다면 반드시 Tide를 쓰셔야죠.

위의 Borden 광고와 구문상 매우 유사하다. 여기에 있는 'clean이려면 Tide다'와 같은 평행구문은 그 운율적 구문적 특징상 'clean'은 곧 'Tide'라는 동일시가 일어나게 되는데 바로 이런 효과를 얻으려는 목적으로 만든 광고문이다.

> **If you want to impress someone, put him on your Black list. (Johnny Walker Black Whiskey)**
> 누군가에게 깊은 인상을 심어주시려면 그 사람을 블랙 리스트에 올리십시오.

이 광고문은 한 번 보아서는 매우 놀라운 글이다. 대개 블랙 리스트란 나쁜 일을 한 사람들의 명단을 가리키기 때문이다. 바로 이 놀라움을 노린 광고문이다. 여기에서는 블랙 리스트의 블랙을 대문자로 썼는데 그것이 특별한 뜻이다. 여기서는 당신이 'Black'을 선물해야겠다고 생각하는 사람들의 명단을 가리키는 것이다. Johnny Walker 위스키에는 가장 흔하고 값이 싼 red가 있고 다음이 black이다. 이보다 더 나은 것으로 blue도 있다.

In 1962, the starving residents of an isolated Indian village received 1 plow and 1,700 pounds of seeds. They ate the seeds. (Peace Corps)
1962년 기아상태에 있는 인도의 한 외진 동네는 쟁기 하나와 1700 파운드의 씨앗을 지원받았습니다. 주민들은 그 씨앗을 먹어 버렸습니다.

개발도상국에서 계몽활동을 벌이는 평화봉사단의 광고문이다. 사태의 어처구니없음을 통해 자원봉사에 나서고 싶은 마음을 불러일으키는 문구이다. 끝의 They ate the seeds란 문장은 앞 문장에 비해 파격적으로 간결한데 그러기 때문에 더 긴 여운을 남긴다. 이런 수사적 기교도 광고에서 자주 이용된다.

It looks good, it tastes good, and by golly it does you good. (Mackeson Beer)
보기 좋아요, 맛도 좋아요. 게다가 와 정말 몸에도 좋아요.

이 광고는 평행구문을 이어가는 기법을 사용한 것이다. 즉 look good, taste good, do good 이 세 가지를 나란히 나열한 것이다. by golly는 원래 by God이었는데 'God'이란 단어가 경건한 사람들에게 거부감을 주기 때문에 바꾼 단어이다. 원래의 뜻은 '신을 두고 서약하건대'의 뜻이었다가 이제 와서는 '정말로'란 뜻으로 약화되었다.

> **It sits as lightly on a heavy meal as it does on your conscience. (Jell-O Gelatin Dessert)**
> 많이 드신 음식 위에 사뿐히 내려앉습니다. 당신의 마음에도 전혀 부담을 주지 않을 정도로 가볍게 내려앉듯이.

사람들이 후식으로 즐겨 먹는 Jell-O의 1963년 선전문구이다. 여기에서 주요한 focus로 등장하는 것은 든든하게 잘 먹은 맛있는 식사, 그 후에 배에 부담을 주지 않는 가벼운 후식, 칼로리 때문에 걱정을 안 해도 되는 맘 편한 후식, 이 세 가지이다. 영어에서는 음식이 뱃속에 앉는다는가 눕는다든가 하는 표현을 잘 써서 It lies heavy on my stomach라고 하면 밥 먹은 것이 얹혀 부담을 주는 것을 말한다. 젤로는 거의 투명하고 부드럽고 가벼워서 위 선전문을 읽으면 잘 먹은 식사 위에 찰랑거리면서 내려앉는 모습이 저절로 연상된다. 젤로가 달콤하기 때문에 칼로리 걱정을 하는 사람에게 걱정을 안 해도 된다고 안심시키고 있다.

> **It takes a tough man to make a tender chicken. (Frank Perdue Poultry)**
> 치킨을 부드럽게 하려면 힘센 사람이 필요하지요.

이것은 닭고기 전문업체인 Frank Perdue사의 광고문이다. 원래 선전문의 그림에는 힘센 사람이 닭고기를 다루는 모습의 사진이 함께 나온다. 이런 광고문과 광고이미지를 통해서 Perdue만이 닭고기를 연하게 만들 수 있다는 연상을 불러일으키는데 따라서 Perdue의 치킨 제품들도 표지에 이 tough man의 사진이 함께 등록상표처럼 붙어 있다. tough와 tender가 반의어 관계에 있다는 걸 잘 이용한 문구이다.

> **It's the cheesiest. (Kraft Macaroni & Cheese)**
> 가장 고소한 맛입니다.

세상 사람들의 입맛은 공통점이 있기도 하고 문화에 따라 차이점도 있는데 한국인들의 '고소하다'에 해당하는 표현은 영어에서 찾기 어렵다. 기껏해야 'oily' 같은 표현이 어울리지만 미국인들은 oily가 '기름' '싸구려' '고칼로리' 등을 연상시켜서 매우 부정적으로 받아들이기 때문에 한국어와는 정반대의 뜻이 있다. 반대로, 한국에서는 치즈맛이 난다고 하면 뭔가 노릿하고 고리타분한 냄새가 연상되어 부정적인 생각을 갖고 있는 데에 비해 미국인들은 이것을 고소하다고 생각한다. 그래서 우리나라의 식품선전에 '정말 고소하고 맛있어요'가 자주 사용된다면 영어의 식품선전에는 'cheesy'란 말이 자주 등장한다. 여기 선전에서도 그 맛을 자랑하고 있는 것이다.

Let your fingers do the walking. (Yellow Pages)
걸어가는 일은 손가락에게 시키십시오.

미국 전화번호부의 옐로우 페이지, 즉 상업적 디렉토리의 선전문구이다. 발로 여기 저기 걸어다니면서 힘들게 일을 하지 말고 간단하게 손가락으로 전화번호부를 뒤져서 일을 해결하라는 문구이다. 손가락으로 걸어가게 하라는 문구가 사람들의 시선을 사로잡는다. 동서를 막론하고 발로 뛰어다니는 일은 일의 등급상 하급한 일이고 힘든 일이라고 생각된다. 그래서 영어에는 leg job이란 말이 있는데 이것은 마구잡이로 이리 저리 뛰어 다니면서 허드렛일을 하는 것을 가리켰는데 지금에는 머리는 별로 쓸 필요 없이 힘으로 하는 일들을 모두 leg job이라 한다. 따라서 위의 선전문구에서 'walking'이란 단어는 힘든 일을 가리킨다.

Lipton's gets into more hot water than anything. (Lipton Tea)
이 세상 모든 것 중에서 뜨거운 물에 가장 많이 들어가는 것은 Lipton 차입니다.

원래 get into hot water란 표현은 곤경에 빠지는 것을 뜻한다. 따라서 Lipton이 가장 자주 곤경에 처한다는 일차적인 의미를 가진 이 표현이 Lipton의 선전으로 사용되는 것은 의아스러운 표현이다. 그런데 여기에서 겨냥하고 있는 초점은 Lipton이 차라는 것이고 뜨거운 물에 넣어야 하는 것이라는 점이다. 즉 Lipton차야말로 이 세상의 모든 차들보다 더 애용된다는 의미이다. 일차적인 부정적 의미를 이차적인 긍정적 의미로 뒤집어 놓은 묘미가 있다.

> **Look, Ma, no cavities! (Crest Toothpaste)**
> 엄마, 이것 좀 봐. 충치가 없네!

이 선전문은 우리말 표현으로 봐서는 별 신기한 점이 없어 보인다. 그런데 잘 생각해 보면 이 선전에도 묘미가 숨어 있다. 아이들이 별안간 입을 벌리고서는 '엄마 이것 좀 봐' 할 때에는 반드시 충치가 있을 때의 일이다. 구멍이 뻥 뚫린 이를 엄마에게 보여 주면서 함 직한 표현이기 때문이다. 따라서 아이들이 '엄마 이것 좀 봐. 충치가 없네'란 표현은 실생활에서는 생소하기 그지없는 표현이다. 바로 이 점을 노린 것이다. 이처럼 생소하고 예측을 벗어나도록 신기한 일, 즉 아이들이 이상하게도 충치에 걸리지 않는 일이 바로 Crest 치약을 쓰면 생긴다는 것이다.

> **M'm M'm Good. (Campbell's Condensed Soups)**
> 음 음 맛있다.

스프 전문제조업체인 Campbell사의 스프 선전문구이다. 미국인들은 음식을 먹을 때 소리를 내서는 안 된다는 게 식탁 매너의 중요사항 중의 하나다. 또 음식이 입에 있을 때에는 다른 음식을 입에 더 넣거나 음료수를 마셔선 안 되고 말을 해서도 안 된다. 그저 한 가지 예외가 있다면 음식을 먹으면서 '음, 음'하는 소리를 낼 수 있는데 이것은 음식물을 입에 넣으면서 나는 소리도 아니고 말을 하는 것도 아니기 때문인 듯 하다. 이 '음, 음' 소리는 곧 맛있다는 메시지를 전하는 방법이다. 캠벨의 스프는 저절로 '음, 음' 소리가 나도록 너무 맛있는 음식이란 메시지를 전하는, 아주 간단하면서도 인상적인 선전문구이다.

> **Many Happy Returns. (IBM Electric Typewriters)**
> 복 많이 받으세요.

이 선전은 얼핏 보아서는 전혀 신기한 점이 없다. 그러나 여기에서도 묘미가 있는데 그것은 return이란 단어의 이중적인 뜻에 있다. 원래 Many happy returns란 당신이 지금까지 쌓은 선행이 좋은 결과로 당신께 돌아오라는 것, 즉 복을 많이 받으라는 뜻을 가진 굳어진 인사말이다. 그런데 타자기에는 줄을 바꾸는 장치가 바로 return 키이다. 종이에 타자를 하게 되면 줄 수만큼 return 키를 누르게 되는데 따라서 Many happy returns란 줄마다 기분 좋게 잘 쳐진 글씨를 암시하고 있는 것이다. 즉 타자 친 상태가 아주 만족할 만한, 그래서 일하는 것이 기분 좋은 상황임을 암시함으로써 광고의 효과를 노리는 매우 기발한 문구이다.

> **Next to myself, I like BVD best. (BVD Underwear)**
> 내 자신 바로 다음으로 내가 좋아하는 것은 BVD 속옷이지요.

BVD는 유명한 속옷 메이커인데, 이 선전에서는 next to myself란 표현의 중의성을 이용하고 있다. 한 가지는 전형적인 뜻으로 '나 자신 다음으로는'이란 뜻이고 또 한 가지는 '내 바로 옆에'라는 뜻이다. 앞의 뜻은 나 자신 다음으로 좋아하는 것은 BVD 속옷이라는 뜻이므로 조금 과장된 느낌을 주어 별로 탐탁지 않은 뜻이 된다. 그런데 뒤의 뜻은 '내 바로 옆에는 BVD가 있는 게 가장 좋다' 즉 '내 살 바로 다음에 닿는 것은 BVD 속옷이 최고다'란 뜻이 되므로 매우 재치 있는 표현이 된다. 이 표현의 이러한 의미적 중의성을 염두에 두고 만든 슬로건이다.

> **No bottles to break - just hearts. (Arpege Perfume)**
> 병을 깨뜨릴 필요 없습니다. 상대방의 마음을 깨뜨리기만 하면 됩니다.

매우 매력적인 향수 선전이다. 옛날에는 향수를 옥합에 담아 두었다가 병을 깨뜨려 향수가 퍼지게 하였다. 이것을 가장 잘 이해할 수 있게 해 주는 것이 신약성서에 나오는 마리아가 옥합을 깨고 향유를 예수의 머리에 부은 일이다. 이런 배경을 통해서 '이제는 병을 깰 필요가 없이 상대방의 마음을 깨뜨리면 된다'는 문구를 만들어낸 것이다. 대개 break heart란 마음을 아프게 하는 것을 가리키지만 정상적인, 단단한 상태의 마음을 약하고 부드럽게 녹이거나 깨뜨리는 것을 가리킨다는 점에서는 '마음을 아프게 하는 것'이나 '마음을 녹이는 것'이나 공통점이 있다. 학자들에 의하면 사람의 마음을 가장 빨리 강하게 사로잡는 것이 바로 향수라고 하는데 이것은 후각적 자극에 대한 반응이 인간의 동물적인 본능에 깊이 뿌리박혀 있는 것이기 때문이라고 한다.

> **No More Tears. (Johnson's Baby Shampoo)**
> 더 이상 눈물은 없습니다.

No more tears란 표현은 '더 이상 눈물은 없다, 더 이상 울지 않겠다, 더 이상 울지 마라, 더 이상 나쁜 일은 오지 않는다, 이제는 좋은 일만 있다' 등 여러 가지의 관련된 뜻을 지니고 있는 표현이다. 이 선전문구는 Johnson사의 베이비 샴푸 선전이다. 아이들은 늘 땀을 많이 흘리기 때문에 매일 샴푸를 시켜야 하는데 샴푸를 시킬 때마다 샴푸액이 눈에 들어가 애들이 울게 마련이다. 따라서 아기를 샴푸시킬 때마다 씨름을 하게 되는데 이제는 아이의 눈에 들어가도 맵지 않은 샴푸가 개발되었다는 선전이다. 사람들이 흔히 쓰는 진지하고도 엄숙한 표현을 실제로 아주 구체적인 상황인 아이의 눈물에 대해 쓴 점에서 묘미가 있는 문구이다.

> **Nothin' says lovin' like somethin' from the oven. (Pillsbury Foods)**
> 오븐에서 나온 음식처럼 사랑을 잘 표현해 주는 것은 없지요.

이 광고는 밀가루 제품의 세계적인 메이커인 필즈베리사의 광고이다. 이 표현은 사람들이 흔히 말하는 '사람한테 잘 보이려면 뭐니뭐니 해도 먹을 것 갖다 주는 게 최고다'라는 표현을 멋있게 다듬은 것이다. 실제로 사람들이 음식을 먹을 때에는 기분을 좋게 하는 물질이 뇌에서 분비되어 같이 식사를 하는 사람과 각별한 감정을 느끼도록 만든다고 하며 그래서 데이트나 축제, 손님 접대 등에 늘 식사가 끼어 있는 것이라고 한다. 이 광고문 표현은 Nothin', lovin', somethin', oven 단어들이 모두 운을 갖추고 있고 전체적인 구조도 매우 선율적이다.

> **Nothing comes between me and my Calvins. (Calvin Klein Jeans)**
> 나와 나의 캘빈 사이에 끼어드는 건 아무 것도 없다.

이것은 연애하는 사람이 나와 내 애인 사이에는 아무 것도 끼어드는 걸 용납할 수 없다고 선언하는 표현을 닮았다. 즉 나와 캘빈과는 뗄레야 뗄 수 없는 사이라는 말이다. 여기서는 캘빈이 사람이름이 아니라 진바지 상표이름이기 때문에 '나는 알몸에 캘빈을 걸칠 뿐이다'와 같은 뉘앙스를 준다. 즉 '나는 캘빈 없이는 못 살아요'라는 뜻을 가진 광고문이 된 것이다.

> **Now they whisper to her … not about her. (Cashmere Bouquet Soap)**
> 이제는 사람들이 그녀에게 속삭입니다. 그녀에 대해서가 아니라.

이 선전문구는 whisper to와 whisper about의 미묘한 차이를 이용한 문구이다. 즉 그녀에게 속삭인다는 표현은 그녀에게 대해 정감을 갖고 호감을 사기 위해 노력하는 장면이 연상되고, 그녀에 대해서 속삭인다는 것은 그녀에 대해 수군덕거리는 것을 가리키는 것이므로 부정적인 뉘앙스를 갖게 된다. 캐쉬미어 부케 비누를 쓰게 되면 사람이 매력을 느끼고 끌려온다는 메시지를 담고 있다.

> **Often a bridesmaid - but never a bride. For Halitosis, Use Listerine. (Listerine Mouthwash)**
> 신부들러리는 수도 없이 해 봤지요. 하지만 정작 신부노릇은 한 번도 못 해 봤지요. 입냄새 때문이지요. Listerine을 사용하세요.

친구들 모두 시집가는데 옆에서 들러리는 서봤지만 정작 자기는 시집을 못 가는 딱한 처지의 아가씨에 대해서 그처럼 아무도 신랑감이 나서지 않는 것은 입냄새 때문이라는 것이다. 입냄새를 없애주는 mouthwash 선전이다. 입냄새는 여기서처럼 halitosis라고도 쓰고 간단하게 mouth odor, 더 간단하게는 M.O.라고 부른다. 입냄새 제거제는 거의 모두 공통적으로 애인이 떠나거나 사람이 주변에 나타나지 않는 것을 모티브로 해서 광고를 하는 것이 특징이다.

> **One in a billion. (McDonald's)**
> 십억 개 중에 하나 꼴입니다.

이 광고가 계산하고 있는 효과도 아주 특이하다. 영어에는 무언가가 아주 좋으면 It's one of a kind '그 부류 중의 하나 뿐인 사람/물건이다'라고 하고 또 사람이 아주 훌륭하면 She is one of a million '백만 명 중의 한 명인 사람이다'라고 한다. 이런 방식으로는 위의 광고문은 '10억 개 중의 하나 나오는 좋은 햄버거'라는 뜻이 된다. 그런데 문자적으로는 '10억 개 중의 햄버거 한 개' 즉 세상에 10억 개나 되는 햄버거들이 소비되고 있는데 당신이 먹는 햄버거는 그 중 한 개라는 뜻이 된다. 이런 뜻으로는 햄버거는 매우 유행이어서 온 세상에서 너도 나도 다 먹고 있는 것이라는 뜻이 되는 것이다.

> **One of the Soviet Georgia's senior citizens thought Dannon was an excellent yogurt. She ought to know. She's been eating yogurt for 137 years. (Dannon Yogurt)**
> 소련 연방 조지아 나라의 한 할머니는 Dannon 요거트가 매우 좋은 요거트라고 생각했습니다. 그 할머니는 아실만도 하지요. 137년 동안이나 요거트를 드신 분이니까요.

이 선전문구에서 초점으로 삼고 있는 메시지는 요거트가 건강 장수 식품이라는 것이다. 137세의 할머니가 매일 요거트를 드셨으니 요거트 맛에 대해서는 가히 일가견이 있으신 할머니였는데 이 할머니가 Dannon 요거트를 훌륭한 요거트라고 했으니 Dannon 요거트는 과연 요거트 중의 요거트라는 메시지이다.

> **Only the brave deserve the fair and the fair deserve JAEGER. (Jaeger Sportswear)**
> 용감한 사람만이 미인을 차지할 자격이 있고 미인은 Jaeger를 입을 자격이 있습니다.

용감한 사람만이 미인을 차지할 자격이 있다는 말은 예로부터 전해 내려오는 말이다. 아름다운 여인을 사랑하면서 전전긍긍하는 남자에게 대범하게 나아가라는 권고로서 자주 사용되는 말이다. 여기서는 그와 마찬가지로 아름다운 여인들은 Jaeger 스포츠웨어를 입을 자격이 있다고 말하고 있다. 이처럼 사람들이 당연시하는 말에 붙임으로써 광고하려는 말의 당위성의 힘을 빌려 오는 기법을 사용하고 있다.

> **Our repairmen are the loneliest guys in town. (Maytag Appliances)**
> 우리 회사 수리공은 이 도시에서 가장 심심한 사람입니다.

미국의 유명한 가전제품 제조업체인 메이택사의 광고문이다. 얼핏 보아서는 전혀 선전문구로 쓰일 만하지 않은 말이지만 매우 흥미로운 광고이다. 즉 메이택사의 수리공은 메이택 제품이 고장이 안 나기 때문에 고치러 오는 사람이 하나도 없어 심심하기 이를 데 없다는 것이다. 그 발상이 기발하기 이를 데 없다.

> **Promise her anything, but give her Arpege. (Arpege Perfume)**
> 그녀에게 무엇을 사주겠다고 약속해도 좋습니다만 줄 때는 반드시 Arpege 향수를 주십시오.

향수 제조업체인 Arpege가 1945년에 내 건 슬로건이었다. 연인들은 자기가 사랑하는 사람에게 '별을 따다 바치라 해도 따오겠다'는 말이 있을 정도이니, 자기가 사랑하는 사람에게는 무엇이든지 주겠다고 하는 연인들의 심리는 전 세계가 공통이다. 이처럼 사랑하는 사람에게 늘 사주겠다는 약속을 많이 하는 연인들의 특징을 이용해서 '연인에게 무엇을 사주겠다고 약속해도 좋다'는 말을 전제해 두고 나서, 그렇지만 정작 그녀에게 선물을 줄 때에는 반드시 Arpege 향수를 선물하라는 문구이다. 즉 약속이야 아무렇게나 마구 하겠지만 정작 줄 때에는 정말 좋은 것을 선물하라는 메시지이다. 결국 Arpege 야말로 모든 가능한 선물들 중에 가장 좋은 선물이라는 메시지가 함축되어 있다.

> **Put a Tiger in Your Tank. (Esso Gasoline)**
> 당신의 연료통에 호랑이를 넣으십시오.

자동차 연료인 휘발유 선전에서 늘 부각시키려 하는 것은 자동차에 강력한 파워를 제공한다는 것이 특징 중의 하나다. 이것을 단순하게, '자동차에 힘을 주는 휘발유'라고

만 하면 밋밋한 표현이지만 여기서처럼 '자동차 연료탱크에 호랑이를 집어 넣는다'는 것은 매우 생생하다. Esso 정유사가 1964년에 내 건 이 슬로건은 은유를 연구하는 언어학자들도 자주 인용하는 유명한 선전문구이다.

> **Rest, keep warm and drink liquids. (American Airlines Vacations)**
> 쉬면서 몸을 따뜻하게 하고 물을 많이 드세요.

이 표현은 미국 의사들이 감기 몸살 걸린 사람들에게 내리는 가장 전형적인 처방이다. 이런 감기처방이 항공사의 광고물로 등장한 것은 이상해 보이지만 하나씩 따져보면, 편안한 시트에서 푹 쉬면서 좋은 블랭킷으로 몸을 따뜻하게 해 주면서 승무원들이 가져다주는 주스나 음료수를 많이 드시라는 뜻이 되기 때문에 아주 아늑한 비행기 좌석을 선전하는 문구로 사용할 수 있는 것이다. 대개 비행기의 좌석은 장거리 여행에서 매우 불편하기 때문에 이런 광고문구를 보면 이처럼 편안한 비행기를 타고 싶어지는 것은 당연한 일일 것이다. 미국 AA 항공사의 1973년 광고문이다.

> **See America at see level. (Amtrack)**
> 미국을 see level에서 보십시오.

이 선전문은 영어에서만 묘미가 있기 때문에 우리말로는 묘미가 있게 옮겨지지 않는다. Amtrack은 미국의 철도회사이다. 미국은 땅덩어리가 너무나도 크기 때문에 비행기를 이용한 여행이 많이 발달되었고 그에 비해 철도여행은 별로 발달하지 않았다. 그래서 이 광고에서는 미국을 '볼 수 있는 레벨'에서 보라는 것이다. 이 'see level'이란 단어는 흔히 쓰이는 'sea level' 즉 '해발' '바다 해수면 높이'란 단어와 그 음이 같기 때문에 사용된 것이다. 얼핏 보아서는 해수면 높이에서 어떻게 미국을 볼 수 있을까 하는 생각을 하게 되는데 다시 자세히 보면 sea level이 아니라 see level임을 알 수 있게 되는 것이다. 항공기 여행을 하게 되면 바깥 경치를 전혀 볼 수 없는 데 비해 열차여행을 하면 바깥 풍경을 잘 감상할 수 있는 장점이 있다는 것을 부각시키려 한 광고이다.

> **Should a Tough Man Make a Tender Turkey? (Frank Perdue Poultry)**
> 힘 센 사람이 부드러운 칠면조 고기를 만들 수 있을까요?

Poultry, 즉 닭고기나 칠면조 고기처럼 새 종류의 고기 제품을 전문으로 하는 Frank Perdue사의 광고문이다. 이 회사는 늘 체격이 무척 큰 터프맨(tough man)이라는 이미지를 광고에 사용하고 있다. 우리가 마른 명태를 방망이로 두들기듯이 전통적으로 고기는 두들겨서 연하게 만들기 때문이다. 참고로 미국 속어에서는 멍청한 사람을 turkey라고도 부르고 make란 단어는 '만들다' 뿐만 아니라 '…가 되다'도 되기 때문에 또 이상한 의미로도 해석이 가능한 미묘한 표현이다. 여기서는 그 동안 주로 It takes a tough man to make a tender chicken이란 치킨광고를 해오던 이 회사가 터키 즉 칠면조 고기 광고를 시작하기 위해 '그동안 tough man이 부드러운 치킨 광고를 해왔습니다만 이제는 부드러운 터키 광고도 한 번 해볼까요?' 하는 뉘앙스를 주는 광고이다.

> **Skim milk does not come from skinny cows. (Alba Dry Milk)**
> 무지방 우유가 날씬한 젖소에서 나오는 건 아닙니다.

이 광고는 그 발상이 매우 기발하다. 미국인들이 영양조절을 위해 무지방 우유(skim milk)나 저지방 우유(low fat milk)를 많이 먹는데 물론 이것은 정상적인 우유(whole milk)에서 지방을 빼낸 것이다. 무지방 우유가 날씬한 젖소에서 나오는 것이라고 생각하는 사람은 실제로 하나도 없겠지만 그런 기발한 발상을 제시하여 사람들의 흥미를 이끌어내려 한 슬로건이다.

> **Small wonder. (Volkswagen)**
> 작은 경이로움

원래 small wonder는 '뭐 별로 신통하게 놀랄 일도 아닌 일', 즉 대수롭지 않은 일이란 뜻으로 자주 사용되는 표현이다. 그런데 자동차 선전을 하면서 자기네 자동차가 별 대수롭지 않은 물건이라고 광고하는 것은 뜻밖이다. 그러나 이런 광고가 가능한 것은 이

small wonder란 표현이 문자적으로 그대로 풀어보면 '작은 물건이지만 놀라운 것'이란 뜻이 있다. 바로 이와 같은 중의성 효과를 노린 것이다. 주로 소형차를 생산하는 Volkswagen이 비록 Volkswagen 승용차가 작은 차이긴 하지만 정말 놀라운 차라는 것을 내세운 광고이다.

> **So creamy it's almost fattening. (Burma Shave Shaving Cream)**
> 너무나 크림이 많이 들어 있어서 살이 찌려고 해요.

비만 때문에 영양조절을 해야 하는 미국인들에게는 크림이 맛은 있지만 늘 조심할 대상 중의 하나다. 칼로리가 높기 때문이다. 그런데 이런 표현이 면도할 때 바르는 면도용 크림 선전이란 것은 흥미로운 일이다. 여기에서 강조하려고 한 것은 이 버마 쉐이브 면도용 크림은 너무 부드럽다는 것이다. 즉 부드러워서 면도할 때 긁히지 않고 피부를 보호하여 상쾌하게 면도를 할 수 있다는 것이 그 초점이다. 그런데 '얼마나 부드러우냐(creamy) 하면' 하고서는 물리적으로 얼마나 부드러우냐 얘기를 하지 않고 cream이란 단어로 관심을 돌려 크림성분이 많이 들어 살이 찔 정도라고 말하고 있는 것이다. 크림이 많이 든 면도크림으로 면도를 하고 그 때문에 살이 찐다는 것이 해괴하고 우스운 바로 그 효과를 노리고 있는 것이다.

> **Some of our best men are women. (United States Army)**
> 우리의 가장 뛰어난 병사들 중에는 여자도 있습니다.

미 육군의 모병광고문인데 그냥 보아서는 전혀 특별한 점이 없다. 그것은 영어에서는 장교인 officers와 대조하여 사병을 men이라 하는데 바로 이 점이 흥미로운 것이다. 미군에는 여군도 있기 때문에 여군 사병도 men이 되는 것이다. 원문을 그대로 해석하면 '가장 뛰어난 남자들 중의 몇은 여자다'라는 기괴한 뜻으로 사람들의 시선을 사로잡는 슬로건이다.

> **Something special in the air. (American Airlines)**
> 뭔가 특별한 분위기예요. / 공중에 떠있는 특별한 것입니다.

이 표현은 위의 우리말 해석처럼 두 가지 해석이 가능한 표현이다. 원래는 앞의 뜻으로 더 쉽게 받아들여지는데 그것은 이 표현이 그런 뜻으로 아주 광범위하게 쓰이기 때문이다. 예를 들어 크리스마스 같은 때에 아니면 생일파티나 축제 같은 때에 '뭔가 특별한 분위기가 맴돌아요'라고 할 때 자주 쓰이는 표현이기 때문이다. 그런데 이 표현은 다시 문자적으로 해석하면 '공중에 떠 있는 뭔가 특별한 물건'이라는 뜻도 되는데 이것이 American Airline 항공사가 겨냥하고 있는 뜻이다. 중의성을 이용한 광고문이다.

> **St. Augustine founded it. Becket died for it. Chaucer wrote about it. Cromwell shot at it. Hitler bombed it. Time is destroying it. Will you save it? (Canterbury Cathedral)**
> 성 어거스틴이 설립했습니다. 베켓은 이것을 위해 죽었지요. 쵸서는 이것에 대해 글을 썼습니다. 크롬웰은 여기에 발포를 했습니다. 히틀러는 이것을 폭격했습니다. 이제 시간이 이것을 무너뜨리고 있습니다. 당신이 이것을 구해주시겠습니까?

이것은 영국의 캔터베리 성당 보수기금을 마련하기 위한 광고문이었다. 하나 하나가 사람들에게 익숙한 큰 사건이기 때문에 캔터베리 성당의 중요성을 다시 인식시켜 주는 광고문이다. 처음에는 이 성당이 점점 더 중요성을 가지는 위치로 변해온 사건을 나열하고 뒤에서는 이 성당이 차츰 무너져 내리는 사건을 그 심각성에 따라 나열했다. 매우 간결하고 힘 있는 호소문이다. 외국에서는 문화재 복원이나 보수를 위한 기금 조성에 개인들이 많이 참여를 하고 있는데, 러시아 같은 곳에서는 푸쉬킨 기념관 건립을 위해 부녀자들이 신발을 팔아 성금을 내고 맨발로 다닌 적이 있을 정도로 문화재에 대해 깊은 애정을 갖고 있다.

> **Such slenderness! Such grace! One look and I am slain. (Peacock Shoes)**
> 어쩌면 이렇게 날씬할 수가! 어쩌면 이렇게 우아할 수가! 한 번 보고서 저는 그냥 죽어버렸습니다.

우리말에도 속어로 뭔가가 아주 좋을 때에 '죽여준다'는 말이 있는데 이 점은 영어에서도 마찬가지이다. 옷을 잘 입으면 'dressed to kill' (죽여주는 옷)이란 표현도 있고 여기서처럼 I am slain이라고 할 수도 있다. 그렇지만 우리말로는 '죽었습니다' 보다는 오히려 속어스럽긴 하지만 '뿅 가버렸습니다'에 가깝다고 할 것이다. 요즘에는 보통 I am slain 보다는 I am gone을 더 흔히 사용하는 듯 하다.

> **Taste them again, for the first time. (Kellogg's Corn Flakes)**
> 다시 맛 보세요, 처음으로요.

이 광고문은 'again'과 'the first time'이 가져오는 의미상의 불일치를 이용한 것이다. 누구든지 뭔가를 다시 맛보려면 그것을 맛본 적이 있어야 하기 마련이다. 그렇지만 '처음으로'란 말이 들어간 것은 매번 먹어도 처음 먹어보는 것처럼 새로운 맛이란 걸 나타내는 것이다. 이런 표현은 논리적으로는 모순관계 또는 oxymoron이라고 하는데 일부러 그런 모순적 효과를 노린 것이다.

> **Tastes so good cats ask for it by name. (Meow Mix Catfood)**
> 너무 맛이 있어서 고양이가 상표이름을 대면서 달라고 합니다.

이 광고문은 광고문 자체로서는 말도 되지 않는 표현이다. 즉 고양이가 자기가 먹고 싶은 것을 상표이름을 대면서 먹을 것을 달라고 한다니 말도 안 되는 선전이다. 그런데 이처럼 말도 안 되는 표현이 선전으로 성립되는 것은 바로 그 상표이름이 Meow이기 때문인데 한국인들은 고양이가 '야옹'한다고 생각하지만 미국인들은 고양이의 울음소리가 '미야우'라고 생각한다. 따라서 고양이가 '미야우 미야우'하고 울면 그것은 '미야우표 고양이 사료'를 달라는 것으로 볼 수 있기 때문에 이런 선전이 말이 되는 것이다.

흥미로운 이름이고 흥미로운 광고이다.

> **That frosty mug sensation. (A & W Root Beer)**
> 아, 그 서리가 낀 컵이 주는 시원한 느낌.

이것은 root beer라고 하는 음료수의 광고이다. 이름에는 beer가 들어가지만 맥주는 전혀 아닌 보통 탄산수에 속한다. frosty mug란 찬 음료를 담아 놓아 겉에 찬 서리가 낀 컵을 뜻하는 것인데 물론 root beer는 대개 캔 음료로 시판되기 때문에 frosty mug와는 관계가 없는 것이다. 그렇지만 서리가 낀 컵이 주는 등골 속까지 시원하게 해 주는 그런 느낌을 A & W Root Beer가 준다는 것이다. 더울 때 한 잔 마시고 싶은 충동을 불러일으키는 광고문구이다.

> **The best part of waking up is Folger's in your cup. (Folger's Coffee)**
> 아침에 일어나서 가장 기분 좋은 일은 한 잔의 **Folger's** 커피입니다.

아침마다 커피를 마셔야 하는 대부분의 미국인들에게 어필하는 광고문이다. 영어 표현에는 The best part of it is…라는 표현이 아주 유용하게 사용되는데 '…에서 제일 좋은 점은'이란 뜻이다. 예를 들어 The best part of a recess is that you can sleep late. '방학에 대해 제일 좋은 것은 늦잠을 잘 수 있다는 것이다'라고 쓸 수 있다. 여기 광고에서는 아침에 일어나는 일들이 대개는 귀찮은 일일 수 있지만 그래도 아침에 일어나면서 겪는 좋은 일은 바로 Folger's 커피를 즐길 수 있다는 것이라는 메시지이다.

> **The cereal that's shot from guns! (Quaker Puffed Wheat Cereal)**
> 총으로 쏘아 튀어나온 씨리얼입니다.

선전문구만 보아서는 좀 황당한 표현이 아닐 수 없다. 아침 식사로 먹는 씨리얼이 총에서 쏘아낸 것이라면 이상할 수밖에 없기 때문이다. 그런데 이 말은 어떻게 보면 사실인데 그 이유는 Puffed Wheat 씨리얼은 우리나라에서 쌀이나 옥수수를 팝콘 튀기듯이 뻥튀기로 만드는 것처럼 밀알을 기계에 넣고 뻥튀기로 튀겨낸 것이다. 미국인들이 먹는 puffed cereal에는 밀뿐만 아니라 보리, 쌀 등 다양한 곡물이 사용된다. 물론 여기에 우유를 부어 먹고 때로는 과일을 썰어 넣어 먹기도 한다.

The greatest tragedy is indifference. (Red Cross)
가장 큰 비극은 무관심입니다.

이 광고문은 1961년 적십자사가 내놓은 문구이다. 사람들이 '가장 큰 비극'이란 표현을 보면서 순간적으로 떠올릴 수 있는 것은 대개 전쟁이나, 기아, 천재지변 같은 것들인데 '무관심'이란 말로 이런 예측을 벗어나게 한다. 사실 아무리 큰 문제라도 사람들이 관심을 가지고 있다면 해결 가능성이 있지만 아무리 작은 문제라도 사람들이 관심을 갖고 있지 않다면 해결 가능성은 전무한 것이니 이 말은 진리인 듯하다. 사람들의 관심을 촉구하는 광고문이다.

The mainspring in a Bulova is made to last 256 years or 146 leather straps - whichever comes first. (Bulova Watches)
Bulova 시계의 메인 스프링의 수명은 256년 동안 쓰거나 가죽끈을 146번 바꿀 때까지입니다. 두 가지 중 어느 것이 먼저 오든지 간에.

이 광고는 Bulova 시계의 내구성을 강조한 것이다. 즉 256년 동안 쓰든지, 아니면 146번이나 가죽끈을 갈아 끼든지, 그만큼 시계의 메인 스프링이 오래 동안 사용 가능하다는 것이다. 여기에서 흥미로운 것은 뒤에 붙여놓은 whichever comes first란 표현인데, 원래 이런 표현은 품질보증서의 단서조항에 들어가는 전형적인 문구이다. 예를 들어 자동차의 품질보증의 경우에는 "차를 산 지 2년 동안, 또는 주행거리 5만 마일까지 '둘 중에 어느 것이 먼저 오든지 간에'"와 같은 문구가 등장하는데 주행거리가 얼마 안 되더라도 2년이 되면 보증이 만료되고, 차를 산 지 2년이 안 되어도 주행거리가 5만 마일을 넘어가면 보증이 만료된다는 뜻이다. 이처럼 전문적인 표현을 위의 광고문의 비현실적인 상황 (즉 256년 또는 146개의 가죽끈)에 적용한 것은 매우 유머러스한데 이 광

고문은 바로 이런 효과를 노린 것이다.

> **The milk chocolate melts in your mouth — not in your hand. (M & Ms)**
> 밀크 초콜릿이 당신의 입속에서 녹습니다. 손에서 녹는 게 아니고.

이 선전은 세계적인 초콜릿 회사인 M&M이 만든 것인데 선풍적인 인기를 모았던 광고이다. 원래 영상광고에서는 흰 장갑을 낀 손바닥에 초콜릿 알들을 올려놓고 다른 회사 제품은 녹아서 흰 장갑이 엉망이 되는데 M&M의 초콜릿은 전혀 흰 장갑에 아무 것도 묻지 않는 모습을 함께 내보냈다. 이것은 단순히 초콜릿이 손바닥에 녹고 안 녹고의 문제를 떠나 흥미로운 수사적 기교를 나타내고 있는데 그것은 melt in your mouth와 melt in your hand를 대비시키고 있다는 것이다. 뒤의 melt in your hand는 위에서 말한 것처럼 먹기에 불편하고 messy한 상황을 나타내지만, 앞의 melt in your mouth란 표현은 원래 관용어구처럼 '입에서 살살 녹습니다'라는 뜻이다. 무엇이든지 맛있다고 할 때에는 'Oh, it just melted in my mouth!'(정말 입에서 살살 녹더군요)라고 한다.

> **The world's most pleasant alarm clock! (Pillsbury Pancake Flour)**
> 이 세상에서 가장 유쾌한 알람시계!

알람시계 소리라 하면 모든 사람이 별로 유쾌하지 않은 것을 연상하게 된다. 더 자고 싶은 데 시끄럽게 울려서 사람을 깨우기 때문이다. 그렇기 때문에 여기 광고문에서 '유쾌한 알람시계'란 표현은 시선을 끌기에 충분하다. 그러나 이 알람시계는 실제 시계가 아니라 바로 팬케익 냄새인 것이다. 공복감을 느끼는 아침 시간에 향긋한 아침 팬케익 냄새 때문에 잠을 깼다면 정말 유쾌한 일일 것이다. 팬케익은 하나씩 구워야 하기 때문에 좀 덜 그렇다고 하겠지만 소위 bread-maker라 하는 빵 만드는 기계에는 재료만 넣고 시간을 맞추어 놓으면 자동으로 원하는 시간에 빵이 만들어져 나오는데 이 빵의 향기는 미국인들이 흔히 접하는 아침의 '유쾌한 알람시계'라 할 수 있을 것이다. 밀가루 선전문구로서는 매우 독창적이다.

> **There are a million and one excuses for not wearing a safety belt. Some are real killers. (American Safety Council)**
> 안전벨트를 안 매는 이유를 대라면 100만 1가지가 있습니다. 이들 이유 중에는 사람을 정말 죽이는 이유도 있습니다.

미국의 안전협회가 내건 광고문으로 안전벨트 착용을 권장하는 내용이다. 미국인들은 말하고자 하는 숫자를 줄일 때에는 1을 빼고 늘릴 때에는 1을 늘리는 습관이 있다. 그래서 가격표에는 $9.99, $29.99, $15.99 등과 같은 표현들이 자주 눈에 띄고, 디즈니의 만화영화로 널리 알려진 101 Dalmatians이나 책제목으로 자주 등장하는 101 ways to … 같은 것들이 눈에 띈다. 여기서도 '100만1'이란 표현으로 100만 가지도 넘는다는 뜻을 전하고 있다. 또 여기에 나오는 real killers란 표현도 영어에서 자주 사용하는데 '사람을 죽이는 것' 즉 매우 심각한 것이란 뜻이다. 이 광고에서는, 사람들이 안전벨트를 안 매는 이유를 여러 가지 들지만 그런 이유들 중에는 사람을 죽게 하는 이유가 섞여 있다는 것이다. 즉 핑계대다가 죽지 말고 안전벨트를 매라는 뜻이다.

> **Things go better with Coke. (Coca-Cola)**
> 코카콜라와 함께 드시면 맛이 더 좋아집니다.

원래 뭔가를 곁들여 먹어서 맛이 좋아질 때 'go well with'란 표현을 쓴다. 즉 잘 어울린다는 뜻이다. 여기서는 한 걸음 더 나아가 '맛이 더 좋아진다'는 뜻으로 go better with를 썼다. 또 무슨 음식에나 해당된다는 의미로 'Things'라고 포괄적인 단어를 사용했다. 매우 간단하면서도 힘이 있는 선전문구이다.

> **Today the discriminating family finds it absolutely necessary to own two or more motor cars. (Buick)**
> 요즘 꼼꼼히 따지는 사람들은 집에 자동차가 두 대 또는 그 이상의 차가 절대적으로 필요하다는 것을 깨닫고 있습니다.

이것은 미국의 Buick 자동차 광고문이다. 영어에서는 discrimination(차별)이라 하면 인종차별, 성차별 등과 관련된 단어라서 매우 나쁜 뜻을 가지고 있지만 광고문에는 자주 등장하는 단어이다. 광고에는 거의 항상 discriminating이란 형태로 등장하는데 이때는 '차별'이란 뜻에서 발전된 '꼼꼼하게 따지는, 남보다 눈이 높은, 뭔가 볼 줄 아는' 등의 뜻을 갖게 된다. 대부분의 자동차 광고에서는 새로 나온 좋은 차를 사라는 식이어서 차를 바꾸는 것이 전제되어 있는 데 비해 이 차에서는 집에 있는 차는 그대로 두고 한 대를 별도로 또 장만하라는 것이다. 당장 차를 바꿀 생각이 없는 사람들도 target audience에 들어 있다는 점에서 다른 것과는 구별되는 획기적인 발상이다.

> **Twas the night before Christmas - the children were dreaming Of a Ford in their future - smart, swanky and gleaming. (Ford Motor Company)**
> 크리스마스 이브였습니다. 아이들은 꿈을 꾸고 있었지요. 이담에 커서 포드 자동차를 갖는 꿈을요. 산뜻하고 폼나고 번쩍이는 포드 자동차를요.

아이들이 자기가 제일로 갖고 싶은 것을 꿈꾸는 때는 크리스마스나 자기 생일 때일 것이다. 여기서는 아이들이 크리스마스 전날 밤 희망에 들떠 잠든 아이들이 장래에 포드 자동차를 갖는 꿈을 꾼다는 것을 모티브로 해서 포드 자동차는 꿈의 대상이라는 것을 광고의 핵심으로 하고 있다. 원문에서 the children were dreaming과 Of a Ford 사이에 행이 바뀌는데 그렇게 함으로써 시적인 구성을 갖게 되고 앞의 dreaming과 뒤의 gleaming이 운이 맞게 되어 있다. Twas는 시에서 자주 사용되는 It was의 줄인 말이다.

> **Vacation is a world where there are no locks on the doors or the mind or the body. (Club Med Resorts)**
> 휴가란 문에도, 마음에도, 몸에도 자물쇠가 채워지지 않은 세계랍니다.

휴가를 단순히 휴식의 개념으로만 생각하는 기존의 틀을 벗어난 신선한 느낌을 주는 광고문이다. 즉 문에 자물쇠가 채워져 있지 않으니 어디에나 갈 수 있다는 것이고, 마음에 자물쇠가 채워져 있지 않으니 마음에 내키는 무엇이든지 자유롭게 할 수 있다는 것이고, 몸에 자물쇠가 채워져 있지 않으니 물리적인 제약도 전혀 없다는 것이다. 즉 창조적인 휴식활동을 휴가로 정의하고 있다. 실제로 이 광고를 게재한 Club Med 휴양소들에서는 자기가 원하는 활동들을 제약 없이 할 수 있도록 최대한 배려하고 있는 것이 다른 휴양소들과 다른 점이다.

> **Vogue - [for] the overwhelming minority. (Vogue Magazine)**
> Vogue — 압도적인 소수를 위한 잡지

이 광고문도 얼핏 보아서는 말이 안 되는 표현으로 되어 있다. overwhelming이란 '압도적인'이란 뜻을 가진 단어이기 때문에 일차적으로는 숫자적으로 우세한 것을 나타내게 되어 있다. 그렇다면 뒤에 나오는 '소수'란 단어와 정면으로 의미충돌을 일으키게 되어 있는데 바로 이러한 변칙적 의미 조합을 겨냥한 광고문이다. 이 overwhelming이란 단어는 원래 물리적으로 다른 사람을 제압하여 저항할 수 없게 하는 것을 가리키는 표현이다. 바로 이 원래의 의미를 이용하여, 비록 소수이긴 하지만 다른 사람들을 사로잡는 특별한 사람들을 위한 잡지라는 뜻으로 이 광고문을 쓴 것이다.

> **Want him to be more of a man? Try being more of a woman! (Coty Perfumes)**
> 그 사람이 더 남자처럼 행동해 주길 바라세요? 그러면 좀 더 여자처럼 행동해 보세요.

이 선전은 프랑스의 코티 향수회사의 광고문이다. 이 회사를 설립한 프랑소와 코티는 나폴레옹의 후손으로서, 1900년대 초반까지 보통 빈 병에 향수들을 죽 담아 놓고서 팔던 향수시장의 상황에서 종류마다 색다른 향수병을 만들어 시판을 한 최초의 인물로 알려져 있다. 그 후 전 세계의 향수병의 모양은 별별 진귀한 모양들이 다 나와서 다양하기 이를 데 없다. 대부분의 향수 선전은 로맨스와 직결되어 있다. 제품의 특징상 사람의 동물적인 본능에 호소하기 때문이다. 그래서 여기에서도 남자가 더 남자답게 대쉬해 주기를 바라면 더 여자처럼 되어 보라고 하면서 향수를 쓸 것을 권하고 있는 광고이다.

> **We love to fly and it shows.   (Delta Airlines)**
> 저희는 비행하는 걸 참 좋아합니다. 그리고 그런 게 나타나죠.

미국 델타 항공사의 광고문이다. 항공사의 승무원들이 할 수 없어서 일하는 것이 아니라 비행 자체를 매우 즐기고 있다는 메시지와, 또한 그렇게 비행을 즐거워하는 것이 겉으로 다 드러난다는 것이다. 이런 광고문이 읽는 사람에게 주는 효과는 델타항공사 직원들은 비행을 즐거워하기 때문에 비행에도 뛰어난 기술이 있을 것이고 그처럼 즐거워하는 모습이 겉으로도 드러나기 때문에 승객들에게도 유쾌하게 잘 해 줄 것이라는 점이다. 바로 이러한 일련의 추론들을 이용한 함축성 있는 광고문이다.

> **We sell more cars than Ford, Chrysler, Chevrolet, and Buick combined.**
> **(Matchbox Toy Cars)**
> 저희는 포드, 크라이슬러, 쉐브롤레, 뷰익 자동차 회사들이 파는 것 모두 합친 것보다 더 많은 차를 팔고 있습니다.

이 광고에 나오는 자동차 회사들이 미국에서 가장 판매량이 많은 자동차회사들이기 때문에 이 선전은 처음 읽는 모든 사람들을 놀라게 한다. 결국 알고 보면 장난감 자동차회사의 광고란 것을 알고서는 맥이 빠지기도 하고 우습기도 하다. 바로 이런 효과를 겨냥한 광고이다. 이 광고를 낸 Matchbox Toy Cars는 그 자동차가 성냥곽으로 만든 것이 아니라 Matchbox는 단순히 브랜드 이름이다. 또 장난감 자동차라고 해도 실제로는 아주 작은 모델 자동차로 대개 수집가들이 수집하는 것들이다. 미국에는 이 매치박스 모델 자동차들을 가진 사람들의 동호인들 모임이 있을 정도로 유명한 장난감 자동차이다.

> **What's the ugliest part of your body? (Pretty Feet Deodorant)**
> 당신 몸에서 제일 못 생긴 데가 어디죠?

이 선전은 발 냄새 없애주는 약을 판매한 Pretty Feet Deodorant사가 1969년에 게재한 것이다. 일반적으로 상대방에게 당신이 제일 못 생긴 데가 어디냐고 묻는 것부터가 매우 도발적이다. 이런 도발적인 문구로 사람의 시선을 끈 다음에, 사람들은 그 질문에 대해 아마 거의 대부분 '발'을 생각할 것이고, 발에서 나는 불쾌한 냄새를 생각하게 한 다음 냄새제거제로 관심을 돌리려 한 것이다. 대개의 미국인들은 주로 겨드랑이와 발에 deodorant를 사용한다.

When it rains it pours. (Morton Salt)
비가 올 때는 쏟아져 내리지요.

원래 이 말은 영어의 격언이다. 즉 비가 왔다하면 홍수가 난다는 뜻으로 나쁜 일이 올 때는 꼭 겹쳐서 온다든가, 일이 엎친 데 덮친 격으로, 설상가상 일이 잘 안 될 때 주로 쓰는 표현이다. 이런 속담이 식용 소금 선전에 등장하는 것은 아주 격에 안 맞는 이상한 일처럼 보인다. 실제로 미국에서 가장 많이 팔리는 식용 소금이 이 Morton사의 것인데 이 소금통에는 우산을 받쳐 든 어린 소녀가 소금통을 옆구리에 끼고 있는데 거기에서 소금이 쏟아져 나오는 그림이 그려져 있다. 미국인들조차도 이 그림이 뜻하는 것을 모르는 사람들이 있다. 원래 비가 오는 날에는 소금이 통속의 습기 때문에 솔아서 구멍이 막히고 잘 안 나오게 되는데 이 Morton 소금은 비오는 날에도 술술 잘 나온다는 것이다. 바로 이 문자적인 뜻으로 속담의 뜻을 뒤집음으로써 묘미를 살린 광고이다.

When there's no tomorrow. (Federal Express)
내일이 없을 때

이 표현은 원래 희망이 없는 절망적인 상황을 뜻하는 것이다. 이처럼 절망적인 표현이 상업광고의 슬로건으로 등장하는 것은 예상 밖이다. 이런 예상 밖의 표현이 Federal Express라는 송달회사의 광고문으로 쓰일 수 있게 된 것은 바로 이 회사가 초특급 송달회사이어서 배달물을 즉시 즉시 보내준다는 데에 있다. 즉 흔히 쓰는 뜻인 "희망이 없을 때"를 "내일까지 기다릴 수 없을 때"라는 문자적인 의미로 다시 환원해 놓은 표현이다.

Where's the beef? (Wendy's Restaurant)
쇠고기는 어디 있어?

이 광고는 1980년대에 햄버거 식당업계의 주도적인 업체인 웬디스가 처음으로 내세워 선풍적인 인기를 모은 광고문이다. 맥도날드와 경쟁을 하던 웬디스는 TV광고를 통해 세 명의 할머니가 햄버거를 사서 위쪽 빵을 열고 보니 빵은 큰데 햄버거패디는 콩알만 한 게 들어 있는 것을 보고서는 '아니, 쇠고기는 어디 있는 거야?'라고 외치는 모습을 광고로 내보냈다. 이 표현은 전 미국 내에서 유명한 말이 되어 심지어는 1984년 월터 몬데일, 개리 하트, 제시 잭슨이 정치 토론을 하는 자리에서 개리 하트가 자신의 구상을 그럴듯하게 떠벌리자 월터 몬데일이 개리 하트에게 "Where's the beef?"라고 하면서 논박을 해 사람들의 입에 재미있는 사건으로 오르내리기까지 하였다. 그 후로 '도대체 그 실속 없는 일을 왜 하고 있어?' '그런 걸 해서 뭘 얻겠다는 거야?' 같은 뜻을 나타낼 때 쉽게 쓰는 표현이 되고 말았다. 이 광고를 통해 웬디스는 웬디스 햄버거가 다른 어떤 햄버거보다 더 큼직하고 맛있는 쇠고기 햄버거 패디가 들어 있다는 인상을 깊이 심어 주게 되었다.

You are in a Beauty Contest Every Day of your Life. (Camay Soap)
당신은 매일 미인 선발대회에 출전중입니다.

여성들은 타고나면서부터 아름다움에 대해 관심을 갖도록 되어 있기 때문에 거의 모든 여성들은 미인 선발대회에 출전해 보는 것을 꿈으로 가지고 있을 것이다. 바로 이 점을 이용해서 이 광고에서는 '매일 당신은 미인들 틈에 끼어서 경쟁하고 있습니다'란 메시지를 던지고 있다. 이런 메시지에서는 당신은 미인이라는 것과, 지금 경쟁상태에 있기 때문에 더 돋보여야 한다는 것을 암시한다. 매일 매일 써야 하는 비누이기 때문에 '매일 매일 미인 선발대회'란 컨셉트가 특별히 잘 어울리는 광고이다.

> **You can trust your car to the man who wears the star. (Texaco Service Stations)**
> 당신은 별을 달고 있는 남자에게 자동차를 믿고 맡기실 수 있습니다.

이 광고에 나오는 '별을 단 남자'라는 말은 '훈장을 단 사람'이란 뜻처럼 영웅적인 이미지를 나타낸다. 그렇지만 여기서의 뜻은 그런 뜻이 아니라 '별표를 단 사람'이란 뜻인데 이 Texaco 회사는 그 로고가 커다란 별로 되어 있다. 원래 텍사스에 본부를 둔 회사로서 텍사스의 상징이 별이어서 텍사스 주를 The Lone Star State라고 부르기 때문에 회사의 로고에도 별을 쓰고 있는 것이다. 따라서 Texaco 정비소 직원들은 회사 마크인 별을 유니폼에 달고 있는데 '별을 단 사람'이란 바로 이 사람을 가리키는 것이다. 표현의 중의성을 살린 선전 슬로건이다.

> **Your client is a poor, rejected stepchild, whose best friends are dwarfs. Can you insure her against poisoned apples? (Continental Insurance Company)**
> 당신의 고객은 가난하고 사랑 받지 못하는 의붓딸입니다. 제일 친한 친구들은 모두 난쟁이들입니다. 이 아이를 독이 든 사과로부터 보호할 수 있도록 보험에 들어 줄 수 있겠습니까?

유명한 백설공주(Snow White)의 이야기를 이용한 생명보험 광고이다. 처음에는 문구를 읽으면서 동정심으로 출발을 하다가 동화 얘기를 패러디한 것임을 알고서는 마음을 놓으면서 오히려 흥미롭게 글을 대하게 된다. 결국에 가서는 생명보험 광고임을 알게 되는 데에서 정점을 이루게 하는 기발한 광고이다. 이처럼 사람들에게 널리 알려진 이야기를 각색하여 기교를 살리는 광고문들이 자주 등장하고 그 패러디 때문에 광고 효과도 높다.

ONE HUNDRED % BIJAN IN-HOUSE © 1994

DNA..
It's the reason
some of us
are born to sing,
while others
are born to listen.

Thank God!

DNA Fragrance for Women at: Dillard's • Dayton's • Marshall Field's · Hudson's • Macy's • Bullock's

청결 강박증과 향수*

미국인들이 즐겨 쓰는 말 중에 "Cleanliness is next to Godliness(청결함과 신성함은 사촌지간)"이란 말이 있는데 이걸 보면 미국인들이 얼마나 깨끗함에 신경을 쓰는지 알 수 있다. 미국인들이 샤워를 하고, 양치질을 하고, 머리를 감고, 땀냄새제거제를 바르고, 향수를 뿌리고, 매일 옷을 갈아입는 것을 보면 미국인들에게 청결은 거의 정신병(?!)에 가까울 정도다. 특히 냄새에 민감하기 때문에 우리나라의 화장실 낙서 중에 가장 흔한 것이 "철수 바보"라면 미국인들 낙서 중에 가장 흔한 것 중 하나가 "John stinks(John은 냄새난다 / John, 그 더러운 놈!)"란 것이다. 물론 여기서 stink란 단어는 단순히 냄새 이상의 다양한 부정적 의미를 가진다.

향수산업은 전통적으로 프랑스가 선두로 전 세계 시장에 매년 120억 달러 이상의 향수를 공급하고 있다. 그러나 1등은 역시 미국의 에스테로더(Estée Lauder)이고 2등이 프랑스의 로레알(L'Oréal)이다. 영화배우 마릴린 몬로가 The only thing I wear in bed is a few drops of Chanel No. 5.(침대에서 내가 걸치는 유일한 것은 샤넬 5번 몇 방울뿐)이라고 하여 전 세계 사람들을 샤넬 향수 애용자로 만들었던 적이 있는데, 샤넬 회사는 혼자서 매년 20억불 이상의 판매실적을 기록하고 있다고 한다. 이 회사 이름을 우리는 프랑스식으로 "샤넬"이라고 발음하지만 미국인들은 대개 "슈넬"이라고 발음한다.

향수는 대개 장미, 재스민, 라벤다, 아이리스, 미모사 등의 꽃에서 만들어진다. 국제 향수박물관까지 있는 프랑스의 그라스(Grasse)라는 곳은 아주 작은 동네인데 이곳에서 프랑스제 향수 원액의 절반 이상이 공급된다고 한다. 파크리크 쥐스킨트의 힛트작 '향수'의 무대도 이 도시이다. 또 향수뿐만 아니라, 향기가 있는 꽃이나 열매들을 자루나 바구니에 담아 향기가 나게 하는 것도 아주 흔히 볼 수 있는데 이것을 potpourri라고 한다. 이 단어도 불어이고 그 발음은 "파뿌리"와 거의 똑같다.

|본|문|해|설|

DNA Perfume by bijan

DNA: ● ● ● ●

DNA는 deoxyribonucleic acid라는 핵산이름에서 나온 것이지만 이 정식 이름을 알고 있는 사람은 과학자를 빼고는 거의 없을 것이다. 이것을 알아 둘 필요도 없는 것이 모두들 DNA라고 간단하게 부르기 때문이다. 여기 광고에서는 DNA가 향수의 이름이다. Bijan이라는 회사가 개발한 향수인데, 남성 여성 공통의 상표명이다. 많은 향수제조업체들은 남성용과 여성용의 상표명이 다른 경우가 많다. Bijan에서도 남성 전용 향수인 Michael Jordan향수가 있고, 실제로 마이클 조던이 그 모델을 하고 있다. 이 광고에서는 광고 밑의 점포 소개를 보면 여성용을 주로 선전하고 있는 것으로 보인다. Bijan향수회사는 비벌리 힐즈, 뉴욕 등지에 부띠끄를 가지고 있는데, 최근 뉴욕의 부띠끄 임대료를 건물주가 1년에 4백만 달러(우리 돈으로 약 50억원)를 내라 하여 그 곳을 닫고 다른 곳으로 이전하기로 한 것이 뉴스거리가 되기도 했다.

DNA… It's the reason some of us are born to sing, while others are born to listen.

It's the reason···: ●●●● ▰

'···인 것은 바로 그 때문이지요.' It's the reason으로 시작되는 구문에서는 뒤에 why를 붙이기도 하고 그냥 바로 절을 두기도 한다. 그러나 why를 쓰는 것은 어법에는 맞아도 안 쓰는 것보다 덜 자연스럽다. 이처럼 어법에는 맞으나 별로 선호되지 않는 경우들을 대개 "unfluent usage"라고도 한다. (이와 유사하지만 좀 다른 것으로, 말이 유창하지 않아 자주 더듬고 잘못하는 경우는 disfluent라 한다.) 그러나 글로 쓰지 않고 말로 할 때에는 the reason why···를 쓰는 경우도 많다. 대개 말은 글보다 훨씬 덜 다듬어져 있기 때문이다.

born to sing: ●●●● ▰

'노래하기 위해 태어난', 즉 노래에 재능이 있다는 뜻이다. 여기에서 born은 과거분사로 사용되었지만 born은 형용사적으로도 많이 사용된다. 즉 He is born to sing은 He is a born singer(그 사람은 타고난 가수야, 그 사람은 노래에 재능이 있어)라고 할 수 있다. 그러니까 '선천적인'이란 의미이다. 이와 같은 표현은 또 명사적으로는 a natural이라고도 한다.

🔁 How could you sing so wonderfully?

  '어떻게 그렇게 노래를 잘 하세요?'

🔁 Well, I can carry a tune or so.

  '그냥 한 두 곡 조금 하는 거지요.'

🔁 Oh, no. You are a natural.

  '무슨 말이에요? 당신은 타고났어요.'

Thank God!

Thank God!: ●●●● ▰

'하나님, 감사합니다!' 이 말은 여기에서처럼 사제(priest)와 합창단(choir)이 있는 문맥에서는 오해의 여지가 없이 점잖은 뜻, 즉 '하나님, 감사합니다'로 사용되었다. 즉 사람을 다양하게 지으신 조물주에게 감사한다는 뜻일 것이다. 그러나 문맥이 없는 상황에서는 거의 감탄어 즉 '아이구 하나님'

혹은 '하나님, 맙소사!' 식으로도 사용된다. 일반적으로 하나님을 신실하게 염두에 두고 말하지 않는 하나님에 대한 언급은 모두 욕(swear words, curse words)이라고 부르고 좀 전문적으로는 blasphemy나 profanity라고 한다. God 뿐만 아니라 Jesus도 마찬가지이다. 흔히 미국인들이 Oh, my God! Jesus Christ!와 같은 욕을 많이 한다고 생각하는데 이것은 대개 사회적으로 하류층 사람들의 경우에 그렇다. 미국인들 중에서 소득과 교육, 직업에 있어서 사회적으로 교양이 있는 층인 중류층들은 대개가 기독교인들이 많기 때문에 이들은 이처럼 기독교와 관련된 욕을 하지 않는다. 따라서 조금만 점잖은 자리에서라면 절대로 God이나 Jesus와 같은 단어가 들어가는 감탄 또는 욕은 안 하는 것이 예의이다. 꼭 감탄사를 써야 할 경우에는 이 단어들을 조금 발음을 바꿔 쓰기도 하는데 다음과 같은 예를 들 수 있다.

○ Gosh!
○ Oh, my Gosh!
○ Oh, my Goodness!
○ Oh, my my.
○ Gee!

DNA Perfume by bijan.

DNA…

It's the reason some of us are born to sing, while others are born to listen.

Thank God!

DNA Fragrance for Women at:

Dillard's·Dayton's·Marshall Field's·Hudson's·Macy's·Bullock's

해석

Bijan 회사가 만드는 DNA 향수

DNA…

우리 중에 어떤 사람은 노래를 하도록, 그리고 어떤 사람들은 노래를 듣도록 태어난 이유가 바로 DNA 때문이지요.

하나님, 감사합니다!

여성용 DNA 향수 취급점:

Dillard's·Dayton's·Marshall Field's·Hudson's·Macy's·Bullock's 백화점들

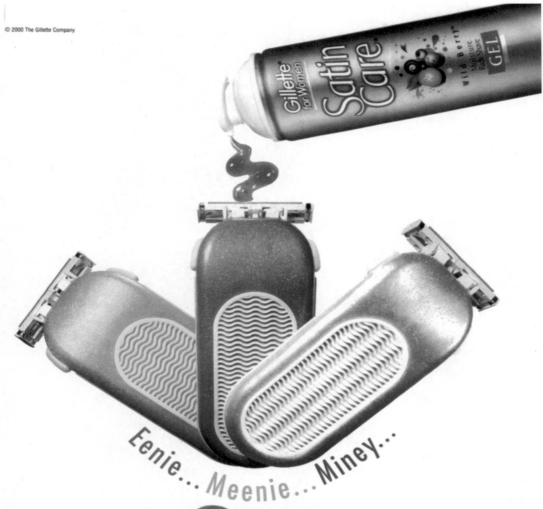

Eenie... Meenie... Miney...

Introducing
The Latest Collection
from Gillette® for Women.

Which color is you? Blush. **Twilight. Platinum.**
The three icy cool colors of SensorExcel® razors.
And together with new Satin Care® Moisture Rich
Shave Gel in Wild Berry™ or Flower Twist™
you'll be smoother, more radiant. Go ahead.
Get shimmery.

어린이들이 부르는 노래는 흔히 무슨 뜻인지 모르는 말도 많이 섞여 있고 때로는 아이들의 노래로는 어울리지 않는 잔인하거나 성적인 내용으로 아주 고약한 뜻을 가진 노래들도 있는데 아이들은 뜻도 모르고 부르는 때가 많다. 이 광고문에서는 Eenie, Meenie, Miney, Moe로 시작되는 아이들 노래를 이용하고 있는데 아이들의 동요나 놀이노래에 관해 간단하게 살펴본다.

동요*

세계 어디서나 공통이지만 미국의 아이들도 놀면서 부르는 노래들이 많다. 학교에서 흔히 운율을 맞춰서 부르게 되어 있는 Mother Goose Rhyme이라는 것이 있고, 그 외에도 자기네들끼리 놀면서 부르는 간단한 노래가 있다. 한국의 아이들이 마구 도망가면서 '약오르지롱, 나 잡아봐라' 하는 것을 미국에서는 'Nanee Nanee Booboo, You can't catch me.'라는 노래로 부르고, 한국의 아이들이 여러 개 선택이 가능할 때 손으로 번갈아가며 치면서 '♪어떤 것이 좋을까♬'하면서 부르다가 노래가 끝날 때 손이 닿는 것을 고르는 노래를 미국에서는 여기서처럼 'Eenie, Meenie, Miney, Moe…'라고 부른다. 이 노래는 아이들에 따라 약간씩 변형이 있는데 가장 많이 불리는 것은 "Eenie, Meenie, Miney, Moe. Catch a tiger by its toe. If you holler everyday. If you holler everyday. My mom told me to pick the very best friend, and you are it [또는 you are not it]"이다. 또 같이 놀던 아이들이 자기를 놀려대거나 욕을 해서 괴롭히면 'Sticks and stones may break my bones, but words can't hurt me…'라는 노래, 즉 욕은 아무리해도 괜찮다고 하는 노래를 부르는데, 사실은 이 노래를 부르는 아이들은 대개 울면서 부른다. 말이 가장 깊고 아픈 상처를 남기는 것은 전 세계가 공통인 듯하다.

아이들이 학교에서 즐겨 부르는 Mother Goose Rhyme은 그 수를 헤아릴 수 없이 매우 많이 있는데 그 중 한두 가지 예를 들면 비가 올 때 비가 그쳐달라는 노래로 Rain,

rain, go away, Come again another day; Little Johnny wants to play. Rain, rain, go away라 하는 것이 있고, 또 세 마리 눈먼 생쥐를 주제로 한 Three blind mice! See how they run! They all ran after the farmer's wife, Who cut off their tails with a carving knife. Did you ever see such a thing in your life, As three blind mice?란 노래가 있는데 이것들은 모두 각 행의 끝 단어들끼리 서로 운율상 어울리는 특징을 갖고 있다.

|본|문|해|설|

Introducing The Latest Collection from Gillette for Women.

the latest collection: ● ● ● ●

'최근 컬렉션' collection이란 단어는 디자이너 의상을 비롯하여 거의 모든 제품을 소개할 때 신상품들의 인벤토리를 가리키는 것이다. 제품을 만들 때 색깔이나 질, 기능성 등에 있어서 한 가지만 있는 것은 아니니까 여러 가지 제품이 나오게 되고 이런 때 이것들의 총 집합을 컬렉션이라고 하는 것이다. 패션계에서 계절에 따라 spring collection, fall collection 등으로 부르는 것을 자주 볼 수 있다.

from Gillette: ● ● ● ●

'Gillette사의' 영어를 매우 잘 하는 사람들도 제조업체를 표시할 때 from이 자주 사용된다는 것을 모르는 경우가 많이 있다. 특히 I ordered a DVD player from Samsung.처럼 사용되는 from은 어려운 표현에 속한다.

Which color is you? Blush. Twilight. Platinum.

Which color is you?: ● ● ● ●

'당신은 어떤 색깔이세요?' 물론 문법적으로는 어색한 표현이다. 정식으로 영어를 해야 하는 상황에서 이런 표현을 하는 한국 사람들의 실수가 많은데 그것은 한국어의 경우에는 예를 들어 주문을 하거나 선택을 할 때 "나는 김밥이다" "나는 볶음밥" "나는 카푸치노" "너는 뭐야?" 같은 표현들이 쓰일 수 있기 때문에 이것을 그대로 번역투로 바꾸어 "I am kimbob"이나 "I am fried rice" "I am Cappuchino" "What are you?" 등으로 쓰는 실수를 한다. 이런 실수는 한국어와 문법이 비슷한 일본인들 경우도 마찬가지다. 그러나 이런 어색한 표현도 구어체나 특히 어린이들 식의 표현으로는 적절하다. 여기서는 '♪어떤 것이 좋을까♬' 하는 노래로 고르기를 하다가 '너는 무슨 색깔이 나왔는데?' 하는 느낌을 주기 위해 아이들 식의 표현을 의도적으로 사용한 경우이다.

Blush: ● ● ● ●

'다홍색'. 원래 이 단어는 '빨갛게 되다'라는 뜻을 가진 말에서 시작된 단어로 대개 색채어로보다는 얼굴을 붉히는 것과 관련해서 더 잘 사용된다. 그런 점에서 이 단어를 상품 모델명으로 고른 것은 매우 기발하다. 왜냐하면 blush가 주는 느낌은 수줍어서 얼굴이 빨개지는 것을 가리키는데 이 면도기가 여성들의 다리나 다른 수줍어할 만한 부분들을 면도할 때 사용하는 것이라는 점에서 연상작용이 일어나기 때문이다. blush와 관련해 흥미로운 표현으로는 다음과 같은 것들이 있다.

◑ You are really man at its best.
'자넨 정말 군자중의 군자야.'
◑ Come on, spare my blushes.
'아니 왜 이러나. 사람 너무 추켜세우지 말게'

Twilight: ● ● ● ●

'황혼'. twilight이란 단어는 해가 뜨기 직전이나 지고 난 직후에 하늘이 어스름한 빛을 띠는 것을 가리킨다. 우리말에서는 해뜨기 직전은 '여명'이라 하고 해진 직후는 '황혼'이라 하는데 영어에서는 둘 다 twilight이라 부른다. 물론 저녁 어스름을 dusk라고도 한다. 우리말에서도 그렇듯이 이 twilight가 주는 어감은 부드럽고 낭만적이고 신비롭다. 그런 점에서 이름을 참 잘 지었다.

Platinum: ● ● ● ●

'백금'. 색깔로 등급을 매길 때에 가장 높이 쓰는 것이 platinum이다. 대표적인 예로 크레딧 카드는 regular, silver, gold, platinum 등으로 등급을 매긴다. 고급스러움을 나타내기 위해 붙인 이름이다.

여기에 있는 세 가지의 모델들의 이름을 Blush, Twilight, Platinum 대신에 핑크, 블루, 레드, 화이트 식으로 붙였다면 참 멋없는 이름이 되었을 것이다.

The three icy cool colors of SensorExcel razors.

icy cool: ● ● ● ●

'멋진'. 세계의 모든 언어에서는 '좋은'이란 뜻을 가진 단어들이 새 단어들이 잘 만들어지게 되어 있다. 왜냐하면 '좋은'이란 뜻을 가진 단어를 자주 사용하다보면 진부해져서 '정말 좋다'는 의미가 퇴색해 버리기 때문이다. 영어에서는 cool이 그런 경우에 속한다. 원래는 캐나다의 틴에이져들이 '멋지다'라는 뜻으로 50년대에 쓰기 시작했는데 미국에서 십여 년 전부터 급작스럽게 유행어처럼 번지게 되었다. 여기서는 면도날이 잘 들어서 차가운 느낌을 주는 것과 색상이 예쁜 것을 동시에 연상시키도록 사용한 표현이고, cool이 차갑다는 단어와 원래 관련되어 있기 때문에 강조어로 icy를 넣은 것이다.

And together with new Satin Care Moisture Rich Shave Gel in Wild Berry or Flower Twist you'll be smoother, more radiant.

Satin Care: ● ● ● ●

'비단 다루기'. 이것은 면도용 젤의 상표이름인데 비단을 다루듯, 즉 조심스레 정성껏 피부를 다루는 것을 연상시키기 위한 이름이다. satin은 매끄러운 비단 종류인 공단을 가리키는 것으로 원래는 중국의 산지명이 Zaitun이어서 여기에서 이름이 유래되었다고 한다. 영어에는 매끄럽고 윤이 나는 것을 가리키기 위해 satin을 넣어 만든 표현들이 여럿 있다.

moisture rich: ● ● ● ●

'아주 촉촉한'. 이것도 상표명의 일부로 사용되었다. rich란 단어는 '풍성한'이란 뜻이면서 명사 뒤에 붙어 '…이 풍부한'이란 뜻으로 사용된다.

⊙ a protein rich diet

　'단백질이 풍부한 식사'

⊙ a resource rich country

　'자원이 풍부한 나라'

wild berry: ● ● ● ●

'야생 열매'. berry는 열매들 중에도 특히 자그마하고 동글동글한 열매들을 가리키는 것이다. 요즘
은 다양한 과일들이 많이 나와서 크기가 작아 별로 실속이 없어 보이는 berry는 별것이 아닌 상황이
되었지만 고대 영국에서는 과일이라 하면 으레 apple과 berry를 꼽았다 한다. 여기에서 Wild Berry
를 상표명으로 한 것은 매우 신선한 느낌을 준다.

Eenie··· Meenie··· Miney···

Introducing The Latest Collection From Gillette for Women.

Which color is you? Blush. Twilight. Platinum. The three icy cool colors of SensorExcel razors. And together with new Satin Care Moisture Rich Shave Gel in Wild Berry or Flower Twist you'll be smoother, more radiant. Go ahead. Get shimmery.

이걸로 할까, 저걸로 할까.

Gillette사가 여성을 위해 만든 최신 콜렉션을 소개 드립니다.

어느 색을 좋아하세요? 수줍음을 타는 색, 황혼 같은 색, 백금 같은 색. Sensor Excel 의 세 가지 멋진 면도기들입니다. 산딸기향의 Wild Berry나 꽃향기가 가득한 Flower Twist의 Satin Care Moisture Rich 면도용 크림과 함께 사용하시면 당신은 더욱 부드럽 고 더욱 빛나게 되실 것입니다. 어서 오세요. 한 번 광채가 나게 해 보세요.

Why not spend more time in the nude?

When you step out of the shower, don't reach for a towel. Reach for The Sensual Moisturizer.™ Neutrogena® Body Oil. And spend a few minutes in the nude, stroking this water-light oil over your wet body.

Watch it blend with the moisture on your skin. And vanish under the gentle touch of your fingers.

Feel it silken your arms.

Your legs.

Your shoulders.

Enjoy the pleasurable sensation of your whole body turning satin-smooth.

When it's time to get dressed, you'll notice that the sensual pleasure lingers. Your skin feels silky, without a trace of oiliness. So a silk shirt fairly glides on. And the touch of clothes against your body feels better than you ever remembered.

Neutrogena®
body oil

The Sensual Moisturizer.™

몸*

세상의 문화권들 중에는 근본적인 신체적 기능을 경시하고 몸을 죄악시하는 문화들이 많이 있다. 대개의 경우에는 몸을 정신과 분리하여 정신을 우위에 두고 몸을 그 밑에 두기 때문에 생겨난 결과이다. 이런 결과로 신체부위와 관련된 말들이 사람을 불편하게 하고 이런 것들이 욕설로 발달되는 경우가 흔하다. 몇몇 문화권에서는 욕설이 덜 발달되었다는 인류학자들의 보고가 있기는 하지만 인간 세상에는 늘 욕설이 있게 마련이다. 욕설은 전 세계가 공통적으로 대개 신에 대한 것, 성행위에 대한 것, 죽음에 대한 것, 배설물이나 신체 부위에 관한 것들이다. 이런 주제들은 대개 금기어(taboo words)이기 때문에 일반적인 상황에서는 써서는 안 되고 그렇기 때문에 과감하게 이런 말을 쓰게 되면 상대방에게 불쾌감을 주기 때문에 욕설이 된다. 이 점에 있어서는 미국인들도 예외가 아니다. 미국인들이 흔히 쓰는 욕설들은 대개 4자로 되어 있어서, 욕을 "a four-letter word"라고 하기도 한다. 여기에서 생겨난 농담으로 자동차 범퍼스티커 문구로 "Sex is a four-letter word."가 등장하기도 했다. 미국에는 소위 "6대 욕설(The Big Six)"이라고 하는 게 있는데 여기에 속하는 것으로는 단연 1등을 차지하는 fuck(성행위)과 shit(대변)을 위시하여 piss(소변), fart(방귀), cock(남성성기), cunt(여성성기)가 있다. 이 Big Six에는 들지 못하지만 이에 못지않게 잘 쓰는 suck도 있다. 이처럼 욕은 대부분이 성기, 성행위, 배설행위와 관련된 표현들이다. 물론 점잖은 자리에서는 쓸 수 없는 표현들이고 따라서 shit을 대신하는 shoot가 쓰이기도 한다. 이것들은 알아는 듣되 쓰지는 말아야 할 것으로 생각해 두면 좋다. 이처럼 신체부위와 관련된 단어들이 욕설로 쓰이면서도 몸의 기능과 몸 자체를 중요시하는 방향으로 진행되고 있는 것은 현대 미국문화에서 큰 변화라고 할 수 있다. 최근 우리나라에서 유행하는 '몸짱', '얼짱'은 한국문화에서도 몸에 대한 생각에 큰 변화가 생기고 있음을 보여준다.

▶ |본|문|해|설|

Why not spend more time in the nude?

Why not…?: ● ● ● ●
　'…하시지 그러세요.' 문장 형식으로는 의문문이지만 의미상으로는 청유문이다. 이런 구문은 원래 문법적으로 불완전하다. 더 완전한 구문은 Why don't you…?가 있는데 여기 Why not…?이 좀 더 친근한 구어 스타일이다. 뒤에 아무런 표현도 덧붙이지 않고 그냥 Why not?이라고 쓰는 경우도 있는데 이것은 '물론이죠' '왜 아니겠어요?'의 뜻으로 Sure!와 같은데 너무 친근체라서 예의를 갖추는 자리에나 상대방과 아주 친하지 않은 경우에는 사용하지 않는 것이 좋다.

When you step out of the shower, don't reach for a towel. Reach for The Sensual Moisturizer.

---

step out of the shower: ● ● ● ●
　'샤워를 마치고 나올 때'. 나가는 것은 step out, 들어오는 것은 step in이라 한다. 전화가 걸려왔을 때 '아, 방금 나가셨는데요.'라고 할 때에는 'Oh, he just stepped out.'이라고 하면 된다.

reach for: ● ● ● ●
　'…을 잡으려고 손을 뻗치다'. 일반적으로 reach는 타동사로 '…에 도착하다'라는 뜻으로 뒤에 전치사 없이 목적어를 바로 쓰게 되어 있다. He reached at Seoul yesterday.는 한국인에게 가장 흔한 실수 중 하나다. 그러나 '…을 잡으려고'의 뜻을 가질 때에는 for를 써야 한다.

> **And spend a few minutes in the nude, stroking this water-light oil over your wet body.**

in the nude: ● ● ● ● ━━━━━━━━━━━━

'나체로'. 이 표현은 은유적으로도 잘 쓰여서 '명백하게, 적나라하게, 있는 그대로, 터놓고' 등의 의미로 사용된다. 형용사적으로는 naked와 똑같다. '완전 나체'라 할 때에는 대개 stark를 써서 She is stark naked.라 한다. nude는 여러 가지 점에서 naked와 그 의미가 비슷하지만 nude는 좀 더 예술적인 이미지가 있어서 naked보다는 어감이 훨씬 더 긍정적이다.

> **Watch it blend with the moisture on your skin. And vanish under the gentle touch of your fingers.**

vanish under your touch: ● ● ● ● ━━━━━━━━━━━━

'만지니까 없어진다'. vanish는 거의 절대적으로 자동사로 쓰기 때문에 … is vanished와 같은 표현은 쓰지 않는다. 대개 '감쪽같이 없어졌다'의 어감을 갖고 있다.

▶ What happened to the black sedan shadowing us?

　'우리 미행하던 까만색 승용차가 어디로 갔지?'

▶ I don't know. It just vanished into thin air.

　'글쎄, 감쪽같이 사라져 버렸네.'

> **When it's time to get dressed, you'll notice that the sensual pleasure lingers.**

when it's time to get dressed: ● ● ● ● ▬▬▬▬▬▬▬▬▬▬▬▬▬▬▬

'옷을 입을 시간이 됐을 때'. to get dressed는 to put on clothes와 같은 의미이다. 둘 다 옷을 입는 동작과 관련되어 있다. 옷을 입은 상태를 나타낼 때에는 물론 wear를 쓴다.

⊙ Now, get dressed and go to school.

'자 이제 옷 입고 학교에 가거라.'

> **So a silk shirt fairly glides on.**

fairly: ● ● ● ● ▬▬▬▬▬▬▬▬▬▬▬▬▬▬▬▬

'적절하게, 웬만큼, 거의, 제법, 아주, 정말'. 이 단어는 정도상 넓은 범위에 걸쳐 사용되는 이상한 단어이다. 여기서는 '옷이 거의 미끄러지면서 입어집니다'라는 뜻이다. 즉 피부와 옷 사이의 착용감이 좋다는 뜻이다. 구어에서는 '제법, 정말'의 뜻으로 잘 쓰이는데 긍정적인 뜻이다. 같은 의미이지만 부정적일 때에는 rather를 쓴다.

⊙ This kimchi is fairly hot.

'이 김치 제법 맵군요 (매콤한 게 맛있네요)'

⊙ This kimchi is rather hot.

'이 김치 제법 맵군요 (그래서 못 먹겠어요)'

> **And the touch of clothes against your body feels better than you ever remembered.**

the touch of clothes against your body: ● ● ● ● ▬▬▬▬▬▬▬▬▬▬▬▬▬

'몸에 걸친 옷의 촉감, 착용감'. 이런 표현에서 against를 쓰는 것은 한국인들의 직관에는 좀 이해하기 어렵다. 비슷한 예로 '산을 배경으로 등지고 있는 부드러운 산등성이'라고 할 때에 'silky mountain ridges against the blue sky'라고 하는 것도 쉽지 않다.

Why not spend more time in the nude?

When you step out of the shower, don't reach for a towel. Reach for The Sensual Moisturizer. Neutrogena Body Oil. And spend a few minutes in the nude, stroking this water-light oil over your wet body. Watch it blend with the moisture on your skin. And vanish under the gentle touch of your fingers. Feel it silken your arms. Your legs. Your shoulders. Enjoy the pleasurable sensation of your whole body turning satin-smooth. When it's time to get dressed, you'll notice that the sensual pleasure lingers. Your skin feels silky, without a trace of oiliness. So a silk shirt fairly glides on. And the touch of clothes against your body feels better than you ever remembered.

누드로 조금 더 있지 않으시겠어요?

샤워를 마치고 밖으로 나오시면서 손을 뻗어 수건을 잡지 마세요. Sensual Moisturizer를 잡으세요. Neutrogena Body Oil입니다. 그리고는 당신의 젖은 몸에 이 물처럼 가벼운 오일을 부드럽게 쓰다듬어 바르면서 몇 분 동안 누드 상태를 즐겨 보세요. 오일이 당신 피부의 습기와 하나가 되는 것을 감상하세요. 그리곤 당신의 부드러운 손길이 닿으면서 사라지는 걸 느껴보세요. 오일이 당신의 팔을 실크처럼 부드럽게 해 주는 것을 느껴보세요. 당신의 다리도. 당신의 어깨도. 당신의 온 몸이 비단의 촉감처럼 변하는 유쾌한 느낌을 감상하세요. 옷을 입을 시간이 되었을 때 아직도 그 짜릿한 느낌이 남아 있는 것을 느끼시게 될 겁니다. 당신의 피부는 실크처럼 변하지요. 전혀 기름기가 느껴지지 않으면서요. 그래서 실크 셔츠를 입으시면 옷이 그냥 미끄러지면서 입어지게 됩니다. 그리고 옷이 당신의 몸에 닿는 촉감이 지금까지 기억할 수 있는 모든 경험보다 더 감미로울 것입니다.

Healthy Style.
Serious Hold.

Imagine a hairspray
  that holds your hair
and leaves it healthy.
  It actually styles
     without damaging.
  Enriched with pro-vitamins.
Try Pantene® Pro-V® Hairsprays.
  For healthy, shiny
       styled hair.

FROM THE
PANTENE
COLLECTION:
SPRAYS,
MOUSSE
AND GELS.

© 1993 Richardson-Vicks, Inc

PANTENE PRO-V STYLING. FOR HAIR SO HEALTHY IT SHINES.

전 세계 여성들은 공통적으로 머리에 대해 각별한 관심을 갖고 있는데 영어에는 머리모양이 잘 안 만들어지는 날을 가리키는 "bad-hair day"란 표현이 있을 정도이므로 미국인들도 머리에 대한 관심은 그 누구에 못지않다. 스타일은 물론이고 색깔도 중요한 요소가 된다. 헤어스타일링 화장품의 선전과 관련해 머리색깔에 대하여 간단하게 살펴본다.

머리색깔*

다양한 인종이 모여 살아 '세계의 인종 전시장'이라고 불리는 미국에는 머리색이 매우 다양할 수밖에 없다. 미국인들처럼 머리에 신경을 많이 쓰는 사람들도 별로 없을 것이다. 남녀를 막론하고 머리카락을 더 심기도 하고 머리카락을 수술로 없애거나 면도를 하는 일들이 중요한 일상생활의 일부가 되어 있다. 최근에는 머리카락의 색깔에 대한 관심이 늘어나면서 머리 염색약의 판매가 급증하고 있으며 특히 빨간색으로 머리를 염색하는 사람들의 수가 폭증하고 있다고 한다. 심지어는 돼지피를 이용해 빨간색으로 머리를 염색하는 법을 소개하는 인터넷사이트가 생겨날 정도이다. 전통적으로 미국에서의 신원확인에는 머리카락 색깔과 눈동자 색깔이 중요한 정보로 작용을 했는데 이처럼 머리염색이 유행하는 시대에는 머리색을 신원확인 자료로 사용하는 것은 문제가 있을 수밖에 없을 것이다. 머리 미용에 대한 관심이 증가하는 것은 한국을 포함하여 전 세계적인 추세라고 한다. 세계적으로 머리미용부문의 매출액은 350억 달러로 단연 업계선두이고, 피부미용은 290억 달러로 2위라고 한다.

미국인들을 대상으로 성적인 팬터지를 조사해보면 대부분 남성들의 팬터지 대상이 블론드, 즉 금발여성이라고 하는데 그럼에도 불구하고 최근 10여 년 동안 금발이 한 번도 미스 아메리카에 당선된 적이 없다고 하는 것은 놀라운 일이다. 그 대신 브루넷 (brunette)이라고 하는 짙은 갈색 또는 검은색 계통의 머리카락을 가진 미녀들이 미스 아메리카에 오르고 있다. 미국에서는 블론드가 성적 매력이 있다고 생각하면서도 한편 머리가 나쁘거나 행실이 나쁘다는 편견이 있어서 empty-headed blonde, 또는 blonde bimbo같은 표현들이 나왔고, 그래서 이런 것을 주제로 만든 금발비하 유머들이 많이 있다. 그러나 If I've only one life, let me live it as a blonde! '인생이 단 한번뿐이라면 금발로 살고 싶어라!'라는 말이 있을 정도로 사실상 금발을 많이 부러워하고 있는 것도 사실이다. 유럽에서는 전통적으로 빨강머리를 싫어했고, 한국에서는 노랑머리가 아들을 낳지 못하는 무자상이라 하여 싫어하였는데, 요즘 젊은이들의 금발염색 열풍은 시대가 바뀌었음을 잘 보여준다.

↑ |본|문|해|설|

Healthy Style. Serious Hold.

---

healthy style: ● ● ● ● ▬▬▬▬▬▬▬▬▬▬▬▬▬▬▬▬▬▬▬▬▬

'건강한 스타일'. 건강한 스타일이란 건강해 보이는 스타일을 가리키는 것이다. 영어에서 healthy는 어떤 단어와 결합하느냐에 따라 의미가 많이 변한다. healthy food '건강식품', healthy recreation '건전한 오락', healthy lifestyle '건강에 좋은 생활태도', healthy finance '건실한 재정상태'.

▶ The relations between them don't seem healthy.

'그 사람들 사이에 뭔가 수상한 일이 있는 것 같애.'

---

serious hold: ● ● ● ● ▬▬▬▬▬▬▬▬▬▬▬▬▬▬▬▬▬▬▬▬

'탄탄한 모양 유지'. 헤어스타일을 잘 만들고 나서 제일 우려되는 것은 모양이 금방 망가지는 것일 것이다. 따라서 모양을 탄탄하게 잘 유지해줄 수 있는 제품의 필요는 모든 여성들이 공통으로 느끼는 사항일 것이다. 많은 한국인들은 serious와 '심각한' 사이에 완벽한 대응관계가 있어서 serious란 단어는 뭔가 부정적인 느낌을 갖고 있는 것으로 생각하는 경우가 있는데 실제로 serious는 '중요한' '호락호락하지 않은' '진지한'의 뜻이 더 기본적이다.

Imagine a hairspray that holds your hair and leaves it healthy.

leave it healthy: ● ● ● ● ▬▬▬▬▬▬▬▬▬▬▬▬▬

'건강한 상태로 해 놓다'. 여기서처럼 쓰이는 leave의 용법은 잘 주목해 둘 필요가 있다. 이런 구문에서는 'it가 healthy하도록 해 놓고 leave하다'라는 뜻을 가지고 있다. 이런 표현은 잘 익혀두면 여러 가지로 유용하게 응용해서 쓸 수 있다.

▶ What he said left me dumbfounded.

'그 사람 말 듣고 나는 완전히 어안이 벙벙했어.'

▶ He left me heart-broken.

'그 사람은 내 맘을 찢어놓고 가 버렸다.'

▶ The loss of her boyfriend left her in deep sorrow.

'애인을 잃고 그녀는 깊은 시름에 잠겨 있다.'

It actually styles without damaging.

It actually styles without damaging.: ● ● ● ● ▬▬▬▬▬▬▬▬▬▬

'이 제품은 (믿기 어렵겠지만) 정말로 머리카락을 손상시키지 않으면서 스타일을 만들어냅니다'. actually란 말은 주로 상대방이 잘 모르고 있거나 믿기 어려운 일을 말할 때, 즉 이야기 내용상 정도를 한 단계 더 높일 때 쓰는 표현이다.

▶ The result of the test is not very encouraging. Actually, I failed.

'시험 결과가 썩 좋지는 않습니다. 사실은 떨어졌어요.'

> **Enriched with pro-vitamins.**

enriched with pro-vitamins: ● ● ● ● ━━━━━━━━━━━━━━━━

'프로비타민으로 강화된'. 즉 '프로비타민을 첨가한'이란 뜻이다. enrich란 말은 매우 긍정적인 뉘앙스를 풍기는 단어이다. 우리가 흔히 '깊은 맛'이라든가 '진한 맛'같은 표현을 즐겨 사용하듯이 영어에서는 enriched taste, rich taste와 같은 표현을 즐겨 사용한다.

> **For healthy, shiny styled hair.**

For healthy, shiny styled hair.: ● ● ● ● ━━━━━━━━━━━━━━

'건강하고 윤기가 나는 멋진 스타일의 머리를 만들어 드릴 것입니다'. 형태상으로는 문장이 아니지만 선전문구에서는 이런 형식을 문장처럼 잘 사용한다. 즉 '건강하고 윤기 있게 스타일한 머리를 위한'이란 형식으로 '건강하고 윤기 있는 스타일의 머리를 원하시면 이 제품을 사세요'란 의미를 전달하는 상용 형식이다.

> **PANTENE PRO-V STYLING. FOR HAIR SO HEALTHY IT SHINES.**

For hair so healthy it shines.: ● ● ● ● ━━━━━━━━━━━━

'모발이 건강해서 윤기가 나게 됩니다'. 이것도 형식으로는 완전한 문장이 아니다. 이 표현은 원래 'for hair which is so healthy that it shines'란 표현을 간단하게 줄인 것이다. 상품을 선전하는 이런 형식에서 흔히 for를 사용하는 것을 잘 보아둘 필요가 있다.

Healthy Style.

Serious Hold.

Imagine a hairspray that holds your hair and leaves it healthy. It actually styles without damaging.

Enriched with pro-vitamins. Try Pantene Pro-V Hairsprays. For healthy, shiny styled hair.

From the Pantene Collection: Sprays, Mousse and Gels.

Pantene Pro-V Styling. For Hair So Healthy It Shines.

해석

건강한 헤어스타일.

흐트러지지 않는 매무새.

한 번 뿌리면 당신의 머리 모양을 탄탄하게 유지해주면서도 건강한 상태로 지속되게 해주는 헤어스프레이를 상상해 보세요. 정말로 이 헤어스프레이는 모발을 손상시키지 않으면서 스타일을 만들어줍니다.

프로비타민 첨가로 강화된 제품입니다. 팬틴의 Pro-V 헤어스프레이를 사용해 보세요. 건강하고 윤기가 나는 멋진 스타일의 머리를 만들어 드릴 것입니다.

팬틴사의 스프레이, 무스, 젤 콜렉션.

팬틴사의 Pro-V로 헤어스타일을 만드세요. 모발이 건강해서 윤기가 나게 됩니다.

Fruit Smoothies.

Skintimate Peaches and Raspberry Rain Shave Gel.

Two delicious new ways to smoother, softer legs.

Get Skintimate®
with your legs.™
www.skintimate.com

남녀노소를 막론하고 미국인들이 아이스크림을 좋아하는 것은 그 정도에 있어서 가히 걱정을 해 줘야 할 정도라고 해도 과언이 아니다. 여기 광고에서는 아이스크림이 주는 달콤함과 부드러운 이미지를 이용해서 부드러운 쉐이빙 젤을 선전하고 있는데 이와 함께 미국음식에서 빼놓을 수 없는 아이스크림에 대해 잠시 살펴보기로 한다.

아이스크림*

구약성서에는 솔로몬 왕이 추수 때에 얼음으로 만든 음료를 먹었다고 하고, 또 악명 높은 네로황제는 달리기 잘하는 선수나 노예들을 높은 산에 보내 눈을 가져오게 해서 꿀과 과일, 주스 등을 넣어 아이스크림을 만들어 먹었다는 기록도 있다. 그러나 본격적으로 아이스크림이 만들어지게 된 것은 13세기에 마르코 폴로가 아이스크림 만드는 법을 중국으로부터 들여와 이태리에 소개하게 되면서부터라 한다.

음식 중에 아이스크림처럼 미국을 잘 상징해 주는 것도 드물다. 오늘날 미국인들은 연간 15억 갤론의 아이스크림을 먹는다고 하는데 이것은 대형트럭 60만대의 분량이다. 이것을 쉽게 말하면 미국의 남녀노소를 막론하고 한 사람에게 작은 아이스크림이 184개씩이 돌아가고, 미국의 모든 사람이 평균 이틀에 한 개씩의 아이스크림을 일년 내내 먹는 셈이다.

역사적으로 보면 미국의 초대 대통령 조지 워싱턴은 1790년 여름에 요즘 돈으로 말하면 9만 6천 달러 어치(우리 돈으로는 1억원 이상)의 아이스크림을 산 적이 있다는 기록이 있고, 미국이 전 세계로부터 이민을 받아들이던 관문인 뉴욕의 엘리스 아일랜드 행정장관은 모든 이민자들이 미국에서 먹는 첫 음식에 무료로 아이스크림을 제공하라는 법령을 1921년에 포고한 일도 있다.

이처럼 아이스크림을 좋아하다 보니 미국의 아이들이 부르는 노래 중에도 아이스크림과 관련된 것이 있어서 "I scream, you scream, we all scream for ice-cream!"이란 노래가 있다. 물론 I scream과 ice-cream이 발음이 같은 것을 이용하여 만든 노래이다.

미국인들은 식사 후에 단 것으로 후식을 먹는데 따라서 파이나 쿠키, 젤로, 과일 등을 먹기도 하지만 달콤한 것의 대명사라 할 수 있는 아이스크림도 후식 메뉴에서는 빠질 수 없는 것으로 되어 있다. 영양학자들에 의하면 식사 후에 단 것을 먹는 것이 소화를 촉진해 준다고 한다.

➔ |본|문|해|설|

Fruit Smoothies.

---

fruit smoothies: ● ● ● ●

'과일로 만든 소프트 아이스크림'. smoothy는 여기 그림에서 보는 것처럼 생긴 소프트 아이스크림이다. 아이스크림을 좋아하는 미국인들은 아이스크림에도 종류가 많다. 향, 즉 flavor의 종류에 따라 vanilla, strawberry, melon, cherry, chocolate, coffee, peppermint 등을 비롯해 자그마치 275가지의 flavor가 있으며 이 중에는 심지어 시금치나 토마토 향도 있다고 한다. 미국인들이 가장 좋아하는 아이스크림 향은 바닐라이고 다음이 초콜릿이다. 아이스크림 종류는 그 모양에 따라서도 보통 ice cream이라고 하는 것 이외에도 snow cone, slush, twist, smoothy, sorbet (sherbet), frozen yogurt 등이 있다. 여기 선전에서 fruit smoothy 이미지를 사용한 것은 기발한 발상이다. 이 그림에서의 연상이 음식과 여성의 몸을 동일시함으로써 강하고 자극적인 연상을 갖게 할 뿐만 아니라 아울러 젤의 부드러움이 강조되고 있다. 속어로 smoothy는 말 잘하고 눈치 빠르고 매너 있어서 여자에게 잘 보이는 남자를 가리키기도 한다. 반들반들하고 매끄럽다는 원래의 뜻에서 확장된 의미이다.

Skintimate Peaches and Raspberry Rain Shave Gel.

skintimate: ● ● ● ● ▬▬▬▬▬▬▬▬▬▬▬▬▬▬▬▬▬▬▬▬▬▬▬▬

이 단어는 물론 사전에 없는 신조어이다. skin과 intimate를 합쳐서 만들어 '피부와 절친한'이란 뜻
을 만들어낸 것인데 이 상품이 피부에 직접 바르고 면도를 하는 면도용 젤이라는 걸 생각하면 아주 잘
만들어 낸 상표명이다. 더욱이 이 단어의 끝이 mate로 되어 있어서 classmate, roommate의 경우처
럼 피부에 꼭 필요한 '짝꿍'이란 연상작용까지 불러일으킨다는 점에서 훌륭한 이름이다. 이처럼 단
어 뒤에 mate를 붙여서 물건의 상표명으로 만든 이름들이 많이 있다. 예를 들어, 사무용품 중
Officemate, Tablemate, 부엌용품 중 Cookmate, Kitchenmate 등과 같은 이름들을 들 수 있다.
intimate란 단어는 사전적으로 '절친한'이란 뜻을 가진 단어이지만 실제 사용에서는 각별히 조심을
해야 하는 단어이다. 왜냐하면 이 단어는 상당히 '성적인' 암시를 하고 있어서 누군가를 intimate
friend라고 하면 '절친한 친구'를 훨씬 넘어서는 관계를 말하기 때문이다. 이 경우에는 동성인 경우
에도 마찬가지여서 동성 친구를 intimate friend라고 하면 즉시 동성애자로 생각하게 된다. 그냥 단
순히 친한 친구를 가리킬 때에는 good friend, 또는 close friend라고 하면 된다.

raspberry: ● ● ● ● ▬▬▬▬▬▬▬▬▬▬▬▬▬▬▬▬▬▬▬▬▬▬▬▬

'산딸기'. 깊은 산 속에 이슬을 머금고 있는 새빨간 산딸기를 연상시키는 신선한 느낌의 단어이다.
영어에서 신기한 현상 중에는 열매이름들 중에 -berry가 붙는 것이 많다는 것이다. berry란 단어는 그
자체만으로도 대개는 동글동글한 열매를 가리키는 것이다. 그래서 blueberry, blackberry, mulberry
등이 있고 우리가 잘 아는 strawberry, gooseberry, huckleberry, 여기에 나오는 raspberry도 있다.
그런데 이 단어들은 사실 straw나 goose, huckle, rasp과는 전혀 관계가 없는 것들이다. 이처럼
-berry가 붙는 단어도 많고 이런 단어들이 미국인들에게는 berry라는 단어와의 의미적 합성이라는
생각이 희박한 때문인지 요즘은 library같은 단어도 [라이베리]라고 말하는 사람이 매우 많다.

Two delicious new ways to smoother, softer legs.

new ways to: ● ● ● ●

'…을 위한 새로운 방법'. 우리말에서는 '성공을 위한 새로운 방법', '개혁을 위한 지름길' 등에서 '…을 위한'이란 말이 있어서 대부분의 한국인은 영어로 옮길 때 for를 쓰는 경향이 있다. 때로는 for도 허용이 되기도 하지만 대개는 to를 써야 맞다. 이때의 to는 방향성의 의미를 가진 일종의 '해결방법의 to'라고 할 수 있는데, 예를 들어 an answer to the problem, a ticket to the moon, a stairway to heaven, a new way to success, a solution to the problem 등과 같은 표현들이 있다. 물론 '해결'은 앞의 단어에 따라 방향이 뒤집어질 수도 있어서 a limit to x, hindrance to x, barrier to x, obstacle to x 등과 같은 표현에서도 to를 쓸 수 있다.

Get Skintimate with your legs.

get skintimate with your legs: ● ● ● ●

'skintimate와 함께 당신의 다리와 친해지세요'. get intimate란 표현은 '절친해지다'라는 뜻으로 become intimate와 같은 표현이다. 그러나 굳이 get을 쓴 것은 명령법에서 get을 자주 쓰기 때문이기도 하겠지만, 뒤의 skintimate가 상표명이기 때문에 get skintimate라고 하면 '스킨티메이트를 사세요'라는 긍정적인 중의성이 만들어지기 때문이다.

Johnson & Son, Inc.

Johnson & Son, Inc.: ● ● ● ●

이런 이름은 회사명에서 자주 볼 수 있는 것이다. 'xxx & son'은 xxx와 그 아들이란 뜻으로 역사적으로 대개의 회사들이 아버지와 아들이 함께 가게 같은 것을 운영하다가 만들어진 것이기 때문에 이런 이름이 많은 것이다. 때로는 친구들끼리 힘을 합쳐서 회사를 만들기도 했는데 이런 것으로부터 Johnson & Company 즉 'Johnson과 그의 친구들'이란 이름이 나오게 되었고 회사(company)란 단어도 이로부터 나온 것이다. 요즘 흔히 볼 수 있는 Co.라는 회사표시 약자는 물론 이 company에서 줄여진 단어이다. 요즈음은 '&'를 대개 생략한다. 때로 "&"를 어떻게 불러야 할 지 몰라서 다른 사람에게 말할 때 어려움을 겪는 경우가 있는데 이것의 이름은 "ampersand"이다. 때로는 "short and"라고 부르기도 한다.

Fruit Smoothies.

Skintimate Peaches and Raspberry Rain Shave Gel. Two delicious new ways to smoother, softer legs.

Skintimate Moisturizing Gel.

Get Skintimate with your legs.

과일 소프트 아이스크림입니다.

스킨티메이트의 복숭아향(Peaches)과 래즈베리 레인향(Raspberry Rain)의 면도용 젤. 이 두 가지는 더욱 매끄럽고 더욱 부드러운 다리를 가지실 수 있는 두 가지 맛있는 새로운 방법입니다.

스킨티메이트. 피부를 촉촉하게 해주는 면도용 젤

당신의 다리와 살과 살을 대도록 가까워져 보세요.

AVEDA ®

THE ART AND SCIENCE OF PURE FLOWER AND PLANT ESSENCES.

BEAUTY IS AN ACT OF NATURE.

Introducing Uruku. Rich, earthy lip colours formulated from pure plant pigment.
Organically grown by indigenous peoples in the Brazilian rain forest.
Uruku contains no synthetic dyes, fragrances or preservatives. Only real aromas and
flavors of plants and herbs for a fresh breath and sensuous lips.
Experience Aveda colours for eyes, skin, cheeks and lips. No animal testing or ingredients.
Free of petrochemicals and mineral oils. Coexisting with nature.

Our Flagship Aveda Esthetiques are located in London • Los Angeles • Melbourne
• Milwaukee • Minneapolis • New York • Seattle • Singapore • Washington D.C.

포유류에는 개나 고양이를 비롯해 대부분의 동물들이 색맹인 데 비해 인간은 드물게 칼라비전을 가지고 있다. 이것 때문에 인간 문명이 다른 동물들의 생활과 달리 다채롭게 된 것인지도 모른다. 산업화 정도가 높아질수록 단순하게 색깔이 현란한 것보다는 색깔의 조화에 관심을 갖게 되는데 미국도 그 점에서 예외가 아니다. 색깔에 관하여 간단하게 살펴보기로 한다.

색깔*

미국인들의 색채에 대한 관심은 특별해서 옷을 입을 때 색깔을 맞춰 입는 것은 물론이고, 각종 행사에도 거기에 맞는 옷 색깔에 신경을 많이 쓴다. 옷을 입을 때 색깔이 제대로 어울리지 않으면, 즉 matching color가 아니면 색깔이 서로 충돌을 일으킨다 하여 color clash라고 한다. 따라서 상품을 고를 때에도 색깔에 신경을 많이 쓰기 때문에 상품을 개발하는 사람에게 색깔은 매우 중요하다. 예를 들어 빨간 색은 '피'나 '불' 같은 것을 연상시켜 주어서 사람들은 본능적으로 피할 수 없는 관심을 나타내게 된다고 한다. 그래서 사람의 관심을 집중시켜야 하는 Stop 교통신호가 빨간 색이고, 스포츠카도 빨간 색이 많고 심지어는 콜라까지도 빨간 색인데, 최근 미국인들의 좋아하는 색이 파란색으로 바뀌면서 콜라회사들도 파란색 음료를 개발하기 시작했다고 한다. 우리나라에도 최근 파란색 음료가 등장하기 시작했는데 이것도 무관해 보이지 않는다. 널리 알려지지는 않았으나 코카콜라의 원래 색깔은 녹색이었다고 한다.

옷을 입을 때 남자들이 칼러 매치를 생각하는 데에는 몇 가지가 고려되어야 한다. 먼저 바지와 재킷이 서로 매치나 컨트래스트가 있게 한다. 이 두 가지가 다르게 하여 컨트래스트가 있게 했을 경우에는 바지와 셔츠가 같은 계통의 색깔이어야 하되 너무 짙은 색깔이어서는 안 된다. 물론 흰색 셔츠는 바지 색깔과 관계없이 무난하다. 또 넥타이는 바지와 재킷, 셔츠 색깔이 섞인 것으로 하지만 너무 여러 가지 색이 나지 않도록 한다는 것이다. 여성들의 경우에는 훨씬 더 복잡한데 여성들의 경우에는 핸드백, 구두, 악세서리, 화장 톤까지도 고려하게 되기 때문이다. 또한 색깔 뿐 아니라 문양, 즉 패턴까지도 고려해야 하기 때문에 옷을 제대로 입는 일은 생각보다는 훨씬 힘든 일이다.

|본|문|해|설|

The Art and Science of Pure Flower and Plant Essences.

essence: ● ● ● ●

'원액'. 우리가 흔히 '엑기스'라고 하는 것은 extract(농축추출물)에서 나온 단어인데 표준어로는 '엑스'라고 한다. 영어에서 흔히 쓰이는 '농축액'은 concentrate라는 단어이다. essence도 같은 의미인데 extract란 단어와는 달리 단순히 물질적인 추출물보다는 오히려 본질 또는 진수의 뜻이 있어서 좀 더 추상적인 뜻이 포함되어 있다.

Beauty Is an Act of Nature.

an act of nature: ● ● ● ●

'자연이 만들어 낸 것'. act는 일반적으로 행위의 결과를 가리키고 action은 행위 자체를 가리킨다. 여기서 an act of nature를 보면서 미국인들에게 일차적으로 연상되는 것은 an act of God 즉 '신이 하는 일'인데 이것은 흔히 '사람이 어쩔 수 없는 일, 불가항력적인 일'이라는 법률용어로도 쓰이는 표현이다. nature가 대문자로 쓰이면 '신, 조물주'라는 뜻으로도 쓰기 때문에 여기 an act of nature 는 '자연이 만들어 낸, 조물주가 만들어 낸, 인간에게는 경이로울 수밖에 없는 일'이란 뉘앙스를 강하게 나타낸다. 하긴 전혀 빛이 없어 아무 것도 보이지 않는 바다속 수천 미터의 깜깜한 곳에 살아서 색깔이 전혀 필요가 없는 물고기까지도 오색찬란하게 만들어 놓은 조물주를 보면 확실히 신은 아름다움에 매우 집착하시는 것 같다.

Introducing Uruku.

Introducing Uruku.: ● ● ● ●▬▬▬▬▬▬▬▬▬

'Uruku를 소개합니다'. 영어 광고문에서는 소개글을 대개 이 관용표현으로 시작한다. 이것을 We would like to introduce Uruku to you.라고 한다면 매우 따분해진다. 미국의 점포들 앞에 흔히 Now hiring이란 글이 자주 붙어 있고 구인광고에도 이런 글로 시작되는 경우가 많은데 이것도 마찬가지로 '종업원을 모집합니다'라는 굳어진 표현이다.

Rich, earthy lip colours formulated from pure plant pigment.

earthy: ● ● ● ●▬▬▬▬▬▬▬▬▬

'진정한'. 원래 이 단어는 '땅'이라는 earth에서 파생된 것인데 이로부터 '흙의, 땅에 속한, 세속적인, 꾸미지 않은' 등의 의미가 생겨났다. 마찬가지의 어원을 가진 earthly도 비슷한 뜻을 가지고 있지만, '솔직한, 진정한'의 뜻은 없다. 여기에서 '환상적인'의 뜻을 가진 단어보다 '세상적인'과 같은 단어를 쓴 이유는 뒤에 나오는 sensuous, 즉 심미적이고 감각적인 따라서 현세적인 의미를 부여하고 싶었기 때문일 것이다.

Organically grown by indigenous peoples in the Brazilian rain forest.

organically grown: ● ● ● ●▬▬▬▬▬▬▬▬▬

'유기적으로 기른'. 요즘 건강식품과 더불어 큰 인기를 모으고 있는 유기농법(organic farming)은 재배할 때 농약이나 화학비료를 사용하지 않고 기르는 것을 가리킨다.

○ Try this melon. It's organic.

'이 참외 좀 먹어봐. 농약 안 쓰고 기른 거야.'

> **Only real aromas and flavors of plants and herbs for a fresh breath and sensuous lips.**

aroma: ● ● ● ●

'향기'. aroma, fragrance, perfume, odor, smell과 같은 단어들은 모두 냄새나 향기를 가리키는 단어들인데 fragrance는 꽃 같은데서 나는 향기, perfume은 제품화된 향수를 가리킨다. odor나 smell은 중립적으로도 쓸 수 있지만 일반적으로는 부정적인 냄새를 가리킬 때 쓴다. 이에 반해 aroma는 긍정적인 즉 좋은 냄새만을 가리킨다. 그러니까 bad aroma라는 말은 안 쓴다.

sensuous lips: ● ● ● ●

'아름다운 입술'. 문자적으로는 '심미적인 입술'이다. sensuous는 물론 sense에서 파생된 단어인데 이외에도 sensual, sensitive, sensational, senseful, sensible, sensory, sentimental 등 많은 파생어들이 있다. sensual은 성적인 것, sensitive는 민감하거나 중요한 것, sensational은 인기가 있는 것, senseful은 사려가 깊은 것, sensible은 현명한 것, sensory는 감각기관과 관련된 것, sentimental은 감상적인 것을 가리킨다. 비슷하게 생겼지만 뜻이 대부분 현저하게 달라서 잘못 바꾸어 쓰면 봉변을 당할 염려도 있다. 예를 들어 You are a sensible person(당신은 사려가 깊은 분이에요)이라고 할 것을 You are a sensual person(당신은 관능적인 사람이에요)이라고 하면 뺨을 맞을 수도 있다.

> **No animal testing or ingredients.**

no animal testing: ● ● ● ●

'동물 실험을 안 했음'. 원래 이 회사는 최초로 식물성 샴푸를 개발했던 회사로 동물을 학대하거나 동물을 원료로 쓰는 것을 반대하는 회사이다. 대부분 사람 몸에 바르는 약품이나 화장품들은 안정성을 확보하기 위해 동물실험을 하는데 도덕성에 대한 논란이 심하다.

no animal ingredients: ● ● ● ●

'동물 성분 포함되지 않음'. 동물로부터 추출한 동물성 물질이 들어 있지 않다는 뜻이다. 동물성 물질에 대한 한계는 매우 미묘한 때도 있어서 일본의 한 조미료회사가 돼지의 내장으로부터 추출물을 발효시켜 만든 효소를 이용해 화학조미료를 만들어서 인도네시아에 팔았다가 이슬람 법에 따라 조미료 회수령이 내려지고 회사간부들이 모두 체포되기도 했고, 인도에서는 맥도날드가 쇠기름을 써 감자를 튀겨 팔았다가 힌두교도들에 의해 맥도날드 체인점들이 습격을 당하기도 했다.

AVEDA®

The Art and Science of Pure Flower and Plant Essences.

Beauty is an Act of Nature.

Introducing Uruku. Rich, earthy lip colours formulated from pure plant pigment. Organically grown by indigenous peoples in the Brazilian rain forest.

Uruku contains no synthetic dyes, fragrances or preservatives. Only real aromas and flavors of plants and herbs for a fresh breath and sensuous lips.

Experience Aveda colours for eyes, skin, cheeks and lips. No animal testing or ingredients. Free of petrochemicals and mineral oils. Coexisting with nature.

Our Flagship Aveda Esthetiques are located in London·Los Angeles·Melbourne·Milwaukee·Minneapolis·New York·Seattle·Singapore·Washington D.C.

AVEDA®
순수한 꽃과 식물의 원액을 이용한 예술과 과학

아름다움은 자연이 만들어 내는 것입니다.

당신께 Uruku를 소개 드립니다. 순수한 식물 색상으로부터 만들어진 풍부하면서도 솔직한 입술 색상들입니다. 브라질의 열대림 속에서 원주민들이 유기농법으로 재배한 것이지요.

Uruku는 합성염료나, 향료, 방부제가 들어있지 않습니다. 상쾌한 숨결과 심미적인 입술을 위해 만들어진, 식물과 허브로부터 추출한 천연향과 풍미만을 사용했습니다.

눈과 피부, 뺨과 입술에 Aveda의 칼라를 경험해 보십시오. 동물실험을 하지 않았고 동물성 성분이 들어 있지 않습니다. 석유에서 추출된 화학물질이나 광물질에서 나온 기름 종류도 전혀 들어 있지 않습니다. 자연과 함께 살아갑니다.

주요 Aveda 취급점 위치:

London, Los Angeles, Melbourne, Milwaukee, Minneapolis, New York, Seattle, Singapore, Washington D.C.

Why **reapply?** Just **press** your **lips.** And discover self-renewing color that wears on and on.

COVER GIRL

Ever wish you could be sure that your lipcolor stayed looking great for hours and hours? Now you can! Just press your lips and the unique formula with microbeads provides a fresh burst of color. So there's no need to reapply.

New Continuous Color Self-Renewing Lipstick

Press Your Lips

For Renewed Color

COVER GIRL Niki Taylor is wearing Radiant Red.

Self-renewing color you can count on. Guaranteed!*

화장에 있어서 가장 중요한 요소는 색채이다. 그런데 색채는 문화와 언어에 따라 많이 다르다. 흔한 색깔인데도 이름을 안 붙이는 언어도 있는 것이다. 화장에 있어서 색채가 가장 돋보이는 부분이 입술인데 여기 립스틱 광고문을 살펴보면서 색깔과 립스틱과 관련된 미국 문화의 일면을 간단하게 살펴보기로 한다.

색깔과 립스틱*

미국인들이 가장 좋아하는 색깔은 오랜 동안 초록색(green)이었다. 최근에는 파란색(blue)으로 변했다. 이런 변화는 세상이 너무 소란스럽고 빠르게 움직이기 때문에 마음을 가라앉혀 주고 편안하게 해주는 색깔인 파란색으로 바뀐 것이라는 심리학자들의 분석도 있다.

영어에는 기초색채어라고 하는 색깔 단어들이 black, white, red, green, yellow, blue, brown, purple, pink, orange, gray 등 11개가 있는데, 이 중에서 red, orange, yellow, green, blue, purple, pink, brown이 미국인들의 말 속에 가장 많이 사용된다고 한다. 신기하게도 호주와 뉴기니아 원주민들 중에는 색채어가 '진한 색(dark)'과 '연한 색(light)' 두 가지밖에 없는 언어들이 있다.

한국어에는 '파란색'이 청색(blue)과 초록색(green)을 둘 다 가리키는 언어이어서 한국어 같은 언어를 green과 blue를 섞어 새로운 단어를 만들어 'GRUE 언어'라고 부른다. 여기 광고문에는 립스틱의 각 색깔에 다양하고 환상적인 이름을 붙였는데, 대부분은 일상생활에서 통용되는 색깔 이름이 아니다.

립스틱의 역사는 거의 5,000년 정도 된다고 한다. 어린아이의 입술이 어른보다 더 진하기 때문에 나이가 들면서 아이들의 입술처럼 만들기 위해 색깔을 바르기 시작하면서 립스틱이 생겨났다고 생각하는데, 처음에는 흙이나 돌가루 심지어는 아연이나 수은 같은 맹독물질까지 사용을 해서 실제로 1920년대에 미국정부는 립스틱을 불법화하는 방안을 검토하기까지 했다. 그러나 최근 연구에 의하면 여성들은 립스틱으로 입술을 보호해서 남자보다 입술 암에 걸리는 확률이 적다고 한다. 최근에는 전통적인 빨간 색 이외에도 여러 가지 색깔로 복잡한 메시지를 전달하게까지 되었고 1998년에는 『Read My Lips: A cultural history of lipsticks(내 입술의 메시지를 읽어보세요: 립스틱의 문화 역사)』라는 책까지 출판되었다. 요즘은 화장에 있어서 립스틱이 거의 필수가 되어서 Naked is a woman without her lipstick!(립스틱을 안 바른 여성은 나체나 다름없다)란 말까지 나왔다.

↑ |본|문|해|설|

Why reapply?

reapply: ● ● ● ● ━━━━━━━━━━━

'다시 바르다'. apply는 연고나 립스틱 같은 것을 바르는 것을 가리킨다. 물론 일반적으로 많이 쓰이는 '지원하다'의 뜻도 있는데, 이런 의미들은 모두 기본적으로는 '갖다 대다, 붙이다'의 뜻에서 발전한 것이다. 입술에 색을 칠한다고 해서 'paint'라고 하면 안 된다. 화장을 너무 진하게 해서 천박한 여자라는 어감을 준다. '바르다, 붙이다, 적용되다'의 뜻으로는 apply to, '지원하다'의 뜻으로는 apply for라 한다. Why reapply?라는 말이 주는 첫 느낌은 '한 번 떨어진 데 뭘 다시 지원하세요?' 하는 느낌이다. 따라서 독자의 관심을 끌기에 퍽 좋은 말이다.

And discover self-renewing color that wears on and on.

self-renewing: ● ● ● ● ━━━━━━━━━━━

'스스로 새롭게 하는'. 이것은 아직 새로운 단어로까지는 인정을 받지 못하지만 영어에서 얼마나 많

은 단어들이 간단하게 self-와 합성어를 이루고 있는가를 잘 보여 준다. self-와의 합성어들 중에 알
아둘 만한 것으로는 self-centered '자기중심적인', self-confidence '자신감', self-control '자제, 극
기', self-employed '자영업을 하는' 등이 있다.

Ever wish you could be sure that your lipcolor stayed looking great for hours and hours?

look great: ● ● ● ● ▬▬▬▬▬▬▬▬▬▬▬▬▬▬▬▬▬

'멋지다, 멋져 보이다'. 여성에게 찬사로 쓸 때 가장 흔히 쓸 수 있는 표현이다. You look great. You
look great in that new dress. You look great with that hairdo.

Just press your lips and the unique formula with microbeads provides a fresh burst of color.

press your lips: ● ● ● ● ▬▬▬▬▬▬▬▬▬▬▬▬▬▬▬

'입술을 꼭 다물다'. 그림에 있는 것처럼 입술끼리 꼭 누르는 것을 가리킨다. bite one's lips는 '고통이
나 분노를 참기 위해 입술을 깨물다'의 뜻으로 우리말 표현과 아주 흡사하다. 흔히 과로해서 입술이
부르트면 영어로는 주로 cold sore라고 하고 때로는 blister라고도 하는데 이 때 약사들의 충고는 입
술을 깨물지 말라는 것이다.

◑ Excuse me, do you carry something for a cold sore?

'혹시 입술 부르튼데 바르는 약 있어요?'

◑ Apply this regularly, and don't bite your lips.

'이걸 자주 발라 주세요. 그리고 입술을 깨물지 마세요.'

So there's no need to reapply.

there is no need to…: ● ● ● ● ▬▬▬▬▬▬▬▬▬▬▬▬▬▬▬▬▬▶

'…할 필요가 없다'. 흔히 간결한 문투에서는 No need to…라고만 쓰기도 한다. 물론 '당신이 …할 필요가 없다'고 할 때에는 There is no need for you to…처럼 쓸 수도 있고, You don't need to…처럼 쓸 수도 있다. You need not…으로도 쓰지만 구어체에서는 흔히 You don't need to…를 더 자주 사용한다.

Guaranteed!

Guaranteed!: ● ● ● ● ▬▬▬▬▬▬▬▬▬▬▬▬▬▬▬▬▬▬▬▶

'보증합니다'. 보증의 내용은 바로 앞의 문장 즉 이 새로운 립스틱을 반복해서 바르지 않고도 계속 저절로 발라져 예쁜 모양을 계속 유지하는 것이 믿을 만하다는 것이다. 해보니 그렇지 않더라고 생각한다면 전액환불(full refund)을 해주겠다는 약속이다. 많은 상점에는 Satisfaction guaranteed '만족을 보장합니다'라고 쓰여 있다. 심지어는 식당에서도 맛이 없으면 돈을 돌려받지 않는 곳도 있다. 물론 제한사항이 있기도 한데, 그래서 이 광고에서도 맨 밑에 Some restrictions apply.라고 단서를 달았다.

Why reapply?

Just press your lips. And discover self-renewing color that wears on and on.

Ever wish you could be sure that your lipcolor stayed looking great for hours and hours? Now you can! Just press your lips and the unique formula with microbeads provides a fresh burst of color. So there's no need to reapply.

New Continuous Color Self-Renewing Lipstick.

Cover Girl Niki Taylor wearing Radiant Red.

Press your lips For renewed color.

Self-renewing color you can count on. Guaranteed!*

From left to right: Top row: Rose Quartz, Almost Nude, Smoky Rose, Ice Blue Pink, Midnight Mauve, Parisian Pink, Natural Frost, In the Nude, Metallic Rose, Raisin Glaze, Wild Rose, Really Red, Chill Pepper, Cherry Blossom, Radiant Red. Bottom row: Cranberry, Desert Rose, Brandyberry, It's Your Mauve, Toast of the Town, Mocha, Berry Rose, Vintage Wine, Coco Blush, Cinnamon Spice, Toasted Almond, Rum Raisin, Sangria, Cool Crimson, Magenta.

*If you don't agree, call 1-800-LONG-WEAR for full refund details. Some restrictions apply.

해석

왜 자꾸 새로 바르세요?

입술을 한 번 꼭 다무세요. 그리고 몇 번이고 새로 입술색이 저절로 발라지는 것을 발견하세요.

혹시 한 번 바른 립스틱이 몇 시간이고 계속 멋지게 유지될 수 있으면 얼마나 좋을까 하고 소망해 보신 적이 있으신가요? 이제는 그러실 수 있습니다. 그저 입술을 한 번 꼭 다무세요. 그러면 첨단의 미세 입자를 이용한 독창적인 기술이 새로운 색깔을 듬뿍 만 들어지게 해 드립니다.

그러니 새로 입술색을 바르실 필요가 없는 것이지요.

지속되는 새로운 색상. 입술색을 저절로 발라주는 립스틱.

카버걸 Niki Taylor가 지금 바르고 있는 것은 Radiant Red 색깔입니다.

입술을 한 번 꼭 다무시면 새로워진 입술색이 나옵니다.

당신에게 신뢰감을 드리는 저절로 발라지는 색상들. 만족을 보장합니다.*

왼쪽에서 오른쪽으로 색상이름: 윗줄: Rose Quartz, Almost Nude, Smoky Rose, Ice Blue Pink, Midnight Mauve, Parisian Pink, Natural Frost, In the Nude, Metallic Rose, Raisin Glaze, Wild Rose, Really Red, Chill Pepper, Cherry Blossom, Radiant Red. 아랫줄: Cranberry, Desert Rose, Brandyberry, It's Your Mauve, Toast of the Town, Mocha, Berry Rose, Vintage Wine, Coco Blush, Cinnamon Spice, Toasted Almond, Rum Raisin, Sangria, Cool Crimson, Magenta.

*혹시 동의하지 않으시면 1-800-LONG-WEAR(5664-9327)로 전화 주시면 전액환불을 받으시기 위한 자세한 정보를 알려 드립니다. 제한 사항이 있습니다.

LANCÔME PARIS

MAKEUP SURVIVAL KIT

DUAL FINISH
VERSATILE POWDER MAKEUP

IT'S POWDER-SHEER COVERAGE WITH THE PERFECTION OF FOUNDATION. IT PUFFS OR SPONGES ON EFFORTLESSLY. GOES FROM DAYTIME TO DINNER FLAWLESSLY.

LANCÔME
PARIS

http://www.lancome-usa.com

화장품 산업[*]

화장의 역사는 인류의 역사만큼이나 깊다고 한다. 매력적으로 보여야만 짝을 찾아 살아남을 수 있기 때문이라는 진화론적 설명이 믿을 만한 것이든 아니든 간에 예뻐지려는 인간의 욕망은 우리의 본성 깊이 뿌리박고 있는 것 같다. 세계적으로 화장품 산업은 연간 매출이 450억 달러에 이른다고 하는데 이 중에서 미국의 화장품 산업이 200억 달러에 이른다고 하니 전 세계의 화장품 업계 거의 절반이 미국을 거점으로 하고 있는 셈이다. 한국도 15억 달러 어치의 화장품을 미국으로 보내고 있다. 미국의 어떤 화장품 온라인 상점에는 물건의 종류가 5,000가지나 되는 걸 보면 매우 놀랄 만한 일이다. 통계에 따르면 미국여성의 80%가 주당 25회 이상의 화장을 한다고 하니 하루에 평균 3.5회씩 화장을 하는 셈이다. 또 11세에서 16세의 어린 여자아이들도 75%가 화장을 한다고 하는데 이 나이대의 유럽 여자아이들이 50% 정도 되는 걸 보면 미국인들이 유별나게 화장을 많이 하는 것 같다. 그래도 한국에 있다가 미국에 가보면 화장을 안 한 여성들이 무척 많이 눈에 띄는데 그런 느낌이 정확한 것이라면 한국여성들은 미국여성들보다도 더 화장을 많이 하는 것인지도 모른다.

전문가들에 의하면 화장품이라고 하는 것이 아득한 옛날이나 지금이나 똑같은 것이지만 생화학계의 발전에 의해서 화장품의 용매나 성분이 계속 바뀌고 있어서 화장품

업계도 이렇게 활발하게 발전하는 것이라 한다. 화장품의 성분에는 가히 상상이 되지 않는 것들도 많이 있어서 지렁이 추출물이 사용되기도 하고 대부분의 립스틱에는 생선비늘성분이 들어 있다고도 한다. 심지어는 신생아의 태반 추출물이 특정 화장품 원료로 사용된다는 신문보도도 있었다. 이처럼 신비로운 화장품들이 끊임없이 개발되고 여성들의 예뻐지려는 욕망은 죽을 때까지 사라지지 않기 때문에 화장품 산업은 경기를 타지 않는 산업인 듯하다.

|본|문|해|설|

Make up Survival Kit

make up: ● ● ● ●

'화장'. 원래 이 단어는 They made up the fence. Water is made up of oxygen and hydrogen처럼 보충하거나 구조를 이루고 있는 것 즉, 구성이나 성분을 나타내는 말에서 굳어져 한 단어가 되었다. 따라서 아직도 이런 뜻으로 잘 사용된다. 이 단어가 100여 년 전부터 분장이나 화장을 하는 것에도 쓰이게 되었다. 화장이 일종의 '보충활동'이라고 생각하면 그 어원적 의미를 쉽게 이해할 수 있을 것이다. 학교에서는 보강이나 추가시험 등을 makeup이라 한다.

survival kit: ● ● ● ●

'생존을 위한 세트'. 여성들은 일반적으로 세상을 전투적으로 대처해서 항상 수중에 "만의 하나에도" 쓰일 가능성이 있는 물건들까지 가지고 다녀야 마음이 놓이기 때문에 여성들은 남성 지갑의 50배에서 100배에 이르는 크기의 핸드백을 가지고 다니는 것이라 한다. 여기에서는 그런 핸드백 안에 '생존을 위한 세트'를 넣고 다니도록 화운데이션 콤팩트 팩을 선전하고 있다. 즉 식사나 차 마신 후에 흐트러진 화장을 복구해 줄 수 있는 최소한의 장비라는 말이다. 미국 사회에서는 '서바이벌 킷'이라고 하는 것이 널리 사용되고 있는 용어이다. 예를 들어 어떤 특정 교과목에 대해 집중적으로 설명해 놓은 세트도 survival kit이라 부르고, 학교 생활이나 어떤 프로그램에 적응하기 위해 필요한 사항들을 안내해 놓은 것도 survival kit이라고 부른다. 이런 것에는 대개 "Everything You Need to Know about American History/Math/…" 같은 이름을 붙여 두고 있다. survival kit 중에서 가장 특이한 것은 군인들의 survival kit이다. 여러 가지 종류가 있지만 그 중 한 가지는 survival card가 있는데 이 카드에는 전투 중에 길을 잃었을 경우 산 속에서 어떤 열매는 따먹을 수 있고 어떤 것은 독성이 있으며 어떤 동물들은 잡아먹어도 되고 어떤 것들은 먹을 수 없는지 등에 대해 상세한 사진과 설명이 들어 있는 카드이다. 물론 전 세계에 흩어져 배치되어 있는 미군들의 상황에 맞게 지역별 카드가 다 다르게 되어 있다. 이러한 의미에서의 '생존'이 화장품세트를 통한 생존과 같은 유의 것인지는 오로지 여성만이 알 것이다.

◐ What do you have in the knapsack?

'그 둘러메는 가방에 뭐가 들었어?'

◐ I've got a sandwich, a chocolate bar, a bottle of water, and stuff like that.

'샌드위치, 초콜릿, 물 한 병, 뭐 그런 것들…'

◐ What's that, then? A survival kit?

'그럼 그게 뭐야? 뭐 써바이벌 킷인가 보지?'

Dual Finish. Versatile Powder Makeup.

versatile: ● ● ● ●

'다재다능한', '다용도의'. 일반적으로는 어떤 사람이 여러 가지 다양한 방면에 재능이 있는 것을 가리키는 단어였는데 지금에 와서는 어떤 물건도 기능이 다양하게 쓰일 수 있으면 versatile이라고 한다. 예를 들어 일상생활에서뿐 아니라 등산이나 낚시 등을 할 때에 소위 Swiss Army knife라고 하는 빨간 색 나이프는 그야말로 수십 가지의 용도로 사용될 수 있으므로 전형적인 versatile knife라 할 수 있다. 사람으로 말하자면 미국 역사에서는 과학자이며, 발명가이며, 정치가이며, 작가이었던 벤자민 플랭클린 대통령이 대표적인 versatile man으로 꼽힌다. 아마 우리나라 역사에서는 발명가이며, 정치가이며, 과학자이며, 언어학자이며, 음악가였던 세종대왕이 이 호칭을 받을 만할 것이다.

It's powder-sheer coverage with the perfection of foundation.

powder-sheer coverage: ● ● ● ●

'파우더 바르듯이 얇게 커버함'. sheer란 단어는 sheer tights 즉 '속이 비치는 양말'처럼 속이 들여다보이는 얇은 것을 가리키는 단어이다. powder-sheer란 물론 이 선전에서 창의적으로 만들어 낸 표현이다. 화운데이션은 그 위에 다른 화장을 하도록 기초적으로 바르는 진하고 빡빡한 분이나 크림인데 화운데이션은 피부에 있는 흠집들을 가릴 수 있도록 탁하게 만들어져 있다. 따라서 이 화운데이션이 맨 겉으로 나오게 되면 너무 뻑뻑한 느낌을 줄 것이다. 그래서 여기에서는 화운데이션처럼 모든 결함을 숨겨주면서도 느낌은 아주 얇게 바른 것처럼 보이게 해 주는 이중적인 역할을 한다고 말하고 있다.

It puffs or sponges on effortlessly.

puff: ● ● ● ●

'푹푹 뿜다', '푹푹 뿜는 것'. puff라고 하면 숨이 차서 숨을 푹푹 뿜는 것을 가리키기도 하지만 이 단어와 관련하여 제일 먼저 떠오르는 것은 갓난아이들의 사타구니가 뽀송뽀송한 느낌이 들게 하기 위해 분가루를 부드러운 솔로 두드려 뿌려주는 powder puff가 떠오른다. 여성들의 얼굴에도 이런 부드러운 패드 솔로 얼굴에 분가루를 바르는데 이것을 puff라고 한다.

sponge on: ● ● ● ●

'스폰지로 바르다', '스폰지로 발라지다'. 여기서는 앞의 타동사적으로가 아니라 두 번째 자동사적으로 사용되었다. 이런 표현은 영어에 다양하게 나타난다. 예를 들면, This book sells well. '이 책 잘 팔려요.' The steak cuts easily. '이 스테이크는 잘 잘리네요' 같은 것들이 대표격이다.

Goes from daytime to dinner flawlessly.

goes from daytime to dinner: ● ● ● ●

'낮에서 저녁 디너시간까지 지속되다'. go라는 말은 그 쓰임새가 다양하기 이를 데 없다. 여기에서는 우리말 식으로는 '지속된다', 또는 '통용된다'의 뜻이다. 대개 디너에 가는 여성들은 특별히 화장을 다시 한 번 손질하고 가는 것이 특징인데 디너에 그냥 가도 될 정도로 완벽하다는 뜻도 되고, 한 번 해 놓은 화장이 오래 동안 잘 유지된다는 뜻도 된다. 구어에서 'go'는 다양한 관용표현으로 사용된다.

○ Ok, all systems go.

'준비 완료했습니다.'

○ I need your final go.

'명령만 내리십시오.'

○ John and Mary are going steady now.

'John과 Mary가 진지하게 사귀고 있어.'

○ Here we go.

'자, 됐다.'

○ Then he goes, "I never said that!"

'그러니까 그 친구 왈 '난 그런 말 한 적 없어' 하는 거야.'

flawlessly: ● ● ● ●

'흠없이, 티없이'. 여기에서는 완벽하다는 의미와 얼굴의 잔 티들이 없다는 이중적인 의미로 사용되었다. 또 바로 윗 문장에서 effortlessly로 끝난 것과 운이 맞아 읽을 때 경쾌한 느낌을 갖도록 고안된 문구이다.

Lancôme

Makeup Survival Kit.

Dual Finish. Versatile Powder Makeup.

It's powder-sheer coverage with the perfection of foundation. It puffs or sponges on effortlessly. Goes from daytime to dinner flawlessly.

 해석

랑콤 써바이벌 킷

Dual Finish. 다목적용 파우더 화장품.

화운데이션처럼 완벽하게 흠을 감추어 주면서도 파우더로 가볍게 살짝 발라 주는 화장품. 화장용 패드 솔이나 스폰지로도 손쉽게 발라집니다. 낮 시간부터 저녁 디너 시간까지 전혀 흠 없이 지속됩니다.

No 9 **Météorites** 화장품

MÉTÉORITES MAY BE THE FINEST
FINISHING POWDER ON EARTH.
AMONG OTHER PLACES.

*pink gives
a healthy glow*

*green tones
down redness*

*mauve
attracts light*

*gold and pearl
create highlights*

*white
brightens*

With Météorites, Guerlain has taken the most
beautiful colors of the universe and created a
finishing powder beyond compare. With a swirl
of the brush, tiny spheres of color blend to create
a veil of absolute perfection. Météorites not only
creates a matte finish and enhances a woman's
natural radiance, but minimizes imperfections in
her complexion. So if you believe all powders
are created equal,✱Météorites should broaden
your horizons. And prove that the most beautiful
color in the universe is your own.

MÉTÉORITES

From The House of Guerlain

외국어*

미국인들은 종종 지구상에서 가장 외국어를 못하는 사람들이라고 비난을 받는다. 이런 비난 때문에 이미 1930년대부터 많은 언어학자들이 미국의 중·고등학교에서 외국어교육을 활성화시키려고 많이 노력들을 해왔다. 그러나 미국인들의 외국어 실력은 전혀 나아진 것이 없는 것 같다. 하긴 따지고 보면 전 세계가 영어로 의사소통을 해 가는 추세에 있고, 인터넷 언어도 거의 영어가 주 매체가 되어가고 있는데다가 어떤 학자는 앞으로 300년 후에는 영어가 전 세계 언어를 통일할 것이라고까지 예견하기까지 했으니, 미국인들이 구태여 다른 외국어를 안 하려고 하는 것도 무리는 아닌 것 같다. 그래서 그런지 미국인들은 외국어를 잘하는 사람들에게 관심이 많다. 두 가지 언어를 능란하게 잘하는 이른바 이중언어사용자(bilingual)들을 늘 존경스러워 한다. 이런 이유로 해서 광고물에 외국어 특히 불어를 사용하는 경우가 종종 있다. 같은 영어권이긴 하지만 불어에 대해서 비교적 적대감을 가지고 있는 캐나다의 영어사용자들과는 확연히 다른 태도이다. 한때 전 세계 외교가의 공용어 노릇을 하던 불어도 이제는 내리막길에 있는 것 같다. 2000년 3월에 프랑스 공항에서 프랑스 조종사들이 관제탑과 영어로 교신을 하도록 지시가 내려졌던 것만 보아도 잘 알 수 있다. 이것은 배타적이기로 유명했던 프랑스학술원이 한 항공사가 광고에서 영어단어를 썼다고 소송을 제기해 엄청난 벌금형을 받게 하던 것과 비교하면 매우 큰 변화이다. 또한 최근에 들어서는 프랑스의 여러 학회들이 그 학술지를 영어로 발간하기 시작했는데 이것도 영어와 불어의 상대적인 위상을 반영해 주는 것 같다. 그래도 약간은 이국적이어야 더 맛이 나는 화장품 이름이나 광고들을 비롯해서 여러 가지 이유로 아직도 불어를 쓰면 그럴 듯 해 보이는 경우가 많은 것 같다.

|본|문|해|설|

MÉTÉORITES may be the finest finishing powder on earth.

MÉTÉORITES: ● ● ● ●

강세표시가 붙어 있는 것에서 알 수 있듯이 불어식으로 표시된 이 단어는 '메떼오리떼'처럼 불어식으로 발음해야 할 것이다. 그러나 대개의 미국인에게는 불어식 발음이 익숙하지 않고 또 미국인들은 외국어 단어를 자기네 식으로 발음하는 것이 보편화되어 있어서 거의 모두가 영어식으로 '미티어라잇'이라고 부른다. '예수스'('예수')를 '지저스'라고 하는 것은 모두가 다 아는 일이다.

finishing powder: ● ● ● ●

'화장 마무리용 파우더'. 대개 화장을 할 때 다른 색조 화장품보다 먼저 바르는 기초용 파우더를 화운데이션이라고 하는데 물론 이것은 기초공사와 관련 있는 foundation이란 단어에서 나온 것이다.

Among other places.
---

among other places: ● ● ● ●

'여러 곳 중에 끼어서'. 이 표현은 among others와 관련이 있다. among others는 문자적으로 보면 매우 혼동하기가 쉽다. 예를 들어 다음의 Five students passed the exam. Myself, among others.

란 문장에서 내가 붙은 것인지 떨어진 것인지를 물으면 많은 사람들이 '다섯 명은 붙고 나는 다른 사람들 중에 낀 것이니까 나는 떨어진 사람들 중에 끼었다'고 생각한다. 그런데 이것은 '나를 포함해서 다섯 명이 붙은 것이다.' 어떤 사람들에 따르면 심지어는 미국인들 중에도 이 표현에 혼동을 하는 사람이 있다는데 어렵긴 어려운가 보다. 여기서는 지구이외에 다른 곳에서도 MÉTÉORITES가 가장 미세한 파우더라고 말하고 있다. 만일 여기에서 among other places를 그냥 among others라고 했다면 MÉTÉORITES말고도 다른 제품들이 이 부류에 낀다고 해석이 가능한데 당연히 광고주로서는 그런 치명적인 중의성은 피하려고 했을 것이다.

With Météorites, Guerlain has taken the most beautiful colors of the universe and created a finishing powder beyond compare.

beyond compare: ● ● ● ●

'비교가 안 될 정도로'. 원래 compare는 명사로 쓰이지 않는데 이것만이 유일한 구문이다. 구어체에서는 잘 안 쓰이고 문어체에서만 굳어서 쓰인다.

Météorites not only creates a matte finish and enhances a woman's natural radiance, but minimizes imperfections in her complexion.

matte finish: ● ● ● ●

'번들거리지 않는 보송보송한 마무리 화장'. 어느 누구도 얼굴이 기름기로 번들거리는 걸 좋아하지 않는다. 그래서 여성들이 화장할 때 파우더를 많이 쓴다. TV나 영화에 출연하는 사람들은, 맨 얼굴이 보통 상태에서도 땀과 기름기로 매우 번들거리기 때문에 파우더를 많이 바른다. 그래야 피부가 곱게 보이기 때문이다.

imperfections in complexion: ● ● ● ●

'피부의 흠', '얼굴의 티'. 얼굴에 나 있는 반점이나 티와 같은 이물질들은 소위 impurities에 해당이 되지만 이 단어는 불순물 즉 깨끗하지 않다는 것과 관련이 있어서 별로 어감이 좋지 못하다. 따라서 그 대신 거부감이 적은 imperfection이란 단어를 사용했다. 외국의 비자신청서처럼 신원조회 서류들에는 대개 complexion을 묻는데 이것은 백인, 황인, 흑인 등의 피부색을 표시하는 것이다. 대개 light, medium, dark를 쓴다. light대신 fair를 쓰기도 한다.

> **So if you believe all powders are created equal, Météorites should broaden your horizons.**

all powders are created equal: ● ● ● ●

'모든 파우더는 평등하게 태어났다'. 우리가 흔히 아는 all men are created equal에서 따온 표현이다. 모든 인간은 평등하게 태어났다는 이런 원칙이 있어도 사람들은 실제 평등하지 않다는 것을 모두 실감하고 대개는 불이익을 당하는 사람들이 이런 원칙을 강조한다. 마찬가지로 질이 떨어지는 파우더가 '모든 파우더는 평등하게 태어났다'고 원칙을 내세울지라도 실제 안 그렇다는 이야기를 하려는 것이다.

it should broaden your horizons: ● ● ● ●

'당신의 생각의 지평을 넓혀줄 것입니다'. 우리말 표현과 너무 같은 것으로 보아 우리말의 이 표현은 영어와의 교류에서 자연스럽게 생겨난 차용표현이든지 아니면 인간의 인식이 매우 유사하다는 증거일 것이다.

Météorites may be the finest finishing powder on earth. Among other places.

Pink gives a healthy glow.
Green tones down
redness.
Mauve attracts light.
Gold and pearl create
highlights.
White brightens.

With Météorites, Guerlain has taken the most beautiful colors of the universe and created a finishing powder beyond compare. With a swirl of the brush, tiny spheres of color blend to create a veil of absolute perfection. Météorites not only creates a matte finish and enhances a woman's natural radiance, but minimizes imperfections in her complexion. So if you believe all powders are created equal, Météorites should broaden your horizons. And prove that the most beautiful color in the universe is your own. MÉTÉORITES. From The House of Guerlain.

MÉTÉORITES는 지구상에서 가장 미세한 파우더일 것입니다. 우주 다른 곳에서도 그렇겠지만.

핑크색은 건강미가 넘치게 해줍니다.
초록색은 붉은 색의 톤을 낮춰 줍니다.
모브색은 빛을 흡수해줍니다.
황금진주색은 하이라이트 포인트를 만듭니다.
흰색은 환하게 해줍니다.

Guerlain사는 MÉTÉORITES와 더불어 지구상에서 가장 아름다운 색상을 가지고 무엇과도 비교할 수 없는 화장 마무리용 파우더를 만들어내었습니다. 붓끝이 살짝 지나가기만 하면 미세한 칼라입자들이 섞이면서 절대완벽의 베일을 만들어냅니다. MÉTÉORITES는 보송보송한 끝 느낌을 주어 여성의 자연스러운 화사함을 더해 줄뿐만 아니라 피부에 있는 결점들을 최소화해 줍니다. 당신이 만일 모든 파우더들이 평등하게 태어났다고 믿으신다면 MÉTÉORITES가 당신의 생각의 지평을 넓혀 드릴 것입니다. 그리고 온 우주 안에서 가장 아름다운 칼러가 바로 당신의 칼러임을 입증해줄 것입니다. The House of Guerlain이 제공하는 MÉTÉORITES.

No 10 **Colgate** 치약

"If patients could see what I see, they'd all use Colgate Total."

—Esther Ramirez,
Dental Hygienist

Only Colgate Total® is Accepted by the American Dental Association to help prevent plaque, gingivitis and cavities while fighting tartar buildup and bad breath. And only Colgate Total® does it for 12 hours. So your mouth can stay clean and healthy between checkups. That's why it's recommended and used by more hygienists than any other toothpaste. With Colgate Total, hygienists will like what they see.

Colgate Total®
It's toothpaste. Only better.

Gingivitis Protection®
Brush Twice Daily

구강위생에 대한 관심이 매우 높은 미국에서는 구강관리에 필요한 치위생 상품도 많고 치과의사를 비롯한 치과 전문인도 많이 있다. 특히 치위생 상품분야에서는 치약 제조업체들 간에 경쟁이 매우 심하다. 여기서는 치약선전에 치위생사의 추천사를 싣고 있는데 미국사회에서의 치과와 관련된 사항들을 간략하게 살펴보기로 한다.

치과*

미국 생활에서 가장 걱정거리 중의 하나는 치과보험이다. 일반 의료보험과 치과보험은 별도로 되어 있어서 치과보험을 따로 들어야 하고 치과보험금도 매우 비싸다. 직장에서 특별히 치과보험을 보조해 주지 않으면 무척 부담이 되는 부분이다. 따라서 자영업을 하거나 직장보조를 받지 못하는 사람들은 치과보험을 들지 못하고 그냥 사는 경우들도 적지 않다. 그러나 일반적으로는 규칙적으로 치과에 가서 진료를 받는 것이 일반 상식처럼 되어 있다. 이처럼 치과가 생활에 밀접한 관련을 맺고 있다 보니 일상생활에도 치과 관련 용어들이 자주 사용되고 이런 것들을 잘 알아둘 필요가 있다. 우리가 흔히 치석 또는 프라그라고 하는 것은 plaque(플라크)라 하고, 충치는 cavity(충치로 생긴 구멍), 이 뿌리를 파내고 땜질을 하는 것은 root canal work라 해서 미국인들이 가장 싫어하는 치과 치료이다. 스켈링이라고 하는 것은 물론 영어로도 scaling이라 하고, 이보다 훨씬 더 꼼꼼하게 깊이 청소해 내는 것은 deep cleaning이라 한다. 이 deep cleaning은 시간도 무척 오래 걸리고 환자도 힘이 들기 때문에 대개 이 네 quadrants 즉, 위, 아래와 왼쪽, 오른쪽에 따라 나눈 이 네 섹션 중에서 한 번에 한두 quadrants 정도만 한다. 충치를 때우는 것은 filling이라 하고 이 끝에 관을 씌우는 것은 crown이라고 한다. 이를 빼는 것은 주로 extraction이라 하는데 때로는 removal이라고도 한다. 사랑니를 빼는 것을 wisdom tooth extraction이라 한다. 가짜 치아 즉 의치는 보통

false teeth라고 하는데 전문적으로는 denture라고 부른다.

정기적으로 하는 치과검진은 6개월에 한 번씩인데 이때는 아픈 데가 따로 없어도 가서 검진을 받는다. 아이들은 조퇴나 지각의 가장 큰 이유 중의 하나가 치과에 가는 일이라서 늦게 학교에 오는 어린아이들이 가슴에 "I went to the dentist today." "Brave boy certificate - didn't cry." 등등 희한한 스티커나 버튼을 붙이고 오기도 한다. 아이들 치과진료나 치료는 아프지 않게 하는 다양한 방법들이 동원되고 있어서 아이들이 치과 가는 것을 크게 겁내지 않는 것도 미국 아이들, 미국 치과의 특징 중의 하나다.

▲ |본|문|해|설|

Esther Ramirez, Dental Hygienist

dental hygienist: ● ● ● ● ━━━━━━━━━━

'치위생사'. 문자적으로는 치과 의사도 치과 위생전문가 속에 속하겠지만 대개 이 치위생사는 치과 의사보다는 전문성이 약간 낮은 사람들이다. 일반적으로 전문대학을 나온 사람들로 치과 간호사처럼 일하는데 치과에 가면 보통 간단한 일들은 대개 이 치위생사들이 맡아서 처리한다.

Only Colgate Total is Accepted by the American Dental Association to help prevent plaque, gingivitis and cavities while fighting tartar buildup and bad breath.

help prevent plaque, gingivitis and cavities: ● ● ● ● ━━━━━━━━

'치석, 치은염, 충치를 예방하는 데 효과적입니다'. 여기서처럼 쓰이는 help의 용법은 잘 익혀두면 효과적으로 쓸 수 있다. 예를 들어 help prevent… '…을 예방하는 데 도움을 주다', help promote… '…을 촉진시키는 데 도움을 주다', help abolish… '…을 없애는 데 도움을 주다' help succeed in…

'…에 성공하도록 돕다' 식으로 알아두면 좋다.

fighting tartar buildup: ● ● ● ● ●▬▬▬▬▬

'타르타르가 축적되는 것을 막아내면서'. 타르타르는 음식물 찌꺼기 같은 것이 아직은 돌처럼 굳어지지 않았지만 이에 쌓여 있는 것을 가리킨다. 이것이 굳어지면 치석이 된다. 나쁜 것을 방지해 주는 것을 fight라고 쓰는 것은 주의해서 봐둘 필요가 있다.

> ◐ Ginseng effectively fights carcinogenesis.
> '인삼은 암 발생을 잘 막아줍니다.'

bad breath: ● ● ● ● ●▬▬▬▬▬

'입냄새'. 냄새에 민감한 미국인들은 사람 몸에서 나는 '자연스러운 냄새'를 매우 불쾌하게 생각한다. 그래서 남에게서 냄새가 난다고 할 때 상대방이 들으면 기분이 언짢을 수 있기 때문에 BO, MO란 말을 만들어서, He has BO(body odor: 겨드랑이 냄새). She has MO(mouth odor: 입냄새)라고 말한다. 즉 MO는 bad breath와 같은 것이다.

So your mouth can stay clean and healthy between checkups.

between checkups: ● ● ● ● ●▬▬▬▬▬

'정기검진 사이', 즉 '다음 번 정기검진을 받을 때까지'. 특별한 일 없이 그냥 주기적으로 찾아가는 것은 checkup, 어떤 치료를 한 후에 상태를 점검하기 위해 하는 정기검진은 follow-up이라 한다.

> ◐ How's your ulcer?
> '너 위궤양 요즘 어때?'
> ◐ I think it's getting better. I'll find out at the next follow-up.
> '나아지는 것 같아. 다음 번 검진 때 알게 되겠지.'

With Colgate Total, hygienists will like what they see.

With ···, hygienists will like that they see: ● ● ● ● ━━━━━━━━

'···을 쓰시면, 치위생사들은 자기네들이 보는 것을 좋아할 것입니다'. 여기서처럼 with로 문장을 시작하여 조건문을 만드는 것은 매우 흔한 일이다. 특히 광고문에서는 이런 구문을 잘 쓴다. 즉 '···를 쓰십시오. 그러면 ···할 것입니다'를 간단하게 with로 쓰는 것이다. 여기서 '치위생사들이 보는 것'이란 '치위생사들에게 보이는 것'이란 뜻으로 매우 흥미로운 표현이다. 왜냐하면 콜게이트 토탈을 안 쓰는 사람에게서는 각종 이물질이나 치과질병을 보게 되고, 콜게이트 토탈을 쓰는 사람에게서는 깨끗하고 건강한 이빨과 잇몸을 보게 되는데 이것들은 치위생사들에게만 보이고 보통 사람들의 눈에는 안 보이는 것이기 때문이다. 이런 이중적인 의미가 함축되어 있다.

Colgate Total. It's toothpaste. Only better.

It's toothpaste. Only better.: ● ● ● ● ━━━━━━━━

'치약이죠. 더 나은 치약요'. It's toothpaste 같은 표현은 너무 간단해서 특별해 보이지 않지만 광고문에서는 매우 자주 사용된다. 간단하기 때문에 메시지가 더 강하기 때문이다. 우리말의 어감으로는 '치약하면 이것'이라는 느낌을 준다. 때로는 '다른 것들과 너무 다르고 좋아보여서 ···처럼 보이지 않을지 모르지만 이것도 ···이다' '이렇게 좋은 것이 ···이라니!'라는 뉘앙스를 주는 광고문구로도 많이 쓴다. Only better.는 문자적으로는 '더 나을 뿐'이란 뜻인데 더 자연스럽게는 '오직 차이라면 좋다는 것뿐'이란 말로 바꿀 수 있다.

Gingivitis Protection. Brush Twice Daily.

Gingivitis Protection. Brush Twice Daily: ● ● ● ● ━━━━━━━━

'치은염 방지용. 매일 두 번씩 양치질하세요.' protection이 보호이기 때문에 gingivitis를 보호한다고 생각하면 우스운 일이다. 여기서 보듯이 '…로부터 보호' 즉 '…방지'의 뜻으로도 잘 쓰인다. 단어의 끝에 -itis(-아이티스)가 붙으면 모두 염증(inflammation)을 가리키는 것이다. 그 예로 hepatitis '간염', encephalitis '뇌염', appendicitis '맹장염' 등을 들 수 있다.

"If patients could see what I see, they'd all use Colgate Total."

—Esther Ramirez, Dental Hygienist.

Only Colgate Total is Accepted by the American Dental Association to help prevent plaque, gingivitis and cavities while fighting tartar buildup and bad breath. And only Colgate Total does it for 12 hours. So your mouth can stay clean and healthy between checkups. That's why it's recommended and used by more hygienists than any other toothpaste. With Colgate Total, hygienists will like what they see.

Colgate Total.

It's toothpaste. Only better.

"내 눈에 보이는 걸 환자도 본다면 모든 환자가 콜게이트 토탈치약을 쓸텐데요."

—치위생사 에스더 라미레스.

오직 콜게이트 토탈 치약만이, 타르타르가 쌓이지 못하게 하고 구취를 없애주면서 플라크와 치은염, 충치를 예방해 줄 수 있는 치약으로 미국치과협회로부터 인증을 받았습니다. 또한 콜게이트 토탈 치약만이 이 효과가 12시간 지속됩니다. 이렇게 해서 다음 번 치과 정기검진을 받으실 때까지 당신의 입을 깨끗하고도 건강하게 유지시켜 드리는 것이지요. 바로 이런 이유 때문에 위생사들이 다른 어떤 치약보다도 콜게이트 토탈을 더 많이 권장하고 또 사용하고 있는 것입니다. 콜게이트 토탈을 쓰시게 되면 치위생사들이 (당신의 입속에서) 자기네들 눈에 보이는 것을 참 좋아하게 될 것입니다.

콜게이트 토탈.

치약입니다. 차이라면 다른 것보다 더 좋다는 거죠.

How far do you have to go
for whiter, cleaner teeth?

If you think a toothpaste has to work like sandpaper to get your teeth whiter, you haven't tried Rembrandt.*

Rembrandt contains no gritty abrasives. It's formulated only with ingredients safe enough to use everyday. Which could be why over 50,000 dentists recommend it.

The surprising fact is that in a comparison of 20 brands of toothpaste, Rembrandt was lowest in abrasion,* yet

clinical tests** proved Rembrandt cleaned teeth and removed plaque and tartar better than the leading brand.

With Rembrandt you *can* have it all—cleaner, whiter teeth with lowest abrasion. And a whiter smile to prove it! The *only* trade off you'll have to make is switching from your old brand to the "low abrasion" toothpaste. Rembrandt may cost a little more, but aren't your teeth worth the difference?

*Indiana University   ©1993 Den-Mat Corp. 1-800-548-3663 (for additional information).   **Baylor & Boston Universities

! |문|화|해|설|

치약의 역사는 지금으로부터 거의 7,000년 전까지 거슬러 올라간다고 하니 역사가 매우 깊은 물건이다. 18세기에 와서 거품이 나는 치약이 나왔고 19세기 말에 와서야 처음으로 짜서 쓸 수 있는 튜브치약이 개발되었다고 한다. 여기의 치약 광고문을 살펴보기에 앞서 미국인들이 갖고 있는 구강위생에 대한 관심에 대해 간단하게 알아보기로 한다.

구강 위생 관리*

　미국인들의 입에 대한 관심은 전 세계에서 가장 유별나다고 해도 과언이 아닐 것이다. 입에 대해서는 여러 가지 관리를 필수적으로 생각하는데 그 중에 가장 기본적인 것은 양치질이다. 많은 미국인들이 전동치솔로 양치질을 하는데 이것은 특히 잇몸을 튼튼하게 해 주기 때문에 많이 애용된다. 전동치솔은 흔히 irrigator 또는 water pick라고 부르는 전동물총과 한 세트로 되어 있는 경우가 많다. 이것은 물을 잇사이나 잇몸에 세게 쏘아서 틈에 끼어 있는 불순물을 빼내는 장치이다. 이 irrigator를 쓰지 않는 사람들은 치실(dental floss)이라고 해서 실같이 생긴 끈을 이빨 틈에 끼워 넣고 반복해서 잡아당겨 음식찌꺼기를 빼낸다. 통계에 의하면 미국인은 평균 4명 중 1명꼴로 1주일에 한 번 이상 floss를 한다고 한다. 양치질을 하고 난 후에도 mouth wash를 이용해 입의 세균을 소독해 내는 사람들도 많다.

　입에 관한 미국인들의 또 다른 관심사는 반듯한 치열이다. 치과에 가면 기록부에서 제일 먼저 묻는 것 중의 하나가 Are you happy with your smiles? '웃을 때 자신이 있으십니까?'하는 것이다. 미국인들이 전체적으로 이에 대해 심한 강박관념을 갖고 있기 때문에 치열이 고르지 않은 사람들은 웃을 때마다 콤플렉스를 느끼게 되어 있다. 그래서 아이들은 이미 초등학교 고학년이나 중학생이 되면 으레 치열교정(orthodontics)을 하는 보철(brace)을 하게 된다. 통계에 의하면 1년에 약 6백만 명이 보철을 하고 이들의 상당수가 17세 미만이라 한다. 겉으로 드러나는 보철을 벗고 난 다음에도 치열이 다시 망가지지 않도록 하기 위해 눈에 보이지 않는 retainer라고 하는 보조기를 끼고 오랜 기간 동안 다니게 된다. 물론 어른이 되어서 교정을 하는 사람들도 많이 있고, 이를 희게 하기 위해서도 많은 돈을 들이는데, 미국인들의 이에 대한 지극정성은 거의 종교적 신앙을 방불한다.

|본|문|해|설|

How far do you have to go for whiter, cleaner teeth?

How far do you have to go for…: ● ● ● ● ▬▬▬▬

'…하기 위해 얼마나 더 해야 하지요?'. 영어의 go는 단순히 '가다'라는 의미를 떠나 매우 다양한 의미를 갖고 있다. 물론 모두가 '가다'에서 확장된 것들이다. 우리말에서도 할 일이 많이 남아 있을 때 '갈 길이 아득하다'고 하는데 영어에서도 마찬가지다.

▶ How's your report going?

　'리포트 쓰는 거 어떻게 돼 가?'

▶ There's still a long way to go.

　'아직 한참 남았어.'

Rembrandt contains no gritty abrasives.

gritty abrasives: ● ● ● ● ▬▬▬▬

'거칠거칠한 마모성분'. grit은 기계 틈 같은 데에 끼는 작은 모래알이나 불순물 조각들이다. 여기서는 샌드페이퍼처럼 이를 긁어내기 위한 알갱이를 가리키는 것이다. abrasive는 샌드페이퍼를 가리키기도 하고 마모용 성분을 가리키기도 한다. 명사인 abrasion은 찰과상처럼 껍질이 까진 것을 가리킨다.

> **It's formulated only with ingredients safe enough to use everyday. Which could be why over 50,000 dentists recommend it.**

Which could be why⋯: ● ● ● ●

'그렇게 된 이유는⋯' 이런 식의 문장형식은 광고문 안에서 자주 등장한다. 원래 관계대명사 용법에서 시작되었지만 이 관계대명사로 새로운 문장을 시작하는 것이다. 여기에서 could를 쓴 것은 치과 의사들의 추천이 단순하게 이 사실에만 의존하는 것이 아니라 다른 이유도 많이 있다는 것을 암시하기 위해서 '⋯인 이유일 수도 있다'고 말하는 것이다. 우리말의 '⋯인 이유겠지요.'가 주는 어감과 비슷하다.

> **The surprising fact is that in a comparison of 20 brands of toothpaste, Rembrandt was lowest in abrasion,**

The surprising fact is that⋯: ● ● ● ●

'놀라운 사실은⋯' 최근 영어에서는 어떤 말을 강조할 때, The fact is that⋯, The fact is⋯, 심지어는 Fact, ⋯라고 말을 시작하는 경향이 생겨났다. 사람들은 늘 거짓말을 듣고 사는 것은 아닐 텐데도, '사실을 말하자면⋯'이라고 말을 시작하면, 더 집중하여 말을 듣는 경향이 있기 때문이다.

◗ Why does Lisa always talk about Chris?

　'아니 리사는 왜 맨날 크리스 얘기만 하냐?'

◗ Fact is, she is in love with him.

　'사실은 크리스를 무척 사랑하고 있거든.'

> With Rembrandt you can have it all — cleaner, whiter teeth with lowest abrasion. And a whiter smile to prove it!

And a whiter smile to prove it!: ● ● ● ● ████████████████████

'그리고 그걸 입증해 주는, 더 하얀 이가 보이는 미소를 갖게 됩니다.' 실용성과 자연과학적 철학에 기초를 두고 있는 미국인들이 가장 중요하게 생각하는 것이 바로 proof이다. 누가 무슨 말을 하면 흔히 Prove it!이란 말을 자주 하게 된다.

○ Jane, I love you so dearly.

   '제인, 당신을 너무 너무 사랑해요.'

○ Prove it!

   '증거를 대 봐요.'

> The only trade off you'll have to make is switching from your old brand to the "low abrasion" toothpaste.

the only trade off you'll have to make: ● ● ● ● ████████████████████

'당신이 바꿔야 할 유일한 것'. 원래 trade off는 다른 것과 상호 교환하는 것을 가리키는 것이었는데 이로부터 거래, 또는 이율배반, 모순 등의 뜻이 나왔다. 즉 어떤 일을 함으로써 생겨나는 단점을 trade-off라고 한다. 여기서는 '단점답지 않은 단점'을 제시하여 더 치약 바꾸는 일을 권장하는 효과를 들고 있다. 이 문구는 '그러기 위해 한 가지 감수하셔야 할 단점은 지금 쓰고 계신 치약을 더 나은 치약으로 바꾸시는 일입니다'라는 뉘앙스를 준다. '단점'이란 뜻을 원래의 '교환'의 뜻과 결부시킨 언어적 전략이다.

How far do you have to go for whiter, cleaner teeth?

If you think a toothpaste has to work like sandpaper to get your teeth whiter, you haven't tried Rembrandt.

Rembrandt contains no gritty abrasives. It's formulated only with ingredients safe enough to use everyday. Which could be why over 50,000 dentists recommend it.

The surprising fact is that in a comparison of 20 brands of toothpaste, Rembrandt was lowest in abrasion,* yet clinical tests** proved Rembrandt cleaned teeth and removed plaque and tartar better than the leading brand.

With Rembrandt you can have it all — cleaner, whiter teeth with lowest abrasion. And a whiter smile to prove it! The only trade off you'll have to make is switching from your old brand to the "low abrasion" toothpaste. Rembrandt may cost a little more, but aren't your teeth worth the differences?

* Indiana University
** Baylor & Boston Universities

 해석

이를 더 희고 깨끗하게 하려면 얼마나 더 해야 하지요?

만일 이를 더 희게 하기 위해서 치약이 마치 샌드페이퍼 같아야 한다고 생각하신다면 아직 Rembrandt치약을 써보시지 않은 것입니다.

Rembrandt는 거칠거칠한 마모용 알갱이가 들어 있지 않습니다. Rembrandt의 약 성분은 매일매일 쓰셔도 안전한 성분만을 이용하여 만들었습니다. 그러기 때문에 5만 여 치과의사들이 Rembrandt치약을 권장하는 것이겠지요.

놀라운 사실은 치약 20여 개의 제품을 비교한 결과 Rembrandt치약이 마모성 정도가 가장 낮았으면서도* 임상실험결과 다른 유명회사 제품들보다 더 큰 치아 세정효과를 나타냈고, 플라크와 타르타르의 제거효과가 높았다는 것입니다.** Rembrandt치약을 쓰시면 당신이 원하는 모든 것을 가지실 수 있습니다. 즉 마모성은 가장 낮으면서도 깨끗하고 더 흰 치아를 가지실 수 있습니다.

그리고 그걸 입증해 드릴 더 환한 새하얀 미소도 가지실 수 있습니다. 그렇게 하시기 위해 한 가지 바꾸셔야 할 것은 지금까지 당신이 쓰시던 치약을 "가장 마모성이 낮은" 치약으로 바꾸시는 일입니다. Rembrandt치약은 값이 조금 더 비쌀지 모르겠습니다만 당신의 치아는 그런 대우를 받을 만한 자격이 있지 않습니까?

  * 인디애나 대학교 자료
  ** 베일러 대학교와 보스턴 대학교 자료

Finally, lens wearers have a solution for end-of-day dryness.

Only COMPLETE® protects your eyes all day with a cushion of moisture.

All lens solutions clean your contact lenses. But only COMPLETE® Brand Multi-Purpose Solution helps keep your eyes moist and protected all day long. That's because of our exclusive **COMPLETE Pro-Tec™ System,** a unique combination of ingredients that cleans, disinfects and surrounds your lenses with a cushion of moisture.

So your eyes stay protected from dryness and irritation throughout the day.

If it doesn't protect your eyes, it isn't COMPLETE.®

Doctor-recommended for all soft contact lenses

ⓘ |문|화|해|설|

전통사회를 벗어나면서 눈에 띄는 현상 중의 한 가지는 사람들이 안경을 쓴다는 것이다. 물론 원시적인 전통사회에서도 노인들 중에 안경을 쓰는 사람들이 없지 않지만 안경은 어디까지나 문명의 상징이다. 많은 독서와 텔레비전, 컴퓨터 등이 일찍부터 시력을 상하게 하기 때문이다. 물론 요즘은 안경 대신 콘택트렌즈가 널리 사용되는데 이러한 안경과 콘택트렌즈에 대해서 간단하게 살펴보기로 한다.

안경과 콘택트렌즈*

최초의 안경은 이태리의 Pisa에서 1291년에 만들어졌다고 하는데 발명자가 누구인지에 대해서는 아직도 의견이 분분하다. 유리를 구부려서 근시를 교정하는 안경은 곧 인기를 끌어 곧 이태리의 궁정에서 유행하게 되었다고 한다.

콘택트렌즈가 처음 만들어진 것이 이미 1800년대의 일이라니 매우 놀랍다. 독일의 과학자 세 명이 각각의 연구를 통해 만들었는데 토끼눈알이나 시체의 눈알로 모형을 만들어 유리로 콘택트렌즈를 만들었는데 눈동자의 각막 전체를 감싸도록 되어 있어 너무 끼기가 불편해 심지어는 코케인을 이용해 마취를 시키고 착용을 했다고 한다. 현재에는 매일 바꾸어 낄 수 있는 렌즈, 여러 날 착용할 수 있는 렌즈, 하드 렌즈 등 100여 종이 넘는 콘택트렌즈들이 시판되고 있다. 대부분의 업체들은 30일까지 장기간 착용한 상태로 지낼 수 있는 렌즈를 개발하기 위해 노력하고 있다.

그동안 사람들은 머리카락 색깔이나 눈동자의 색깔은 바꿀 수 없는 것이라고 생각하여 사람의 인상착의의 중요한 단서로 이것을 사용해 왔다. 지금도 미국에서는 이력서나 신상기록에 hair color, eye color를 기록하게 되어 있다. 물론 한국인들은 거의 예외 없이 머리색은 black, 눈동자색은 brown이다. 그런데 이제 염색에 의해 머리색도 바꿀 수 있고, 색깔이 들어있는 콘택트렌즈로 눈동자색도 바꿀 수 있게 되어 수사관들이 범인 찾기가 조금은 더 어려워지지 않았나 싶다.

우리나라도 서양으로부터 안경이 들어왔는데 개화기에 본격적으로 다른 서양문물들과 함께 들어와서 개화경이라 불렀다. 그래서 안경을 끼는 것을 조금은 건방지다고 생각을 했고 따라서 어른들 앞에서는 안경을 쓰지 못하였다. 안경을 쓰고 있다가도 어른이 다가와 말씀을 하시면 안경을 벗고 이야기를 하고 그 후에 다시 쓰곤 했었다. 미국에서는 안경을 쓴 아가씨에게는 남자들이 접근하지 않는다고 해서 간혹 안경을 '피임약'이라 부르기도 한다.

↑ |본|문|해|설|

Finally, lens wearers have a solution for end-of-day dryness.

solution: ● ● ● ● ●

'용액, 세척액'. 이 단어는 '해답, 해결'이란 뜻도 있다. 여기에서도 그 중의성을 이용해 '눈이 건조해지는 문제에 대한 해결책'이란 뜻과 '눈이 건조해지는 것을 위한 세척액'이란 뜻을 동시에 가능하게 하고 있다. 해결이나 방안의 뜻으로 쓰일 때 solution은 뒤에 for, to, of 등을 모두 동반할 수 있다. 그러나 세척액이란 뜻으로 쓰일 때에는 구문상 for밖에 쓸 수 없기 때문에 여기에서는 공통적으로 쓸 수 있는 for를 쓴 것이다.

Only Complete protects your eyes all day with a cushion of moisture.

cushion of moisture: ● ● ● ● ●

'습기로 만들어진 쿠션'. 렌즈는 일종의 이물질인데 이것이 안구와 직접 접촉하게 되면 안구가 아프므로 물기가 가운데에서 쿠션 역할을 해 주어야 편안할 것이다. 안과의사들에 의하면 눈물은 안구를 편안하게 해주는 윤활유인데 세 개의 층으로 만들어져 있다고 한다. 안구와 직접 닿는 층은 약간

끈끈한 접착액처럼 되어 있어서 눈물을 안구에 "붙여 주고", 다음 층은 물 성분으로 되어 있고, 맨 마지막 표면은 바람에 의해 눈물이 쉽게 마르지 않도록 기름성분으로 되어 있다고 한다. 조물주의 섬세한 디자인에 놀랄 뿐이다.

> **But only Complete Brand Multi-Purpose Solution helps keep your eyes moist and protected all day long.**

moist: ● ● ● ● ▬▬▬▬▬▬▬▬▬

'촉촉한'. 많은 한국인들은 moisture는 잘 알고 잘 쓰는 데 비해 그 형용사인 moist는 덜 쓰이는 것 같다. 이 moist는 유용하게 사용할 수 있는 단어이다. 여기서처럼 실제 물기가 있는 것에도 쓸 수 있지만, 예를 들어 빵이 너무 말라 뻣뻣하지 않고 아직도 촉촉하고 맛있을 때도 moist muffin/cake처럼 쓸 수 있다.

○ When you clean your glasses, use moist cloth to avoid scratches.
  '안경을 닦을 때는 긁히지 않게 ('기스'가 생기지 않게) 약간 젖은 헝겊을 사용하세요.'

> **That's because of our exclusive Complete Pro-Tec System, a unique combination of ingredients that cleans, disinfects and surrounds your lenses with a cushion of moisture.**

exclusive: ● ● ● ● ▬▬▬▬▬▬▬▬▬

'배타적인'. 여기서는 '우리만 알고 있는, 우리만 쓰고 있는'의 뜻이다. 독점적이라는 의미로도 쓰여서 독점권을 가진 매매상을 exclusive dealer라고 한다.

○ We are Korean exclusive dealer of Volvo.
  '저희는 볼보회사의 한국 독점 대리점입니다.'

a unique combination of ingredients: ● ● ● ● ▬▬▬▬▬▬▬

'성분의 독창적인 조합'. 즉 '성분들을 우리만이 알고 있는 기술에 따라 배합한 것'을 가리키는 것이다. ingredients는 일반적으로 음식이나 음료수, 약품 등에 들어 있는 내용물을 가리키는 것이다. 따라서 거의 모든 제품들은 제품표시에 이 "Ingredients"란 항목이 표시되어 있다. element란 단어도 의미가 같기는 한데 제품표시에는 사용하지 않는다. ingredient는 대개는 한 가지 이상의 성분으로 구성되어 있기 때문에 거의 항상 복수로 사용된다. 또한 강세가 -gré-에 있다 보니 ingredients는 거의 GRIdiens와 비슷하게 발음된다.

◉ What's in this medicine? I'm allergic to artificial flavor.

'이 약에 뭐가 들었지? 난 인공감미료에 알레르기가 있거든.'

◉ Check the ingredients on the label.

'레이블에 성분이 뭐가 들어 있다고 써있나 봐.'

◉ Umm, this soup is really fabulous. I wanna know what are its ingredients.

'음… 이 스프 맛 정말 최고다. 뭘 넣은 건지 한 번 알아봐야겠다.'

---

disinfect: ● ● ● ● ▬▬▬▬▬▬▬

'소독하다'. 감염되는 것을 infect라 하고 염증이 생기는 것을 infection이라 한다. disinfect는 병균을 소독해서 없애는 것이다. 미국에서나 한국에서나 소독약은 구급약(emergency aid) 통 속에 필수적으로 들어가는데 한국인들은 빨간색 소독약을 '머큐롬'이라고 하고 그래서 간혹 미국 약국에서 Do you have mercurom?이라고 하는 때가 있는데 mercurom은 미국의 약사들도 모른다. 원래 머큐로크롬(mercurochrome)인데 이것은 한 제약회사에서 만든 승홍 소독수의 상표이름이었다. 그러니 알아들을 수가 없는 것이다. 미국인들은 대개 소독약을 antiseptic이라고 하고, 때로는 전문적으로 disinfectant라고도 한다. 빨간색 요드액인 '옥도정기'는 iodine(아이오다인)이라고 부른다.

Finally, lens wearers have a solution for end-of-day dryness.

Only Complete protects your eyes all day with a cushion of moisture.

All lens solutions clean your contact lenses. But only Complete Brand Multi-Purpose Solution helps keep your eyes moist and protected all day long. That's because of our exclusive Complete Pro-Tec System, a unique combination of ingredients that cleans, disinfects and surrounds your lenses with a cushion of moisture.

So your eyes stay protected from dryness and irritation throughout the day.

If it doesn't protect your eyes, it isn't Complete.

Doctor-recommended for all soft contact lenses.

드디어 콘택트렌즈를 사용하는 분들이 저녁때 눈이 건조해지는 고통을 해결할 수 있는 세척액이 나왔습니다.

오직 Complete만이 당신의 눈을 촉촉한 쿠션으로 하루 종일 보호해줍니다.

모든 렌즈 세척액은 당신의 콘택트렌즈를 닦아줍니다. 그러나 오직 Complete Brand Multi-Purpose Solution만이 당신의 눈을 하루 종일 촉촉하게 보호해줍니다. 그것은 세척을 하고, 소독을 하고, 렌즈를 촉촉한 습기 쿠션으로 감싸주는 성분의 독특한 처방인 저희 회사만이 가진 Complete Pro-Tec System 때문입니다. 그러기 때문에 당신의 눈을 하루 종일 건조해지거나 따갑지 않게 해줍니다.

만일 당신의 눈을 보호해 주지 않는다면 그것은 완벽한 것이 아닙니다(그것은 Complete가 아닙니다).

모든 소프트렌즈 착용자들에 대해 의사가 권장하는 제품.

No 13 **Siemens** 의료기기

SIEMENS

Hey, I've seen you before!

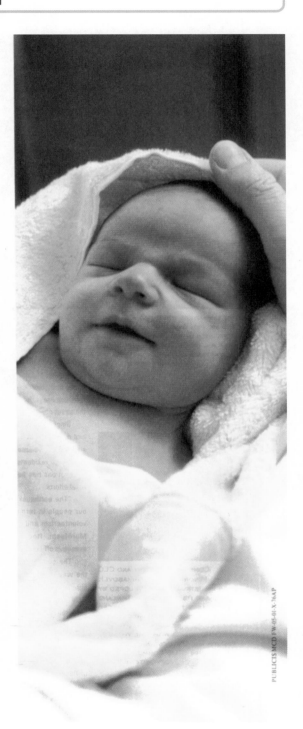

As we see it, monitoring health begins in the prenatal phase. That's why we've engineered ultrasound scanners to see a developing child's condition clearly, quickly and safely, providing internal images of exceptional high quality. At Siemens, we're committed to improving the quality of health care for everybody – by helping doctors make faster, more complete health examinations. In fact, it's an appproach that stands behind all our non-invasive scanners. Because a better diagnosis means better treatment.

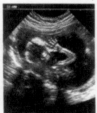

Ultrasound scanner: image of an embryo

Of course we hope that you never have to see a doctor for anything other than a routine check-up. But when you do, it's good to know that today, medical professionals can see you better than ever before.

Siemens medical imaging meets human needs.

For information, please contact our offices in: Australia, Fax 03 420 7287; Bangladesh, Fax 02 863 356; Brunei, Fax 02 241 587; China, Fax 010 436 1333; Hong Kong, Fax 2 802 9836; India, Fax 022 495 0552; Indonesia, Fax 021 830 6794; Japan, Fax 03 5423 8725; Korea, Fax 02 527 7719; Macau, Fax 00852 2 802 9836; Malaysia, Fax 03 254 7188; Myanmar, Fax 01 65 821; New Zealand, Fax 09 520 1556; Pakistan, Fax 021 568 4679; Philippines, Fax 02 818 4822; Singapore, Fax 740 7353; Sri Lanka, Fax 01 449 080; Taiwan, Fax 02 705 4975; Thailand, Fax 02 381 5759; Vietnam, Fax 04 266 227.

임산부 건강관리*

　미국에서의 임산부 관리는 비교적 세밀하고 조직적이라고 할 수 있다. 미국이 골머리를 앓고 있는 마약중독이나 알코올중독, 각종 질병으로 인한 태아 건강의 위험 때문에 임산부의 출산 전 관리(prenatal care)는 국가적인 차원에서 신경을 많이 쓰고 있는 것 같다. 그럼에도 불구하고 너무 많은 선천적 장애인이 태어나 힘겹게 인생을 살아가고 있는 것이 현실이다. 미국의 의료보험이 '끔찍하게' 비싸다는 것은 잘 아는 사실이다. 직장에서 의료보험을 주선해 주지 않으면 개인적으로 의료보험과 치과보험(치과보험은 늘 별개이다)을 가입하려면 웬만큼 버는 사람은 월급의 절반이 보험금으로 나가야 한다. 이런 현실에도 임산부들의 경우에는 보험이 없이도 시립 또는 주립의 보건소나 자선단체, 의료기관 또는 연방정부와 관련되어 있는 여러 기관에서 거의 무료로 진료를 받기도 한다. 이 부분이 미국의 특징이기도 한데, 무료로 진료를 해 준다고 '싸구려' 진료를 하지 않는다는 것이다. 첨단 장비들을 이용하여 정성스럽게 진료나 치료를 받을 수 있다. 여기에서 보여주는 초음파 검사(ultrasound scanning)는 기본적인 사항 중의 하나다. 우리는 남아선호 때문에 무분별한 중절(abortion)을 할까봐 의료기관에서는 태아의 성을 임산부에게 알려주지 못하도록 법으로 규정하고 있지만, 이것은 한국이나 중국 같은 나라들의 특징이고 미국에서는 아주 이상하게 생각할 일에 틀림없다. 그렇다고 해서 미국인들이 남아나 여아 중에 특별히 선호하는 게 없는 것은 아니다. 많은 미국인들이 설문조사에서 남자아이를 낳고 싶어한다는 결과가 나온 적도 있다. 그래서인지 의사들도 초음파 검사로 태아가 딸인 경우에는 별 말 안하고 지나가지만 아들인 경우에는 꼭 그걸 얘기하고 싶어하는 의사가 많다고 한다.

|본|문|해|설|

Hey, I've seen you before!

Hey, I've seen you before!: ● ● ● ●

'어이, 우리 어디선가 본 적이 있지 않아?' 영어의 hey는 매우 조심해서 써야 한다. 절대적인 규칙은 모르는 사람에게는 절대로 hey라고 해서는 안 된다는 것이다. hey는 우리말로 '어이', '이봐', '야 임마', '야 꼬마야' 정도에 해당하는 것이라서 절친한 사이가 아닐 때에는 싸움을 걸거나 상대방에게 의도적으로 무례하게 대할 때 사용하는 말이다. 우리나라 역대 대통령 중의 한 사람이 외국의 대통령을 hey라고 불러서 국가적인 망신을 당한 적이 있다는 이야기도 있다. 여기서는 아빠가 새로 태어난 아이에게 하는 말이니 아주 적절한 상황이다. 전에 본 적이 있다는 말은 물론 초음파 검사를 통해서였을 것이다.

That's why we've engineered ultrasound scanners to see a developing child's condition, quickly and safely, providing internal images of exceptional high quality.

a developing child: ● ● ● ●

'(모태에서) 자라는 아이'. develop이란 단어는 그 쓰임이 다양하여서 여기서처럼 아이가 자라는 것에도 사용될 수 있고, 나쁘게는 병세나 사건, 사태 등의 진행상황도 가리킬 수 있다. child는 원래 대명사로 쓸 때에는 중성인 it을 써야 한다. 그러나 요즘은 영어에서 대명사 문제가 그리 쉽지 않게 되었다. 미국에도 남아선호사상이 있지만 남아·여아의 문제가 그렇게 단선적이지 않고 이런 혼동스러운 점들이 언어에 잘 반영되고 있다. 지금까지 고전적인 영문법에서는 일반적인 사람을 나타내는 one, everyone, man 등은 반드시 대명사로는 he로 받게 되어 있다. 요즘에는 he/she, 또는 s/he, 또는 he or she라고 한다. 그런데 갓난아이는 아들인지 딸인지 분간하기가 어려운데 이런 때에는 일반적으로 she로 취급해 주는 것이 요즘의 경향이다. 병원의 안내서들도 대부분 she라고 쓰여 있다. She라고 말했을 때 부모들은 웃으면서 Oh, it's a boy라고 기분 좋게 대답하는 데 비해, he라고 말했을 때 부모들이 Oh, it's a girl이라고 말할 때에는 별로 기분이 좋아 보이지 않는다.

▶ What an adorable baby! How old is she?

  '아이구 예쁘기도 해라! 얼마나 됐어요?'

▶ Oh, it's a boy. Three days old.

  '아, 사내놈이에요. 사흘 됐어요.'

> **At Siemens, we're committed to improving the quality of health care for everybody — by helping doctors make faster, more complete health examinations.**

At Siemens, we're…: ● ● ● ● ━━━━━━━━

'저희 Siemens회사는…' 이런 표현은 선전문구에서 광고회사 자신을 부를 때 가장 많이 쓰는 표현이다.

we're committed to…: ● ● ● ● ━━━━━━━

'우리는 …하는 것을 사명으로 알고 있습니다'. 원래 commit란 말처럼 다양한 뜻도 없을 것이다. 나쁜 일을 저지르는 것부터 남에게 맡기는 것, 자신을 어떤 일에 연루시키는 것, 어떤 일을 떠맡는 것 등 여러 가지의 뜻이 있다. we're committed to는 긍정적인 뜻이고 또 흔히 쓰이는 형식이다.

▶ Doctors are committed to a better health care.

'의사들은 더 나은 건강관리를 위해 힘써야 한다.'

---

health examinations: ● ● ● ● ━━━━━━━━━━━━━━━━

'건강 진단'. 일반적으로 examination은 exam으로 줄여 쓸 수 있다고 알고 있다. 그러나 이렇게 줄여 쓸 수 있을 때에는 '시험'이라는 뜻으로 쓸 때에만 그렇다. 여기서처럼 '진단'의 뜻으로는 줄여 쓰지 못한다. 혹시 실수로 health exam이라고 하면 '보건과목 시험'으로 오해받게 된다. 그런데 최근에는 eye exam처럼 쓰이는 용법이 새로 생겨나고 있다. 언어는 항상 변하고 있다.

> **In fact, it's an approach that stands behind all our non-invasive scanners.**

non-invasive scanners: ● ● ● ● ━━━━━━━━━━━━━━━━

'비투입성 스캐너'. 뭐 엄청난 의료 용어 같지만 따지고 보면 사람 몸에 침투시키지 않고 스캐닝을 하는 것이니까 몸 밖에서 기계를 대고 영상을 촬영하는 모든 것을 가리키는 것이다.

> **Of course we hope that you never have to see a doctor for anything other than a routine check-up.**

a routine check-up: ● ● ● ● ━━━━━━━━━━━━━━━━

'평상적인, 정기적인 건강검진'. 특별하지 않은 일상적인 것을 routine이라고 한다.

▶ How are things?

'요즘 사는 게 어때요?'

▶ Oh, just daily routine. I'm getting tired of it.

'맨날 똑같은 일 반복이지요, 뭐. 따분해 죽겠어요.'

---

see a doctor: ● ● ● ●

'의사에게 검진을 받다' '병원에 가다'. 일반적으로 우리가 흔히 말하는 병원에 가는 일은 see a doctor라고 한다. 이것을 go to the hospital이라고 하면 대개는 뭔가 큰 일이 있어서 가는 것을 가리키므로 이 표현을 가려서 써야 한다. '병원에 가봐'라고 할 때는 Go see a doctor라고 한다.

SIEMENS

Hey, I've seen you before!

As we see it, monitoring health begins in the prenatal phase. That's why we've engineered ultrasound scanners to see a developing child's condition clearly, quickly and safely, providing internal images of exceptional high quality. At Siemens, we're committed to improving the quality of health care for everybody — by helping doctors make faster, more complete health examinations. In fact, it's an approach that stands behind all our non-invasive scanners. Because a better diagnosis means better treatment. Of course we hope that you never have to see a doctor for anything other than a routine check-up. But when you do, it's good to know that today, medical professionals can see you better than ever before.

Siemens medical imaging meets human needs.

SIEMENS

어이, 꼬마야! 너 전에 본 적이 있는 놈이로구나!

저희는 건강관찰은 출생 전 태아단계부터 시작되는 것이라고 생각합니다. 그래서 저희는 아이의 상태를 분명하고 빠르고 안전하게 볼 수 있도록 최상의 화질로 뱃속의 이미지를 보여주는 초음파 스캐너를 만들어낸 것입니다. 저희 Siemens회사는, 의사들이 더 빠르고 완벽한 건강검진을 할 수 있도록 해 줌으로써 모든 사람의 건강관리의 질을 향상시키는 것을 사명으로 알고 있습니다. 사실상, 저희회사가 생산하는 모든 비투입성 스캐너 뒤에는 저희의 이런 생각이 숨어 있는 것입니다. 진단을 잘 하는 것은 곧 치료를 잘 하는 것으로 이어지기 때문이지요. 물론 저희는 당신이 주기적인 검진 말고는 다른 일로 의사를 만날 필요가 없으시길 바랍니다. 그렇지만 그런 일이 생기더라도, 의사들이 당신을 그전 어느 때보다도 더 잘 볼 수 있다는 걸 아시는 건 기분 좋은 일이지요.

Siemens의료 화상장치는 인류의 필요를 채워드립니다.

No 14   Beef I

If you're looking for lean, you're in Luck.

I'd like to tell you a juicy story. A story everyone in Luck, Wisconsin knows. It's about herb marinated beef steak. It's about braised steak provençal and broiled steaks with company potatoes. But most of all, it's about good fortune. Because many cuts of beef are surprisingly low in calories. Lower than most people think. A lean, trimmed three-ounce serving averages less than 200 calories. Round tip, for example, hardly tops 149 calories. That's an inspiration to anyone holding a menu. Or following a diet. You know, according to legend, the town of Luck was named by Dan Smith, an early logger. Having faced much adversity in life, he solved the problem by always being "in Luck." Today, our luck is still pretty good —delicious, in fact. Where would we be without beef? Out of luck, I'd say. See you in the next town.

THE SKINNIEST SIX

ROUND TIP 149 calories
5.0 gms total fat* (1.8 gms sat. fat)

TOP ROUND 169 calories
4.3 gms total fat* (1.5 gms sat. fat)

TOP LOIN 168 calories
7.1 gms total fat* (2.7 gms sat. fat)

EYE OF ROUND 141 calories
4.0 gms total fat* (1.5 gms sat. fat)

TENDERLOIN 175 calories
8.1 gms total fat* (3.0 gms sat. fat)

TOP SIRLOIN 162 calories
5.8 gms total fat* (2.3 gms sat. fat)

Beef.
Real food for real people.

*Source: USDA Handbook 8-13 1990 Rev. Figures are for a 3 oz. cooked serving. Beef trimmed before cooking. 4 oz. uncooked yield 3 oz. cooked. For a beef recipe booklet, write the B.I.C., Dept. T, 444 N. Michigan Ave., Chicago, IL 60011. Please enclose 50¢. ©1990 Beef Industry Council and Beef Board

육류 소비*

우리나라에서는 한 때 쇠고기를 먹는 것이 부자의 상징이던 때가 있었는데 이것은 영어권에서도 마찬가지이다. 영어에 beef-eater란 말이 있는데 잘 살아서 영양상태가 좋은 사람을 가리키는 말이고, 또 버킹험궁전 앞에 빨간 제복을 입고 보초를 서고 있는 영국왕 호위병을 가리키는 말이기도 하다. 2000년대에 들어서 구제역(foot and mouth disease)이나 광우병(mad cow disease) 같은 병들이 생겨나면서 육류소비가 줄기는 했지만 그래도 미국인이나 서구인들의 육류 소비는 대단한 수준이다. 통계에 의하면 미국인들이 일년 동안 먹는 고기는 약 235파운드(약 110킬로) 정도가 된다고 한다. 우리나라 식당에서 200그램을 1인분으로 계산하는 식으로 하면 한 사람이 1년 동안 약 550인분의 고기를 먹는 셈이다. 미국식으로는 1인분이 3온스(84그램)이므로 1년 동안 1,300인분을 먹는 셈이다.

우리나라 사람들의 육류 선호 경향은 대개 쇠고기, 돼지고기, 닭고기 등의 순서인 데 비해 미국인들은 쇠고기, 닭고기, 돼지고기의 순서이다. 미국에서는 돼지고기가 흔치 않고 값도 대개 비싼 편이다. 닭은 값이 무척 싼 편이다. 최근 미국 시장 내 쇠고기의 가격은 평균적으로 파운드 당 $2.75 정도인데 이것은 우리나라식으로는 600그램 한 근에 약 4,000원 정도 하는 셈이다.

미국인들의 생선소비는 상대적으로 매우 낮다. 1인당 평균 소비량은 1년에 약 20킬로 정도되는데 한국인의 51킬로에 비하면 아주 적은 것이다. 생선을 많이 먹는 일본의 경우에는 약 70킬로 정도가 되고, 세계에서 가장 생선을 많이 먹는 사람들은 몰디브 사람들로 1년에 한 사람 당 약 170킬로를 먹는다고 한다.

그러나 최근 다이어트에 의한 체중감량 바람이 불면서 육류 소비가 줄어 육류산업이 큰 위기를 맞게 되었다. 미국의 백악관에서는 대통령 내외를 위시하여 체중감량을 했고, 미국에서 가장 비만도시인 필라델피아는 시장을 중심으로 시민 합계 76톤의 체중을 감량해서 비만 3위로 내려가고 휴스톤이 비만도시 1위가 되어 다시 휴스톤이 아우성이 되기도 했다. 한국에서도 젊은 여성들이 원하는 체중은 48킬로이며 여성들 중의 70% 이상이 다이어트를 하고 있거나 시도해 본 적이 있다고 하는 통계가 나온 적이 있다.

↗ |본|문|해|설|

If you're looking for lean, you're in Luck.

If you're looking for lean: ● ● ● ●
'기름기 없는 것을 찾으시고 있다면, 담백한 것을 찾으신다면' lean은 사람이 지방 없이 날씬한 것을 가리키기도 하고, 고기가 비계나 지방이 없이 살코기만 있는 것을 가리키기도 한다. 여기서는 양쪽으로 다 의미해석이 가능하다.

in luck: ● ● ● ●
'행운이 있는'. 원래 luck은 행운이든 불행이든 관계없이 그냥 '운'이다. 그러나 마치 우리말에 '맛이 있다'는 것은 '좋은 맛이 있다'는 것을 가리키고, '이름이 나다'는 말은 '좋은 이름으로 알려지다'로 쓰는 것처럼 일차적으로는 '행운'의 뜻으로 쓰인다. 중립적인 뜻으로 쓰는 예로는 As luck would have it을 '참 다행스럽게도' '참 운이 나쁘게도'의 두 가지 뜻으로 쓰이는 것을 들 수 있다.

I'd like to tell you a juicy story. A story everyone in Luck, Wisconsin knows.

a juicy story: ● ● ● ●

'감칠맛 나는 이야기'. 듣기에 좋은 이야기, 구미가 당기는 이야기를 가리킨다. 고기가 너무 팍팍하지 않고 육즙이 있어서 부드러운 것도 juicy meat라 한다. 그러나 사람에게 juicy하다고 하면 sexual connotation이 있으므로 조심해야 한다.

It's about herb marinated beef steak.

herb marinated beef steak: ● ● ● ●

'허브에 절인 비프스테이크'. 액체에 담그는 것을 marinate라 한다. 예를 들어 한국의 명물인 불고기를 어떻게 만드느냐고 묻는다면, First, you marinate beef or pork in rich condiments and vegetables(우선 쇠고기나 돼지고기를 갖은 양념과 채소에 절이세요) 하는 말을 제일 먼저 해야 할 것이다.

Because many cuts of beef are surprisingly low in calories.

cuts of beef: ● ● ● ●

'부위별로 자른 쇠고기'. 잘 아는 대로 쇠고기는 자르는 부위에 따라서 이름이 다르고 맛도 다르고 값도 다르다. 이런 부위를 cut이라고 한다. 물론 잘라낸 고기조각을 cut이라고도 한다. 라운드(round)는 주로 뒷다리 근처 살이고, 브리스킷(brisket)은 주로 앞다리 근처 양지머리 살이다. 텐더로인(tenderloin)이라고도 하는 필레(fillet)는 중앙 옆구리 쪽, 등심이라고 하는 써로인(sirloin)은 등쪽이다. 안심이라고 하는 립아이(rib eye)는 갈비근처의 살이다.

A lean, trimmed three-ounce serving averages less than 200 calories.

average: ● ● ● ●

'평균적으로 …이다'. average를 대개 형용사나 명사적인 용법으로만 알고 있는데 여기에서처럼 동사로 쓰면 제법 멋있는 표현이 된다.

Round tip, for example, hardly tops 149 calories.

hardly tops 149 calories: ● ● ● ●

'149칼로리가 넘는 일이 별로 없습니다'. top도 여기에서처럼 동사로 쓰면 제법 훌륭한 표현이 된다.

That's an inspiration to anyone holding a menu.

it's an inspiration: ● ● ● ●

'이건 영감을 주는 소식이지요'. 기발하고 훌륭한 일을 가능케 해 주는 새로운 소식을 가리켜 inspiration이라고 한다. 좋고 나쁜 것에 중립적으로 아주 놀라운 소식을 It's an eye-opener. 또는 It's a revelation이라고도 한다.

Where would we be without beef?

Where would we be without beef?: ● ● ● ●

'비프가 없이 어딜 가겠습니까?, 비프가 없다면 우리가 어떤 상태일까요?' 이런 수사적 의문문은 흔히 쓰이는 표현이다. 그 예로 Where would I be without you? '네가 아니었다면 내 꼴이 어떻게 되었을까?, 내가 잘 된 건 다 네 덕이야.' 같은 표현들이 있다.

If you're looking for lean, you're in Luck.

I'd like to tell you a juicy story. A story everyone in Luck, Wisconsin knows. It's about herb marinated beef steak. It's about braised steak provençal and broiled steaks with company potatoes. But most of all, it's about good fortune. Because many cuts of beef are surprisingly low in calories. Lower than most people think. A lean, trimmed three-ounce serving averages less than 200 calories. Round tip, for example, hardly tops 149 calories. That's an inspiration to anyone holding a menu. Or following a diet. You know, according to legend, the town of Luck was named by Dan Smith, an early logger. Having faced much adversity in life, he solved the problem by always being "in Luck." Today, our luck is still pretty good — delicious, in fact. Where would we be without beef? Out of luck, I'd say. See you in the next town.

Round Tip 149 calories. 5.0 gms total fat* (1.8 gms sat. fat)

Top Round 169 calories. 4.3 gms total fat* (1.5 gms sat. fat)

Top Loin 168 calories. 7.1 gms total fat* (2.7 gms sat. fat)

Eye of Round 141 calories. 4.0 gms total fat* (1.5 gms sat. fat)

Tenderloin 175 calories. 8.1 gms total fat* (3.0 gms sat. fat)

Top Sirloin 162 calories. 5.8 gms total fat* (2.3 gms sat. fat)

Beef. Real food for real people.

해석

날씬해지고 싶으신가요? / 담백한 것을 찾고 계신가요? 당신은 행운이 있군요.

감칠맛이 나는 얘기를 해 드릴까요? 위스콘신 주의 Luck에 사는 사람들은 누구나 아는 이야기이죠. 허브에 재운 비프스테이크에 대한 얘기예요. 살짝 튀겨서 푹 요리한 쁘로방스식 스테이크, 감자를 곁들인 브로일드 스테이크에 대한 얘기입니다. 하지만 무엇보다도 중요한 것은 행운에 관한 이야기라는 것이지요. 왜냐하면 대부분 부위별 비프는 믿기지 않을 정도로 칼로리가 낮다는 것입니다. 대부분 사람들이 생각하는 것보다 칼로리가 낮아요. 기름이 적은, 깔끔하게 다듬은 1인분 3온스짜리 비프는 200칼로리가 안됩니다. 예를 들어 라운드팁은 149칼로리가 넘지 않습니다. 이 소식은 메뉴판을 들고 있는 사람에게는 눈이 번쩍 뜨이는 이야기이죠. 아니면 다이어트 중인 분도 마찬가지구요. 전설에 의하면 말이지요, Luck이란 도시는 나무 벌목을 하던 Dan Smith란 사람이 이름을 붙였대요. 세상 살면서 너무 힘든 고비를 많이 겪은 이 사람은 계속 "Luck에서 삶으로써 (행운을 지킴으로써)" 그 문제를 해결했다는군요. 아직도 우리 운은 제법 좋습니다. 사실 말하자면 좋은 정도가 아니라 정말 맛있는 거죠. 비프가 없이 어떻게 살겠습니까? 그런 경우를 "운이 없는 경우 (luck을 떠난 경우)"라고 해야겠지요? 다음 도시에서 만납시다. (다음 도시에서 비프를 드세요.)

라운드팁: 149 칼로리. 총 지방 5.0그램 (포화지방 1.8그램)

탑라운드: 169 칼로리. 총 지방 4.3그램 (포화지방 1.5그램)

탑로인: 168 칼로리. 총 지방 7.1그램 (포화지방 2.7그램)

아이 오브 라운드: 141 칼로리. 총 지방 4.0그램 (포화지방 1.5 그램)

텐더로인: 175 칼로리. 총 지방 8.1그램 (포화지방 3.0 그램)

탑써로인: 162 칼로리. 총 지방 5.8그램 (포화지방 2.3 그램)

비프. 진정한 사람을 위한 진정한 음식.

The bendable-stretchable-pulled-
in-all-directions modern mom. Go to
the game. Go to the client. These days, you have to do it all.
That's why you need help from key nutrients. Like the
B vitamins, iron, zinc and **protein** you can find in beef.
Along with a balanced diet and
healthy lifestyle, beef gives
you a lot to go on. Look for other
nutrition information and beef
recipes at www.beef.org.

Funded by America's Beef Producers℠

BEEF

IT'S WHAT'S FOR DINNER.

⚠ |문|화|해|설|

미국 사회에서 여성의 지위가 최근 급속하게 상승하였음에도 불구하고 이와 더불어 여성들의 라이프스타일은 매우 복잡하게 변하였다. 여기 선전에서도 그처럼 바쁜 엄마의 이미지를 이용하여 에너지가 딸리지 않도록 쇠고기를 많이 섭취하라는 쇠고기 소비촉진 광고를 내고 있다. 미국사회에서의 여성의 위상에 대해 간단하게 살펴본다.

미국사회와 여성*

아이러니칼하게도 미국은 여성에게 가장 공평하면서도 또 잔인한 나라 중의 하나다. 그 이유는 남녀평등이라는 멋진 슬로건 아래 여성들이 사회활동을 할 수 있도록 여러 가지로 배려하고 있으면서도, 또 한편으로는 남자와 여자 사이에 평등함을 강조함으로써 여성들에게 힘든 일을 강요하다시피 하기 때문이다. 여성들이 신체적으로 연약한 점을 고려해서 미국에서는 한 때 7킬로 이상의 짐을 들어야 하는 직업에는 여성 취업이 금지된 적도 있었지만, 최근에는 트랙터 운전에서 화물택배 배달에 이르기까지 여성들이 안 하는 일이 없다. 한국 남성들이 보기에는 여간 딱해 보이는 것이 아니다. 따라서 미국여성들 특히 결혼한 여성들은, 남편이 벌어다 주는 돈을 편안하게 쓰는 한국의 부인들을 매우 부러워한다. 현재 미국 여성의 80%가 일을 하고 있다고 하는데 어린아이를 가진 엄마들도 70% 정도가 일을 하고 있다. 따라서 아이를 가진 부인들이 직장에서 일을 하고 또 집에서는 집안 일을 하는 이중으로 힘든 라이프스타일을 가지고 있다.

이러한 사회변화와 더불어 working mother라는 표현도 생겼고, 이런 working mother들을 위해 아이들을 낮 시간 동안 돌봐주는 보육원을 가리키는 day care라는 말도 생겨났다. 이 선전에서도 나오는 working mother는 그야말로 수퍼우먼으로 직장 출퇴근길에 아이들을 day care에 데려 갔다 데려 오고, 시장 봐오고, 세탁물 챙기고, 식사 준비하고, 숙제 봐주고, 온갖 집안 일에 얽매여 여간 고생을 하는 것이 아니다. 그럼에도 불구하고 여성들의 월급은 남성들에 훨씬 못 미쳐서 평균 남성 월급의 77% 밖에 안 되며, 30% 이상의 여성 근로자들이 poverty-level wage라 불리는 최저임금인 시간당 8달러 정도의 돈을 받고 있다고 한다. Lady-First, 또는 Equal Opportunity 뒤에 숨겨진 미국 사회의 한 단면이다.

|본|문|해|설|

> **The bendable-stretchable-pulled-in-all-directions modern mom.**

bendable: ● ● ● ●

‘구부릴 수 있는’. 여기서는 플라스틱으로 만든 인형을 ‘구부릴 수 있다’고 표현하고 있지만 실제로 이 bend라는 단어는 사람이 힘이 들어서 허리가 굽는 것을 연상시키고 있다. 남을 굴복시킨다든가 고생시키는 것을 가리킬 수 있는 단어이다.

stretchable: ● ● ● ●

‘잡아늘릴 수 있는’. 이것도 위의 bendable처럼, 플라스틱으로 만든 인형을 ‘잡아늘릴 수 있다’는 표현이지만 이 단어 또한 힘을 무리하게 사용하는 것을 연상시키고 있다. 예를 들어 I stretched myself to provide an expensive education for my son이라고 하면 애를 교육시키기 위해 갖은 고생을 했다는 말이다.

pulled in all directions: ● ● ● ●

‘사방으로 잡아당겨진’. 이것도 표면적으로는 플라스틱 인형에 대한 표현이면서도 마찬가지로 이 일 저 일로 마치 찢어질듯이 힘들고 분주한 상황을 표현하려 한 것이다. 사람을 pull한다고 하면 일단 그 이미지가 상대방에게 강압적이고 고통스러운 것이다. 예를 들어, He pulled me about이라고 하면 ‘그가 나를 여기저기로 끌고 다녔다’는 뜻이 된다.

Go to the game. Go to the client.

go to the game: ● ● ● ● ▬▬▬▬▬▬▬▬▬▬▬▬

'게임에 가다'. 미국에서는 아이들이 자주 경기를 하는데 그럴 때마다 부모가 경기장에 같이 가서 봐주는 것을 거의 기본적인 부모의 의무로 생각한다. 때로는 장관이 자기 아이의 학교야구시합에 가기 위해 각료회의에 갈 수 없다고 했던 적이 있을 정도로 이런 시시해 보이는 일이 뜻밖에 중요하게 여겨지기도 한다. 여기 선전문에서 Go to the game. Go to the client.는 명령문의 형식이지만 실제로 이것저것을 나열하는 이른바 enumeration style에서 흔히 쓰는 형식이다. 우리말식으로는 '…하랴, …하랴'와 같은 것이다.

That's why you need help from key nutrients. Like the B vitamins, iron, zinc and protein you can find in beef.

you need help from key nutrients: ● ● ● ● ▬▬▬▬▬▬▬▬▬▬▬

'핵심 영양소의 도움이 필요합니다'. 주요 영양소를 key nutrients라 한다. 영양을 잘 섭취해서 힘든 일을 위한 에너지를 공급받아야 한다는 뜻이다. 영양이 있는 식사를 nutritious meals, 영양가는 nutritive value, 영양상으로 균형이 잡힌 것을 balanced nutrition이라고 하는데 다 자주 사용되는 표현이다.

you can find xxx in beef: ● ● ● ● ▬▬▬▬▬▬▬▬▬▬

'xxx가 쇠고기에 있다' 원래는 '쇠고기에서 xxx를 찾을 수 있다'는 뜻이고 그런 점에서는 아주 평범한 문형이지만 또 막상 영어맛이 나도록 쉽게 쓸 수 있는 문형이 아니다. 특히 in의 용법이 확장된 다음과 같은 표현은 알아두면 멋있게 쓸 수 있을 것이다.

○ At those times of trouble, I found a sincere supporter in him.
'그 힘들던 시기에 그 사람은 진정한 후원자였다.'

● Don't worry. You got a friend in me.

'걱정하지마. 내가 있잖아.'

> **Along with a balanced diet and healthy lifestyle, beef gives you a lot to go on.**

beef gives you a lot to go on: ● ● ● ● ▬▬▬▬▬▬

'열심히 일할 수 있도록 많은 것을 쇠고기가 제공해준다'. 흔히 go on은 '계속하다' 정도로 알고 있지만 그 숨겨진 뜻은 그보다 훨씬 풍부하다. 특히 '인생을 살아가다' '어려움을 헤쳐나가다' 같은 의미가 숨어있다. 예를 들어 I can't go on without you.라고 하면 '당신 없인 이 세상을 살아갈 수 없다' '난 당신 없인 죽는다'는 뜻이 된다. 자기를 버리고 떠나려는 연인에게 가장 흔히 사용되는 협박(?)이다.

> **IT'S WHAT'S FOR DINNER.**

It's what's for dinner.: ● ● ● ● ▬▬▬▬▬▬

'저녁식사가 뭐냐 하면 바로 이것이다'. 이 표현은 그대로는 뭔가가 이상해 보이는데 사실은 '이것이 'What's for dinner?'다'라는 말에서 나온 것이다. 아이들은 밥을 먹기 싫어해서 꼭 엄마한테 Mom, what's for dinner? '엄마, 저녁엔 뭘 먹을 건데?'하고 물은 다음에 괜히 타박을 하곤 한다. 물론 부정적인 뉘앙스 없이 '저녁 메뉴는 뭐지?' 하고 물을 때에도 쓸 수 있는 표현이다. 쇠고기가 바로 그에 대한 정답이란 말이다.

The bendable-stretchable-pulled-in-all-directions modern mom. Go to the game. Go to the client. These days, you have to do it all. That's why you need help from key nutrients. Like the B vitamins, iron, zinc and protein you can find in beef. Along with a balanced diet and healthy lifestyle, beef gives you a lot to go on. Look for other nutrition information and beef recipes at www.beef.org.

BEEF. It's What's For Dinner.

구부릴 수 있고 잡아늘릴 수 있고 사방으로 잡아당길 수 있는 현대판 엄마. 애들 게임 봐주러 가라, 직장에서 고객을 만나라…. 요즘은 엄마가 모든 걸 다 해야 하지요. 그러기 때문에 핵심 영양소의 도움을 받으셔야 하는 겁니다. 예를 들자면 여러 가지 비타민 B 영양소들, 철분, 아연, 그리고 단백질 같은 것들요. 이런 것들은 쇠고기 속에 들어있습니다. 균형 있는 식사와 건강한 라이프스타일과 함께 당신이 여러 가지 일을 해 낼수 있도록 많은 것을 제공해 줍니다. 다른 영양소에 대한 정보와 쇠고기를 이용한 음식요리법을 원하시면 저희 웹사이트www.beef.org에서 얻으실 수 있습니다.

쇠고기. 저녁에 뭘 먹느냐 하면 바로 이거죠.

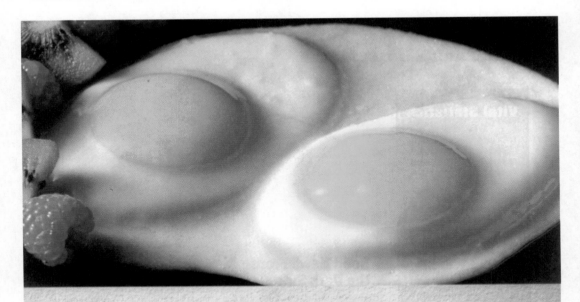

Protein.
Sunny-side up.

If
you're thinking pro-
tein, think eggs. They're a
great-tasting, inexpensive source
of high-quality protein. In fact, one
egg gives you 10% of your daily refer-
ence value. And protein helps build
muscles and keep them strong. So if
you want protein, you don't have
to go on a crazy diet. You just
have to be crazy about
eggs.

The incredible edible egg

American Egg Board
http://www.aeb.org

Nutrition Facts: Serving Size 1 egg (50g). Amount Per Serving: Calories 70, Calories from Fat 40; Total Fat 4.5g, 7% Daily Value; Sat. Fat 1.5g, 8% DV; Cholesterol 215mg, 71% DV; Sodium 65mg, 3% DV; Total Carb. 1g, 0% DV; Protein 6g, 10% DV; Potassium 60 mg, 2% DV. Sunny-side up eggs should be cooked until the white is set and the yolk begins to thicken.
©1999 American Egg Board

식사*

한때 우리나라에서는 미국인들이 아침식사를 하지 않는다고 생각을 했고 또 그런 생각 때문이었는지 아침식사를 안 하는 사람들이 있었다. 3억 가까운 미국사람들의 천차만별 라이프스타일을 획일화해서 말할 수는 없겠지만 대체로 미국인들은 아침식사를 '제대로' 하는 경향이 있다. 아침식사를 하지 않으면 일의 능률이 떨어지고 아이들의 학업성취도도 크게 떨어진다고 해서 1교시 시작 전에 아이들에게 아침식사를 제공하는 학교들도 많고 특히 가난한 가정의 학생들에게는 무료급식을 한다.

미국인들의 아침식사는 대개 계란 두 개(스크램블이나 프라이), 계란을 넣은 오믈렛, 베이컨이나 소시지, 토스트, 비스킷 빵, 베이글 빵 등을 먹는다. 이것이 소위 가장 전형적인 Amercian Breakfast이다. 약간 다르게 먹는 사람들은 우유를 부은 씨리얼, 주스, 토스트, 시럽과 버터를 넣은 팬케이크, 주스, 우유 등을 먹는다. 물론 이것들을 다 먹기도 하지만 몇 가지만 먹기도 한다. 아침에는 커피가 거의 필수적이다. 이처럼 미국식 아침은 양이 많기 때문에, 빵 하나 요구르트 하나 과일 하나로 Continental Breakfast를 먹는 유럽인들은 미국식 아침이 야만적이고 무지막지하다고 생각하는 경향이 있다. 점심에는 각종 샌드위치(땅콩버터, 치즈, 볼로냐, 터키, 햄 등)나, 빵, 햄버거, 핫도그, 피자, 타코, 치킨, 샐러드, 과일 등을 먹는다. 마실 것으로는 우유, 콜라, 사

이다 등을 마신다. 아이들이 도시락요로 가장 많이 싸오는 것은 샌드위치이다. 저녁식
사는 주로 고기(스테이크, 치킨, 생선, 돼지고기, 터키 등)를 감자요리와 채소(옥수수,
콩, 당근, 시금치, 완두콩, 아스파라거스, 콜리플라워, 브로콜리 등)와 곁들여 먹는 것
이 정식이고, 피자나 스파게티, 라자냐, 타코 등을 먹기도 한다. 후식은 대개 단 것들로
케익이나 쿠키, 파이, 아이스크림, 캔디 등을 먹는다. 영양학자들에 의하면 단 것을 후
식으로 먹으면 소화가 잘 되고 뇌의 쾌중추를 자극하여 행복감을 느끼게 된다고 한다.

|본|문|해|설|

Protein. Sunny-side up.

---

protein: ● ● ● ● ●

'단백질'. 이 단어는 그 철자 때문에 '프로테인'이라고 읽는 사람들이 많이 있는데 맞는 발음은 '프로
틴'이다. 우리가 이것을 프로테인이라고 읽는 경향이 있는 것은 어쩌면 독일어 단어 'Protein' (프로
테인)의 영향일 수도 있다. 알레르기나 에네르기 등 의학, 과학적 용어들이 독일을 통해 들어 온 것
을 생각하면 더욱 그렇다. 원래 protein이란 단어는 그리이스어의 proteios와 in의 합성에서 나왔는
데 문자적으로는 '최초의 물질'이란 뜻이다. 단백질이 생명체의 시작과 관계가 있다는 것을 잘 암시
해주고 있다.

sunny-side up: ● ● ● ● ●

'써니싸이드 업 스타일'. 계란을 프라이할 때 여기 광고처럼 계란 노른자가 위쪽으로 올라와 마치
태양처럼 보이게 하는 것을 Sunny-side up이라고 한다. 이걸 뒤집어서 양쪽 다 프라이 해버리면
over-easy라고 한다. 다른 종류의 계란 요리로는 계란을 깨뜨려서 뜨거운 물에 약 5분 정도 넣었다
가 꺼낸 수란(poached)과 껍질째 물에 넣고 끓이는 반숙(soft-boiled)이 있는데 이 삶은 계란은 반
숙정도에 따라 5-minutes, 7-minutes… 등 등급별로 되어 있다. 단단하게 삶으면 완숙
(hard-boiled)이라고 한다. 또 계란에 버터를 넣고 마구 휘저어가며 프라이를 한 것은 스크램블

(scrambled)이라고 한다. 한국인들은 목소리를 잘 나오게 한다고 날계란을 먹기도 하는데 미국인들은 대개 날계란을 먹지 않을 뿐 아니라 생각하기만 해도 비위가 상한다고 한다.

If you're thinking protein, think eggs.

Think eggs.: ● ● ● ● ▬▬▬▬▬▬▬▬▬

'계란을 생각하십시오'. 원래 think는 명사를 목적어로 동반하는 타동사로는 사용되지 못하고 뒤에 절을 목적어로 동반하여야 했다. 자동사로서는 뒤에 반드시 of나 about를 같이 써야 했는데 최근에는 주로 선전문 등에서 타동사처럼 뒤에 바로 목적어를 쓰는 현상이 생겨났다. 또 다른 최근의 경향은 think 뒤에 형용사를 보어처럼 써서 Think big '야망을 품어라' 같은 표현도 생겨났다.

They're a great-tasting, inexpensive source of high-quality protein.

great-tasting: ● ● ● ● ▬▬▬▬▬▬▬▬▬

'맛 좋은'. delicious나 good보다 훨씬 강도가 높은 표현이다. 보편적으로 미국인들은 계란의 맛을 좋아해서 계란 소비량이 무척 높다. 1950년대에 1인당 연평균 소비가 400개에 이르렀다. 그러나 요즘은 콜레스테롤 때문에 대략 250개 정도로 많이 줄었는데 최근 들어 소비량이 다시 늘고 있다고 한다. great와 합쳐서 만든 단어 중에 가장 잘 쓰이는 것은 great-looking '멋있는'이란 단어일 것이다.

inexpensive source of high-quality protein: ● ● ● ● ▬▬▬▬▬▬▬▬▬

'질 좋은 단백질의 저렴한 원천'. inexpensive는 cheap보다 훨씬 더 품위가 있는 단어이므로 잘 알아두어야 한다.

- -

○ Excuse me, do you have a little more inexpensive one?

'혹시 좀 더 가격대가 낮은 것은 없나요?'

> **In fact, one egg gives you 10% of your daily reference value.**

daily reference value: ● ● ● ● ▬▬▬▬▬▬▬▬▬▬

'1일 권장 섭취량'. 미국 보건성이 정한 영양소별 1인당 1일 권장 섭취량이다. 미국의 초·중·고 학교 교과서와 시험에 늘 나오는 내용이다. 지방은 65그램, 포화지방 20그램, 콜레스테롤 0.3그램, 탄수화물 300그램, 섬유소 25그램, 소금 2.4그램, 칼륨 3.5그램, 단백질 50그램이다.

> **So if you want protein, you don't have to go on a crazy diet.**

go on a crazy diet: ● ● ● ● ▬▬▬▬▬▬▬▬▬▬

'지독하게 다이어트하다'. 극단적으로 다이어트를 하는 사람들은 자주 일본의 가미가제(영어로는 카미카시(kamikaze)) 자폭특공대로 묘사되기도 한다. 여기서는 계란을 안 먹는 '잔인한 다이어트'라는 뜻으로 crazy diet라 불렀다.

> **You just have to be crazy about eggs.**

crazy about eggs: ● ● ● ● ▬▬▬▬▬▬▬▬▬▬

'계란을 미치게 좋아하다' '계란을 즐겨 먹다'. 여기서는 위에 나오는 crazy diet와 대조를 보이기 위해 crazy를 썼다. crazy는 like, love의 수준을 훨씬 넘어설 때 쓰는 표현이다. 미국인들은 과장이 심하다보니 like, love 대신 crazy를 자주 쓴다. crazy는 뒤에 about, over, on, for 등을 쓸 수 있다.

▶ Sweetheart, I love you, I am crazy for you.

'자기야, 사랑해, 미치도록 사랑해.'

The incredible edible egg.

The incredible edible egg: ● ● ● ●

'기가 막힌 식용 계란'. 이 문구는 incredible과 edible의 단어 생김새를 이용한 기교이다. incredible 은 cred- '믿음'에서 파생된 것이고, edible은 eat '먹다'에서 파생된 것이다. eat에서 나온 eatable이 란 단어도 있긴 하지만 이 단어는 많은 사람들이 '틀린 단어'라고 생각할 정도로 전혀 쓰이지 않는 다. 계란을 우리나라에서는 가게주인들이 대개 대란, 특란, 왕란이라고 표시하는데 미국에서는 등 급을 흰자의 두께, 노른자의 크기와 둥근 정도, 계란 껍질의 상태에 따라 AA, A, B 등급으로 나누고 있다. 가장 많이 팔리는 것이 A등급이다. 크기의 등급은 12개 한 박스(egg carton)의 무게에 따라 30온스 이상의 Jumbo로부터 Extra Large, Large, Medium, Small, 그리고 15온스급의 가장 작은 Peewee까지 6등급으로 되어 있다. 계란 박스에는 생산일이 쥴리안 캘린더(Julian calendar date) 로 표시되어 있어서 1월 1일은 001, 2월 1일은 032, 12월 31일은 365라고 찍혀 있어 보통 사람에 게는 무엇인지 모르는 경우가 많다. 물론 유통기한은 보통 날짜 표시로 찍혀 있다.

Protein. Sunny-side up.

If you're thinking protein, think eggs. They're a great-tasting, inexpensive source of high-quality protein. In fact, one egg gives you 10% of your daily reference value. And protein helps build muscles and keep them strong. So if you want protein, you don't have to go on a crazy diet. You just have to be crazy about eggs.

The incredible edible egg.

American Egg Board. http://www.aeb.org.

Nutrition Facts: Serving Size 1 egg (50g). Amount Per Serving: Calories 70, Calories from Fat 40; Total Fat 4.5g, 7% Daily Value; Sat. Fat 1.5g, 8% DV; Cholesterol 215 mg, 71% DV; Sodium 65mg, 3% DV; Total Carb. 1g, 0% DV; Potassium 60 mg, 2% DV. Sunny-side up eggs should be cooked until the white is set and the yolk begins to thicken.

단백질. 써니 싸이드 업입니다.

만일 단백질을 생각하신다면 계란을 생각하십시오. 계란이야말로 맛 좋고 값 싼, 그러면서도 고품질의 단백질을 제공해 주는 것입니다. 사실상 계란 한 개는 당신의 하루 권장 섭취량의 10%를 제공합니다. 단백질은 근육을 만들어 주고 근육을 지속적으로 튼튼하게 유지시켜 줍니다. 따라서 단백질을 원하신다면 어처구니없는 식이요법을 하실 필요가 없습니다. 계란을 좋아하시면 됩니다.

기가 막힌 식용 계란.

미국 계란 협회. http://www.aeb.org.

영양소 안내: 계란 1개 (50g) 기준. 계란 1개당: 70 칼로리. 지방으로부터의 열량 40 칼로리. 총 지방 4.5g, 1일 권장섭취량의 7%; 포화지방 1.5g, 1일 권장섭취량의 8%; 콜레스테롤 215mg, 1일 권장섭취량의 71%; 소디움 65mg, 1일 권장섭취량의 3%; 총 탄수화물 1g, 1일 권장섭취량의 0%; 단백질 6g, 1일 권장섭취량의 10%; 칼륨 60mg, 1일 권장섭취량의 2%; 써니싸이드엎으로 요리하는 계란은 흰자위가 완전히 굳어지고 노른자위가 단단해지기 시작할 때까지 요리해야 합니다.

No 17 **JELL-O**

"I could go for something sweet!"

How often have you heard that? Reach for a Jell-O® snack cup. Cool gelatin that's naturally fat-free. Or creamy pudding made with the goodness of milk. There's even cheesecake made with PHILADELPHIA® Cream Cheese. All sweet, all wholesome, all fast.

"Please."

I could go for something
JELL-O®

매직 워드*

'매직 워드'라고 하면 제일 먼저 떠오르는 것이 '열려라, 참깨!(Open sesame!)'일지도 모르지만, 영어에서 매직 워드란 'Please!'란 말이다. 아이들이 뭔가를 요구하면서 끝에 'Please'란 말을 안 붙이면 'Say a magic word!'라고 한다. 아이들이 엄마한테 계속 보챌 때 한국에서는 '엄마, 응? 응? 응?' 이런 식으로 말하지만 미국아이들은 늘 'Please… please… please'라고 한다. 이런 경우 웬만하면 아이들의 요구를 들어주게 되다보니 아이들로서는 please가 매직 워드라고 생각할 만도 하다.

언어에 대한 관심이 전 세계에서 가장 유별나고 또 예의에 대해 민감한 이 미국인들은 소위 politeness formulae라고 하는 여러 가지 표현들을 자주 사용하고 아이들에게 그걸 가르친다. 모르는 사람끼리도 일단 눈이 마주치면 'Hi!'라고 인사를 한다든가, 별 것 아닌 것에도 Excuse me!, I'm sorry! 등을 자주 쓴다. 남을 건드리거나, 가로막거나, 세우고 말을 묻거나하는 등 사회적인 규범사항이 위반될 때에는 Excuse me를 쓴다. 이것은 거의 자동적이어서 심지어는 자기가 안고 있던 아이에게조차 Excuse me, Son! 하고 말하면서 내려놓곤 화장실에 갔다오는 정도다. 이와 대조적으로 자신이 개인적으로 뭔가를 잘 못했을 때에는 I'm sorry를 쓰는데 그러기 때문에 때때로 I'm sorry는 잘못한 것과 그에 대한 책임을 인정하는 셈이 된다. 그래서 미국의 보험회사들은 운전자들에게 사고가 났을 때 절대로 먼저 I'm sorry라고 말하지 말라는 당부를 한다. 그런 경우에는 배상책임을 져야 하기 때문이다. 그래서 직장동료가 자리에 없을 때 전화가 걸려와도 "I'm sorry but he's not in."처럼 전혀 미안하지도 않을 일에 I'm sorry를 쓰던 사람들도 사고현장에서는 여간해서 I'm sorry를 안 하고 경찰이 오기만 기다린다. 2001년 4월에 일어난 미국정찰기와 중국전투기의 공중 충돌사고 후에 '미안하다'는 말을 할 거냐 말 거냐 때문에 미국과 중국 사이에 큰 외교 마찰이 있었던 것도 그에 따른 책임인정과 배상문제가 달려 있기 때문이었다.

|본|문|해|설|

I could go for something sweet!

I could go for something sweet!: ● ● ● ●
‘뭐 좀 달콤한 것 좀 먹어도 될 것 같은데’. 이런 데에서 could를 쓰는 것은 일종의 완곡한 표현이다. 즉 자신의 의사나 요구를 강하게 드러내지 않는 방식이다. 음식을 주문할 때에도 특히 여성들이 I could go for…, I might get…, I guess I'll have…, I'll probably have… 등처럼 완곡한 표현들을 많이 사용한다.

How often have you heard that?

How often have you heard that?: ● ● ● ●
‘이런 말 몇 번이나 들어 보셨어요?’ 즉 ‘이런 말을 귀가 따갑게 들으셨지요?’의 뜻이다. 단 것을 좋아하는 것은 전 세계 공통이니 아이들이 늘 단 것을 달라고 조르기 때문이다. 최근 통계에 의하면 아이들이 콜라나 캔디처럼 단 것을 너무 많이 먹어서 미국 아이들의 대부분이 뼈나 이에 심각한 문제가 있다고 한다. 참고로 미국인들은 전체 인구가 한 사람 당 평균 1년에 600 캔의 콜라류 음료를 소비한다는 보고가 있어 많은 미국인들이 우려하고 있다.

Reach for a Jell-O snack cup.

Reach for a Jell-O snack cup: ● ● ● ●

'젤로 스낵 컵을 잡으세요'. reach for라는 표현은 추상적으로는 대개 목표로 삼은 대상을 추구하는 행위를 가리키는 것으로 긍정적인 어감을 주는 표현이다. 구체적으로는 테이블에 있는 물건이나, 냉장고 속에 깊이 들어 있는 물건, 가게의 선반에 놓여있는 물건 등을 집거나 꺼내기 위한 동작을 묘사해준다. '쇼핑할 때 젤로 스낵 컵을 챙기세요' '냉장고에서 젤로 스낵 컵을 꺼내 주세요' 하는 메시지가 연상된다.

Cool gelatin that's naturally fat-free.

naturally fat-free: ● ● ● ●

'특별한 가공이 없이 천연적으로 지방이 안 들어 있는'. 미국인들이 지방에 대해 각별한 주의를 하는 것은 잘 알려져 있다. 한때 fat이란 단어가 '살찐 동물'을 연상시켜 좋은 어감을 가졌었지만 근래에는 그 반대가 되었다. 요즘 속어에서는 a fat chance라는 것은 별 가망이 없는 것을 말하기도 한다.

◐ I'll start my career in politics. I will be a big shot soon.

'자, 난 이제 정계에 들어가 곧 거물이 될 거다.'

◐ A fat chance!

'야, 얼빠진 소리 좀 그만해'

> **Or creamy pudding made with the goodness of milk.**

made with the goodness of milk: ● ● ● ● ▬▬▬▬▬▬

'우유의 영양으로 만들었습니다'. 여기서 goodness는 단순히 좋다는 것을 넘어서 영양분, 진수 등을 가리키는 것이다. This soup has all the goodness from cow bones.라고 하면 '이 곰탕은 사골의 영양이 그대로 다 우러난 겁니다'란 말이 된다. 신의 이름을 직접 부르는 것을 불경스럽다고 생각하는 사람들은 God 대신 goodness란 단어를 사용되기도 한다. 예를 들어 Oh, my goodness!, Thank, goodness! 같은 감탄 표현들이 있다.

> **There's even cheesecake made with Philadelphia Cream Cheese.**

cheesecake: ● ● ● ● ▬▬▬▬▬▬

'치즈케익'. 케익 중에 특히 영양이 많은 케익이다. 이 경우와는 관계가 없지만 속어에서는 여자 모델들의 선정적인 허벅지를 가리키기도 한다. 역사적으로 보면 여성을 음식물과 관련해서 부르는 많은 이름들이 있다. 대표적으로 honey, sugar, sweet pie, dish, tart, bun, cookie, crumpet, pancake, sweetmeat, peach, cherry 등이 있는데 이처럼 여성을 음식에 비유한 표현들은 여성을 성적 대상으로 생각하는 데에서 발전한 것이다.

> **All sweet, all wholesome, all fast.**

all wholesome: ● ● ● ● ▬▬▬▬▬▬

'건강에 좋은'. wholesome은 여러 가지 긍정적인 뉘앙스를 주는 단어인데 특히 음식이나 운동과 관련해서는 'healthy'와 같은 단어이다. 공기가 건강에 좋을 만큼 신선한 때에도 wholesome air라고 한다.

all fast: ● ● ● ●

'아주 빠른' 즉 별도로 요리를 하지 않고 바로 먹어도 된다는 뜻이기도 하지만 어쩌면 '맛이 있어서 모두 다 금방 먹어버린다'는 암시도 들어 있을지 모른다. 속도지향적인 미국문화에서는 fast란 긍정적인 단어일 수밖에 없다. 이런 문화 속에서 fast-food restaurant이 생겨난 것은 어쩌면 아주 당연한 일일 것이다.

I could go for something Jell-O.

I could go for something Jell-O: ● ● ● ●

'뭔가 젤로 같은 게 먹고 싶네.' 젤로는 그 제품이 매우 다양하기 때문에 젤로 중에서 뭐 하나 먹고 싶다는 뜻을 담고 있다. 미국에서는 아이들이 배탈이 나거나 하면 의사들이 보통 음식은 못 먹게 하고 젤로만 먹게 하는 일이 있을 정도로 젤로는 아주 보편화된 음식 중의 하나다. 이 표현에서 그냥 '뭔가가 슬슬 먹고 싶네, 어째 입이 심심하다, 군것질 생각이 나네'와 같이 하려면 Jell-O만 빼고 I could go for something이라 할 수 있다. 물론 이 광고문구는 이런 더 일반적인 표현에다가 Jell-O 를 붙여 더 흥미롭게 만든 것이다. 원래 이 자리에는 sweet, hot 같은 형용사가 나온다.

"I could go for something sweet!"

How often have you heard that? Reach for a Jell-O snack cup. Cool gelatin that's naturally fat-free. Or creamy pudding made with the goodness of milk. There's even cheesecake made with PHILADELPHIA® Cream Cheese. All sweet, all wholesome, all fast.

"Please."

I could go for something Jell-o.

"어째 슬슬 달콤한 게 먹고 싶네!"

도대체 이런 말을 몇 번 들어 보셨어요(이런 말을 귀가 따갑게 들으셨죠)? 젤로 스낵 컵을 준비해 두세요. 상큼한 젤라틴입니다. 천연적으로 지방이 안 든 것이지요. 아니면 몸에 좋은 우유로 만든 크림 푸딩도 괜찮고요. 심지어는 필라델피아 크림 치즈로 만든 치즈 케익까지도 있답니다. 이 모두 달콤하고, 건강에 좋고, 금방 드실 수 있는 것들이지요.

"좀 주세요."

어째 젤로 같은 게 먹고 싶네.

Bet You Can't Tell It's A Lite.

Isn't that a bet you'd love to lose?

We call it Lite because it has
half the fat of the leading chocolate brands.
5 grams to be exact. We call it a MILKY WAY   because
that's exactly what it tastes like.

SMOOTH, LITE, EVERYTHING'S RIGHT.™

*50% less fat based on average of fat contents of the 25 leading brands.

© Mars, Incorporated 1996

초콜릿*

미국인들이 초콜릿을 좋아하는 것은 남다르다. 미국인들과 한국인들이 본격적으로 접촉을 했던 것은 6.25 전쟁 후 미군이 한국에 남게 되면서였는데 이 때 사람들은 미국 병사들이 늘 초콜릿을 갖고 다닌다고 생각을 했을 정도다. 초콜릿은 미국의 '군것질' 산업의 4분의 1 정도이고 매년 100억 달러어치 이상의 초콜릿을 미국인들이 먹어 치우고 있다고 한다. 이처럼 미국인들이 초콜릿을 좋아하다보니, 알코올 중독자를 alcoholic, 일 중독자를 workaholic 등으로 부르는 식으로 초콜릿 중독자를 chocoholic이라고 부른다. 또 어떤 사람은 단 것을 먹지 않으면 안 된다고 해서 스스로 sweet tooth가 있다고도 한다. 그러나 초콜릿은 지방과 칼로리가 엄청나게 많아서 초콜릿 하나면 지방의 하루 기준 섭취량 절반을 먹게 된다. 이것은 미국인들의 식생활 특성상 지방과 칼로리 섭취를 낮추어야 할 필요가 있는 많은 사람들에게 큰 부담일 수밖에 없는데 이렇게 해서 생겨난 것이 Lite 초콜릿이다. 대개 초콜릿 하나 당 11그램 정도의 지방이 들어 있는데 규정에는 지방 함유량이 5그램 미만이어야 "Lite"란 이름을 붙일 수 있게 되어 있다. 사람들이 가장 좋아하는 초콜릿은 밀크초콜릿으로 전체 초콜릿시장의 85%이상이 밀크초콜릿이라고 한다. 그런데 이 초콜릿은 우유가 많이 들어 있고 우유에는 유지방이 들어 있어서 초콜릿 회사들은 매우 고심을 하고 있다. 그래서 우유도 저지방우유를 사용하고 있다. 또 다른 문제는 설탕인데, 원래 초콜릿은 쌉쌀한 맛이 나기 때문에 설탕을 사용하지 않을 수가 없다. 그런데 설탕에는 많은 칼로리가 들어있고 당뇨와 같은 병에 매우 좋지 않아서 설탕 대신 대체감미료(sugar substitute)를 사용하고 있다. 일상생활에서 설탕을 사용할 수 없는 사람들을 위해 많은 대체 감미료가 개발되어 식당이나 커피숍 등에서 흔히 볼 수 있다.

|본|문|해|설|

Bet You Can't Tell It's A Lite.

Bet you can't…: ● ● ● ●

‘당신이 …할 수 없을 거라고 저는 장담합니다.’ 원래는 I bet you can't…에서 나온 말로 ‘내기를 걸겠다'는 뜻인데 구어체에서는 I'm sure you can't…의 의미를 가지고 있는 굳어진 표현이다.

a lite: ● ● ● ●

라이트는 대개 칼로리를 낮춘 것을 가리키는데 가장 관심이 되는 것은 지방이다. 여러 가지 음식은 물론이고 맥주나 콜라 등에도 라이트가 있다. 다만 우유는 저지방은 low fat milk라 하고, 지방이 전혀 없는 것은 no fat, 또는 fat free milk라 한다.

Isn't that a bet you'd love to lose?

you'd love to…: ● ● ● ●

‘당신이 …하고 싶을'. 영어에서 ‘좋아한다'는 표현을 like보다는 love를 더 즐겨 쓴다는 것은 잘 알려져 있다. 기본적으로 미국인들이 감정표현을 매우 잘 하다 보니 표현의 강도가 인플레되는 현상이 있는 것 같다. love의 대상은 사람뿐만 아니라 책이나 음식 등도 될 수 있다.

�»Shall we have some ice-cream?

　'아이스크림 좀 먹을까?'

�»Sure! I love it!

　'그러자. 난 아이스크림이 너무 좋아.'

여기 선전에서 '당신이 지고 싶어할 내기'란 말이 함축하는 것은 초콜릿이 너무 rich하고 맛있어 보이기 때문에 라이트일 수 없을 테지만 실제로 라이트라면, 비록 자신이 내기에는 지더라도 이 맛있는 초콜릿을 먹을 수 있으니 얼마나 좋겠냐는 것이다. 내기에 지더라도 초콜릿을 먹고 싶은 심리를 잘 표현해 주고 있다.

We call it Lite because it has half the fat of the leading chocolate brands. 5 grams to be exact.

---

half the fat of…: ● ● ● ●

'…의 지방 함유량의 절반'. half, double, triple 등은 전치사가 없이 그냥 뒤에 명사구가 따라 나온다. 한국인에게 틀리기 쉬운 표현 중 하나이다.

�»You must double the fare.

　'요금을 두 배로 내셔야 돼요.'

leading chocolate brands: ● ● ● ●

'유명회사 초콜릿 브랜드'. 흔히 우리는 '유명한'이란 말을 famous 등으로 생각하는데 famous란 말은 단순한 이유에서라도 잘 알려져 있으면 famous라 한다. 이에 반해 leading이란 말은 '업계의 선두주자로 달리고 있는'이란 좋은 이미지가 포함된 의미의 '유명한'이다.

to be exact: ● ● ● ● ━━━━━━━━━━━━━━━━

'정확하게 말하자면'. 이런 표현은 어떤 말을 대략적으로 하고 난 다음에 더 말을 상세하게 첨가할 때 쓰는 말이다. 비슷한 용법으로 쓰이는 as a matter of fact, in fact 등이 있다.

> **We call it a Milky Way because that's exactly what it tastes like.**

---

that's exactly…: ● ● ● ● ━━━━━━━━━━━━━━━━

'그게 바로 …예요'. 이 표현도 아주 잘 흔히 잘 사용할 수 있는 표현이다. 뒤에 다양한 말들을 넣을 수 있다. exactly란 단어는 [이그잭틀리]라고 발음하지 않고 [익재끌리]라고 발음해야 원어민 발음에 가깝다.

⊙ That's exactly what I mean.

　'내 말이 바로 그 말이야.'

⊙ That's exactly what I wanted.

　'내가 원하던 게 바로 그거야.'

⊙ That's exactly what he said.

　'그 사람이 바로 그렇게 말했어.'

---

what it tastes like: ● ● ● ● ━━━━━━━━━━━━━━━━

'그 맛이 어떤가'. 이런 구문은 what it tastes like, what it looks like, what it feels like처럼 영어에서 매우 생산적인 구문이다. 여기에서는 앞의 what과 뒤의 like가 함께 있는 것을 조심해야 한다. 이 구문들은 모두 what 대신 how로 바꾸어 쓸 수 있는데 이때는 반드시 like를 빼야 한다. 이 광고문에서는 '이 초콜릿은 바로 Milky Way와 맛이 꼭 같거든요'라는 뜻인데, 원래 Milky Way는 흰색의 초콜릿으로 매우 유명한 초콜릿이다. 매우 고소하고 풍부한 맛으로 많은 사람들이 좋아한 것이었지만 칼로리가 높아서 못 먹는 사람들이 많았다. 원래 이 초콜릿 이름에는 'milky'라는 단어가 들어 있어서 우유 초콜릿의 고소한 맛을 연상시킨다. 즉 milky way라는 말은 문자적으로 '우유 식으로' '우유 같은 맛으로' 등의 의미를 떠오르게 하는 묘미를 살린 상표명이다. 혹시 이 광고문안의 카피라이터는 Milky Way가 은하수이기 때문에 환상적인 맛이 난다는 의미를 중의적으로 이용하고 있는지도 모른다.

New Milky Way Lite bar.

bar: ● ● ● ● ━━━━━━━━━━━━━━━━━━━

우리가 흔히 먹는 길쭉한 초콜릿을 bar라고 부르는데 우리말에 정확하게 대응되는 표현을 찾기는 어렵다. 마찬가지로 비누 같은 것도 네모지거나 동그랗거나 관계없이 bar라고 부른다.

50% less fat based on average of fat contents of the 25 leading brands.

fat contents: ● ● ● ● ━━━━━━━━━━━━━━━━━━━

'지방 함유량'. 여기에서 contents를 사용하는 것은 주목해볼 만하다. 술에 들어 있는 알코올 함유량은 alcohol contents라고 한다. 참고로, 미국인들은 흔히 알코올 함유량을 proof라는 것을 써서 말하는데 proof는 한국의 '도수', 즉 '프로'의 두 배이다. 따라서 도수가 10프로인 술은 20 proof인 셈이다.

◗ Oh, this beer is strong.

　'야, 이 맥주 되게 독하다.'

◗ Oh, Yeah? What's the alcohol content?

　'그래? 알코올도수가 얼만데?'

Bet You Can't Tell It's A Lite.

Isn't that a bet you'd love to lose?

We call it Lite because it has half the fat of the leading chocolate brands. 5 grams to be exact. We call it a Milky Way because that's exactly what it tastes like.

New MILKY WAY® Lite.

17 Calories. 50% Less Fat.

Smooth, Lite, Everything's Right.TM

*50% less fat based on average of fat contents of the 25 leading brands.

해석

이게 저지방인 줄은 몰랐지요? 내기할까요?

이런 내기는 지고 싶은 내기가 아니겠어요?

우리는 이 초콜릿을 라이트(저지방)라고 부릅니다. 왜냐하면 유명회사 제품에 들어 있는 지방의 절반밖에 들어있지 않으니까요.* 사실 정확하게 말씀드리자면 딱 5그램 이지요. 우리가 이 초콜릿을 Milky Way라고 부르는 이유는 이 초콜릿 맛이 원래의 Milky Way 맛 그대로이기 때문입니다.

신제품 Milky Way 저지방 초콜릿 바.

170 칼로리. 지방함유량이 일반 초콜릿의 50%

부드럽고, 저지방이고, 모든 것이 제대로 만들어진 초콜릿

* 25개 유명회사 제품들의 평균 지방함유량을 기준으로 50%임.

You're a woman

of the 90's

Bold, self-assured and empowered.

Climbing the ladder of success at work

and the StairMaster™ at the gym.

You're socially aware and politically correct.

But you probably know all this already

because every ad and magazine

has told you a zillion times.

NO wonder you're thirsty.

Cool, Crisp, Clear.
OBey Your Thirst.

정치적 적합성*

흔히 약어로 PC라 불리는 '정치적 적합성(Politically Correct)'을 모르면 영어문화권의 아주 중요한 것 한 가지를 모르는 것이다. PC란 언어의 특정한 표현이 특정인이나 특정 그룹에 속한 사람에게 혐오감을 주기 때문에 이를 피하기 위해 만들어진 표현들, 즉 특정 그룹의 가치판단이 배제되도록 한 표현을 모두 일컫는 것이다. 영어를 외국어로 배우는 사람에게 가장 중요한 PC는 사람을 가리키는 대명사 one을 he로 받던 종전의 문법에서 이제는 'he or she' 또는 's/he'라고 해야 한다든가, manpower를 work force로, 총칭 man을 people로, policeman을 police officer로, everyone을 쓴 후에는 그것은 they로 받는 것 등을 들 수 있다. 요즘 출판사들 중에는 원고에서 이런 기본적인 사항이 지켜지지 않으면 원고를 받아주지 않는 곳들도 많고, 혹시 어디에 실리더라도 비난을 면하기 어렵다. 이런 움직임은 뜻밖에 과격한 경우도 있어서, 심지어는 일부 기독교인들이 God을 왜 남성으로 취급하여 '하나님 아버지'라 하느냐 반발하여 '하나님 어머니'라 하고 여성 대명사로 성경 전체를 바꾼 새로운 판본을 만드는 운동이 일어나기도 하였다.

성차별뿐만 아니라, 결혼 상태에 대한 차별도 문제가 되어 Miss/Mrs를 Ms로 하는 것도 PC의 예이다. 또 인종과 관련된 단어들이 불쾌감을 주기 때문에, 흑인들을

African-American, 유색인종을 ethnic minority 등으로 부른다든가, 흑인영어도 AAE (African-American English)라 하는 것도 같은 예이다. 또 동성연애자들을 homosexual 이라 하다가 이것이 어감이 안 좋아서 third sex라고 했다가, 최근에는 lesbians, gays, bisexuals를 sexual minority community 또는 sexual identity community라고 부르기 도 한다. 이처럼 PC가 미국 전역에서 큰 관심의 대상이 되자 때로는 다음과 같은 기발 한 PC 농담들이 나오기도 한다.

> You are not a prostitute; you are "a sex-care provider."

> You are not tall; you are "vertically enhanced."

> You're not shy; you are "conversationally selective."

|본|문|해|설|

You're a woman of the 90's. Bold, self-assured and empowered.

bold, self-assured and empowered: ● ● ● ●

'대담하고, 자신이 넘치고, 능력이 있는'. bold란 단어는 우리가 흔히 '대담한'이라고 알고 있는데, 보통 겸손한 것이 미덕인 우리 문화권에서는 이 단어가 곧 '건방진'과 동일시되어 부정적인 단어로 인식되고 있는 경우를 흔히 볼 수 있다. 그러나 진취적인 문화라 할 수 있는 영어문화권에서는 이 단어는 brave, courageous와 같이 대개는 긍정적인 의미가 일차적이다. empowered는 단순히 힘 이 있다기보다는 권한이 있는 것에 더 가깝다. 즉 직장에서도 힘 있는 자리에 있다는 것을 암시한 다. 글씨를 고딕체로 굵게 하는 것도 bold라 한다.

Climbing the ladder of success at work and the StairMaster at the gym.

the ladder of success: ● ● ● ●

'성공의 사다리'. 즉 단계를 밟아 올라가는 승진의 사다리를 가리킨다. 이러한 사다리 은유는 영어에서 흔히 찾아볼 수 있는데, 예를 들어, 시험문제가 앞에는 쉽게 점점 뒤로 갈수록 어려워지는 것을 ladder of difficulties라고 한다. 성공의 사다리와 비슷한 표현으로 ladder of fame, ladder of esteem 등도 있다. 또 사다리의 각 칸을 rung이라고 한다.

● Why is everyone so sensitive to what he says?

'왜 다들 그 사람 눈치를 보는 거지요?'

● Because he is on the highest rung of the ladder.

'그 사람이 제일 높으니까요.'

at work: ● ● ● ●

'직장에서'. 영어에서는 work가 아주 간편하게 잘 쓰인다. 우리가 흔히 '회사에 간다'하는 것도 go to work라 하고, 차타고 출근하는 것도 간단하게 drive to work라 하면 된다. '일' '업무'를 가리킬 때에는 미국영어에서는 job을 잘 쓴다. Good job!은 '일을 아주 훌륭히 해냈어!'라는 뜻으로 칭찬할 때 주로 쓴다.

StairMaster: ● ● ● ●

이것은 우리가 흔히 말하는 '헬스클럽'(gym)에서 사람들이 보행연습을 위해 타고 오르는 계단식 기계의 상표명이다. 보통 우리가 '러닝머신'이라고 하는 벨트로 된 기계는 treading machine 또는 tread mill, 즉 발로 밟으며 운동하는 기계이기 때문에 이런 기계는 엄밀하게 말해 climb이라 할 수 없다. 여기 문구에서는 승진의 사다리를 오르는 것과 보행연습용 계단을 오르는 것을 같은 동사 climb으로 묶으려고 의도적으로 이런 특정 상표명을 쓴 것이다.

You're socially aware and politically correct.

socially aware: ● ● ● ● ▬▬▬▬▬▬▬▬

'세상이 돌아가는 것을 파악하다'. 흔히 keep up with the times라는 표현을 쓰기도 한다. 여기서는 뒤에 나오는 politically correct와 일종의 구문상, 음운상 평행을 유지하려고 이렇게 쓴 것이다.

politically correct: ● ● ● ● ▬▬▬▬▬▬▬

'정치적으로도 적절하게 처신할 줄 알다'. 흔히 정치적으로 문제가 되고 있는, 인종문제, 성문제, 결혼관계 문제 등에 대해 편견을 가지지 않은 사람으로 제대로 처신하는 것을 말한다.

But you probably know all this already because every ad and magazine has told you a zillion times.

zillion: ● ● ● ● ▬▬▬▬▬▬▬▬▬▬

'수억만'. 영어에서는 백만(million)부터 동그라미가 세 개 많아질 때마다 그 단위에 대한 새 이름이 있어서, trillion, quadrillion, quintillion식으로 늘어난다. centillion이라 하면 동그라미가 303개 붙은 단어이다. zillion은 구체적인 수는 아니다. 다만 z가 알파벳의 끝자리이기 때문에 그냥 '무지무지하게 많은 수'라는 뜻으로 쓰이고, 그래서 '많은'의 허풍스런 숫자로 쓰인다. He is a zillionaire. (그 사람은 돈이 주체할 수 없이 많은 부자야). It was a zillion dollar deal. (그건 수억만 달러짜리 흥정이었어). I love you zillion times. (당신을 무지무지 사랑해.)

No wonder you're thirsty.

No wonder…: ● ● ● ● ▬▬▬▬▬▬▬

'…한 것도 무리가 아니다. …할 만도 하다'. 원래는 It is no wonder that…의 구문이었지만 대개는 줄여서 이렇게 쓴다. No wonder he's so mad. '그 친구 정말 화날만도 해.'

210 광고로 배우는 미국 영어 · 미국 문화

Cool, Crisp, Clear. Obey Your Thirst.

cool, crisp, clear: ● ● ● ●

'시원하고, 산뜻하고, 깨끗합니다'. 요즘은 젊은 층에서 cool이 단순히 '좋다'는 뜻의 속어로 쓰이는데, 여기서는 소다수(한국식으로는 사이다)의 선전이니까 실제로도 시원할 것이고, 또 세 단어가 모두 k음으로 시작되어 운이 맞는다. crisp은 깔끔하고 산뜻한 것을 가리키고 과자 같은 것이 바삭바삭하는 것도 crisp이라 한다. 추운 겨울날 아침에 Oh, it's a crisp morning.이라고 하면 제법 멋있는 표현이 된다.

You're a woman of the 90's. Bold, self-assured and empowered. Climbing the ladder of success at work and the StairMaster at the gym. You're socially aware and politically correct. But you probably know all this already because every ad and magazine has told you a zillion times.

No wonder you're thirsty.

Cool, Crisp, Clear. Obey Your Thirst.

당신은 90년대의 여성입니다. 대담하고, 자신이 넘치고, 능력이 있는 여성입니다. 직장에서는 성공의 사다리를 오르고, 체육관에서는 스테어매스터 보행기를 오르고 있습니다. 당신은 사회의 변동상황을 잘 알고 있으며, 정치적으로 적절하게 처신합니다. 그렇지만 당신께서는 이 모든 것을 이미 잘 알고 계실 것입니다. 왜냐하면 모든 광고와 잡지들이 당신께 이런 얘기를 수억만 번 했으니까요.

당신은 목이 마를 만도 하시군요.

시원하고, 상큼하고, 깨끗합니다. 당신의 갈증의 요구를 따르십시오.

*If you think the
hard part is over, try fitting
into your old jeans.*

Push, push, push. Come on, you can do it. That's it, Push! You've already been through this once, why go through
it again every time you put on your jeans? Maybe it's time to try Gloria Vanderbilt jeans. They curve where you curve
and bend where you bend. In fact, they may look so good on you, no one will even notice the drool on your shoulder.

Gloria Vanderbilt

J e a n s   f o r   w o m e n .   A n d   o n l y   w o m e n .

| Macy's East | Dayton Marshall Field's Hudson | Macy's West | Younker's | Broadway Department Stores |

출산*

출산과 관련해서 문화적인 차이를 보면, 한국인과 미국인들은 다른 점이 매우 많다. 한국인들은 임신하면서부터 먹는 음식은 말할 것도 없고 심지어는 듣고 말하고 생각하는 것까지 매우 조심해야 한다고 생각하는데 미국인들은 대개 임신 중에도 라이프스타일이 보통 때와 비교해 크게 달라지는 것은 없는 것 같다. 한국어세는 출산 때는 남편들이 대개 분만실 밖에서 초조하게 담배를 피우며 기다리는 것이 보통이지만, 미국에서는 대개 남편이나 아이들이 분만실에 들어와서 출산과정을 함께 지켜보며 산고를 겪는 아내, 엄마를 위로하고 출산시의 신비를 같이 경험한다. 미국에는 심지어 남편이 출산중인 아내와 함께 크게 숨소리를 내어 호흡을 맞추어 주며 '응원'을 하도록 하는 예비아빠 특별 강좌를 열기도 한다. 아내가 출산할 때 남편이 옆에 있어야 되는 것은 거의 필수적인 일로 생각되기 때문에, 무선통신을 우리보다 훨씬 적게 사용하는 미국인들도 이 시기에는 무선전화나 호출기(pager; 삐삐)를 대여 받아 아내의 긴급호출에 대비하는데 호출기 대여회사에서는 이런 호출기를 baby pager라고 부르기도 한다.

출산 직전까지는 모든 비용이 엄마에게 청구되고 아기가 나옴과 동시에 청구서는 둘로 분리되어 엄마와 아기 몫으로 각각 청구서가 만들어진다. 우리나라에서는 무통분만이 늘고 있고 촉진제 주사도 많이 사용된다고 언론에서 크게 다룬 적이 있는데 미국에서는 대개 자연분만을 많이 권장하고 결정은 산모에게 맡기는 것 같다.

출산 후에도, 한국 여성들은 바람이 뼈에 스며들어 산후통이 온다고 해서 온몸을 옷으로 감싸고 손발과 머리까지 수건으로 감싸 눈만 빼꼼하게 내놓고 한 여름에도 땀을 흘리면서 고생을 하며 뜨거운 미역국만 며칠씩 먹는 데 비해, 미국 여성들은 출산 즉시 찬물로 샤워를 하고 추울 정도로 에어컨을 켜 놓고 시원한 음식을 마음껏 먹으며 지낸다. 한국과 미국이 다른 점이 한두 가지가 아니겠지만 출산과 관련된 관습만큼 크게 다른 것도 없는 것 같다.

|본|문|해|설|

If you think the hard part is over, try fitting into your old jeans.

the hard part is over: ● ● ● ● ●

'힘드는 일은 끝났다'. 대개 '힘들다'는 뜻으로는 hard를 자주 사용하여 '고생했다'를 I had a hard time이라고 한다. 남을 고생시키는 것은 give a hard time이라고 한다. 가장 흔히 쓰는 구문으로는 '그 일하느라 애먹었어'라 할 때 I had a hard time of it처럼 쓰는 것이다. 여기서 의미하는 고생 또는 힘든 상황이란 출산이다. 노동이란 뜻을 가진 labor에 '출산의 고통을 겪다'라는 뜻이 있는 걸 보면 인간에게는 산고가 가장 힘드는 일 중 하나가 아닌가 싶다.

try fitting into your old jeans: ● ● ● ● ●

'옛날에 입었던 청바지가 맞는지 한 번 입어보세요'. 임신과 출산 후에는 대개 몸매가 망가져서 대개 복부팽창과 골반확장으로 하체가 커지기 때문에 임신 전에 입었던 청바지를 다시 입어보면 잘 안 맞을 것은 당연한 이치이다. 대개의 청바지는 잘 늘어나지 않기 때문에 더욱 그럴 것이다.

> **Push, push, push. Come on, you can do it. That's it. Push!**

Push, push, push. Come on, you can do it. That's it. Push!: ● ● ● ● ▬▬▬▬▬

간호원, 의사나 남편이 산모가 애를 낳을 때 힘을 주라고 하는 말이 Push 즉 '밀어내요' '힘을 주어 밀어내요'라는 말이다. 산모가 지쳐서 쉬려고 할 때마다, Come on, you can do it! '자, 자, 해낼 수 있어요'하는 말을 한다. That's it '그래 바로 그거예요' '바로 그렇게 하는 거예요'. 그런데 이처럼 출산 때에 사용하는 말들이 바지를 입을 때에도 그대로 사용하게 된다는 데에 이 광고의 묘미가 있다. 몸이 불어 바지를 입을 때에 어느 부분이 끼어서 잘 안 들어가면 바지에 자기 몸을 '밀어 넣는 것'과 같은 상황이 되기 때문에 바지를 당겨 올리는 것이 사실은 몸을 'push'하는 것이다. 물론 바지를 기준으로 해서 Pull up your pants라고도 할 수 있다. 사실, 옷이 안 맞는 문제가 없는 보통 사람들의 경우에 바지를 입으라, 바지를 치켜 올리라고 할 때에는 보통 이렇게 pull up your pants라고 말하지만 이 문구를 여기에서 사용했다면 출산과 관련된 묘미를 완전히 잃어 버려 멋없는 표현이 되고 말았을 것이다. 전체 문구에서 보면 '힘든 일이 지났다고 생각한다면 옛날 바지를 입어보세요'라는 말이 함축하는 것은 아직 힘든 일은 끝나지 않았다는 것이다. 이런 구문, 즉 『If you think …, + 명령문』이 주는 어감은 '…라고 생각한다고요? 어림없는 말씀마세요. …를 생각해 보세요' 하는 것이다. 흔히 이런 상황에 미국인들은 'You ain't seen nothin' yet.' 즉 '이건 시작에 불과해요'라고 한다.

> **You've already been through this once, why go through it again every time you put on your jeans?**

why go through it again…?: ● ● ● ● ▬▬▬▬

'왜 다시 그런 일을 겪으려고 하세요?' 이런 표현은 원래 Why do you want to go through it again, why do you need to go through it again, 아니면 why do you go through it again을 줄인 것이다. 이처럼 why 다음에 본격적인 문장이 아닌 단축구문이 회화체에서는 흔히 사용된다.

jeans: ● ● ● ● ▬▬▬▬

'진'. 원래 디자이너 Levi Strauss가 잘 떨어지지 않는 바지를 만들어달라는 광부의 주문으로 마차

텐트를 뜯어 1850년에 만든 바지였는데 색깔이 청색이어서 blue jeans라고 하였다. 요즘은 색깔이 다양해지게 되어서 blue jeans보다는 그냥 jeans라고 더 자주 쓴다. 100% 면으로 된 두꺼운 원단을 쓰는데 이 원단을 denim이라고 부른다. 이 denim은 좀 스포티한 맛이 있어서 바지뿐만 아니라 셔츠의 원단으로도 자주 사용된다.

Maybe it's time to try Gloria Vanderbilt jeans.

Maybe it's time to⋯⋯.: ● ● ● ● ━━━━━━━━━━━━━━━━━

'아마 ⋯하실 때가 아닐까요?' 이런 표현은 은근하게 권유하는 표현이다. Maybe it's time to think about that again.이라고 하면 '그 문제를 좀 재고해보실 만한 때가 아닐까요?'란 뜻이 된다.

They curve where you curve and bend where you bend.

They curve where they curve and bend where you bend.: ● ● ● ● ━━━━━━━━━━━━

'Gloria Vanderbilt 바지는 당신 몸매의 곡선이 있는 곳은 곡선이 되고 당신이 굽히는 곳은 굽혀집니다.' 즉 신체 윤곽에 따라 바지 모양이 따라 간다는 것, 강제로 입기 위해 씨름을 하지 않아도 된다는 것이다.

In fact, they may look so good on you, no one will even notice the drool on your shoulder.

drool on your shoulder: ● ● ● ● ━━━━━━━━━━━━━━━━

'당신의 어깨에 묻어 있는 침'. 아기를 길러본 사람은 아이들이 얼마나 많은 '분비물'을 내는지 잘 안다. '응가'와 '쉬'뿐만 아니라 침을 쉴새없이 흘리는데 따라서 갓난아기의 엄마 옷에는 애들 침이나 우유 얼룩 자국이 자주 남게 된다. 바지를 입은 모습이 너무 예뻐 보이기 때문에 보는 사람이 바지에만 시선을 집중하고 있어서 어깨에 아기의 침 자국을 보지 못한다는 말이다. 즉 미혼여성처럼 보인다는 말이다. 기혼 여성들은 자기를 미혼여성으로 봐 주기를 바라는 특별한 심리를 가지고 있는 것 같다.

If you think the hard part is over, try fitting into your old jeans.

Push, push, push. Come on, you can do it. That's it. Push! You've already been through this once, why go through it again every time you put on your jeans? Maybe it's time to try Gloria Vanderbilt jeans. They curve where you curve and bend where you bend. In fact, they may look so good on you, no one will even notice the drool on your shoulder.

Gloria Vanderbilt.
Jeans for women. And only women.

가장 힘든 부분이 지나갔다고 생각하신다면 이제 전에 입던 진바지를 한 번 입어 보시지요.

힘을 써요. 힘을 써요. 힘을 써요. 자, 자, 해낼 수 있어요. 그래요, 바로 그렇게 하는 거예요. 힘을 더 써요! 이런 걸 벌써 한 번 겪으셨잖아요. 그런데 왜 진바지를 입을 때마다 매번 그런 고생을 겪어야 하는 거지요? Gloria Vanderbilt 진바지를 입어보시면 어떨까요? 저희 바지는 당신 몸매의 곡선이 있는 곳에는 곡선을 만들고 당신이 몸을 굽히는 부분은 굽혀지도록 되어 있습니다. 사실상, 이 바지는 너무 멋이 있어서 다른 사람들은 당신 어깨에 묻어 있는 아기의 침 자국을 못 보게 된답니다.

Gloria Vanderbilt.
여성을 위한, 여성만을 위한 진.

Hello Lovable!

Say hello to Lovable® —
fun & fashionable, high energy
bras and panties. Now available in
discount stores everywhere.

YOUR VALENTINE'S DAY TICKET
Catch R&B's most
LOVABLE STAR
for an exclusive show
at **lovableusa.com!**
10:00 P.M. E.S.T.
10:00 P.M. E.S.T.
MYSTERY PERFORMANCE!

(Shimmer Girl Styles L110 & L109)
© 2000 Lovable

lovableusa.com   Underneath I'm Lovable®

사랑하는 사람에게 갖는 공통적인 감정은 늘 함께 있고 싶고, 모두 다 주고 싶고, 다 주어도 안 아까운 것이라 한다. 그래서 연인들에게는 밸런타인데이처럼 선물을 주고받는 날이 행복한 날이 아닐 수 없다. 우리나라 젊은이들 사이에서도 밸런타인데이가 기억되고 지켜지고 있는데 미국에서의 밸런타인데이에 대해 간단하게 살펴보기로 한다.

밸런타인데이*

밸런타인데이가 미국을 중심으로 2월 14일에 지키는 절기인 것은 모든 사람이 아는 일이다. 우리말로는 '밸런타인데이'이지만 영어로는 Valentine Day가 아니라 Valentine's Day로 해야 한다는 것을 주의해야 한다. 얼마 전부터 우리나라에서는 밸런타인데이하고 화이트 데이를 나누어서 한 번은 여자가 남자에게, 한 번은 남자가 여자에게 선물을 하는 관습이 새로 생겨났는데, 이것은 일본에서 들여온 관습인 것 같다. 미국에서는 화이트 데이라고 하는 것은 없고, 밸런타인데이에도 남자와 여자가 모두 똑같이 선물을 주고받는다. Valentine은 그 자체가 사람을 가리키는 말로 Be my Valentine!이라고 하면 '나의 밸런타인데이 짝꿍이 되어 주세요'라는 말이 되어 거의 모든 밸런타인 카드에 쓰이는 문구이다. 미국에서는 초등학생부터 밸런타인데이를 특별한 날로 생각을 하여 대개 학생들은 자기 반 학생들 숫자대로 밸런타인 카드를 만들어 오고 간단한 선물을 가져오기도 해서 학교에서 카드와 선물을 교환하곤 한다. 물론 중·고등학교에 올라가게 되면 이렇게 단체 행사식으로 하는 것보다는 좀 더 개별적이 되어서 자기가 원하는 상대에게만 선물이나 카드를 보낸다.

여기 선전에 나오는 티켓은 가장 흔한 형태의 티켓이다. 무슨 행사를 하든지 티켓을 줄 때는 흔히 이렇게 생긴 티켓을 나누어준다. 여기 그림은 쇼 입장권과 비슷하게 만들었는데 거기에 Mystery Performance! "깜짝 공연", "신비로운 연출" 등의 문구는 성적 이미지를 부각시키고 있다.

사실 미국의 밸런타인데이는 매우 성적인 색채가 강하다. 예를 들어 많은 호텔들은 밸런타인데이에 특별한 분위기의 호텔 룸과 꽃바구니 서비스 등을 특별패키지로 만들어 대학신문들에 큼직큼직한 광고들을 내고 대학 보건소는 캠퍼스 안 곳곳에서 지나가는 모든 남녀 학생들에게 condom이 들어 있는 밸런타인 카드를 나눠주는데 이는 미국의 밸런타인 축제의 일면을 잘 나타내고 있다고 생각된다.

|본|문|해|설|

Hello Lovable!

Hello Lovable!: ● ● ● ●

'Lovable 안녕하세요'. 여기의 Lovable은 이 속옷회사의 상품일 수도 있지만 또 문자적으로 '사랑스러운 사람'이 될 수도 있다. 물론 여기에서는 'Lovable 속옷을 입은 lovable한 사람'과 같이 이중적인 효과를 노린 것이다. 따라서 이 인사말은 'Lovable 안녕하세요' '깜찍한 사람, 안녕?' 같은 중의성이 있다.

Say hello to Lovable — fun & fashionable, high energy bras and panties.

say hello to…: ● ● ● ●

일반적으로는 '…를 만나 그에게 안부를 묻다'라는 뜻이지만 여기에서의 의도는 궁극적으로 say hello to Lovable이 'Lovable 속옷을 만나 보라'는 말, 즉 Lovable 속옷을 사라는 말을 암시하고 있다. 다른 사람에게 안부를 부탁할 때는 간단하게 Say hello to her 또는 Say hello to her for me라고 하면 된다.

fun & fashionable: ● ● ● ●

fun은 한국말의 단순한 '재미'나 '우스움'보다는 훨씬 긍정적인 이미지가 있다. 여기서는 '즐겁다' '유쾌하다'와 같은 말로 쓰인 것이다. 흔히 '공부는 재밌어요'라고 할 때 Study is fun School is fun 이라고 한다. 그런데 fun에서 나온 funny는 fun과는 이미지가 아주 다르다. 대개 '우스꽝스럽다'처럼 부정적으로 쓰이는 예가 많다. Isn't it funny that …? '…하다니 웃기는 일 아냐?'할 때 잘 쓸 수 있다. 이와 관련이 있는 이야기로, fun and games라고 하는 굳어진 표현이 있는데 문자적으로는 즐겁다는 뜻이지만 대개는 너무 지나치게 요란한 것을 반어적으로 가리키기도 한다. Are you here for fun and games? '야 좀 조용하게 있을 수 없어?'는 제법 유용하게 써볼 만한 표현이다. fun & fashionable은 첫머리 음이 비슷하기 때문에 운이 잘 맞아서 붙여 놓은 것이다. fashionable도 뜻이 매우 긍정적이어서 옷이나 헤어스타일이 멋있을 때는 물론이고 몸이 날씬할 때에도 Oh, you are fashionably slender라고 할 수 있다.

high energy: ● ● ● ●

'에너지가 넘쳐나는'. 속옷이 에너지가 넘친다는 말은 바위가 웃었다는 말만큼이나 말도 안 되는 얘기겠지만 이 속옷 광고가 그 이름에서나 지금 한창 광고시기, 즉 밸런타인데이를 생각하면 당연히 성적인 암시가 있는 것을 알 수 있다. 하긴 우리나라에도 '정력팬티'라고 하는 것이 선전되고 있으니 사정은 크게 다르지 않은 것 같다.

bras and panties: ● ● ● ●

브라는 브래지어(brassiere)라는 프랑스어에서 나온 말이다. 캐미솔이라고 하는 소매 없는 속옷 윗도리가 있는데 브래지어는 원래 미니 캐미솔이라는 이름에서 붙여진 것이다. 브라 한 개를 말할 때에는 bra라고 단수를 사용하는 데 비해 팬티는 하나만 말할 때도 panties라고 복수를 사용한다. 원래 바지종류는 가랑이가 둘이기 때문에 복수로 한다지만 속옷은 정작 가랑이가 없는데도 복수로 쓰고 브라는 컵이 둘인데도 단수로 쓰는 것은 뭔가가 이상하다. (단축형으로 쓰지 않을 때에는 주로 brassieres라고 한다). 요즘 스포츠카 앞부분에 가죽으로 된 카버를 씌워서 멋을 내는 사람들이 있는데 한국인들은 이것을 주로 '마스크'라고 부르는 데 비해 영어에서는 이것을 '브라'라고 하는 것도 흥미롭다. 어쩌면 한국인들은 신체부위 중에서 얼굴이나 입이 돌출해 있다고 생각하고 미국인들은 가슴이 돌출해 있다고 생각하는 것은 아닌가 싶다. 한때 한국에서는 속옷을 영어 pants(바지)에서 그대로 들여와 '빤츠/빤쓰'라고 했었고 지금도 그렇게 부르는 사람이 적잖다. 여기에 얽힌 이야기가 있는데, 한국인 유학생이 미국에서 신체검사를 받는데 간호사가 Take off your pants!라고 말하자 무슨 정밀검사를 하는 줄 알았던 이 고분고분한 유학생이 많은 사람을 놀라게 했다고 한다.

Now available in discount stores everywhere.

discount stores everywhere: ● ● ● ●

'곳곳에 널려 있는 할인매장'. 이처럼 everywhere가 다른 말과 결합해서 쓰이는 것도 눈여겨봐야 한다. Now available in discount stores everywhere 대신에 Now available in discount stores near you라고도 아주 흔히 쓴다. '할인매장'이 암시하는 낮은 가격, 그리고 everywhere가 주는 '손쉬운 쇼핑'에 대한 기대 등이 구매를 촉진하는 효과를 노리고 있는 것이다.

Shimmer Girl — Styles L110 & L109

Shimmer Girl: ● ● ● ●

이 표현은 '빛나는 아가씨', '실루엣처럼 아른거리는 아가씨' 등의 뉘앙스를 주는데 우리식의 이미지는 '애를 태우는 아가씨'라는 말이 가장 적당할 것 같다. 속옷 스타일 이름으로는 매우 로맨틱하다.

Underneath I'm Lovable.

Underneath I'm Lovable: ● ● ● ●

'속에는 Lovable 속옷을 입었어요'라는 뜻이지만 이 말은 '속의 나는 사랑할만해요' '옷을 벗은 나는 사랑스러워요'와 같이 성적인 이미지를 강하게 풍기고 있다. 이것은 I wear lovable for my underwear, 또는 My underwear is lovable과 같은 맹숭맹숭한 표현과는 얼마나 천양지차로 다른가! 즉 여기에서는 I'm을 아주 효과적으로 사용하고 있다. 우리나라도 그렇고 많은 나라들에서 '패션 속옷' 비즈니스가 성업이라는 걸 보면 속옷이 늘 감추어져 있도록 만들어진 것은 아닌가 보다.

Hello Lovable!

Say hello to Lovable — fun & fashionable, high energy bras and panties. Now available in discount stores everywhere.

Valentine's Day. Catch R&B's most Lovable Star for an exclusive show at lovableusa.com! Your Ticket. 10:00 P.M. E.S.T. Mystery Performance!

Shimmer Girl—Styles L110 & L109.

lovableusa.com
Underneath I'm Lovable.

안녕하세요 Lovable! (Lovable 속옷아 반갑다. 깜찍한 사람, 안녕?)

Lovable에게 인사하세요. 입어서 유쾌하고 멋진, 정력이 넘치는 브라와 팬티. 지금 방방곡곡에 있는 할인매장에서 만나실 수 있습니다.

밸런타인데이. 상영시간 10시 (미동부표준시간) lovable.com에서 R&B의 가장 사랑스러운 스타의 독점 쇼를 놓치지 마세요. 신비로운 공연이 기다립니다.

나는 안에 Lovable 속옷을 입었어요. (나는 옷을 벗으면 사랑스러워요.)

NEIMAN MARCUS

BERGDORF
GOODMAN N.Y.

FRED SEGAL
COUTURE
Santa Monica CA

Art Moschino Sironi GMbP

USA Agent: MODA & COMPANY · 745 Fifth Ave. · Suite 604 · NEW YORK 10151

NATURE FRIENDLY GARMENT
BY

"To be In Fashion today means
to be extremely aware
of the damage that we are
capable of inflicting on nature,
our planet, and ourselves ..."

Franco Moschino

MOSCHINO®

자연보호와 동물실험*

미국인들이 보편적으로 자연 특히 동물을 보호하기 위해 노력하는 모습은 가히 감동적이다. 이런 주제로 영화도 여러 편 만들어졌고 만들어질 때마다 히트를 쳤다. 동물보호에 있어서 중요한 이슈 중의 하나는 동물을 여러 가지 실험에서 사용하는 일이다. 전 세계 모든 나라들이 약품개발을 위해 실험실에서 수없이 많은 동물들을 이용하고 있다. 우리나라에서도 병원이나 제약실험실 등에서 의사와 연구원들이 일년에 한 번씩 실험용 토끼들의 명복을 비는 '위토제'를 지낸다고 한다. 동물보호가들은 이처럼 동물을 실험에 사용하는 것은 힘 센 동물이 힘 약한 동물에게 저지르는 잔혹행위라고 생각하고 규탄의 소리가 높다.

미국의 식품의약청(FDA: Food and Drug Administration)에서는 아직 동물 실험이 필요하다고 생각하고 실험을 통해서 안정성이 확보되지 않은 화장품류 등에 대해서는 "Warning—The safety of this product has not been determined."(경고—이 제품의 안정성은 아직 확정되지 않았음)이라고 표시하도록 명시하고 있다. FDA는 동물보호가들의 반대 때문에 요즘은 실험이 동물 전체에 대해 영향을 미치지 않고 피부조직 검사 등 부분적인 영향만을 미치는 실험을 하는 것을 권장하고 있다. 대개 동물 실험은 아주 작은 쥐 종류의 실험을 통해서 안정성이 확보되면 나중에는 개나 원숭이 정도의 동물에 실험을 마지막으로 하게 된다. 때로는 사람에게 실험을 하기도 하는데, 미국에서는 이런 '실험용 사람'을 구하는 광고가 자주 눈에 띈다. 예를 들어, 일간지나 대학신문 등에 보면 "Fast Cash…"라고 시작되는 광고들이 자주 나오는데 사랑니 빼는 실험, 여드름약 실험, 심지어는 겨드랑이 냄새 제거약(deordorant) 실험 등 종류가 상상을 초월할 정도로 많다. 대개 이런 데 자원하면 지정된 실험장소에서 주는 것만 먹고 놀면서 실험에 응해주면 되는데 대개 1주일 정도 갇혀 있다가 나오게 되고 사례비는 내용에 따라 차이가 많아 적게는 500 달러 정도에서 많게는 3,000 달러 정도까지 받게 된다. 물론 실험하는 사람들이 정한 나이, 체중, 체질 등 자격요건이 맞아야 하는 것은 당연한 일이다.

| 본 | 문 | 해 | 설 |

Nature Friendly Garment by Moschino.

---

nature friendly: ● ● ● ●

'자연 친화적인'. 최근 전 세계적으로 환경 문제가 모든 사람들의 관심을 끌게 되면서 새로이 등장하여 크게 유행하고 있는 영어 단어가 있다면 바로 이 nature friendly, environment friendly라는 말일 것이다. 자연친화, 환경친화란 간단히 말해 자연이나 환경을 파괴하지 않는다는 뜻이다. 이런 표현은 최근 급작스럽게 널리 쓰이게 되면서 활발하게 쓰이는 유사한 말들을 많이 만들어내었다. 벌써부터 어떤 사람들은 이런 단어들을 nature-friendly, environment-friendly처럼 하이픈을 써서 한 단어로 쓰기 시작했다.

● I think this computer is user friendly.

　'이 컴퓨터는 쓰는 사람에게 아주 편리하게 되어 있는 것 같아.'

● This book is not reader friendly.

　'이 책은 참 보기가 불편하게 되어 있어.'

여기에서 friendly란 단어는 '프렌들리'라고 발음하면 안 되고 '프렌리'라 발음해야 한다. 한국어에서는 '-들리' '-틀리' 등의 발음이 순조롭지만 영어에서는 이런 음배열(sound sequence)은 가장 기피하는 것들 중의 하나다. 그래서 godly, rapidly, stupidly, gently, softly, violently, abruptly 등 헤아릴 수 없이 많은 -dly, -tly 단어들은 모두 '갇리' '래핏리' '스튜핏리' '젠리' '소플리' '바일런리' '애브럽리' 등과 같이 발음해야 한다.

garment: ● ● ● ● ━━━━━━━━━━━━

'의상', '옷'. 옷을 가리키는 말에는 흔히 알고 있는 clothes나 여성용의 dress, 그리고 attire, apparel, raiment 등이 있는데 의류를 선전하면서 좀 고상하게 그리고 종류에 관계없이 폭넓게 쓸 수 있는 단어는 garment나 apparel이다.

> **To be in fashion today means to be extremely aware of the damage that we are capable of inflicting on nature, our planet, and ourselves⋯⋯.**

in fashion: ● ● ● ● ━━━━━━━━━━━━

'패션을 따르는'. 유행에 뒤지지 않고 유행을 따르고 있음을 말하는 것인데 물론 이 반대는 out of fashion '유행에 걸맞지 않는', '유행이 지난'의 뜻이다. 우리말의 '유행'이란 단어는 뭔가 좀 부정적인 이미지가 있는 듯한 느낌을 주는데 영어의 fashion은 대개 긍정적인 뉘앙스를 준다. 따라서 우리말로 같은 '유행'이라고 해서 '요즘 독감이 유행이다'를 Flu is in fashion 하면 이것은 아마 코미디로 대단히 성공할 만한 표현이다. 이런 때는 There is a flu going around, There is a grip of flu now. 등으로 써야 한다. 영어에는 유행과 관련된 다른 몇 가지 알아둘 만한 단어들이 있다. 잠깐만 유행하고 지나가는 유행은 fad라고 한다. mode는 최첨단을 나타내는 것인데 대개 불어식으로 멋을 내어 à la mode로 쓰이고 그 이외에는 비교적 잘 안 쓰인다. style은 멋을 나타내는 것이지만 유행과는 무관하게 쓰인다. 의류패션에는 비교적 덜 쓰이지만 잠깐 유행하면서 선풍적인 인기를 불러 일으켜 세상을 떠들썩하게 만드는 것을 craze라고 한다. 물론 여기에서 crazy란 단어가 나왔다. 예를 들어 lotto-craze, Yonsama-craze 등으로 쓸 만하다.

● The nation is experiencing the cellular-craze.

'온 나라가 이동통신의 열기에 휩싸여 있습니다.'

● The world is getting deep into the kimchi-craze.

'온 세상이 드디어 김치열풍으로 돌입하고 있습니다.'

여기에서 Franco Moschino의 인용문에서 말하는 in fashion이란 어떤 의상이나 치장에 있어서의 '유행'보다는 좀 더 적극적인 의미, 즉 '세상의 흐름에 뒤지지 않고 사는 것'을 가리킨 것이다. 따라서 요즘 세상의 흐름에 따라갈 줄 아는 양식이 있는 사람이라면 환경적인 인식이 있어야 한다는 것을 지적한 것이다.

inflict on nature: ● ● ● ●

'자연에 (손해를) 끼치다'. inflict란 단어는 무엇인가를 부과하는 것을 나타내어 항상 나쁜 뜻으로만 쓰인다. 원래 이 단어가 라틴어에서 '위를 때리다'라는 뜻을 가진 inflictus란 단어에서 출발한 것으로 원래 벌로 곤장을 치던 것을 가리키던 것이라서 그렇다. 패션의류업계가 자연에 미칠 수 있는 나쁜 영향은 그리 많아 보이지 않지만 아마 색상을 내는 염료가 화학물질이기 때문에 이것이 가장 큰 위험 요소가 아닐까 싶다. 광고 이미지에서도 염료를 염두에 둔 것 같아 보인다. 의류에 사용되는 염료의 안정성을 확보하기 위해서 동물 실험을 할 수도 있을 것이고, 염료가 잘 못 배출되어 환경을 파괴할 수도 있을 것이다. 어쩌면 더 거시적인 관점에서, 나중에 옷이 폐기될 때에 자연에 미치는 영향도 고려하고 있을지도 모른다.

● The country is seriously inflicted with unbearable poverty.

'그 나라는 견딜 수 없는 가난으로 고통받고 있다.'

inflict란 단어는 그 부정적인 의미 때문에 inflict heavy taxes, inflict injury, inflict punishment, inflict the death penalty 등과 같은 단어들을 목적어로 잘 취한다. 이 행위를 당하는 사람에게는 전치사를 to를 쓰지 않고 on이나 upon을 쓴다.

Franco Moschino

Franco Moschino: ● ● ● ●

Franco Moschino는 이름에서도 분위기를 알 수 있듯이 이태리의 밀라노를 거점으로 활약한 디자이너였다. 이태리가 국가 수입의 상당한 부분이 이 패션 디자이너들을 통해서 들어온다고 하는 것은 널리 알려져 있고 이 디자이너들의 대부분이 고졸 학력도 안 된다는 것도 잘 알려져 있다. 모쉬노도 학교를 제대로 안 다녔으면서도 소위 패션제국(Fashion Empire)을 만든 사람이다. 미국 내의 유명한 패션 디자이너들도 상당수가 이태리계이다. 모쉬노는 유명한 조지오 아르마니, 지아니 베르사체와 같은 디자이너들과 함께 동업을 하는 등 활발하게 일했고 수입의 상당한 부분을 복지시설에 기증하는 등 훌륭한 일들을 많이 했지만 안타깝게도 지난 94년에 40세 남짓의 젊은 나이로 죽고 말았다. 물론 이 모쉬노 패션회사는 아직도 디자이너 업계에서 활발하게 활동하는 회사이다.

Nature Friendly Garment by Moschino.

"To be In Fashion today means to be extremely aware of the damage that we are capable of inflicting on nature, our planet, and ourselves…"

— Franco Moschino.

자연친화적인 패션 의상 모쉬노

"오늘날에는 유행의 흐름을 따른다는 것은 곧 우리가 자연이나 이 지구에 그리고 우리 인류 자신에게 얼마나 큰 피해를 입힐 수 있는 무서운 힘이 있는지를 철저하게 깨닫고 있는 것을 의미합니다."

— 프랑코 모쉬노

바다*

이 세상사람 중에 바다를 싫어하는 사람은 아무도 없을 것이다.

더욱이 Poe의 Annabel Lee 같은 영시를 읽어보았거나 '넓고 넓은 바닷가에 오막살이 집 한 채…' 같은 동요를 즐겨 부른 모든 사람에게는, 바다가 주는 넓음, 깊음, 그리고 약간은 무서움이 동반되는 신비로움 등은 늘 바다에 대한 동경으로 이어지는 것 같다. 그런데 미국인들이 바다를 좋아하는 것은 유별나다. 아마도 일주일 이상 종일 운전만 해도 바다까지 갈 수 없는 곳이 많은 미국 땅의 특성 때문인지 바다를 한 번도 구경해 보지 못한 사람들의 수는 놀라울 정도로 많다. 하긴 미국 시골에 가면 평생 자기 살고 있는 마을에서 벗어나 보지 못하고 죽는 사람들도 많다. 그런 이유 때문인지 대부분의 미국인들은 바다만 보면 바닷물이 제법 차가워도 개의치 않고 물 속에 들어간다. 우리나라 해변에서도 10월 같이 추운 때에 물 속에 들어가는 미국사람들을 자주 볼 수 있다.

예로부터 미국에서는 좋은 집을 갖기를 원하는 것이 미국인들의 성공의 꿈(American Dream) 중의 하나로 꼽힌다. 보통 집도 괜찮겠지만 해변의 집이라면 더 바랄 것이 없을 것이다. 미국 내에서 땅값이나 집값이 가장 비싼 곳은 대부분 해변가이다. 특히 태평양에 연한 미국의 캘리포니아의 해변도시들은 모든 미국인들이 한 번쯤 살아보고 싶어하는 곳이다. 이 해변을 따라 만들어진 1번 고속도로는 가장 환상적인 도로여행

코스로 꼽힌다.

미국의 바닷가에는 많은 숙박시설이 있는데 대개 값이 매우 비싸다. 또 해변을 순찰하는 경찰들이 있어서 아무 곳에서나 텐트를 치고 야영을 할 수도 없고, 낚시를 할 경우에도 바다낚시 스티커(salt-water sticker)를 붙인 낚시허가증(fishing permit)이 있어야 낚시를 할 수 있다. Kansas에서처럼 맨 손으로 고기를 잡아서는 안 되는 법을 가진 주도 있다. 그러나 미국인들이 바다에 대해 가지고 있는 낭만적인 생각들은 캠핑이나 낚시나 수영보다는 그저 단순하게 바다 경치와 태양을 즐기려는 것과 더 큰 관계를 갖고 있는 것으로 보인다.

|본|문|해|설|

Dream on.

Dream on.: ● ● ● ● ●

'꿈 깨!' 원래 '계속 꿈을 꾸어라'라는 말이지만 약간 냉소적인 색채를 띠면서 이제는 허망한 희망을 가진 사람들에게 '꿈깨라' '웃고 있네'와 같은 뜻이 되었다. 마치 한국어에서 '참 잘~한다!'가 원래 의미하고는 달리 냉소적인 것으로 바뀐 것과 같다. 이런 문구가 광고의 타이틀로 나오는 것은 충격적이어서 독자의 시선을 사로잡기에 충분하다. 여기서는 '계속 꿈을 꾸세요'라는 문자적인 의미로 표현을 되돌리면서 관용표현이 파괴되는 충격을 이중적으로 노린 것이다.

▶ I'm going to buy out Microsoft Company and become the best businessman in the world.

'마이크로소프트사를 사들여서 세계최고의 비즈니스맨이 될 거야.'

▶ Dream on!

'야, 꿈깨라.'

If you ever imagine escaping to a quiet coastal retreat, where simplicity is a style unto itself.

quiet coastal retreat: ● ● ● ●

'조용한 해변가 휴식처'. coast는 바다와 육지가 연한 경계에 초점이 맞춰진 표현이고 beach는 이 연접해 있는 부분 중에서도 육지 부분에 초점이 맞춰진 표현이다. 따라서 해안수비대는 coastal guard라고 하고, 해수욕장은 beach resort라고 하는 것이다. retreat란 원래 전쟁에서 '퇴각' '후퇴' 를 가리키는 단어인데 이것이 '휴양', '휴양지'를 가리키는 것은 매우 서구적 철학이 들어 있는 것 같 다. 즉 전통적인 동양사회에서는 삶 자체가 자연과의 조화 또는 합일이라고 생각했던 철학과는 달 리, 서양에서는 삶은 일종의 개척전선에서의 전쟁이고 열심히 싸우는 것이고, 일을 하다가 휴식을 취하는 것은 마치 전쟁을 하던 군인이 휴가를 가는 것과 같은 것으로 생각하는 것을 엿볼 수 있기 때문이다. 이런 life-style에서 보면 인생의 목표는 개척하고 개발하고 성장시키고 축적시키는 것이 다. 이런 철학적 배경의 산물이 서구에서 이룩한 물질적인 발전인 것 같다. 이런 생각은 전적으로 기독교적 전통으로 볼 수 있다. 특히 미국의 초기 기독교 지도자들은 "Godliness is in league with riches." 또는 "To get rich is a Christian duty"라고 역설했다. 이런 개척자의 이미지와 신앙인의 이 미지는 일맥상통한다. 즉 인생에 나가서 열심히 세상과 싸워 승리하고 다시 후퇴를 해 신앙적으로 재충전하는 삶의 이미지를 잘 연상시켜 준다. 그런 의미에서 신앙수련회를 retreat라고 하고 종교 휴양소들도 retreat center라고 하는 것은 맥이 닿는 이야기이다.

⊙ How did you like the weekend Christian retreat in the mountains?

'산 속에서 보낸 주말 수련회 어땠어?'

⊙ Oh, it was perfect counter-balance for busy life.

'바쁜 생활에 쫓기는 사람에게 균형을 맞춰주는 좋은 기회였어.'

The magazine dedicated to making your dream of life by the sea a reality.

dedicated to: ● ● ● ● ━━━━━━━━━━━━━━━━━━━━━━

'…에 바쳐진', '…을 전문으로 하는'. 원래 dedicate란 신에게 헌정하는 신성한 것만을 가리켰는데 지금은 그런 제한이 없이 사용된다. 우리나라에서도 이런 추세를 약간은 따라가는 것 같은데, 서구에서는 거의 모든 간행물들은 누군가에게 'dedication'된다. 요즘은 책뿐만 아니라 노래나 다른 예술작품들도 누군가에게 바쳐진다. 이 dedication은 작품을 증정하는 것 즉 주는 것하고는 전혀 다른 것이다. 대부분의 사람들은 자기의 가족이나 스승에게 자기의 작품을 헌정한다. dedication의 문구는 대개 "Dedicated to …", "To …", 또는 상황에 따라 "In memory of …", "In loving memory of …" 등과 같이 표시한다.

make a dream a reality: ● ● ● ● ━━━━━━━━━━━━━━━━━━

'꿈을 현실로 만들다'. 비슷한 표현으로 make a dream come true, 또는 realize a dream도 있다. 흔히 너무 기분이 좋아서 '이건 정말 꿈이 현실이 된 거야!'라고 할 때 'It's a dream come true.'라고 한다. 이것은 그냥 '너무 기분이 좋아'와 같은 상황에도 쓰인다.

◗ How was the date last night?

　'엊저녁 데이트 상대 어땠어?'

◗ Oh, it was a dream come true!

　'아, 꿈에 그리던 바로 그 사람이야.'

Subscribe today. And see for yourself.

see for yourself: ● ● ● ● ━━━━━━━━━━━━━━━━━━━━━

'당신이 직접 눈으로 확인하세요.' 아주 흔히 쓰는 표현이다. 여기에서는 해변가에서 살고 싶은 꿈을 가진 사람들이 정말 그런 집을 갖게 되는 꿈의 실현을 직접 눈으로 확인하라는 뜻도 있지만, 잡지 구독을 선전하는 것이기 때문에 직접 눈으로 책을 읽는다는 뜻도 가능한 묘미를 살리고 있다.

◐ I heard John bought a sports car.

　'John이 스포츠카를 샀다던데?'

◐ Oh, that's fabulous. You should see it for yourself.

　'정말 끝내줘. 너도 한 번 봐야 돼.'

Dream on.

If you ever long for breezy, sunwashed mornings. For unstructured, unhurried afternoons. If you ever imagine escaping to a quiet coastal retreat, where simplicity is a style unto itself. Where comfort is everything. And everything is simply beautiful.

Then dream on. With Coastal Living. The magazine dedicated to making your dream of life by the sea a reality.

Subscribe today. And see for yourself.

Just call toll-free 1-800-574-7744.

꿈 깨세요(계속 꿈꾸세요).

혹시 산들바람이 부는 햇볕이 따스하게 내리쬐는 아침을 그리워해 본 적이 있으신가요. 빡빡한 일정에 사로잡히지 않고 서두르지 않아도 되는 오후를 꿈꿔 본 적이 있으신가요. 혹시 조용한 해변의 휴식처, 단순함이 그 자체로서 멋인 그런 곳으로 훌쩍 떠나버리는 상상을 해 본 적이 있으신가요? 모든 것이 편안함 그 자체인 그런 곳. 모든 것이 그냥 아름답기만 한 그런 곳.

그러시다면 계속 꿈을 꾸세요. Coastal Living 잡지와 함께. 바닷가에서 살고 싶은 당신의 꿈을 현실로 만들어 주는 일에 전념하고 있는 Coastal Living 잡지.

오늘 구독 신청을 하세요. 그리고 직접 눈으로 확인하세요.

수신자 부담 전화 1-800-574-7744로 전화만 주시면 됩니다.

"COUCH POTATO"
BY COOKING LIGHT

YOU WORK HARD. YOU PLAY HARD. SO IF YOU WANT A LITTLE HORIZONTAL EXCITEMENT WITH THE SPUD OF YOUR CHOICE—GO AHEAD. BUT IF YOU WANT TO MAKE SURE YOUR EXPERIENCE IS GUILT-FREE, MAKE SURE THE RECIPE IS FROM COOKING LIGHT.

Food you can really live with. Flavor you really shouldn't have to live without. Only from *Cooking Light* magazine.

Subscribe today. One year (11 issues) only $16. Just call toll-free 1-800-718-8989.

America's favorite food magazine

현대사회에서 TV는 가장 친한 친구이자 가장 나쁜 적이라 할 수 있다. 아예 TV가 없는 덜 발달된 나라에서는 TV를 가장 갖고 싶어하고, 좀 후진한 나라에서는 TV를 갖고 있는 것이 사회적인 지위를 나타내기도 하고, 산업화된 나라에서는 모든 집이 TV를 가지고 있는 것이 현실이다. 미국 문화 속에서 TV는 어떠한 위치에 있는지 간단하게 살펴본다.

TV*

미국인들처럼 TV, 라디오에 중독되어 있는 사람들도 별로 없을 것이다. 집에는 거의 항상 TV를 켜놓고 자동차에 타서 시동을 켜면 자동으로 라디오가 나오게 해놓은 사람들이 많다. 심지어는 집안에 있는 모든 TV를 켜놓고 부엌에서 거실로 이리저리 왔다 갔다 하며 일을 하면서 TV 프로그램을 보는 사람들도 많다. 최근 통계에 의하면 미국인 가정의 66%가 집에 TV가 세 대 혹은 그 이상이 있다고 하고 절반 이상의 집에는 아이들의 방에 TV가 따로 있다고 한다. 흥미로운 것은 약 20%나 되는 사람들이 TV가 없이는 못 살 것이라고 대답했다고 한다.

미국 교육부의 통계에 따르면 초등학생들은 매일 평균 4시간, 중고생과 성인은 3시간 이상씩 TV를 보고 있는데 프로그램의 80% 이상이 한 시간에 5번 이상 폭력 장면이 나와 교육적으로 큰 문제가 되고 있다고 한다. 최근 미국의사협회에서는 TV를 많이 보면 운동량이 줄고 광고되는 음식을 많이 먹게 되어 비만의 중요한 원인이 되고 있다고 지적했다. 신기한 것은 고소득층 사람들의 TV 시청시간은 저소득층 사람들의 절반밖에 되지 않는다. 최근 TV를 없애자는 운동이 미국 전역에서 확산되고 있는 것은 미국에서 TV 중독의 심각성을 잘 보여준다. 세계적으로 보면 마케도니아가 4시간 46분으로 시청시간 1위이고 미국이 4시간 23분으로 2위이다. 한국인들도 하루 평균 3시간 20분씩 TV를 보고, 나이가 많을수록, 학력이 낮을수록, 그리고 남자보다 여자가 더 많이

TV를 본다고 한다.

그런데 최근 미국에서는 컴퓨터를 통해 인터넷 통신이나 각종 오락을 즐길 수 있게 되면서 비싼 돈을 내고 케이블 TV를 보던 케이블 가입자들이 멤버십을 취소하는 경향이 커졌다는 보도가 나오기도 했다. 미국의 TV 문화는 결국 컴퓨터 문화의 변화 추이에 따라 민감하게 변할 것으로 보인다.

|본|문|해|설|

> **"Couch Potato" by Cooking Light.**

couch potato: ● ● ● ●

원래는 '소파에 앉아서 텔레비전만 보는 사람'을 가리키는 말이다. 여기서는 문자적으로 '소파에 앉아서 먹는 감자'를 가리킨다. 대개 sofa보다는 couch가 더 일반적으로 쓰이는데 모양, 크기, 지역에 따라서 소파에 해당하는 말이 매우 많다. 예를 들어 두 사람이 앉을 수 있게 되어 있는 소파를 love seat라고 하고, 펴서 침대처럼 만들 수도 있는 소파를 davenport라고 하는 것을 비롯해, 소파류에는 sofa, couch, settee, day bed, double chair, divan, chaise longue(원래 불어로 long chair의 뜻), chaise lounge, lounge, lounger, studio couch, sectional 등 이름이 매우 다양하다.

> **So if you want a little horizontal excitement with the spud of your choice— go ahead.**

horizontal excitement: ● ● ● ●

문자적으로는 '수평적 흥분'. 여기서는 소파에 비스듬히 기대어 (감자를 먹는) 기쁨을 맛본다는 뜻이지만 원래 속어에서는 horizontal이 성적인 뉘앙스를 가지기도 한다. 예를 들어 horizontal exercise가 한 때 성행위를 가리키기도 했다. 어쩌면 광고주가 이런 미묘한 효과를 노렸는지도 모를 일이다.

spud: ● ● ● ●

potato의 또 다른 말이다. 구어에서만 주로 쓰인다. 원래 20세기 초반에 감자를 영국시골에서 런던으로 실어 나르던 고속화물열차의 이름이었는데 여기에서 나온 듯 하다. 속어, 특히 군대식 은어에는 취사장의 감자와 관련된 말들이 많이 있었다. 그 예로 감자 까는 군인을 spud-barber나 spud-basher라고 한다. 취사장에서 일하는 군인들을 점잖게 KP(Kitchen Police)라 부른다.

of your choice: ● ● ● ●

'당신이 골라서'. 이 표현은 아주 흔히 쓰인다. 예를 들어 미국식 아침식사에는 two eggs of your choice, 또는 two eggs any style이라고 하는 것이 항상 포함되어 있는데 계란을 fried, scrambled, boiled 등 손님의 선택에 따라 요리해 주는 것이다. five CDs of your choice, two free sodas of your choice, two side plates of your choice…처럼 다양하고 유용하게 사용할 수 있다.

◑ As a valued customer of our book club, you can get a bonus.

'손님께서는 저희 북클럽의 특별고객이기 때문에 보너스를 받으실 수 있습니다.'

◑ Like what?

'어떤 보너스를 받습니까?'

◑ You can get two books of your choice absolutely free.

'원하시는 책 두 권을 1원 한 푼 받지 않고 드립니다.'

> **But if you want to make sure your experience is guilt-free, make sure the recipe is from Cooking Light.**

guilt-free: ● ● ● ● ▬▬▬▬▬▬▬▬▬▬▬

'죄의식 없는'. 미국인들은 대개 칼로리 섭취에 대해 민감하기 때문에 고칼로리 음식을 먹거나 칼로리를 정확하게 따지지 않고 마구 먹게 되면 '죄의식'을 느낀다고 표현한다. 어떤 사람들은 쿠키 한 개에는 칼로리가 얼마이고, 햄버거 하나에는 칼로리가 얼마이고, 이 칼로리를 태우려면 몇 분 동안 달리기를 해야 하고를 달달 외우고 있는 사람들도 있다.

recipe: ● ● ● ● ▬▬▬▬▬▬▬▬▬▬▬

이 단어는 발음이 '리사잎'이 아니라 '레시피'인 것을 조심해야 한다. 원래 라틴어에서 약물 처방을 나타내던 말이었는데 요즘은 요리법, 즉 어떤 재료를 얼마나 넣고 어떻게 조리할 것인가를 자세히 적은 지시사항을 가리키는 것이다. 요즘은 더욱 확장되어 일반적인 '비결'을 나타낼 때에도 쓰인다. 예를 들어 '성공의 비결'을 a recipe for success라고 한다. 미국인들은 자신이 만드는 특별요리를 위한 자신만의 recipe를 갖고 있는데 이런 음식을 먹으면서 맛이 있다고 칭찬해줄 때에는 자기도 그 비결을 가르쳐달라고 하며 으레 recipe를 달라고 한다. 미국인들이 한국사람 집에 와서 음식을 먹으면서도 으레 recipe를 달라고 하는데, 우리는 대개 '적당한 재료를 적당하게 넣고 적당하게 요리하면 된다'고 하는 수밖에 별 도리가 없는 경우가 많다. 갈비 몇 그램에 고춧가루 몇 그램, 설탕가루 몇 스푼, 간장 몇 컵… 이런 식으로 recipe를 적어둔 한국 사람은 거의 없을 것이다. 특히 '손맛' 같은 개념은 미국인에게는 전혀 감이 오지 않는다.

Cooking Light: ● ● ● ● ▬▬▬▬▬▬▬▬▬▬▬

물론 여기에서는 요리책 이름이다. 그런데 여기에서 쓰이는 light란 단어는 원래 '가벼운'이란 단어로 알고 있지만 이 단어는 매우 다양하게 쓰인다. 예를 들어 크림이나 우유를 넣어서 커피가 진하지 않은 것은 light coffee(반대는 black coffee), 도로 위에 차가 적으면 light traffic(반대는 heavy traffic), 안개가 엷으면 light fog(반대는 thick fog), 책이 쉬워서 술술 읽을 수 있으면 light book(반대는 heavy book), 스프가 너무 걸쭉하지 않고 담백하면 light soup(반대는 thick soup), 스낵 같은 걸로 식사를 간단하게 하면 light snack(반대는 heavy meal), 향기가 있고 독하지 않은 와인은 light wine(반대는 strong liquor) 등등 용법이 매우 많다. 여기에서의 light는 기름기가 적어서 칼로리가 적은 것을 가리키는 것이다. light는 형용사이지만 부사적 용법으로 굳어진 것들이 몇 개 있다. 여기서처럼 Cook light라고 한다면 '기름기가 적게 담백하게 요리하세요'가 될 것이다. 짐을 적게 가지고 여행하는 것도 travel light라고 한다.

"Couch Potato" By Cooking Light.

You work hard. You play hard. So if you want a little horizontal excitement with the spud of your choice — go ahead. But if you want to make sure your experience is guilt-free, make sure the recipe is from Cooking Light.

Food you can really live with. Flavor you really shouldn't have to live without. Only from Cooking Light magazine.

Subscribe today. One year (11 issues) only $16. Just call toll-free 1-800-718-8989.

Cooking Light.

America's favorite food magazine.

Cooking Light가 제공하는 "소파 위의 감자"

열심히 일하시죠? 또 열심히 노시죠? 자 이제 당신이 원하는 스타일의 감자와 함께 소파 위에 기대어 잠깐의 휴식을 원하신다면 그렇게 하십시오. 그렇지만 이 휴식이 꺼림칙하지 않으시려면 그 요리법이 Cooking Light 책에서 나온 것이어야 합니다.

정말로 당신이 함께 살아갈 수 있는 음식. 정말로 당신에게 없어서는 살 수 없는 맛. Cooking Light 잡지에서만 얻을 수 있습니다.

오늘 바로 구독 신청하십시오. 1년 구독료(11권)가 16달러입니다. 수신자 부담 전화 1-800-718-8989로 전화해 주십시오.

Cooking Light.

미국에서 가장 사랑받는 음식 잡지.

After this demonstration,
the floor wasn't in great shape.
But her feet were.

It takes an extremely supportive dress shoe to endure this kind of torture. Only Easy Spirit pumps feature the patented Easy Spirit suspension system: layers of shock-absorbing foam to cushion your feet from even the hardest surfaces.

The result is classic, elegant shoes that look like pumps, but feel like sneakers. Quality leathers and scuff-resistant heels keep them looking great.

If we can do this with pumps, think how comfortable our casual shoes are. There's one to fit every occasion, and every foot. But maybe not quite every surface.

Easy SPIRIT

© 1993 U. S. Shoe Corp.

신발 치수*

우리나라 사람들이 미국에서 신발을 살 때에 조금 당황하는 것 중의 하나는 미국 사람들이 사용하는 신발의 치수가 생소하다는 것이다. 미국은 인치를 주 단위로 쓰면서도 신발에는 인치를 사용하지 않고 새로운 치수를 매겨 사용한다. 이에 비해 우리는 mm를 신발치수로 쓴다. 예를 들어 우리 신발치수가 230정도 되면 Size 5에 해당이 되고, 255 정도 되면 Size 8, 발이 아주 커 치수가 290 정도면 Size 12가 된다. 신기한 것은 남자와 여자의 신발치수가 다르게 매겨져 있다는 것이다. 여자는 210정도에 해당하는 Size 4부터 275 정도 되는 Size 12까지 매겨져 있는데 남자의 Size 5는 여자의 $6\frac{1}{2}$이 되고 또 남자의 Size 10은 여자의 $11\frac{1}{2}$가 되어 매우 혼동스럽다. 우리나라에서 "넓고 넓은 바닷가에 오막살이 집 한 채…"라고 번역되어 부른 미국 민요 "Oh My Darling Clementine"이라는 10절이나 되는 긴 민요의 2절에는 클레멘타인에 대해 "And her shoes were number nine"이란 말이 나오는데 우리식으로는 250mm 정도 되는 (미국 여자로서는) 아담하고 예쁜 여자 발을 말하는 것이다. 미국의 복잡한 신발치수 시스템을 더 복잡하게 하는 것은 아이들의 치수는 또 따로 되어 있다는 것이다. 신발치수는 미국, 영국, 유럽, 일본, 한국 등 모든 나라가 제각각이어서 해외에서는 신발을 직접 신어보고 사는 것 이외에는 확실한 방법이 없다.

우리나라에서는 1970년대까지만 해도 신발의 치수를 '문(文)'이라고 하는 것으로 나타냈었다. 그래서 그 때에는 발 크기를 물을 때 '신발 문수가 얼마냐'고 묻곤 했다. 신기하게도 이 문수도 남자와 여자가 다른 치수로 매겨져 있었다. 또 군대에서도 오랜 동안 군화를 문수로 표기하였었다. 아이들은 발이 빨리 자라기 때문에 옛날에는 부모들이 아이들 신발 문수를 기억하지 못하고, 신던 신발 안쪽에 지푸라기를 한 가닥 넣어 길이에 맞춰 잘라 가지고 신발가게에 가 신발을 사오곤 했다.

|본|문|해|설|

After this demonstration, the floor wasn't in great shape. But her feet were.

demonstration: ● ● ● ●

'시범'. 일반적으로 사람들은 demonstration을 '시위, 데모'만으로 생각하는 경우가 있는데 '사람들에게 보이는' 것을 다 demonstration이라고 한다. 짧게는 demo라고도 부른다. 예를 들어 Taekwondo demo라고 하면 '태권도시범'이 된다.

in great shape: ● ● ● ●

'멋진, 보기 좋은'. 원래 shape는 '모양'이란 단어이므로 좋고 나쁨에 대해서는 중립적으로 쓸 수 있지만 보통으로는 긍정적으로 쓰여 shapely라고 하면 '몸맵시가 있는, 날씬한'의 뜻이 된다. shape는 건강상태를 나타낼 때에도 쓰여서 I'm out of shape라 하면 '몸이 말을 안 들어, 몸이 못 따라가' 등의 뜻을 갖고 있다. 반대로 He is in good shape라 하면 '그 사람은 아직 정정해, 건강상태가 좋아'의 뜻이다. 요즘은 또 이 표현을 건강상태뿐 아니라 몸매가 멋있을 때에도 사용한다.

○ How come you keep on falling behind?!
    '넌 어째 자꾸 뒤처지냐?'
○ Gosh, I'm really out of shape. You are in great shape!
    '아이구, 정말 몸이 말을 안 들어. 너는 탄탄하구나!'

> It takes an extremely supportive dress shoe to endure this kind of torture.

supportive: ● ● ● ● ▬▬▬▬▬▬▬▬▬▬▬▬▬▬▬

'격려하는, 후원하는, 도움을 주는'. support에서 나온 단어이므로 '도움을 주는'이란 뜻이지만 어렵지 않으면서도 뉘앙스가 아주 멋있는 단어인데도 한국인들은 이 단어를 적절한 때에 곧바로 쓰지 못하는 경우가 많다.

▶ How could you do such a wonderful thing nobody ever dreamed of?

'아무도 엄두조차 못 냈던 일을 어떻게 해 내실 수 있었어요?'

▶ I have a very supportive family.

'저희 식구들은 제가 하는 일에 아주 협조적이거든요.'

> Only Easy Spirit pumps feature the patented Easy Spirit suspension system: layers of shock-absorbing form to cushion your feet from even the hardest surfaces.

pumps: ● ● ● ● ▬▬▬▬▬▬▬▬▬▬▬▬▬▬▬

'펌프형 신발'. 펌프는 신발의 여러 종류 중의 하나이다. 대개는 여기 사진에서 보는 것처럼 끈이나 고리, 스트랩 등이 달리지 않은 매끈한 여자용 구두를 말한다. 스니커스(sneakers)는 원래 '소리 없이 살금살금 다닐 수 있는 신발'이란 뜻으로 거의 모든 종류의 운동화를 스니커스라고 부른다.

shock-absorbing: ● ● ● ● ▬▬▬▬▬▬▬▬▬▬▬▬▬▬▬

'충격을 흡수하는'. 아직도 우리나라의 자동차정비공장 간판에는 "쇼바"를 수리한다고 쓰여 있다. 이 "쇼바"는 충격흡수장치인 shock-absorber를 일본식으로 "속압쇼바"라고 하다가 "쇼갑－쇼바"로, 그리고 결국은 앞을 떼어버리고 "쇼바"가 된 것이다.

suspension: ● ● ● ●

'매달기, 완충장치'. 원래 suspend '매달다'라는 단어에서 나온 것으로 물건을 공중에 매달기, 효력을 일시 중지시키기 등을 가리킨다. 여기서는 신발 아래쪽에 완충제를 넣어 신발바닥과 발이 공중에 떠 있게 만들어 길 표면과 발 사이를 '떠 있게' 만들었다는 것이다. 차의 몸통도 바퀴에 얹혀 있는 게 아니라 suspension위에 얹혀 있다. 양쪽 기둥에 밧줄을 매고 그 밧줄에 다시 다리를 매달아 만든 것을 현수교, suspension bridge라고 한다. 세계에서 제일 긴 현수교는 뉴욕의 Verrazano-Narrows 인데, 두 기둥 사이는 2km가 넘는다.

The result is classic, elegant shoes that look like pumps, but feel like sneakers.

---

classic: ● ● ● ●

'멋진, 클래식한, 유행에 좌우되지 않는'. classic과 classical은 많은 경우 양쪽으로 바꾸어 쓸 수 있다. 그런데 우리가 흔히 고전음악을 클래식음악이라고 하는 것은 영어로는 classic music이라 하지 않고 classical music이라고 해야 맞는 표현이다. 한국인이 가장 잘 틀리는 영어어법 중의 하나이다.

Quality leathers and scuff-resistant heels keep them looking great.

---

quality: ● ● ● ●

'고급'. quality란 단순히 '질'을 나타내기도 하지만 형용사적으로 쓰면 '고급'의 뜻이 된다. 이 고급은 거의 모든 형태를 가리킬 때 쓸 수 있어서 quality beef '고급 소고기,' quality education '양질의 교육,' quality paper '질 좋은 종이' 등으로 다양하게 쓸 수 있다.

scuff: ● ● ● ●

'까진 자국'. 대개 여성들의 신발굽은 가죽으로 감싸 놓았는데 크기가 작아서 길의 틈새나 보도블럭

모서리 등에 부딪혀 표면이 잘 까지는데 이것을 scuff라고 한다. 우리가 흔히 말하는 일종의 '기스'이다. 간단한 기스, 즉 흠집들은 대개 영어로 scratch라고 하는데 scuff는 scratch보다는 더 심하게 까진 상태를 말한다.

After this demonstration, the floor wasn't in great shape. But her feet were.

It takes an extremely supportive dress shoe to endure this kind of torture. Only Easy Spirit pumps feature the patented Easy Spirit suspension system: layers of shock-absorbing foam to cushion your feet from even the hardest surfaces.

The result is classic, elegant shoes that look like pumps, but feel like sneakers. Quality leathers and scuff-resistant heels keep them looking great.

If we can do this with pumps, think how comfortable our casual shoes are. There's one to fit every occasion, and every foot. But maybe not quite every surface.

해석

이 시범 후에 체육관 마루의 모양은 완전히 엉망이 되었지만, 그녀의 발은 여전히 훌륭했습니다.

정장용 신발이 이런 종류의 고문을 당하려면 극도로 탄탄해야겠지요. Easy Spirit 펌프슈즈만이 특허를 받은 Easy Spirit 완충장치 시스템, 즉 아무리 딱딱한 표면에서도 당신의 발에 오는 충격을 완화시켜주는 여러 층으로 된 충격흡수물질에 의한 시스템을 갖추고 있습니다.

이러한 시스템은 펌프슈즈처럼 클래식하고 우아한 모양을 갖추고 있으면서도 운동화처럼 편안한 신발을 만들어내었습니다. 고급 가죽과 까지지 않는 뒷축으로 신발을 아름다운 상태로 유지시켜 줍니다.

저희의 펌프슈즈를 신고도 이런 일을 할 수 있다고 생각하신다면 저희가 만드는 캐주얼 슈즈는 얼마나 편안할지 생각해 보십시오. 모든 경우에 모든 발에 맞는 신발이 있긴 합니다. 그렇지만 모든 종류의 표면에 맞지는 못할 걸요.

*Of the world's top 39 airlines.

LOS ANGELES · NEW YORK · SAN FRANCISCO · HONOLULU · SEATTLE · DETROIT · SEOUL · PUSAN · CHEJU

WHEN YOU

WERE LITTLE, FLYING

WAS SPECIAL.

IT STILL CAN BE.

You may not find yourself giggling like a little child. But we will make every effort to treat you in a way that makes you feel on top of the world. Introducing Asiana's Sleeper First Class and Premier Business Class. Both offer amenities and service that are truly special. We also offer the youngest, most modern fleet in the air*. Every one of our flights is non-smoking. And our generous Frequent Flyer Program is affiliated with Northwest Airlines. So put yourself in our hands and you won't just be travelling. You'll be flying. Again.

Asiana Airlines
THE JEWEL of ASIA.

SYDNEY · CAIRNS · GUAM · SAIPAN · CHANGCHUN · GUANGZHOU · BEIJING · SHANGHAI · MANILA · SINGAPORE

어린이 보호*

미국인들이 어린이에 대해 갖는 관심은 매우 특별하다. 무슨 사건이 나면 어린 아이가 다치지 않았나에 대해 특별히 신경을 쓴다. 예를 들어 학교 앞에서 과속을 하면 보통 벌금의 배가 된다. 이처럼 아이들에게 해로운 일에 대해서는 모두가 촉각을 세우고 있고 따라서 아동학대(child abuse) 같은 것은 늘 관심의 대상이다. 그러나 abuse라고 해서 무슨 큰 잔혹행위만을 가리키는 것이 아니라 아이들을 때리거나 구박하기만 해도 abuse가 될 수 있고, 아이만 따로 두고 어디 잠시 갔다가 와도 child neglect에 해당되기 때문에, 소위 child abuse란 애를 조금만 '잘못 다루어도' 죄가 성립하는 경우가 많다. 이처럼 아동학대가 주요한 관심사 중의 하나이어서 어떤 사람들은 babysitter를 구할 때에도 과거의 고객으로부터 추천장(reference)을 가져올 것을 요구하기도 한다.

미국에서는 아이들을 다루는 3대 주요 직종, 즉 교사, 간호원, 보육사는 아이들의 신체에 멍든 자국이나 상처가 있어서 부모의 child abuse가 의심되면 경찰에 신고하는 것이 법으로 의무화되어 있고 이런 보고가 있으면 즉시 경찰에서 조사를 한다. 만일 부모들이 아이를 때린 것이 드러나면 아이를 부모에게서 빼앗아 정부 보호소로 옮겨 버린다. 아이들의 장래를 위해서 미국에 이민을 가서 물불 안 가리고 뼈가 부서지게 일하는 한국인 이민세대들이 자녀가 부모의 기대에 어긋났다고 한국식으로 애들을 때리다가 이런 경우를 당해 아이를 빼앗기는 경우가 종종 있다. 이런 경우 아이를 되찾기 위해 몇 년씩이나 비싼 변호사 비용을 치러 가며 소송을 해, 그 동안 뼈 빠지게 일한 전 재산을 날리는 경우도 있다.

아동학대는 이미 그 명칭에서도 그렇듯이 정확하게 선을 긋기가 어렵고 법적인 정의도 불분명한 부분이 있어서 미국 내에서 아동학대 통계는 편차가 크다. 그러나 놀라운 것은 평균으로 볼 때 성적으로 학대하는 sexual abuse의 경우 약 20%나 되는 아이들이 학대를 당한 경험이 있다고 하고 그냥 육체적으로 아이들을 괴롭혀서 아이가 죽게 되는 경우도 한 해에 적게는 1,100명, 많게는 5,000명에 이른다는 보고가 나와 있다는 것이다. 아이들에 대한 지극한 정성과 끔찍한 학대가 묘하게 섞여 있는 것이 미국사회라 할 수 있다.

|본|문|해|설|

You may not find yourself giggling like a little child.

giggle: ● ● ● ●

'깔깔대고 웃다'. 웃는 것도 종류가 많은데 giggle은 별로 꾸미지 않고 나오는 대로 웃는 것, 특히 어린아이들이 장난을 치면서 뛰어 놀며 웃는 소리를 가리킨다. 웃음의 종류에 따른 표현들에 대해서도 알아둘 필요가 있다.

- smile: 미소, 소리 없이 웃는 것
- laugh: 소리내어 웃는 것 (일반적인 단어)
- giggle: 깔깔/킬킬대고 웃는 것
- titter: 약간 소리를 죽여 가며 킥킥거리고 웃는 것
- chuckle: 기분 좋게 껄껄 웃는 것
- guffaw: 방정맞을 정도로 방자하게 크게 웃는 것

◯ grin: 이를 살짝 드러내고 웃는 것

이외에도 snicker, snigger, beam, chortle, smirk, roar, crow, cachinnate 등의 표현이 있고, 구어적으로 쓰는 표현으로는 die laughing(죽어 넘어가게 웃다), split one's sides(옆구리가 터지게 웃다), roll in the aisles(바닥에 대굴대굴 구르며 웃다), be in the stitches(배가 아플 정도로 웃다) 등이 있다. 다 유용하게 쓸 수 있는 표현이다.

But we will make every effort to treat you in a way that makes you feel on top of the world.

make every effort to: ● ● ● ● ⬤▬▬▬▬▬▬▬▬▬▬▬▬

'…하도록 모든 방안을 강구하다'. 이 표현은 참 멋지게 쓸 수 있는 표현이다. 단순히 do one's best (최선을 다하다)라고 하는 것은 요즘은 진부한 느낌을 주는 데 비해 이 표현은 아직 신선하고 힘있는 말이다.

◯ I will make every effort to solve the problem.
　'문제해결을 위해 백방으로 노력하겠습니다.'

---

on top of the world: ● ● ● ● ⬤▬▬▬▬▬▬▬▬▬▬▬▬

'세상 꼭대기에 올라간 것처럼 행복하게', '최고로 행복하게' '황제처럼 행복하게'의 뜻이다. 단순히 very happy보다 훨씬 더 그래픽하고 멋진 표현인데 특히 항공회사의 선전이므로 '세상의 꼭대기'라는 말이 중의적인 묘미를 주고 있다. 이 표현은 '성공한'의 뜻으로도 쓰인다. 우리 식으로는 He's on top of the world now. '그 사람 요즘 최고로 날리고 있어.'처럼도 쓰인다.

Introducing Asiana's Sleeper First Class and Premier Business Class.

Sleeper First Class. Premier Business Class: ● ● ● ●

항공기 객실 등급은 세 가지로 나뉜다. 가장 요금이 싼 것은 Economy Class, 다음은 Business Class, 그리고 가장 요금이 비싼 것은 First Class이다. 대략적인 비율이 100:200:300 정도 된다. 여기에서 First Class를 Sleeper First Class라고 새로이 명칭을 붙인 것은 이 최고급 객실에서는 완전히 침대처럼 발을 뻗고 잘 수 있기 때문이다. 열차도 침대차는 Sleeper 또는 Sleeping Car라고 한다. Business Class도 단순히 Business Class라고 하지 않고 Premier를 붙인 것은 이 단어가 특히 고급스러움을 나타내는 단어이기 때문이다. 간단하게는 '최고의'라는 뜻이지만 요즘 미국에서는 고급스러운 것을 나타낼 때 이 단어를 쓰는 것이 일종의 유행처럼 되어 있다.

Both offer amenities and service that are truly special.

amenities: ● ● ● ●

원래 amenity란 '대접', '예절', '호의', '편의' 등을 나타내는 것이었는데 이것이 복수로 쓰일 때에는 '구체적인 편의제공 사항'들을 나타내는 것이 되었다. 이런 때에는 service란 단어와 의미상 별 차이가 없다. 일종의 반복을 통한 문체상의 멋을 노린 표현이다. 이 amenities의 또 다른 보편적인 뜻으로는 '편의시설물'을 포괄적으로 나타내는 것이 있다. 예를 들어 여행자를 위한 각종 편의시설이라고 할 때에는 tourist amenities라고 하면 된다.

We also offer the youngest, most modern fleet in the air.

fleet: ● ● ● ●

대개는 fleet가 함대만을 나타내는 것으로 알고 있으나 이것은 비행기나 자동차나 선박이나 특정한 그룹으로 묶이는 모든 기기를 통칭해서 쓸 수 있는 표현이다. 여기에서는 이 회사 소속의 항공기들 모두를 가리키는 것이다. 단순히 airplanes라고 할 때보다 더 웅장하고 조직적이고 기계화된 멋있는 느낌을 준다.

And our generous Frequent Flyer Program is affiliated with Northwest Airlines.

Frequent Flyer Program: ● ● ● ●

이것은 통상 마일리지 프로그램이라고 부르는 단골 우대제도의 프로그램 이름이다. 이런 프로그램은 모든 항공사가 다 각각의 프로그램 이름을 갖고 시행하고 있는데 미국왕복의 경우에는 장소에 따라 차이가 있기는 하지만 대략 거리가 15,000마일 정도 되고 마일리지가 5-6만 마일 정도가 되어야 무료항공권을 하나 받을 수 있다. 여기서 generous하다고 하는 것은 뒤에 말하는 Northwest Airline하고 공유되어 있어서일 수도 있지만 대개 아무리 짧은 거리를 타더라도 최소 마일리지를 높게 가산해 주는 것을 가리키는 뜻으로 사용했을 것이다. 실제로 아시아나의 경우에는 아무리 짧은 거리를 탑승하더라도 500마일을 가산해 주었다. 최근에는 거의 모든 항공사들이 실거리제를 따르고 있다.

When you were little, flying was special.

It still can be.

You may not find yourself giggling like a little child. But we will make every effort to treat you in a way that makes you feel on top of the world. Introducing Asiana's Sleeper First Class and Premier Business Class. Both offer amenities and service that are truly special. We also offer the youngest, most modern fleet in the air*. Every one of our flights is non-smoking. And our generous Frequent Flyer Program is affiliated with Northwest Airlines. So put yourself in our hands and you won't just be travelling. You'll be flying. Again.

Asiana Airlines. The Jewel of Asia. *Of the world's top 39 airlines.

당신이 어렸을 때, 하늘을 나는 것은 특별한 일이었지요.

지금도 특별한 일일 수 있습니다.

당신이 하늘을 날면서 옛날 어렸을 때처럼 깔깔대고 웃을 수 없을지 모르지요. 그렇지만 당신이 세상 꼭대기에 올라간 것처럼 행복하게 느끼실 수 있도록 저희는 최선을 다하겠습니다. 아시아나 항공의 Sleeper First Class와 Premier Business Class를 새로 소개합니다. 이 두 등급 모두 정말 특별한 대우와 서비스를 제공합니다. 또 저희 모든 항공기는 하늘을 나는 모든 항공기들 중에서 가장 새 것이고 최신형인 것입니다*. 저희 항공편은 모두 다 금연입니다. 또한 상을 푸짐하게 드리는 고객우대제도는 Northwest 항공사와 제휴되어 있습니다. 자신을 저희 손에 맡기십시오. 그러면 당신은 단순히 여행을 하는 것이 아닙니다. 하늘을 나는 것입니다. 옛날처럼 다시 말씀이지요.

아시아나 항공—아시아의 보석   *세계 유명 39개 항공사 중에서.

WHAT'S MISSING IN AIRLINE ALLIANCES? YOU.

When airlines form an alliance, there's often something missing. You. That's why we've created SkyTeam™. Together, we are committed to offering you the highest level of privileges including complimentary lounge access* and fast, easy access to elite status. And as well as receiving priority treatment, you'll always be welcomed with a friendly smile across all four corners of the globe. For more information visit **skyteam.com**

SKYTEAM

Caring more about you™

AeroMexico.   AIR FRANCE

Delta   KOREAN AIR

*Access is available for SkyTeam First and Business class passengers and SkyTeam Elite Plus flyers, on the same day of travel.

항공사 제휴*

현재 미국에 있는 약 120개 정도의 항공사를 포함해서 북미대륙에는 약 170개 정도의 항공사가 하늘을 누비고 있다. 이처럼 많은 회사들이 효과적으로 경쟁을 하기 위해서 항공사들 간에 제휴를 맺는 일이 매우 빈번하다. 한 통계에 의하면 세계적으로 약 400여 개의 항공사 제휴 프로그램이 있다고 한다. 항공사들은 이런 제휴를 통해서 비행기 좌석도 연결해서 팔고, 수화물 관리도 공동으로 하고, 공항의 데스크나 라운지, 편의시설들을 공동으로 이용하게 하고, 마일리지 적립도 공동으로 하고 해서 손님들에게는 여러 가지로 이익이 많다. 그렇지만 이런 제휴가 일종의 독점 카르텔을 형성하게 될까 봐 우려하는 목소리도 없지 않다.

미국의 주요 여객항공사는 9개가 있는데 주로 3개의 거대한 제휴에 의해 운용되고 있다. 2003년 기준으로 보면, American Airlines와 US Airways가 제휴되어 있고, United Airlines와 Delta Airlines가 제휴되어 있고, Continental Airlines와 Northwest Airlines가 제휴되어 있다. 참고로 미국의 주요 여객 항공사는 위의 6개 말고도 America West, Southwest Airlines, TWA가 있다. 규모로는 United가 가장 크고 American이 2등, Delta가 3등이다.

항공사들은 제휴를 하면서도 또 독점을 하는 지역을 따로 가지고 있다. 그런 곳은 경쟁이 없기 때문에 비교적 비행기 요금이 비싼 편이다. 특히 항공사들은 각각 hub라고 부르는 축을 가지고 있어서 그곳을 기점으로 다른 곳으로의 항로 네트워크를 구성하고 있다. 예를 들어 American은 댈러스, US는 피츠버그, United는 시카고, Delta는 애틀랜타, Continental은 뉴워크, Northwest는 미니애폴리스 등이 가장 중요한 hub city 들인데 이 hub에서는 다른 항공편과의 연결이 더 자유롭다는 점에서는 더 편하기는 하지만 공항이 매우 복잡하기 때문에 일반적으로 미국인들은 여행할 때 가능한 한 hub를 거치지 않으려는 경향이 많다. 우리나라에서 미국에 들어갈 때에는 어느 곳에 가느냐에 따라 항공사를 잘 골라야 편리하고 값싸게 항공권을 살 수 있다.

|본|문|해|설|

What's missing in airline alliances? You.

---

what's missing: ● ● ● ●

'빠져 있는 것'. 즉 간과되는 것을 말한다. missing이란 단어는 원래 과녁을 맞추지 못하고 지나가는 것을 가리키는 것이었는데, 여기로부터 '어딘가에서 빠져 있는 것'을 나타내게도 되었고, 보고 싶어 해도 상대가 어디론가 떠나 있어 시선이 상대를 맞추지 못하고 지나가게 된다는 '그리워하는 것'도 가리키게 된 흥미로운 단어이다. 또 전쟁에서 행방불명된 사람을 MIA (missing in action: 전투 중 행방불명)이라고 부른다.

alliance: ● ● ● ●

'제휴'. 원래 이 단어는 동맹이나 협정을 가리키는 단어로 더 많이 번역되지만 항공사간의 동맹이나 협정이란 말이 자칫 항공사들끼리 '짜고' 단체 행동을 하는 느낌을 줄 수도 있어서 우리말로는 제휴 라고 하는 것 같다. form an alliance with, 또는 enter into an alliance with는 alliance란 단어를 사용할 때 잘 사용하는 것이므로 알아둘 필요가 있다. 왜냐하면 이 표현들이 단순한 동사 ally보다 더 자주 쓰이기 때문이다. 참고로 옛날 1·2차 세계대전 때 연합군을 Allied Forces라고 불렀다.

That's why we've created Sky Team.

Sky Team: ● ● ● ● ▬▬▬▬▬▬▬▬▬▬

이것은 이 선전에 나온 것과 같이 멕시코의 에어로멕시코(아에로메히꼬), 프랑스의 에어프랑스, 미국의 델타, 그리고 한국의 대한항공이 제휴하여 만든 프로그램의 하나이다. 최근에는 노스웨스트, 콘티넨탈, KLM 등 대형 항공사도 이 제휴에 가입했다. 항공사 제휴로서는 이름을 참 잘 지었다. 하늘 위에서 서로 협력하는 뭔가 조직적인 체제라는 느낌을 주기 때문이다.

That's why…: ● ● ● ● ▬▬▬▬▬▬▬▬▬▬

'바로 그래서 …한 것입니다.' 원인이나 이유로 생겨나게 된 결과에 해당되는 말을 That's why 뒤에 써서 '그러니까 …했다'고 쓰기도 하고, 때로는 원인이나 이유가 되는 설명을 한 후에 맨 끝에 That's why. '…하니까. 그래서 그렇게 된 거야'라는 식으로 말을 끝내기도 한다.

◐ Why did you guys break up?

너희들 왜 헤어졌는데?

◐ Well, you know. I thought he loved me only, but guess what? He was chasing another girl. That's why.

'있잖아, 나는 걔가 나만 사랑하는 줄 알았어, 그랬는데 어떤 일이 있었는지 아니? 걔가 다른 여자애를 쫓아다니는 거야. 그래서야.'

> Together, we are committed to offering you the highest level of privileges including complimentary lounge access and fast, easy access to elite status.

the highest level of privileges: ● ● ● ● ━━━━━━━━━━━

'최고 수준의 특권'. the highest level of…라는 표현은 자주 쓰이는 표현이다. 이 표현은 최상급이 면서도 one of the…라는 부속어구가 안 붙어도 괜찮은데 그것은 level이라는 것이 매우 주관적일 수밖에 없기 때문에 누군가가 과연 highest인지를 문제 삼기가 어려워서 그런 것 같다. 어쨌든 외워 두면 유용하게 쓸 수 있는 표현이다.

complimentary lounge access: ● ● ● ● ━━━━━━━━━

'무료 라운지 이용'. 무료는 흔하게 free 또는 free of charge라고 하는데 조금 고상하게 말할 때는 complimentary라고 한다. 원래는 '감사하는 마음으로, 칭찬하는 마음으로'라는 뜻이다. '보충'이라 는 뜻을 가진 complementary와 발음이 똑같아서 혼동되는 경우가 많다. 명사는 compliment인데 선물을 보낼 때에는 With George W. Bush's Compliments(조지 W. 부시 근정), With Author's Compliments(저자 근정)이라고 써서 보낸다.

elite status: ● ● ● ● ━━━━━━━━━━━━━

'엘리트 자격'. 우리가 흔히 '에리트'라고 하는 단어 elite는 '일리트'라 발음하고 뒤에 강세가 있어서 [ilíːt]라고 하기 때문에 우리나라 사람들에게는 알아듣기 어려운 발음이다. 영국인들과 일부 미국인 들은 간혹 [elíːt]라고 하는 사람들도 있다.

> As well as receiving priority treatment, you'll always be welcomed with a friendly smile across all four corners of the globe.

priority treatment: ● ● ● ● ━━━━━━━━━━━━

'우선 처리' '최우선 대우'. 원래 priority란 말은 순위를 정하는 것을 말하는 것이어서 first priority, top priority '우선 순위상 첫째'라고 썼었는데 priority란 말만으로도 최우선이라는 말로 쓰인다. Romance is my priority in life. '내 인생에서는 사랑이 최우선이에요.' Don't worry, it's my top priority. '걱정마, 그걸 제일 먼저 해결할게.'

○ How would you like to mail this package?

　'이 소포를 어떻게 보내시겠습니까?'

○ I'd like to send it by priority and registered.

　'등기 속달로 보내주세요.'

---

the four corners of the globe: ● ● ● ● ▬▬▬▬▬▬▬

'땅끝' '세계의 구석구석'. 옛날 사람들이 지구가 평평하다고 생각했을 때 만들어진 표현일 것이다. 과학적으로야 시비가 붙을 수 있는 표현이겠지만 영어에서는 관용적으로 굳어져 있다. 우리말에서도 '사방'이란 말이 있는데 방향이란 뜻을 가진 '방(方)'자가 원래 '모서리, 코너'를 뜻하는 것이었음을 생각하면 별 이상할 것도 없다. 이와 관련되어 흔히 쓰이는 표현으로는 from the four corners of the earth/globe '세계 도처에서', every corner of the country '전국 방방곡곡'을 알아둘 필요가 있다.

What's missing in airline alliance? You.

When airlines form an alliance, there's often something missing. You. That's why we've created Sky Team. Together, we are committed to offering you the highest level of privileges including complimentary lounge access and fast, easy access to elite status. And as well as receiving priority treatment, you'll always be welcomed with a friendly smile across all four corners of the globe. For more information visit skyteam.com.

*Access is available for Sky Team First and Business class passengers and Sky Team Elite Plus flyers, on the same day of travel.

항공사 제휴에서 흔히 빠져 있는 것은 무엇일까요? 바로 소중한 당신입니다.

항공사들이 서로 업무를 제휴할 때 종종 소홀히 하는 것이 있습니다. 고객에 대한 진정한 배려가 바로 그것이며 바로 이 때문에 스카이팀이 탄생한 것입니다. 각 대륙을 대표하는 4개 항공사가 함께 만든 저희 스카이팀은 무료 라운지 이용*, 손쉽고도 신속하게 엘리트 자격을 취득하실 수 있는 권리 등을 포함하는 최고 수준의 특권을 제공해 드립니다. 다양한 우대 서비스 제공은 물론, 가슴에서 우러나오는 따뜻한 미소로 전 세계 어느 곳이든 고객 여러분을 더욱 편안히 모십니다. 스카이팀 서비스에 대해 자세히 알고 싶으시면 www.skyteam.com을 방문해 주십시오.

*스카이팀 First Class와 Business Class 이용 승객, 스카이팀 엘리트 플러스 카드 소지 승객께서는 여행 당일 공항 라운지 무료 이용이 가능합니다.

Fly by. Priority check-in on 14 airlines worldwide.

International business travelers deserve to be treated like stars. And stars don't stand in line. As a Star Alliance™ Gold member, you'll breeze through check-in at all of our destinations around the world. To find out how to become a Gold member, visit us at www.staralliance.com. **It's good to be a star.**

Mexicana joining July 1, 2000.

STAR ALLIANCE
The airline network for Earth.

1903년에 라이트 형제가 동력비행기로 최초 비행을 한 이후 약 100년 동안 항공기 업계는 상상을 초월하는 발전을 이룩하여 지금은 초음속 여객기가 점점 보편화되어 가는 정도에까지 이르렀다. 비행기 없이는 지구촌이란 얘기가 무의미한 상황이다. 여기 항공사 제휴 광고를 살펴보기에 앞서 미국에서의 비행기 여행에 대해 간단하게 알아본다.

비행기 여행*

한국에서는 차를 타고 서울을 기점으로 북쪽으로는 한 시간 서쪽으로도 한 시간 동쪽으로는 두 시간 남쪽으로는 네 시간이면 끝까지 가는 셈이고, 비행기로는 어디고 한 시간이면 가기 때문에 자동차냐 비행기냐가 별로 큰 선택사항이 아닐 수도 있다. 그러나 땅덩어리가 원래 큰 미국에서는 집 근처를 웬만큼만 벗어났다고 생각되는 곳은 차로 가는 것을 생각하기 어렵다. 예를 들어 텍사스에서는 한 끝에서 고속도로로 자동운전장치인 항속장치(cruise control)를 120킬로에 맞추어 놓고 저녁까지 하루 종일 텍사스 주를 가로질러 여행을 해도 텍사스 다른 쪽 끝에 못 미친다. 따라서 미국사람들은 비행기를 타는 일이 많이 있고, 비행기를 타는 일은 거의 우리 고속버스를 타는 일 정도로 생각되는 것 같다. 2001년의 9·11 테러사태 때에는 한동안 미국상공에 비행기가 한 대도 뜨지 못한 때도 있었지만 통계에 따르면 미국상공에는 어느 시간에든지 평균 61,000명이 날고 있다고 한다. 따라서 비행기를 타는 일이 특별한 일이 되지 못하고, 비행기에서 정장을 한 사람들도 별로 없고, 승무원들도 마치 '구수한 시골 아줌마'나 '푸근한 할머니' 같은 스튜어디스가 많다. 미국 노동시장의 성격상, 젊어야 한다는 규정을 둘 수도 없고, 예뻐야 한다든가, 여성이어야 한다든가 하는 것들은 입 밖에 냈다간 불벼락을 맞기 십상팔구이기 때문이다. 따라서 성에 따라 나누어 부르던 steward, stewardess라는 용어들은 요즘에 전혀 사용되지 않는 말이 되고 말았다. 그냥 flight attendant(승무원)이라고 부른다. 특별히 손님들 사이에 다니며 시중을 드는 승무원은 cabin attendant(객실승무원)이라고 한다. 조종사를 포함한 일체의 승무원은 crew라고 부른다. 조종사는 pilot, 부조종사는 co-pilot이라고 하지만 이런 용어는 부르는 호칭으로는 사용되지 않는다. 주 조종사를 부를 때는 그냥 captain(기장)이라고 하고, 스스로도 captain이라고 한다.

|본|문|해|설|

Fly by.

fly by: ● ● ● ●

'날 듯이 지나가다'. 여기 광고에 보이는 대로 비행기 엔진을 단 구두모습과 호응을 보이는 슬로건이다. 대개는 pass by, walk by의 표현이 사용되고 fly by란 말은 잘 쓰이지 않는다. 바로 그 점을 이용해 이런 광고문을 만든 것이다. 비행기 여행에서 가장 불편한 것이 공항의 체크인, 즉 탑승수속인데 그것은 너무 많이 기다려야 하기 때문이다. 특히 9·11 테러사태 후에 공항의 보안검색은 매우 엄격하고 까다로워서 큰 불편이 되고 있다. 여기 광고에 따르면 스타얼라이언스의 골드회원이 되면 이런 불편한 탑승수속을 거치지 않고 마치 날아가듯이 술술 지나갈 수 있다는 것이다.

Priority check-in on 14 airlines worldwide.

priority check-in: ● ● ● ●

'우대 체크인' '우대 탑승수속'. priority란 말은 special과 거의 동의어다. 공항에서는 탑승권 등급에 따라 체크인 카운터가 다르고 대우도 다르다. 비즈니스 클래스와 퍼스트 클래스는 이 우대 체크인을 받을 수 있다.

14 airlines worldwide: ● ● ● ● ━━━━━━━━━━━━━━

'전 세계 14개 항공회사들'. 여기에서 주목할 만한 것은 worldwide란 단어가 부사로서 명사 뒤에 붙어 명사를 수식해준다는 것이다.

● How many branch offices do you have?

'지사가 몇 개나 되세요?'

● There are 17 branch offices worldwide.

'전 세계에 17개가 있습니다.'

> International business travelers deserve to be treated like stars. And stars don't stand in line.

deserve to be treated like stars: ● ● ● ● ━━━━━━━━━━━

'스타 대우를 받을 자격이 있습니다'. deserve란 단어는 원래 '철저히 봉사(serve)하다'라는 뜻에서 나온 단어인데 '…을 받을 자격이 있다'는 뜻이 되었다. 이 뒤에는 명사나 동명사, to 부정사가 따라 나온다.

● His performance well deserves a raise.

'그 사람 실적을 보면 정말 봉급을 올려 줄 만 해.'

● I watched him closely. He deserves to succeed.

'옆에서 지켜보니 그 사람 정말 성공할 만 해.'

---

stand in line: ● ● ● ● ━━━━━━━━━━━━━━━━

'줄서서 기다리다'. 미국인들은 줄을 참 잘 선다. 어디든지 두 사람만 넘으면 자동으로 줄을 선다. 줄을 새로 만들어 서는 것을 form a line, 서 있는 줄에 끼는 것을 join the line, 줄에서 기다리는 것을 stand in line 또는 wait in line, 새치기하는 것을 cut in the line, 또는 jump the line이라고 한다. 영국인은 line 대신 queue라고 한다.

> As a Star Alliance Gold member, you'll breeze through check-in at all of our destinations around the world.

breeze through check-in: ● ● ● ● ⬤ ▬▬▬▬▬▬▬

'체크인 카운터를 유유히 통과하다'. 원래 breeze는 산들바람을 뜻하는 것으로, 시원시원하게 재빠르게 달리는 것을 가리킨다. '힘이 안 든다'는 것이 breeze가 갖는 뉘앙스다. 여기에서부터 '쉽다'는 뜻을 가진 구어적인 표현이 만들어졌다.

⊙ Look at you! How can you finish the work?

'아니, 너, 이게 뭐야. 이걸 어떻게 다 끝내려고 해?'

⊙ Don't worry. It's a breeze.

'걱정 마. 이쯤은 누어서 떡 먹기야.'

> To find out how to become a Gold member, visit us at www.staralliance.com.

To find out how to become a Gold member: ● ● ● ● ⬤ ▬▬▬▬▬▬▬

'어떻게 하면 골드회원이 되실 수 있는지 알아보시려면'. 광고문에서 연락처를 제시할 때 쓰는 문구 중의 하나가 바로 이 to find out…이다. 흔한 예로는 To find out more about (us)… '(우리 회사)에 대해 자세한 사항을 알고 싶으시면…'이 있다.

> It's good to be a star.

It's good to be a star: ● ● ● ● ⬤ ▬▬▬▬▬▬▬

'스타가 되는 건 참 좋은 일이지요'. 이런 표현은 구문상으로는 너무 간단해서 대수롭지 않게 생각할 수도 있지만 It's so good to be here. '여기 정말 좋네요.(참 잘 왔어요.)' It's good to work with you.

'같이 일하게 되어 참 반가워요.'처럼 다양하고도 유용하게 쓸 수 있는 표현이다.

a star: ● ● ● ●

'스타'. Star는 우리말에서도 영어의 용법을 들여와서 비슷하게 사용하고 있다. 즉 거물을 가리키기도 하고 영화배우를 가리키기도 하고 단순히 유명한 사람을 가리키기도 한다. 또 형용사처럼 쓰기도 하고, 동사로 써서 영화에 출연하는 것을 가리키기도 한다.

○ He is a star basketball player.

　'그 사람 유명한 농구선수야.'

○ Swiri ─ Starring Han Sukkyu and Kim Yoonjin

　'쉬리 ─ 한석규, 김윤진 주연'

Mexicana joining July 1, 2000.

Mexicana joining July 1, 2000.: ● ● ● ●

'멕시카나 항공은 2000년 7월 1일에 가입함'. 이처럼 본문에 작은 글씨로 쓰여져 있는 내용 자체를 fine print라 부른다. 날짜표기는 이처럼 쓰거나 Jul. 1, 2000처럼 쓸 수도 있고, 숫자로는 7-1-00으로도 쓴다. 연월일의 순서를 조심할 필요가 있다.

Fly by. Priority check-in on 14 airlines worldwide.

International business travelers deserve to be treated like stars. And stars don't stand in line. As a Star Alliance Gold member, you'll breeze through check-in at all of our destinations around the world. To find out how to become a Gold member, visit us at www.staralliance.com. It's good to be a star.

Mexicana joining July 1, 2000.

날아서 지나가세요. 전 세계 14개 항공사에서 우대 체크인을 해 드립니다.

국제적인 비즈니스로 여행을 하시는 분들은 스타처럼 대우를 받으실 자격이 있는 분들입니다. 스타는 줄을 서서 기다리지 않지요. 저희 Star Alliance의 골드회원으로서 당신은 전 세계에 있는 저희 모든 목적지 체크인 카운터를 시원스럽게 통과하실 수 있습니다. 골드회원이 되시려면 저희 웹사이트 www.staralliance. com을 방문해 주십시오. 스타가 되면 참 좋습니다.

멕시카나항공은 2000년 7월 1일에 가입함.

Coming in 13th worldwide may not seem that impressive.
Until you consider who's following us.

You might at first be puzzled by an automotive firm proud of its position as 13th largest in the world. But we at Hyundai accomplished this feat in little over twenty years—something a surprising group of world class European automakers(or as we like to call them 15th, 22nd and 24th·)haven't accomplished in much longer periods of time.

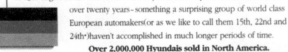

Over 2,000,000 Hyundais sold in North America.

Of course, our pride at reaching 13th position so quickly may end up short-lived. Because it won't be easy maintaining that level the way our phenomenal sales are continuing in the U.S.A.-the largest free-market economy in the world-one where people can purchase from a huge range of choices. In other words, they certainly don't have to settle for anything less than the best. In every category of quality a car can be judged in.

Over 100,000 German drivers choose Hyundai.

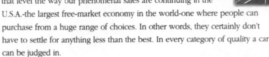

While we're on the subject of high standards and harsh judgments, one would hardly expect people in the land of the autobahn to be anything but the most exacting. Wouldn't they, of all people, want top levels of reliability, technology and safety? We think so. And we think our sales prove it so. And if you're wondering where all this is leading, that's easy. 12th. A position we may reach in worldwide sales before this ad even makes it to print.

The Best Way Everyday

© Hyundai Motor Company ·JAMA(Japan Automobile Manufacturer Association) '94 Automobile Statistics

바퀴를 처음으로 이용한 것은 약 5500년 전 수메리아 사람들이었고 자동차와 자전거가 처음으로 만들어진 것은 1880년대였는데 그 후 세상의 교통망과 교통수단은 엄청난 발전을 이룩했다. 그 중 가장 보편화 된 것이 자동차이다. 현대자동차는 많은 나라에서 한국을 대표하다시피 하는 자동차 업계의 리더인데 현대자동차 선전과 더불어 교통과 자동차 산업에 대해 간단히 살펴본다.

교통과 자동차산업*

미국은 도시의 구조 자체가 자동차를 사용하지 않고는 거의 하루도 살 수 없게 되어 있다. 특히 길거리를 따라 모든 종류의 가게들이 늘어서 있는 우리나라에 살다가 과자 하나 음료수 한 병만 사려해도 차를 타고 가야 하는 미국 생활은 오랜 동안 적응하기 어려운 것 중의 하나이다. 지하철 네트워크가 잘 형성되어 있는 극히 일부 도시를 제외하고는 대중교통이 매우 불편하다. 웬만한 도시에서는 버스를 놓치면 한 시간 이상 기다려야 하는 예들도 흔하다. 그래서 자동차 수리를 위해 garage에 들어가면 다른 사람에게 ride를 부탁해야 하기 때문에 자동차를 두 대 이상 가지고 있는 집이 매우 많다. 통계에 따르면 연간 미국인들의 버스 탑승 거리가 2,000억km 정도 되고 자가용 이용거리는 그 30배가 넘는 6조km나 된다고 한다. 또 미국은 나라가 크다보니 이동거리도 매우 크고 비행기를 자주 이용한다.

미국인들은 비교적 일본제품을 선호한다. 이들에게 국산품애용운동(Buy American)이 있기는 하지만 Toyota와 Honda를 선호하고 또 많이 팔린다. 제품에 대한 신뢰도도 커서 중고차 값도 만만치가 않다. 한국산 차로는 2000년 한 해 동안 50만대에 가까운 현대 차가 미국에서 팔렸다고 한다. 최근 통계에 의하면 전 세계적으로는 GM(General Motors)의 자동차가 연간 약 900만 대로 가장 많이 팔리고 다음이 Ford, 그 다음이

Toyota의 순으로 되어 있다. 1994년 통계에 기초한 여기 광고에서는 현대자동차가 13위를 했다고 하는데 2000년의 통계에 의하면 이미 7위(약 300만대)로, 10위의 Honda, 11위의 Suzuki, 12위의 BMW 등을 앞지르고 있다. 요즘은 많은 자동차 제조업체들이 경쟁력을 높이기 위해 다른 자동차 제조업체와 기술합작(joint venture)을 하거나 아예 기업을 합병(merge)하는 등 새로운 양상을 보이고 있다. 최근 통계에 따르면 한국의 자동차 산업은 세계 5위 수준이라 한다.

|본|문|해|설|

> **Coming in 13th worldwide may not seem that impressive.**

come in 13th: ● ● ● ●

'13등으로 입상하다'. come in은 문자적으로 '들어오다'의 의미 말고도 '당선되다, 정권을 잡다, 돈이 벌리다' 등의 다양한 뜻이 있다. '입상하다'의 뜻으로 쓰일 때에는 13th에 관사 the를 붙이지 않는다. 원래 입상자들이 순서대로 입장함으로써 몇 번째 입장하느냐가 몇 등으로 입상했느냐와 같은 것이었기 때문에 부사적인 쓰임으로부터 생겨난 표현으로 보인다.

impressive: ● ● ● ●

'인상적인'. 이 단어는 안으로(in/im) 누르다(press), 즉 '찍다'에서 생겨난 말인데 우리말의 '인상'도 '상(像)'을 찍다(印)'에서 생겨난 것을 보면 신기한 공통점을 보인다. 우리가 흔히 '대단하다, 인상적이다, 감동적이다, 놀랍다, 감명 깊다' 등 흔히 쓸 수 있는 긍정적인 감정을 담고 있는 표현이므로 자주 유용하게 사용할 수 있다. impression은 '인상', impressionable은 '감수성이 강한, 쉽게 속일 수 있는, 바보스러운' impressionism '인상파(화풍)' 등도 알아둘 만한 단어들이다.

> **But we at Hyundai accomplished this feat in little over twenty years —
> something a surprising group of world class European automakers (or as
> we like to call them 15th, 22nd and 24th*) haven't accomplished in much
> longer periods of time.**

European automakers: ● ● ● ● ▬▬▬▬▬▬▬▬▬▬▬▬

‘유럽 자동차회사들’. 대개 Benz, BMW, Volkswagen, Volvo, Porsche와 같은 회사들을 말하는 것
인데, 이들은 대부분 최고의 자동차로 꼽히는 것들이다. 미국의 미혼자 클럽에서 애인을 구하는 사
람들이 유럽제 자동차를 타고 다니며 자신을 과시하는 일이 매우 흔하다. 믿기 어렵겠지만 미국에
도 일부 대학에서는 유럽제 자동차 타고 다니는 학생들만의 클럽이 있기도 하다.

> **Of course, our pride at reaching 13th position so quickly may end up
> short-lived.**

end up: ● ● ● ● ▬▬▬▬▬▬▬▬▬▬▬▬

‘끝에 가서 보니 …게 되다’. 이 표현은 긴 얘기를 생략하고 끝 부분만 극적으로 말할 때 유용하게 쓸
수 있다.

▶ If you keep on shop-lifting, you will end up in a jail.

‘너 그렇게 가게에서 자꾸 물건 훔치다간 결국 고랑 찬다!’

▶ You know, last night I ended up in a nightclub.

‘있잖아, 엊저녁엔 어떻게 하다 보니 나이트클럽에 가게 됐어.’

Because it won't be easy maintaining that level the way our phenomenal sales are continuing in the U.S.A. — the largest free-market economy in the world — one where people can purchase from a huge range of choices.

purchase from a huge range of choices: ● ● ● ● ━━━━━━━━

'엄청난 선택 가능성 중에서 골라 사다'. 결국 선택의 폭이 넓다는 것이다. 다음처럼 variety를 쓸 수도 있다.

> ⊙ There are a good variety of choice wines to choose from, sir.
>
> '다양한 종류의 최고의 와인이 있습니다. 손님.'

In other words, they certainly don't have to settle for anything less than the best.

settle for: ● ● ● ● ━━━━━━━━

'할 수 없어 …으로 결정을 보다'. 원래 settle이란 단어는 sit(앉다)과 어원적으로 연결되어 있다. 즉 무슨 일을 열심히 나서서 하다가 주저앉는 이미지가 settle의 의미중 하나이다. '…으로 만족하고 말다'의 뜻도 있다. Don't settle for this. Aim high! '겨우 이런 것에 만족하지 말고 더 큰 걸 노려라!'

A position we may reach in worldwide sales before this ad even makes it to print.

make it to print: ● ● ● ● ━━━━━━━━

'결국 인쇄가 되다'. make it은 원래 '성공하다'는 뜻이 있는데 일종의 난관을 극복한 성공을 암시한다. 여기서는 광고문이 만들어지고 원고를 교정하고 결재를 내고 인쇄소에 넘겨지고 초고 재교 등등의 긴 절차 후에 결국 독자에게 광고문이 나오는 것을 일컫는 것이다.

● A lot of drugs get caught before they make it to the market.

'상당한 양의 마약이 시장에 유통되기 전에 적발된다.'

Coming in 13th worldwide may not seem that impressive. Until you consider who's following us.

You might at first be puzzled by an automotive firm proud of its position as 13th largest in the world. But we at Hyundai accomplished this feat in little over twenty years — something a surprising group of world class European automakers (or as we like to call them 15th, 22nd and 24th*) haven't accomplished in much longer periods of time.

Over 2,000,000 Hyundais sold in North America.

Of course, our pride at reaching 13th position so quickly may end up short-lived. Because it won't be easy maintaining that level the way our phenomenal sales are continuing in the U.S.A. — the largest free-market economy in the world — one where people can purchase from a huge range of choices. In other words, they certainly don't have to settle for anything less than the best. In every category of quality a car can be judged in.

Over 100,000 German drivers choose Hyundai.

While we're on the subject of high standards and harsh judgments, one would hardly expect people in the land of the autobahn to be anything but the most exacting. Wouldn't they, of all people, want top levels of reliability, technology and safety? We think so. And we think our sales prove it so. And if you're wondering where all this is leading, that's easy. 12th. A position we may reach in worldwide sales before this ad even makes it to print.

Hyundai. The Best Way Everyday.

전 세계에서 13등하는 것은 별로 대단치 않아 보일 수도 있습니다. 우리보다 등수가 뒤쳐지는 사람들이 누군지 알기 전까지는 말입니다.

자동차 회사가 세계에서 13등을 했다고 자랑스러워하는 것을 보고 어쩌면 처음에는 의아해 하실지도 모르겠습니다. 그러나 저희 현대자동차는 이 공적을 20년 남짓만에 이룩한 것입니다. 이것은 유럽의 세계적인 자동차 제조업체들(저희는 이 업체들을 15 등, 22등, 24등이라고 부르겠습니다만)조차 그보다 훨씬 더 긴 세월 동안에도 성취하지 못한 공적입니다.

북미에서 2백만 대 이상의 현대자동차가 팔렸습니다.

물론 저희가 이렇게나 빨리 13등을 한 자부심이 얼마 오래 못 갈지도 모르겠습니다. 왜냐하면 미국 내에서 이렇게 놀랄만한 판매실적의 수준을 계속 유지하는 것이 그리 쉽지 않을 것이기 때문입니다. 미국은 전 세계 자유무역시장에서 가장 큰 경제시장이고, 그곳에서는 고객들이 엄청난 선택의 폭을 누리고 있으니까요. 다시 말해 고객들은 최고가 아닌 것을 마지못해 살 필요가 전혀 없지요. 자동차는 그 질에 있어 모든 측면들이 다 고려됩니다.

독일에서 10만 명 이상의 운전자들이 현대를 선택했습니다.

높은 수준과 깐깐한 판단에 대해서 이야기가 나와서 말씀인데, 아우토반의 나라 사람들이 최고의 정확성을 가진 차 말고 다른 것을 선택할 거라고는 아무도 생각할 수 없습니다. 세상의 많은 사람들 중에서도 특히 이 나라 사람들이야말로 최고의 신뢰도, 기술력, 안정성을 원하지 않겠습니까? 당연히 그럴 거라고 생각합니다. 또 저희의 판매실적이 그걸 입증한다고 생각합니다. 혹시 이 모든 것이 결국 어느 쪽으로 가고 있는가 궁금해 하고 계시다면 답은 간단합니다. 12등이지요. 사실상 이 광고문이 인쇄되어 나오기 전에 저희가 바로 그 세계 12등의 자리에 오를 수도 있습니다.

현대. 날마다 최고입니다.

Don't move. We'll come to you.

2000 sable

The new 2000 Mercury Sable has foot pedals that move forward or backward at the push of a button.* So they're never too close or too far away. Plus airbags' that adjust to your height, shock-absorbing safety belts and other smart ideas that make the new Sable one highly accommodating automobile.

www.mercuryvehicles.com ■ 888.566.8888

*Optional.
†Always wear your safety belt and secure children in the rear seat.

Mercury Live life in your own lane

승용차는 대개 짐을 안 실은 보통 무게(curb weight)가 3,000파운드 이상이나 나가는데 이처럼 무거운 물체가 고속으로 달리면서 생기는 사고는 큰 피해를 일으키기 십상이다. 따라서 자동차들은 안전운행을 위한 준수사항들이 있고 이것을 규정하고 있는 법률도 있는데 여기 머큐리 세이블 자동차의 광고문을 살펴보면서 자동차 안전 법규에 대해 간단하게 살펴보기로 한다.

안전 운행 법규*

보편적으로 미국인들은 교통법규를 잘 지키는 편이다. 대개는 사람들이 보나 안 보나, 대낮이나 새벽 두시나, 도로에 차가 있으나 한 대도 없으나 불문하고 교통신호를 꼬박꼬박 지킨다. 어떤 때는 우리 한국인들이 보기에 '한심스러운' 때도 있다. 이것은 법규를 잘 지키려는 시민정신일 수도 있지만 또 한 편 위반이 적발되면 슬쩍 돈 집어 주고 때우는 소위 kickback을 할 새도 없이 여지없이 비싼 딱지(ticket)를 떼이기 때문일 수도 있다. 보통 약한 벌금도 10만원 정도 되고 한 번 위반 때마다 보험료가 약 15~20% 정도씩 올라가니 여간 부담이 큰 게 아니다. 역시 법을 잘 지키는 데에는 벌이 큰 것도 한 몫을 하는 것 같다. 영국에서도 보면 모든 경고문 밑에는 위반시 벌금이 얼마인지가 꼬박꼬박 적혀 있는데 미국에서도 대부분 그렇다. 미국에서의 자동차 안전에 관해서 보면 안전벨트를 매는 것은 기본이고, 아이들은 앞자리에 탈 수 없으며, 나이와 체중에 따라 기준에 미달이면 반드시 공군 전투기 조종사들의 비행석처럼 생긴 카씨트(car seat)라는 보조의자에 앉아야 한다. 병원에서 아이를 낳은 후에 퇴원할 때 이 유아용 보조의자를 병원 안내 데스크에 증거로 가지고 오지 않으면 아기를 퇴원시켜 주지 않는 병원도 있다. 어린이들을 앞자리에 못 타게 하는 것은 대개 앞자리가 사고시에 충격을 많이 받는 부분이기 때문이기도 하지만 미국 자동차의 대부분은 운전석과 그 옆 좌석에 에어백이 붙어 있는데 사고가 나서 에어백이 부풀어지면 오히려 에

어백의 충격 때문에 아이들이 다치기 때문이다. 앞자리에 어른이 앉고 아이를 가슴에 안은 채로 안전벨트를 매는 것을 소위 "어린이 깨뜨리기 자세(baby-crush position)"라고 해서 가장 미련한 일 중의 하나로 꼽히는데 그 이유는 이렇게 하면 사고가 날 때 아이가 마치 어른의 쿠션노릇을 해서 아이는 죽고 어른은 살아남기 때문이다. 최근 통계에 따르면 한국인들의 안전벨트 사용률이 42%밖에 안 된다는데 안타까운 일이다. 또한 아이들의 카씨트 사용률은 1% 미만이어서 교통사고 어린이 사망률이 10만 명당 25명으로 OECD 회원국 중 1위의 불명예를 안고 있다.

|본|문|해|설|

Don't move. We'll come to you.

Don't move.: ● ● ● ●

'꼼짝 마시오.' 대개는 험한 말이다. 흔히 갱단이 은행털이 같은 걸 할 때 총 들고 위협하는 장면을 제일 먼저 연상시키는 표현이다. 이상한 것은 미국 강도들은 자기네들이 강도란 걸 밝힌다. 따라서 손님이 강도로 돌변하면서 제일 먼저 하는 말은 "This is a stick-up. Don't move."(강도다. 꼼짝마.)란 말이다. Don't move!와 똑같은 명령표현으로 경찰들이 자주 사용하는 말에는 Freeze!가 있다. 우리식으로 하면 '꼼짝마! 꼼짝하면 쏜다!'에 해당한다. 그런데 이 선전에서 다음에 나오는 We'll come to you (우리가 당신께 가겠습니다)는 앞의 말의 분위기를 완전히 뒤집는 표현이다. 이 선전에서 말하는 이중적인 의미는 차의 브레이크 페달과 가속 페달이 손님에게 맞도록 움직일 테니 손님은 그냥 계시라는 것이다. 보통 차에서는 다리 길이가 다른 사람이 타면 차 시트를 앞뒤로 움직여서 페달 거리를 조절해야 하는데, 이 차에서는 페달을 당기거나 밀 수 있다는 것이다. 이 표현에서 흥미로운 것은 우리는 "내가 너한테 '갈'게"라고 하는 데 비해 미국인은 "내가 너한테 '올'게"라고 한다는 것이다. 미국인들은 come과 go를 사용할 때에는 듣는 사람을 기준으로 말하게 되어 있다. 영어를 잘 하는 사람들도 잘 틀리는 용법이다. 이 선전문구가 연상시키는 것은 이슬람의 모하메드 이야기이다. 모하메드가 위대한 예언자로 추앙을 받던 때에 사람들이 기적을 일으켜달라고 했더니 모하메드는 산더러, "Mountain, come!"이라고 했다. 물론 산은 모하메드에게로 오지 않았다. 모든 사람들이 실망을 하는 찰나에 모하메드가 말하기를 "If you don't move, I'll come to you"라고 하며 산으로 말을 타고 갔다. 이로부터 일이 잘 해결되지 않을 때 새로운 방법으로 기발하게 해결하는 특이한 상황을 가리켜 Mohammed goes to the mountain이란 표현이 나오게 되었다. 어쩌면 이 선전 문구를 구상한 사람도 이런 여러 가지를 염두에 두었는지도 모를 일이다.

The new 2000 Mercury Sable has foot pedals that move forward or backward at the push of a button.

at the push of a button: ● ● ● ●

'버튼만 누르면'. 스위치만 누르면 된다, 아주 쉽고 간편하다 등의 의미를 전달해 주는 표현이다. '손가락만 까딱하면'의 의미로 아주 쉽다는 뜻을 가진 at your fingertips도 있다. 운전석에서 위치를 조절할 수 있는 것으로는 대표적으로 의자나 후면경을 들 수 있는데 이것은 거의 전 세계가 공통일 듯하지만 미국의 자동차들 중에는 운전대(steering wheel; '핸들'이라 하면 틀림)도 앉은키에 따라 위아래로 조절할 수 있게 되어 있는 것들이 많다. 이런 사양을 tilt wheel, 또는 tilt column이라 한다. 중고차 선전할 때에도 흔히 등장하는 용어이므로 잘 알아둘 필요가 있다.

Plus airbags that adjust to your height, shock-absorbing safety belts and other smart ideas that make the new Sable one highly accommodating automobile.

plus: ● ● ● ●

'그리고'. and와 같지만 최근에 특히 젊은 층에서 and를 대신해 쓰이는 경우가 늘고 있다. 또한 어떤 사실을 항목화하면서 열거할 때 자주 사용된다. 아예 굳어진 용법으로는 값을 말할 때 'twenty-five fifty-five plus tax'라 하면 원래 가격 25달러 55센트에 세금이 추가로 가산된다는 뜻이다.

airbags: ● ● ● ● ━━━━━━━━━━━━━━━━━━━━━━━━━━━━━━━━━━

'에어백'. 이미 우리가 잘 아는 용어가 되었지만 아직은 많은 사전에 실리지 않은 단어이다. 차체가 충격을 받으면 부풀어 올라 차에 타고 있는 사람을 보호해 주는 풍선이다. 대개 운전자들이 충격을 받을 때 운전대에 부딪혀 죽는 경우가 많기 때문에 가슴과 얼굴을 향해 풍선이 부풀게 되어 있다. 요즘은 측면에서 부딪히는 차 사고를 고려해서 머리 옆쪽 천장에서 부풀어 오르는 에어백도 있다.

shock-absorbing: ● ● ● ● ━━━━━━━━━━━━━━━━━━━━━━━━━━━━

'충격을 흡수하는'. 여기에서는 안전벨트에도 충격을 흡수시켜주는 장치를 덧붙였다는 것이다. 벨트가 띠이지만 충격이 있을 때에는 그것도 가슴에 큰 충격을 줄 수 있기 때문일 것이다. 일반적으로 충격흡수장치는 완충기라고 하는데 영어로는 shock-absorber이다. 이것은 차에서 매우 중요한 것인데 이것이 아니라면 노면의 요철을 백퍼센트 느껴가며 차를 타야 할 테니까 상상하기도 힘든 일이다.

highly accommodating: ● ● ● ● ━━━━━━━━━━━━━━━━━━━━━

'필요를 아주 잘 채워주는'. accommodate란 사람을 재워주거나 상대방의 요구를 들어주는 것을 가리키는데 여기에서는 자기가 필요한 대로 차가 그 필요에 응해준다는 것을 말한다. My boss is quite accommodating이라고 하면 '우리 사장님은 우리말을 잘 들어주신다'는 뜻이 된다. 통상 어떤 장치가 사용하기에 편리하면 accommodating이라고 하면 된다.

Don't move. We'll come to you.

2000 Sable.

The new 2000 Mercury Sable has foot pedals that move forward or backward at the push of a button.* So they're never too close or too far away. Plus airbags that adjust to your height, shock-absorbing safety belts and other smart ideas that make the new Sable one highly accommodating automobile.

www.mercuryvehicles.com. ■ 888.566.8888

*Optional.

+ Always wear your safety and secure children in the rear seat.

Mercury. Live life in your own lane.

꼼짝 마십시오. 우리가 당신께로 가겠습니다. (그냥 계세요. 저희가 할게요.)

2000년형 세이블.

신제품 2000 머큐리 세이블은 버튼만 누르면 앞으로 뒤로 움직이는 페달을 장착하고 있습니다.* 따라서 페달이 너무 가깝거나 너무 먼 일이 없습니다. 게다가 당신의 신장에 맞추어주는 에어백과 충격을 흡수해주는 안전벨트, 그리고 기타 기발한 아이디어들이 넘치는 신제품 세이블은 당신께 최고로 편리한 차입니다.

www.mercuryvehicles.com ■ 888.566.8888

*선택사항입니다.

+ 항상 안전벨트를 매십시오. 그리고 아이들은 뒷자리에 앉히고 벨트를 매어주십시오.

머큐리: 당신만의 전용차선으로 인생을 사십시오.

What you pay for.
What you get.

Plymouth Neon $10,655 (For starters.) Want a car that comes with everything? Try Plymouth Neon. We made over 40 quality advancements from top to bottom, front to back, inside and out. So what you get is a new and improved Neon. And it has the largest coupe interior, widest array of exterior colors and most powerful standard engine in its class. Hungry for more? Call 1-800-PLYMOUTH or pull us up on the Internet at www.plymouthcars.com.

→ **That's Plymouth.**

*Base MSRP includes destination and $1,000 rebate, excludes tax.
*Source: Ward's Upper Small Class 1997 models.

많은 미국인들이 '한국'하면 '김치'를 떠올리듯이 많은 한국인들은 '미국'하면 '햄버거'를 떠올린다. 그만큼 햄버거는 미국에 대해 대표성을 갖는다고 할 수 있다. 그렇게 보편적이다 보니 세련되거나 고급스럽다고는 생각되지 않는 음식인데 그래도 그 다양성이나 선호도에 있어서 햄버거를 따를 것은 아무 것도 없을 것이다. 여기서는 자동차 광고에 햄버거를 이용하고 있는데 햄버거에 대해 간단하게 살펴본다.

햄버거*

간단하게 먹는 음식들 중에 미국인들이 가장 많이 먹는 것은 말하나마나 햄버거일 것이다. 우리는 햄버거와 샌드위치를 구별해서 생각하는 경우가 있는데 사실상 햄버거는 샌드위치의 일종이어서 실제로도 hamburger sandwich라고 부른다. 햄버거를 연구하는 사람들에 의하면 햄버거는 텍사스에서 도자기를 만들던 Fletcher Davis라는 사람이 1880년경에 처음으로 만들었던 것으로 되어 있다. 이 샌드위치는 요즘과 마찬가지로 고기를 갈아 만든 패디(meat patty)를 가지고 만들었는데 원래 독일 함부르크(Hamburg) 사람들이 고기를 날로 갈아서 육회처럼 즐겨먹었다고 해서 햄버거(hamburger)라는 이름이 붙여졌다고 한다. 따라서 이 이름에 대해서 미국의 햄버거 원조들은 불만이 많다. 마치 자기네들이 개발해 놓은 음식의 이름을 엉뚱한 외국 사람들이 가로채버린 것처럼 생각하는 것이다. 미국에는 우리나라의 김치박물관처럼 햄버거 박물관이 있어서 Florida의 한 박물관에는 500가지의 햄버거가 전시되어 있다. 햄버거로 가장 유명한 맥도날드의 경우에는 이 회사 하나만도 현재 전 세계의 119개의 나라에 약 150만 명의 종업원이 햄버거를 만들어 팔고 있다니 매일 전 세계적으로 소비되는 햄버거의 수는 거의 천문학적일 것이다.

햄버거는 먹기에 편할 뿐만 아니라 다양한 음식을 골고루 넣어 먹을 수 있고, 햄버거

안에 들어가는 음식의 종류는 대단히 많다. 사실 어떤 것을 넣어서 먹어도 되니 그 종류는 끝도 없을 것이다. 여기에 사진으로 나온 먹음직하고 푸짐한 햄버거에는 채소나 과일, 크림 등은 물론 위로부터 칠면조 가슴살(turkey breast), 돼지고기 햄(ham), 살라미 소세지(salami), 소고기 로스(roast beef), 훈제한 연어(smoked salmon), 훈제한 햄(smoked ham), 몬테리잭 치즈(Montery Jack cheese), 꿀 넣은 햄(honey ham), 새우(shrimp), 콘비프(절인 소고기; corned beef), 칠면조 햄(turkey), 햄(ham)의·순서로 들어가 있다. 이런 햄버거를 팔지는 않겠지만 보기만 해도 푸짐하기 이를 데 없다. 맨 위에 꽂혀 있는 올리브는 일종의 장아찌처럼 절인 올리브인데 씨를 빼내고 양념을 채워 넣은 것이다.

|본|문|해|설|

What you pay for. What you get.

What you pay for: ● ● ● ●

'당신이 낸 돈에 해당하는 것', '돈을 주고 산 것', '돈 낸 만큼'. 거래에 있어서, '…을 돈 주고 사다'라고 할 때에는 pay for …라고 한다. '2달러를 주고 햄버거를 샀다'라고 할 때에는 'I bought a hamburger for 2 dollars'라고 한다. 그러나 '…의 가격에'라고 할 때에는 at the price of …라고 한다. 주의할 것은 at the cost of를 쓰면 '…을 희생해서'라는 뜻이 된다.

What you get: ● ● ● ●

'당신이 얻은 것'. 즉 돈 주고 받은 것이란 말이다. 원래 영어 격언에는 You get what you pay for. 또는 What you get is what you pay for. '네가 받는 건 돈 낸 만큼이야' 즉, '싼 게 비지떡이야'란 말이 있다. 우리말에서도 알 수 있듯이 이 말은 대개 산 물건이 시원치 않을 때 쓰는 말이다. 그런데 이 격언을 뒤집어서 돈 낸 걸로 말하면 위에 꽂아 놓은 올리브 한 알 값이지만 실제로 얻은 것은 이 엄청난 햄버거라는 것을 보임으로써 흥미를 돋우고 있다. 인터넷 매장 등에서 사진을 올려놓고 그 물건이 모델이 아니라 매물 그 자체라고 할 때 흔히 WYSIWYG(위시위그)라고 쓰여 있는데 이것은 What you see is what you get을 줄인 표현이다.

For starters.

starters: ● ● ● ●

'기본 사양을 갖춘 차'. 우리 식으로 말하자면 옵션이 전혀 없이 나온 차를 말하는 것이다. 옵션을 골고루 완전히 장착한 것은 fully-loaded라고 한다.

Want a car that comes with everything?

comes with everything: ● ● ● ●

'모든 게 다 딸려있는 (차)'. 이처럼 come with는 아주 유용한 표현이다. 예를 들어 장난감을 살 때 배터리를 껴주면 'comes with batteries'라고 한다. 안 껴줄 때는 'batteries not included' 또는 'batteries sold separately'라고 한다. '햄버거를 사시면 음료수는 그냥 드려요'라 할 때에도 간단하게 A drink comes with the hamburger라 하면 된다.

We made over 40 quality advancements from top to bottom, front to back, inside and out.

quality advancement: ● ● ● ●

'훌륭한 진보'. 원래 quality란 단순하게 '질'을 가리키기도 하지만 '질 좋은'이란 형용사로도 잘 쓰인다. 예를 들어 quality meat '양질의 고기', quality cigar '고급 시가'처럼 쓸 수 있다.

inside and out: ● ● ● ● ▬▬▬▬▬▬▬▬▬▬▬▬

'안팎으로'. 이런 경우에는 inside and outside보다는 inside and out이라 한다. 비슷하게 생겼지만 전혀 다른 표현으로 inside out이 있는데 이것은 양말이나 옷을 뒤집어서 안이 속으로 나오게 입은 것을 말한다. 대신 티셔츠 같은 것을 돌려 입었을 때에는 backwards라고 한다.

And it has the largest coupe interior, widest array of exterior colors and most powerful standard engine in its class.

---

coupe: ● ● ● ● ▬▬▬▬▬▬▬▬▬▬▬▬

'쿠페'. 자동차가 발달한 미국에서는 자동차의 스타일에 따라 이름이 다양하다. coupe는 그 중 하나인데 그림에서처럼 문이 두 개에 뒤쪽이 홀쭉하게 빠지고 위 지붕이 고정되어 있는 차를 가리킨다. 원래 불어의 '쿠페'에서 왔기 때문에 '쿠페이'라고 하는 사람도 있지만 대개는 '쿱[ku:p]'이라고 부른다.

wide array of: ● ● ● ● ▬▬▬▬▬▬▬▬▬▬▬▬

'광범위한', '다양한'. array란 뭔가를 벌여놓는 것, 뭔가가 줄지어 있는 것을 가리킨다. 여기서는 선택 가능한 사항들이 무진장으로 있다는 말이다.

Hungry for more?

---

hungry for more?: ● ● ● ● ▬▬▬▬▬▬▬▬▬▬▬▬

'아직도 더 드셔야겠다고요?' 물론 그림의 햄버거의 고기 종류처럼 이 차의 좋은 점들을 다 드시고도 더 드시겠냐는 이미지가 부각되어 있지만, 대개 이 말은 더 드시라고 권할 때 쓰는 말이므로 '구미가 당기시면 이제 차를 사시지요'라는 의미를 의도한 것이다.

> **Call 1-800-PLYMOUTH or pull us up on the Internet at www.plymouthcars. com.**

1-800-PLYMOUTH: ● ● ● ● ━━━━━━━━━━━━

미국에서 사용하고 있는 전화기의 다이얼패드에는 각 숫자마다 세 개씩의 알파벳이 적혀 있다. 따라서 전화번호를 단어처럼 만들어서 쓸 수 있는데 이렇게 하면 고객들은 전화번호를 기억하기가 쉽다. 위의 번호를 돌려보면 1-800-75966884가 된다. 숫자보다는 역시 PLYMOUTH가 외우기 쉽다. 1-800으로 시작되는 번호는 우리나라의 080처럼 수신자부담 전화이다. 한국의 전화번호에는 한글의 특성상 키패드에 글씨를 넣기가 곤란하고 한글 첫 글자만으로 새로운 단어를 만들기가 쉽지 않고 해서 미국 같은 방법은 쓰지 못하고, 할 수 있는 것은 숫자를 이용한 연상으로 이사짐센터에서 xxx-2424(이사이사) 또는 xxx-2482(이사빨리), 역에서 xxx-7788(칙칙폭폭), 물물교환센터들이 xxx-4585 (사고팔고) 등의 이름을 붙이는 예가 있을 정도이다.

pull up: ● ● ● ● ━━━━━━━━━━━━

'세우다'. 지나가는 차를 세우거나 멀리 있는 차를 가까이 당겨 세우는 것을 pull up이라 한다. 예를 들어 주차구역에 대기하고 있던 차를 호텔 정문 쪽에 가까이 대는 것을 pull up이라 한다. 따라서 pull us up이라는 광고문구는 차를 타고 나갈 수 있도록 불러다 세우는 이미지 즉 새 차가 자기 차가 되는 상황을 연상케 한다.

> **Base MSRP includes destination and $1,000 rebate, excludes tax.**

MSRP: ● ● ● ● ━━━━━━━━━━━━

'제조자 권장 소비자 가격' manufacturer's suggested retail price의 약자이다. destination은 소비자에게 배달하는 요금, rebate는 우리말에서도 흔히 리베이트라고 하는 것인데 우리는 주로 뒷거래로 받는 돈(kickback)을 가리키지만 미국에서의 rebate는 판촉을 위해 요금을 추후에 깎아주는 것이다. 대개 영수증을 리베이트 사무실로 보내면 얼마 후에 수표를 보내온다.

What you pay for. What you get.

Plymouth Neon $10,655* (For starters.) Want a car that comes with everything? Try Plymouth Neon. We made over 40 quality advancements from top to bottom, front to back, inside and out. So what you get is a new and improved Neon. And it has the largest coupe interior, widest array of exterior colors and most powerful standard engine in its class. Hungry for more? Call 1-800-PLYMOUTH or pull us up on the internet at www.plymouthcars.com.

That's Plymouth.

*Base MSRP includes destination and $1,000 rebate, excludes tax.
▲Source: Ward's Upper Small Class 1997 models.

당신이 값을 치른 것 (올리브 한 알). 당신이 얻은 것 (초대형 햄버거).

Plymouth Neon $10,655 (기본 사양). 모든 게 다 딸려있는 차를 원하세요? 그럼 Plymouth Neon으로 해보시지요. 저희는 꼭대기에서 바닥까지, 앞에서 뒤까지, 안에서 밖까지 40가지 이상을 훌륭하게 개선하였습니다. 그렇게 해서 손님께서 얻으시는 것은 새로워진 향상된 Neon입니다. 게다가 쿠페식으로는 가장 넓은 실내와, 다양한 외장 색상, 그리고 같은 급에서 가장 출력이 높은 기본 엔진을 갖추고 있습니다. 구미가 당기시나요? 1-800-PLYMOUTH로 전화를 주시든지 인터넷 www.plymouthcars.com에 접속하셔서 저희 차를 불러내 세워 보시지요.

저건 Plymouth야. (야, 저기 Plymouth 간다!)

*기본 제조자권장 소비자 가격에는 배달료와 1,000달러 리베이트가 포함되어 있으며 세금은 제외되어 있음.
▲자료출처: Ward의 Upper Small Class 1997년 모델부문.

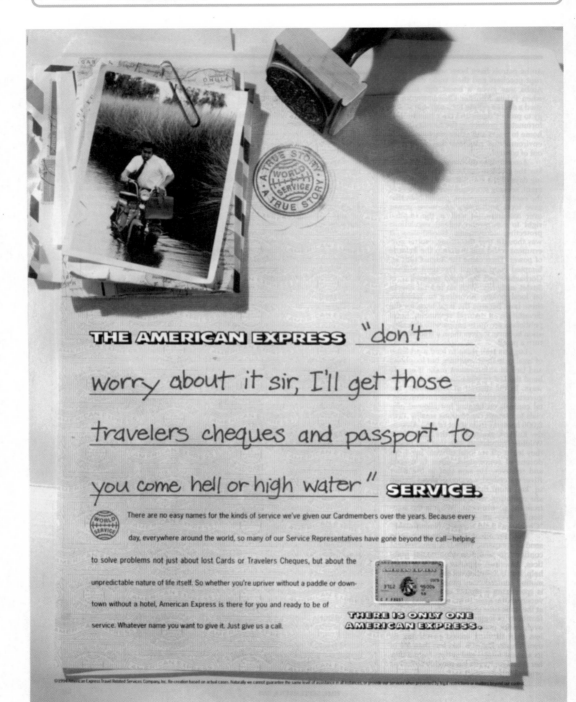

THE AMERICAN EXPRESS "don't worry about it sir, I'll get those travelers cheques and passport to you come hell or high water" SERVICE.

There are no easy names for the kinds of service we've given our Cardmembers over the years. Because every day, everywhere around the world, so many of our Service Representatives have gone beyond the call—helping to solve problems not just about lost Cards or Travelers Cheques, but about the unpredictable nature of life itself. So whether you're upriver without a paddle or down-town without a hotel, American Express is there for you and ready to be of service. Whatever name you want to give it. Just give us a call.

THERE IS ONLY ONE AMERICAN EXPRESS.

사람들 사이의 거래 방식은 인류 역사의 시작과 더불어 다양하게 변해 왔다. 현대에 와서는 현금과 더불어 크레딧 카드가 활발하게 거래수단으로 사용되고 있고 따라서 카드회사들 간에도 열띤 경쟁을 벌이고 있다. 여기 광고에서는 아메리칸 익스프레스가 서비스정신을 강조하며 선전을 하고 있는데 미국 크레딧 카드의 역사에 대해 간단하게 살펴본다.

크레딧 카드*

우리나라에서도 옛날에는 동네 가게들이 외상장부를 가지고 있었는데 이런 사정은 미국에서도 마찬가지였다. 그러다가 미국에서는 1940년대부터 일부 가게들이 현금처럼 사용할 수 있는 간단한 종이로 된 증명서를 발급하기 시작했다고 하는데 이것을 발전시켜 1951년에 뉴욕의 Franklin National Bank가 처음으로 발행한 것이 크레딧 카드의 시작이다. 세계에서 가장 많이 쓰이고 있는 크레딧 카드는 비자(Visa) 카드인데 1958년에 캘리포니아에서 Bank Americard라는 이름으로 시작되어 1990년대 중반에 이미 7천억 달러의 매출을 기록했다니 놀라운 일이다.

비자 외에도 마스터 카드(Mastercard)와 아메리칸 익스프레스(American Express)가 카드업계의 주된 선도자들이다. 1987년에는 처음으로 중공에도 크레딧 카드가 들어가고, 1988년에는 소련에도 크레딧 카드가 등장했다.

아메리칸 익스프레스 카드는 연회비가 비싼데도 미국의 대학원생들이 많이 갖고 있다. 그 이유는 연회비를 내면 여러 가지 혜택을 주는데 그 중에 미국내 비행기 여행을 거의 매년 여러 차례 아주 값싸게 할 수 있는 큐폰북을 주기 때문이다. 이 큐폰북을 이용하면 미국내 여러 곳에 학회를 다니면서 논문발표를 해야 하는 대학원생들에게 큰 도움을 준다.

아메리칸 익스프레스는 단순히 카드의 기능만 하는 것이 아니라 여행업과 연계되어 있고, 또한 장학금이나 자선금 지급도 하는 등 다양한 사업을 벌이고 있다. 특히 일반인에게 친숙한 사업 중에는 아메리칸 익스프레스 수표가 있는데 수표에도 몇 가지 종류가 있지만 그 중 여행객들이 많이 사용하는 것은 Traveller's Cheque이다. 현금은 잃어버리면 그만인 데 비해 Traveller's Cheque은 잃어버리면 바로 다시 만들어 주기 때문에 특히 해외 여행객에게는 아주 안심할 수 있는 방법 중 하나다.

|본|문|해|설|

> **The American Express "don't worry about it sir, I'll get those travelers cheques and passport to you come hell or high water" Service.**

The American Express … Service: ● ● ● ●

여기에 있는 네 줄짜리 문구는 사실상 하나의 이름이다. 이것은 영어의 큰 특징 중의 하나인 유연성 (flexibility)을 잘 보여 준다. 영어에서는 구이든 문장이든 그것이 한 단위임을 보여줄 수만 있으면 합성어를 만드는데 전혀 제약이 없이 쓸 수 있다. 그런 방법으로는 단어들 사이에 하이픈을 긋거나 따옴표를 쓰거나 대문자로 쓰는 방법 등이 있다. 여기서는 "걱정마세요. 고객님 수표하고 여권을 준비해서 물불을 안 가리고 고객님께 가져가겠습니다"가 따옴표 안에 묶여 하나의 형용사적 역할을 하면서 service를 꾸며주고 있다. 이런 기법은 말로 할 때는 알아듣기 어렵기 때문에 주로 글로 쓸 때에 잘 사용된다.

◑ He spoke in a who-cares-about-this-damn-business language.

  '그는 '이까짓 일 누가 뭐라 하랴'는 어조로 말했다.'

◑ Who is that guy?

  '저 친구 누구야?'

◑ He is John "I am important" Smith.

  '그 사람 이름은 「존 '난 중요한 사람이다' 스미스」란 친구야 (그 친구 좀 잘난척하는 John Smith

란 자야).'

---

come hell or high water: ● ● ● ●

'하늘이 두 쪽이 나더라도'. 원래 이 구문은 even if hell or high water might come과 같이 '설령 지옥이 나오고 거대한 파도가 밀어닥쳐도'라는 구문에서 유래한 것이다. 영어에서는 난관이나 갖은 고생을 나타낼 때 주로 지옥과 바닷물이 자주 등장한다. 예를 들어 '그 사람 지금 완전히 진퇴양난이야. 어찌할 바를 모르고 있어.'라고 할 때에도 He is between the devil and the deep blue sea.라고 하거나 He's between the two fires.라고 한다. 즉 불과 물이 역경의 대표격인 셈이다. 그런 점에서 우리말의 '물불 안 가리고'라는 표현과 비슷한 데가 있다.

> **There are no easy names for the kinds of service we've given our Cardmembers over the years.**

There are no easy names for…: ● ● ● ●

'…를 이름 붙이는 게 쉽지 않습니다'. 즉 우리말로는 '적당한 표현이 없을 정도다'라는 뜻이다. 이렇게 함으로써 위에서 길고 이상하게 붙인 이름을 그렇게 밖에 붙일 수 없다는 정당성을 주장하는 것이다.

Cardmembers: ● ● ● ●

'아메리칸 익스프레스 카드 회원'. 한글은 문자체계로는 단연 세계 최고라 할 수 있지만 대소문자의 구별이 없어서 불편한 때가 간혹 있다. 영어에서는 이처럼 대문자로 단어를 쓸 때는 모두 이유가 있다. 여기에서는 단순히 '카드회원'의 뜻이 아니라 '아메리칸 익스프레스 카드 회원'이란 뜻이다. 아메리칸 익스프레스의 카드사용 규약에서도 회사는 The Card라고 간단하게 부른다.

> so many of our Service Representatives have gone beyond the call—
> helping to solve problems not just about lost Cards or Travelers Cheques,
> but about the unpredictable nature of life itself.

go beyond the call: ● ● ● ● ▬▬▬▬▬▬▬▬▬▬▬▬

'당연히 해야 될 것 이상을 하다'. 여기서의 'call'은 '신의 부르심'이란 의미에서 발전하여 '당연히 해야 될 책무'의 의미로 쓰인 것이다. 헌신적인 도움에 감사할 때 쓰면 멋있는 표현이 될 수 있다. Linda helped me beyond the call of a nurse '린다는 간호원으로서 할 일을 훨씬 넘어서 나를 헌신적으로 도와주었다.' 여기서는 아메리칸 익스프레스 직원이 '전화로 요청한 내용을 훨씬 초과하여 일을 했다'는 내용을 아울러 암시하고 있다. 사진도 그런 이미지를 부각시키고 있다.

> American Express is there for you and ready to be of service.

be of service: ● ● ● ● ▬▬▬▬▬▬▬▬▬▬▬▬

'도움이 되다, 쓸모가 있다'. service가 형용사적으로 쓰이지 않기 때문에 이렇게 of와 함께 쓴다. helpful도 of help라고 쓸 수 있다. 우리말에서는 '서비스'가 때때로 '무료'라는 뜻이 있어서 간간히 This is a service '이건 무료예요'라고 말하는 경우가 있는데 물론 틀린 말이다. service는 유료, 무료를 가리지 않고, 제공되는 모든 용역을 다 가리킨다. 물론 대부분은 유료이지만. 무료라고 할 때는 간단히 'This is free' 'This is free of charge'라고 하면 된다.

> Whatever name you want to give it. Just give us a call.

whatever name you want to give it: ● ● ● ● ▬▬▬▬▬▬▬▬▬▬▬▬

'뭐라고 이름을 붙이시든 간에'. 이 표현은 문자적으로 특별한 뜻이 없지만, 사실은 미국인들이 상대방에게 무엇이든지 해줄 의사가 있을 때 흔히 말하는 Give it a name. '뭘 원하는지 말만 해'라는 표현을 원용한 것이다. 즉 '필요한 것은 무엇이든지 말씀하세요'라는 관용표현에서의 뉘앙스를 빌려온 것이다. 비슷한 표현으로 You name it.도 있는데 이것은 '어쨌든, 이름이야 어쨌든'의 의미로 쓰인다.

give us a call: ● ● ● ●

'전화해 주세요'. call us나 give us a call은 의미상 차이가 없다. 여기에서 give us a call은 단순히 '전화해 주세요'보다 더 흥미로운 것이 숨어 있다. 즉 call은 '부름'인데 앞에서 언급한 '이름이야 어떻게 붙이든 간에'란 표현 때문에 '이름이야 어떻게 붙이든 저희를 불러 주세요'란 문자적인 의미와 연결되어 있어서 그 묘미가 있는 것이다. 단순한 '부름'에서 '전화'의 의미로 발전한 call이란 단어는 전화로 불러서 가는 택시를 call taxi라고 하고, 전화로 불러오는 prostitute(창녀)를 call girl이라고 하는 식의 단어들을 만들어 내었다. 미국에서는 택시를 길에서 그냥 잡아타는 경우보다는 전화로 불러서 타는 경우가 훨씬 많은데 혹시 기다리고 있는 주변에 어떤 콜택시가 와서 두리번거리고 있으면 '혹시 불러서 오신건가요?'라고 확인할 때 간단하게 Are you on a call?이라고 할 수 있다.

The American Express "don't worry about it sir, I'll get those travelers cheques and passport to you come hell or high water" service.

There are no easy names for the kinds of service we've given our Cardmembers over the years. Because every day, everywhere around the world, so many of our Service Representatives have gone beyond the call— helping to solve problems not just about lost Cards or Travelers Cheques, but about the unpredictable nature of life itself. So whether you're upriver without a paddle or downtown without a hotel, American Express is there for you and ready to be of service. Whatever name you want to give it. Just give us a call. American Express.

There is only one American Express.

아메리칸 익스프레스 "걱정마세요. 고객님 수표하고 여권을 준비해서 물불을 안 가리고 고객님께 가져가겠습니다" 서비스.

지금까지 저희 아메리칸 익스프레스 회사가 고객에게 제공해 드린 그런 종류의 서비스는 꼭 어울릴 만한 이름을 찾기가 쉽지 않습니다. 왜냐하면 전 세계 언제나 어디서나 저희 서비스 담당자들은 당연시되는 일 그 이상을 하기 때문입니다. 즉 단순하게, 분실된 아메리칸 익스프레스 카드나 수표 문제를 해결해 주는 것만이 아니라 인생이란 원래가 우여곡절이 많은 것인 만큼 그런 예측불가능한 일들에 대한 문제를 해결해 드리는 것이지요. 그러니 당신께서 저을 노도 없이 강을 거슬러 올라가야 하거나, 머무를 호텔도 없이 도시 한복판에서 어려움을 겪고 계실 때 아메리칸 익스프레스는 바로 당신을 위해 도움을 드리고자 당신과 함께 있습니다. 이 서비스를 무어라고 부르셔도 좋습니다. 그저 저희를 불러만 주십시오.

아메리칸 익스프레스. 아메리칸 익스프레스는 하나뿐입니다.

"A week of back-to-back meetings.
Could I reward myself this weekend
without exceeding my credit limit?"

At Diners Club, we don't confine you by presetting a spending limit. Rather,
you can relax and enjoy the flexibility that you have earned. So when two clients
turn into eight for dinner, or you simply want to extend your trip to include some
playtime, you can count on us. Diners Club says "yes" in more than 175
countries around the world. So don't take chances. Take Diners Club.

DINERS CLUB. THE RIGHT ANSWER IN ANY LANGUAGE.

어느 사회이건 간에 믿을 만한 사람, 즉 신용이 있는 사람이 그렇지 못한 사람에 비해 더 나은 대우를 받도록 되어 있는 것은 당연한 일이다. 돈 없이도 플라스틱 카드만 내밀고 모든 일을 해결하는 신용카드의 경우에는 이 신용등급이 무엇보다도 중요한 문제가 된다. 신용카드는 전 세계적인 영업망을 가지고 있어서 제도상으로 미국이나 한국이 크게 다르지 않지만 미국사회의 신용등급문제를 살펴본다.

신용등급*

크레딧 카드는 사용자의 경제사정과 사용실적에 따라 이용한도액(credit line)을 정해주는데 이 한도 내에서 외상 거래를 할 수 있다. 카드를 사용하는 업소는 카드회사에게 일정액의 수수료를 지급하는데 이렇게 함으로서 외상거래에서 돈 못 받고 마는 경우(bad debt)의 손해를 없애고, 당장 돈이 없는 사람의 구매를 촉진할 수 있기 때문에 가맹점이 점점 늘고 있다. 미국인들은 현금을 paper money라고 부르는 데서 크레딧 카드를 흔히 plastic money라고도 부른다. 미국인들의 지갑 속에는 몇 장씩의 plastic money가 거의 항상 들어 있다. 최근 통계에 따르면 미국 전 국민이 평균 크레딧 카드를 6.5개씩 가지고 있다고 하니 아이들을 제외하면 그 숫자는 훨씬 더 높을 것이다. 크레딧 카드를 사용하면 실제로 돈을 지불하기까지 대개 한 달 가까운 기간이 있는데 이것을 문자적으로는 '은혜를 베푸는 기간,' 즉 grace period라고 한다. 제 때에 결제를 못해 연체가 되면 신용불량이 되어 크레딧 회사에 기록이 올라간다. 얼마 전 우리나라에서도 카드대란이 일어났었지만, 비교적 책임감이 강하다는 미국인들도 최근 크레딧 카드를 통한 가계부채가 가구당 8,000 달러에 이르고 연간 파산자가 100만 명에 이르는 등 심각한 사회문제로 등장하고 있다.

크레딧 카드회사는 유리한 고객을 좋은 방식으로 "차별대우"하는 방법을 개발하여 여러 가지 종류의 카드를 만들었다. 가장 제한이 많은 student card로부터, 가장 일반적인 카드인 regular card, 이보다 좀 나은 silver card, 이보다 더 좋은 gold card, 혹은 preferred customer card, 그리고 가장 좋은 platinum card 등 여러 등급이 있고 여기에 따르는 혜택의 종류도 많이 다르다.

여기에서 광고를 하는 다이너스 카드는 1950년 뉴욕의 사업가였던 Frank McNamara가 레스토랑에서 저녁식사를 하고 난 후에야 지갑을 방에 그냥 두고 온 것을 깨닫는 바람에 큰 곤란을 겪은 다음에 이 경험을 토대로 돈 없이 식사를 할 수 있는 카드를 만들게 된 데서 시작되었다고 한다.

|본|문|해|설|

A week of back-to-back meetings.

back-to-back: ● ● ● ●

'연속되는'. 원래는 '등과 등을 맞대고 있는'이란 뜻으로, 영국에서 연립주택들이 서로 등을 맞대고 늘어서 있는 데에서 이런 주택을 가리키는 것으로 사용되었다고 한다. 지금은 '연속적인'이란 의미로 더 자주 쓰인다. 예를 들어 미국에서 연승을 누리던 한 football 팀이 자기 팀 셔츠에 Back-to-Back Champions라고 써넣은 적도 있고, 홈런을 세 개 내리 쳤을 때 three home- runs back-to-back이라고도 부른다. 이런 비슷한 어법으로는 교통이 너무 혼잡하여 차들이 꽉 막혀 있을 때 a bumper-to- bumper traffic이라고 한다. 즉 앞차의 뒷범퍼와 뒷차의 앞 범퍼가 서로 닿아 있는 정도로 교통체증이 심한 것을 가리키는 말이다. 그냥 맥 놓고 하루하루 그냥 살아가는 것을 an aimless day-to-day life라고 할 수도 있다.

meetings: ● ● ● ●

'회의'. 우리말에 영어에서 빌려온 '미팅'은 잘못 빌려온 것 중의 하나다. 영어에서 meeting은 정식으로 만나는 것, 즉 주로 회의를 가리키는 것이다. 우리식으로 남녀가 서로 모르는 상태에서 만나는 미팅은 영어로는 blind date라고 해야 맞다. meet란 단어가 주로 '정식으로' 만나는 것을 말하기 때문에 길에서 늘 마주쳐서 얼굴을 안다고 할지라도 정식으로 소개를 받지 않았다면 'meet'한 것이 아니다.

▶ Jane, have you met my wife, Susan?

　'Jane, 내 아내 Susan하고 인사했어요?'

▶ Oh, I've seen her. But, we haven't met yet.

　'아, 뵌 적은 있는데 아직 인사는 안 나눴어요.'

Could I reward myself this weekend without exceeding my credit limit?

reward myself: ● ● ● ● ▬▬▬▬▬▬▬▬

이 표현은 우리말에 적절한 것이 별로 없어 전형적인 영어식 구문이다. 스스로 잘 했다고 자기가 좋은 것을 하는 것을 가리킨다. 예를 들어 시험을 잘 쳐서 영화구경을 간다든가 하는 경우가 여기에 해당된다.

▶ Since I passed the exam, I rewarded myself with a new dress.

　'시험에 합격해서 그 기념으로 새 옷을 샀어.'

Oui.

oui: ● ● ● ● ▬▬▬▬▬▬▬▬

이것은 불어로 'yes'란 단어인데, 여기서는 골프를 치는 사람이 스윙을 하고 난 후에 공이 멀리 날아가면서 환성을 지르는 소리와 비슷하게 한 것이다. 미국인들은 전 세계에서 외국어를 못하기로 유명한데 일차적으로는 자기네 말인 영어만 갖고도 전혀 불편 없이 살 수 있기 때문일 것이다. 그래서 외국어를 잘 하는 사람은 특별하게 생각하고, 불어 단어를 사용하면 더 멋진 것처럼 생각하는 경우가 많다.

> **So when two clients turn into eight for dinner, or you simply want to extend your trip to include some playtime, you can count on us.**

two clients turn into eight: ● ● ● ●

'두 손님이 별안간 여덟 명이 되다'. 즉 예측하지 못한 일을 말하는 것이다. 여기에서 turn into를 쓴 것은 주목할 만한 기법이다. 이것을 If eight clients come, even though you invited only two clients, …라고 하면 그 묘미가 다 사라진다.

extend your trip: ● ● ● ●

'여행기간을 연장하다'. extend란 단어는 '늘리다, 뻗치다'의 뜻을 갖고 있어서 벽의 outlet (우리가 흔히 콘센트라고 하는 것)이 너무 멀 경우에 긴 연결선을 extension cord라고 하고, 분교를 extension campus라고 한다. 예를 들어, 서울 주한미군 기지 안에 있는 대학들은 University of Maryland extension campus, Central Texas College extension campus처럼 부르면 된다.

count on us: ● ● ● ●

'우리를 믿으세요'. 즉 '걱정 마세요'라는 뜻이다. count on은 상대방에 대해 어떤 내용을 믿는 것이므로 I count on him for twenty dollars(그 사람이 20불을 빌려줄 것으로 믿는다)처럼 사용된다. '내 말을 믿으라'는 식에서는 주로 Believe me 또는 Trust me를 쓴다.

> **So don't take chances. Take Diners Club.**

take chances: ● ● ● ●

'운에 맡기다'. 즉 어떻게 될지 모르게 불안한 일을 선택하지 말라는 뜻이다. 여기서 관용적으로 사용된 take와, 다음 문장에서 다이너스 카드를 가져가라는 문장에 문자적으로 사용된 take를 같게 하여, A를 take 하지 말고 B를 take 하라는 식으로 문장의 묘미를 살렸다.

The right answer in any language.

in any language: ● ● ● ●

'어느 언어에서든지'. 영어의 전치사는 그 쓰임이 우리의 직관에 잘 맞는 경우도 있지만 그렇지 않은 경우들이 많아서 고생을 하는 경우가 많다. '영어로' '붉은 글씨로' '연필로' '찰흙으로' '큰 소리로' '(사과를) 두 쪽으로' 등과 같은 표현은 우리말로 생각해 보면 영어의 with가 쓰일 것 같지만 모두 in을 써야 하므로 in English, in red, in pencil, in clay, in a loud voice, in two 등과 같이 써야 한다.

"A week of back-to-back meetings. Could I reward myself this weekend without exceeding my credit limit?" Oui.

At Diners Club, we don't confine you by presetting a spending limit. Rather, you can relax and enjoy the flexibility that you have earned. So when two clients turn into eight for dinner, or you simply want to extend your trip to include some playtime, you can count on us. Diners Club says "yes" in more than 175 countries around the world. So don't take chances. Take Diners Club.

Diners Club. The Right Answer In Any Language.[SM]

해석

한 주일 내내 연속되는 회의. (이처럼 고생했으니) 신용한도 초과하지 않고 주말을 좀 즐길 수 없을까? 그럼요.

저희 Diners Club에서는 소비한도를 미리 정해 놓아 당신을 제한하지 않습니다. 그 대신 당신께서 그동안 쌓아 놓으신 그 유연성을 편안히 쉬면서 즐기실 수 있게 해 드립니다. 그러니까 두 분의 손님을 저녁식사에 초대했는데 막상 자리에 가보니 여덟 분이 되었다든가, 아니면 그냥 좀 오락을 하시기 위해 여행기간을 좀 더 늘리시는 경우라도, 저희를 믿으십시오. Diners Club은 전 세계 175개국 이상에서 "물론이죠"라고 대답해 드립니다. 운에 맡기지 마십시오. Diners Club을 가져가십시오.

다이너스 클럽: 어떤 언어에서도 정답입니다.

GOOD HANDS.

ALLSTATE FRAUD INVESTIGATOR DALLAS TAYLOR

HAS UNCOVERED MAJOR CAR THEFT RINGS, AND

©1999 Allstate Insurance Co. Northbrook, IL

HELPED TO CONVICT DOZENS OF CRIMINALS. YOU

DIDN'T KNOW THAT ALLSTATE INVESTIGATED CAR

THIEVES? NEITHER DID THEY.   **AT WORK.**

Allstate.
You're in good hands.

www.allstate.com

오늘날 자동차처럼 편리하면서도 또 위험한 물건은 별로 없는 것 같다. 위험은 사고에 의한 피해 자뿐 아니라 우연히 가해자가 된 사람도 동일하게 경험하는 것이다. 그런 점에서 자동차 보험은 많은 나라에서 자동차 소유자의 의무로 규정하고 있다. 보험은 그 제도 자체가 미국적이어서 우리와 비슷한 점이 많긴 하지만 미국문화에서는 특별히 중요한 요소이다. 자동차 보험에 대해 간단히 살펴본다.

자동차 보험*

미국의 보험회사들은 대개 사고가 나면 매우 헌신적으로 일을 처리해 주고, 보험 고객에게 가장 유리한 보상을 해주기 위해 노력하는 것이 매우 역력하다. 또한 자동차보험의 경우, 가입자의 연령에 따라 보험가입금 차이가 커서 대개 1,000달러 정도짜리 중고차를 타고 다니는 젊은이들이 1년 보험료를 몇 천 달러씩 내기도 한다. 게다가 주차위반이나 등록미필 같은 주정차시 위반을 제외한, 과속이나 차선위반과 같은 소위 moving violation이라 하는 운행 중 법규위반은 벌금도 대개는 10만원씩 되는 데다가 적발시마다 약 15% 정도의 보험금이 올라가고 사고를 내면 사고 때마다 약 20-30%의 보험금이 올라가기 때문에 미국에서는 법규위반을 하게 되면 보험금과 벌금에 치어 차를 타고 다닐 수가 없게 되어 있다.

일반적으로 자동차보험은 personal auto policy의 약어인 PAP로 자주 불리고 보험료 산정은 보험에 가입한 사람(insured)의 나이, 직업, 가족상황, 출퇴근 거리, 그리고 사고 및 규정위반기록 등을 참고로 해서 매우 세밀하게 계산한다. 사고기록 때문에 보험회사가 꺼리는 사람들을 risk group이라고 하는데 주정부에서 이런 사람들을 각 보험회사에 골고루 나누어주기도 한다. 보험에는 일반적으로 liability라고 해서 모든 사람이 필수적으로 들어야 하는 배상책임보험을 비롯하여, 대개 med pay라고 부르는

medical payments, 즉 자기와 자기 차에 타고 있던 사람들의 치료비를 대 주는 것, 또 uninsured motorist라고 해서 사고를 일으킨 상대가 보험에 안 들어 있거나 보험 가입액이 적을 때 보상을 해주는 것, 그리고 personal damage라고 해서 자기가 사고 냈을 때 자기 차 수리비를 내 주는 자차보험 등이 선택적으로 들어간다. 보험료는 프리미엄 (premium)이라 하고 보험은 insurance policy란 말에서 insurance라고도 하고 policy 라고도 한다. '정책'이란 뜻으로 쓰는 policy에 익숙한 한국인들이 잘 이해하지 못하는 경우가 많다.

|본|문|해|설|

Good hands at work.

good hands: ● ● ● ●

'믿을 만한 사람'. 원래 의미는 '좋은 손'이지만 지금은 '좋은 사람', '신뢰할 만한 사람', '선한 사람'이란 의미로 사용된다. 사람을 '손'이라고 하는 말은 세계 모든 언어에서 거의 공통적으로 사용되는 어법(전문적으로는 환유법 metonymy라고 한다)이다. 예를 들어 우리말에 '선수', '고수', '조수', '나팔수', '사수' 등이 있고 지금의 운전기사를 예전에는 '운전수'라고 했었다. 이런 말은 대개 중국어에서도 마찬가지이다. 또 우리말에 '손이 딸린다'고 하는데 영어에도 We are short of hands, I will give him a helping hand 등과 같은 유사한 표현이 있다. good hands는 흔히 ⋯ is in good hands 라는 구문으로 사용되는데 '⋯는 잘 있다', '⋯는 믿을 만한 사람이 잘 맡고 있다' 등의 의미를 가진다. 예를 들어 은행에서 예금자에게 Don't worry, your money is in good hands라고 하는 말을 자주 하고, 경찰도 휴가를 가는 주민에게 Don't worry about the house. It's in good hands.라고 할 수 있다. 영화 Home Alone에서 보면 경찰로 변장한 도둑들이 이 말을 하면서 상대방에게 자기네 손을 들어 보이는데 여기에서는 문자적으로 '솜씨가 뛰어난 손' 즉 도둑질 잘 하는 손이라는 숨은 뜻으로 사용하는 것을 볼 수 있다. 여기 Allstate 보험회사의 슬로건이 바로 You're in good hands 즉 우리식으로는 '염려 붙들어 매십시오'와 같은 뉘앙스를 주는 슬로건이다. 이 good hands는 본 광고에서는 밑의 at work와 결합하여 쓰인 것인데 Good hands at work는 '믿을 만한 사람이 일을 계속하고 있음'이란 표현이다. 여기에서 믿을 만한 사람이란 물론 보험회사 수사원을 가리키는 것이다.

> **Allstate fraud investigator Dallas Taylor has uncovered major car theft rings, and helped to convict dozens of criminals.**

fraud: ● ● ● ●

'사기'. 자주 볼 수 있는 단어이다. 사고를 위장하여 보험금을 타는 보험사기는 insurance fraud, 미국에 입국할 수 있는 비자를 얻기 위해 벌이는 비자사기는 visa fraud라고 하면 된다. 이 단어에서 파생된 형용사는 조금 고상한 단어가 되는데 fraudulent라고 한다. 즉 fraudulent document라고 하면 가짜 문서, 위조문서를 가리킨다. 덜 어려운 단어이면서 비슷한 뜻을 가진 단어로 false가 있다. 참고로 미국은 사기에 대해서는 한국과 달리 그 대처하는 태도가 매우 단호하다. 그 사회가 신용사회이기 때문에 사기는 별로 봐주는 것이 없다. 예를 들어 미국비자를 신청하는 과정에서 사기 또는 위조에 개입되면 평생동안 비자를 못 받도록 하는 엄한 법이 있다. 그런데 신기한 것은, 아버지를 위해서 아들이 아버지 서류를 위조한 경우처럼 가족을 위해 가족간에 벌어진 범죄에 대해서는 벌이 그보다 훨씬 약하다. 이것은 돈을 벌기 위한 전문사기꾼들의 소행과는 다른 바가 있고 또 가족의 이익을 위해서는 탈법을 할 수 있는 가능성이 모든 인간에게 잠재되어 있다는 것을 고려한 인도주의적 처사인지는 모르겠지만 참 신기한 현상 중의 하나이다.

⊙ Did you get the call that you could earn 5000 dollars a month?

  '한 달에 5000불씩 벌 수 있다고 하는 그 전화 너도 받았어?'

⊙ Be careful, you stupid. That's a fraud.

  '정신차려, 이 바보야. 그건 완전히 사기야.'

---

uncover: ● ● ● ●

'적발하다'. cover 즉 숨겨져 있는 것을 드러내는 것이 uncover이다. 비슷한 것으로는 discover가 있는데, uncover는 그야말로 뚜껑이 덮여 있던 것을 제켜내어서 대개는 부정적인 것을 폭로하는 것인데 비해 discover는 단순히 그동안 몰랐던 것을 발견해내는 것을 말한다.

⊙ The auditor uncovered a scam involving executives in the company.
'감사가 그 회사의 이사들이 관련된 사기사건을 잡아냈다.'

car theft ring: ● ● ● ● ▬▬▬▬▬▬▬▬▬▬▬▬▬▬▬
'차량절도단'. 여기에서의 ring은 '일당'이란 뜻을 가진 단어이다. 물론 나쁜 뜻을 가지고 있다. 이것과 관련해서 흔히 볼 수 있는 단어는 ring leader, 즉 '악당의 두목', '주모자'이다. 일반적으로 나쁜 일을 하는 불한당, 악당을 thug라고 부른다. 우리는 '그 사람은 갱이다'라고 하기도 하지만, He is a gang이라고 하면 영어로는 틀린 말이다. gang은 갱단 즉 그룹을 가리키고 갱단의 멤버는 gangster라 한다.

convict: ● ● ● ● ▬▬▬▬▬▬▬▬▬▬▬▬▬▬▬
동사로는 '유죄를 선고하다'이고 명사로는 '유죄판결을 받은 사람' 즉 간단하게 '죄수'이다. 이 단어를 보면 어원적으로 라틴어의 convictus에서 나왔는데, con과 vict가 결합되어 문자적으로는 '함께 이기다' 즉, 무죄라고 주장하는 사람에 대하여 '여러 사람의 생각에' 그렇지 않다고 하는 생각이 '지배적이었다'는 것을 나타내고 있어서 실상 그 사람이 죄를 범했는지 객관적인 판단은 유보하고 그 사람에 대한 다른 사람들의 공통된 의견만을 말하는 것이다. 이런 것을 보면 죄수들을 부르는 이름에 상당히 신경을 쓰고 있는 자세를 엿볼 수 있다. 사실 극단적으로 보면 어떤 사람이 정말 그 죄를 범했는지에 대해서는 신밖에는 알 수 없는 일일 것이다. 우리말에 '죄수'라고 단정적으로 말하는 것과는 대조를 보인다. 우리말 '죄수'에 해당하는 영어 단어인 prisoner는 감옥에 있는 사람이란 뜻이다. 물론 범죄인이란 뜻을 가진 criminal이 있지만 convict와는 의미와 쓰임이 다르다.

You didn't know that Allstate investigated car thieves? Neither did they.

You didn't know that Allstate investigated car thieves? Neither did they.: ● ● ● ● ▬▬
'Allstate 보험회사가 차량 절도까지 수사하는 줄은 모르셨지요? 그 도둑들도 모르고 있었지요.' 보

험회사가 일반적으로 가입과 행정처리만을 하는 곳으로 생각할 텐데, 사실 우리 회사는 수사원들까지 동원되어 일을 하고 있다는 메시지이다. 즉 문제해결에 적극적으로 나서는 회사임을 강조하는 광고이다.

Good Hands At Work.

Allstate fraud investigator Dallas Taylor has uncovered major car theft rings, and helped to convict dozens of criminals. You didn't know that Allstate investigated car thieves? Neither did they.

Allstate. You're in good hands.

열심히 일하고 있는 선한 일꾼들.

Allstate 보험회사의 보험사기 수사관인 Dallas Taylor는 주요 차량절도단들을 적발해내어 수십 명의 범죄자들을 기소하도록 하였습니다. 저희 Allstate 보험회사가 차량절도까지 수사하는 줄은 모르셨지요? 그 도둑들도 몰랐답니다.

Allstate 보험회사. 염려는 붙들어 매십시오.

Club Med

Imagine a paradise where kids play all day and parents can relax. At Club Med Family Villages, you'll enjoy a fun-filled vacation where one price includes it all. With Children's Clubs available for kids from 4 months and up, they can enjoy exciting activities such as circus school, in-line skating, soccer camp, and more. Of course, you can stop by and see your kids any time you want, but chances are, they'll be having too much fun to even notice. Which gives you time for something you rarely get a chance to do. Kick back and relax.

Now THIS is a sandbox!

one week all-inclusive from $899*

1-800-CLUB MED
OR CALL YOUR TRAVEL AGENT
c l u b m e d . c o m

Re-new

*Prices are per person, double occupancy, standard room and include roundtrip airfare from major Club Med gateways only. Government per person taxes/fees of $3 to $136 are additional. Annual Club Med membership fees of $50 per adult and $20 per child and a one-time initiation fee of $30 per family are additional. Prices are for new, individual bookings. Not applicable for groups or individuals traveling within groups. Prices are subject to availability. Other restrictions apply including brochure terms and cancellation/change fees. Not responsible for errors or omissions.

아기 돌보기*

미국의 아기 돌보기 제도 중의 하나인 Babysit제도는 우리나라 사람들에게는 독특한 문화 중의 하나다. 우리나라에서는 아직도 아이를 보살피는 것은 엄마의 일이고 부득이 엄마가 아이를 돌볼 수 없을 경우에는 이 부담이 아이의 외할머니에게 돌아가는 것이 보통이다. 그런데 이에 비해 부부가 맞벌이를 하지 않고는 가정을 꾸리기가 어려운 것이 일반적인 사정인 미국의 가정에서는 아이들을 전문적으로 돌보는 탁아소인 nursery가 많이 있고 개인적으로 아이들을 돌보아주는 babysitter도 쉽게 구할 수 있다. 아파트 단지 사무소나 자동세탁소 같은 데에 가면 이런 babysitter를 구한다든가, 아이를 맡길 사람을 찾는 광고쪽지가 즐비하게 나붙어 있다. 전문적인 지식이 필요하지 않기 때문에 중·고등학생이 돈벌이를 위해서 부업으로 찾는 일 중에 가장 흔히 찾는 일도 바로 이런 일이다. 물론 시간급으로 받는 보수가 지역에 따라 다르긴 하지만 대략 시간당 3불에서 많게는 8~9불 정도 하니 그리 적다고 할 수도 없지만 그리 많은 것도 아니다. 그러나 nursery의 경우에는 그 비용이 만만치 않게 비싸다. 때로는 부부 중 한 사람의 월급이 거의 고스란히 들어가는 경우도 흔하다. 그러나 nursery 사업이 그렇게 간단히 떼돈을 벌만큼 만만한 일은 아닌 것이 아이들이 nursery에서 다치거나 하면 금방 소송이 걸려 엄청난 손해를 입을 가능성이 많고 때로는 보육사들이 아이들을 잘못 다루거나(abuse), 드물게는 어린이들을 성적으로 괴롭히는 일(sexual harrassment)이 일어나기도 해서 큰 물의를 빚기도 하기 때문이다. 따라서 이런 nursery 사업자들은 늘 배상액이 큰 보험을 든다. 몇 해 전 미국에서는 어린이 성학대를 한 사람들은 48년 징역을, 또 성학대 사실을 알면서 신고 안 했다는 죄명으로 같은 직장에 근무하던 사람들을 대상으로 1200만 달러짜리 소송이 걸리기도 한 사실은 그런 미국의 모습을 잘 보여준다. 또한 nursery 안에서는 아이들이 다쳤을 경우에 어떻게 어느만큼 조치를 취할 것인가에 대해서도 부모와 nursery 간에 상세한 계약이 맺어져 있다. 아이들을 데리고 단체로 박물관이나 농장 방문을 갈 때에도 도중에 사고를 당하면 전적으로 nursery의 책임이기 때문에 아이들을 데리고 나가도 좋으며 도중의 사고에 대해 책임을 묻지 않겠다는 일종의 각서를 부모로부터 매번 받게 되는데 이러한 각서는 책임을 해제하는 것이라 하여 "release" "release form"이라 부른다.

|본|문|해|설|

Club Med:

Club Med: ● ● ● ●

원래 이것은 휴양프로그램을 운영하는 회사의 이름으로 Club Mediterranean, 즉 "지중해 클럽"이라는 이름인데 참 효과적으로 잘 지어진 것 같다. 우선 미국인들에게 있어서 낭만적인 여행이라고 하면 제일 먼저 떠올리는 것이 지중해 아니면 카리브해이다. 그런 점에서 낭만적인 여행을 생각나게 해 주고 또 한 가지는 부모들이 아이들을 맡길 때에는 늘 아이들이 다칠까봐 걱정을 하게 마련인데 Club Med란 이름의 "Med", 즉 '의료'와 관련된 연상 때문에 우선 그런 점에서 뭔가 안심을 하게 해 주는 이름인 것 같다. 뿐만 아니라 휴가를 즐기려는 사람들은 대부분 너무 과로했기 때문에 거의 "치료"의 차원에서 쉬고 싶다고 생각하는데 그런 점에서 이 Med란 이름이 적절한 데다가 늘 유쾌한 연상작용을 불러일으키는 Club이 결합되었다는 점에서 잘 지은 이름이다.

> **Imagine a paradise where kids play all day and parents can relax.**

kid: ● ● ● ● ▬▬▬▬▬▬▬▬▬▬▬▬▬▬▬

원래는 염소새끼를 나타내는 말로 사람에게는 속어처럼만 쓰였지만 지금은 오히려 아이들을 귀엽게 애칭으로 부르는 느낌을 주는 말로 바뀌어 child보다 더 흔히 사용되는 단어이다. I am married, with two kids. '예, 기혼이고 애가 둘 있습니다.' 이것을 아이들 둘과 결혼했다는 말로 생각하면 큰일이다. 글로 써있을 때는 comma가 있어서 괜찮지만 그냥 말로 들을 때는 혼동하기 십상이다.

> **At Club Med Family Villages, you'll enjoy a fun-filled vacation where one price includes it all.**

a fun-filled vacation: ● ● ● ● ▬▬▬▬▬▬▬▬▬▬▬▬

'흥미진진한 휴가, 재미 만점인 휴가'. 미국인들에게는 fun이란 단어가 전혀 죄의식이 없는 긍정적인 단어이다. 여기서처럼 'x로 가득찬 y'라는 표현을 아주 쉽게 만들 수 있다.

▶ an agony-filled life

　'고뇌로 가득찬 인생'

▶ a thrill-filled movie

　'스릴이 넘치는 영화'

> **With Children's Clubs available for kids from 4 months and up, they can enjoy exciting activities such as circus school, in-line skating, soccer camp, and more.**

kids from 4 months and up: ● ● ● ● ▬▬▬▬▬▬▬▬▬▬

'4개월과 그 이상된 아이들'. 우리말로 '4살 이하 1000원, 4살 이상 2000원'이라고 하면 정작 4살짜리의 요금은 어떻게 되는지 확실치 않다. 영어가 때로는 지나치게 분석적이고 논리적인 듯한 인상을 주는 경우가 있는데 어쨌든 그런 특징 때문에 영어에는 이런 함정이 없다. 왜냐하면 이런 표현은 4 years and up '4살과 그 이상(4살 포함)', below 4 '4살 미만(4살 제외)', more than 4 years old '4살 이상(4살 제외)' 등으로 표시하기 때문이다.

circus school: ● ● ● ● ━━━━━━━━━

'서커스 학교'. 우리나라에서는 한 때 60~70년대까지 서커스가 유행했으나 지금은 찾아보기 힘들다. 미국에서는 지금도 순회 서커스단이 있어서 규모도 대단할 뿐 아니라 그 인기도 대단하다. 순회 서커스단이 어느 도시에 들어오면 대개 주립 또는 시립 체육관에서 공연을 하는데 인근도시의 모든 초등학교들이 단체관람을 오곤 한다. 물론 여기에서 말하는 서커스는 규모가 작은 것을 말하는 것일 것이다. 서커스에서 가장 관심을 많이 받는 사람이 광대(clown)인데 미국 플로리다 주의 베니스라는 도시에는 세계에서 하나뿐인 광대대학이 있다.

in-line skating: ● ● ● ● ━━━━━━━━━

'롤라 블레이드 타기'. 스케이트 중에 바퀴가 in-line, 즉 직렬로 되어 있다는 것은 롤라 블레이드처럼 날이 한 줄로 되어 있다는 것이다. 물론 비슷하면서도 바퀴가 병렬로 나란히 되어 있는 롤라 스케이트와 구별하기 위해 붙여진 이름이다.

> Of course, you can stop by and see your kids any time you want, but chances are they'll be having too much fun to even notice.

stop by: ● ● ● ● ━━━━━━━━━

'잠깐 들르다'. 본격적으로 머무를 생각을 하지 않고 잠시 들르는 것을 stop by라고 한다. drop by라는 말도 같은 뜻이다.

● Please stop (drop) by my office some time.

'언제 내 사무실로 좀 들러.'

◉ Oh, I just stopped by.

'지나가는 길에 잠시 들렀어.'

chances are: ● ● ● ● ● ▬▬▬▬▬▬▬▬▬▬▬▬▬

'일어날 가능성이 제일 많은 것은…', '보나마나…'. 원래 chance란 기회를 말하면서도 '가능성'의 뜻으로 많이 쓰이고 따라서 chances는 '가능성이 가장 많은 것'을 가리킨다. Chances are that he's not coming. '그 친구 보나마나 안 올게 뻔해.' '안 올 가능성이 많아.'의 뜻이다. 특이하게도 Chances are 다음의 that이 자주 생략되어서 전체적인 문장이 이상해 보인다. 이런 현상은 The fact is나 The bottom line is 등과 같은 구문에서도 매우 빈번하게 나타난다.

Kick back and relax.

kick back: ● ● ● ● ● ▬▬▬▬▬▬▬▬▬▬▬▬▬

원래 kick back이란 자기에게 온 것을 되차는 것을 가리키면서 따라서 '되받아 차다' '앙갚음하다'의 뜻이 되었고, 자기에게 지불된 것의 일부를 되돌려 주는 것을 가리키게 되어 '뇌물' '상납금' '리베이트' 또는 '뇌물을 주다'의 뜻이 되었다. 여기서는 '재빠르게 되돌아가다'의 뜻으로 사용되었다. 즉 아이가 잘 놀고 있는지 궁금해서 들렀다가 아이가 완전히 몰두해서 놀고 있는 걸 보고서는 마음이 놓여 얼른 되돌아가 더 쉬는 상황을 잘 묘사해 주고 있다.

Now this is a sandbox.

sandbox: ● ● ● ● ● ▬▬▬▬▬▬▬▬▬▬▬▬▬

미국의 놀이터에서 가장 기본적인 것은 모래상자이다. 대개 미국아이들은 어려서부터 모래를 갖고 놀기를 좋아하고 학교에서도 모래놀이는 거의 필수적이다. 동네 놀이터도 늘 모래상자가 있는데 밤에 들고양이들이 똥을 누고 모래로 덮어놓아서 아이들이 병에 걸리는 일도 많다. 아이들은 모래를 사방에 흩뿌려놓아서 늘 정리를 해주어야 하는데 미국인들의 어린이에 대한 인내심은 단연 세계에서 첫째가 아닐까 싶다. 그림에서는 귀여운 베이비가 바닷가 모래사장을 모래상자라고 하면서 좋아하고 있다. 아이들의 지능발달에 좋다하여 미국의 학교에서는 교실 안에 모래 상자나 밀가루 상자 같은 것을 갖다 놓고 아이들이 앞치마를 두르고서 모래놀이나 밀가루놀이를 한다.

One week all-inclusive from $899.

all-inclusive: ● ● ● ● ▬▬▬▬▬▬▬▬▬▬▬▬▬▬▬▬▬▬▬▬▬▬▬

‘일체의 서비스를 포함하여’. 우리는 일반적으로 3박4일이라고 하는 데 비해 미국인들은 4 days inclusively ‘첫날 끝날을 포함해서 4일’이라고 한다. 물론 3 nights and 4 days라고도 한다. 여기서는 모든 것이 포함되어 있다는 뜻인데 여행과 관련하여서는 대개 교통비, 식사, 숙박료, 입장료 등 모든 것이 포함되어 있는 경우를 all-inclusive라 한다.

Club Med.

Imagine a paradise where kids play all day and parents can relax. At Club Med Family Villages, you'll enjoy a fun-filled vacation where one price includes it all. With Children's Clubs available for kids from 4 months and up, they can enjoy exciting activities such as circus school, in-line skating, soccer camp, and more. Of course you can stop by and see your kids any time you want, but chances are they'll be having too much fun to even notice. Which gives you time for something you rarely get a chance to do. Kick back and relax.

Now this is a sandbox.

One week all-inclusive from $899.

1-800-CLUB MED Or call your travel agent.

클럽메드

아이들은 하루 종일 놀고 부모들은 휴식을 취할 수 있는 파라다이스를 상상해보세요. 클럽메드의 Family Village에서는, 한 번 내시는 요금으로 모든 게 해결되는 흥미진진한 휴가를 즐기실 수 있습니다. 4개월 이상된 아이들을 위해 마련된 Children's Club이 있어서 아이들은 서커스 학교나, 롤라블레이드, 축구교실 등등 재미있는 활동을 즐길 수 있습니다. 물론 당신이 원하시면 아무 때든지 들르셔서 아이들을 보실 수 있습니다만, 보나마나 아이들은 너무 재미있는 일에 몰두해 있어서 부모가 온 줄도 모를 겁니다. 그러면 그동안 하고 싶어도 시간이 없어서 못했던 일들을 할 수 있는 시간을 버시는 것이지요. 얼른 돌아가서 쉬고 계세요.

야! 이게 모래상자다!

일체의 서비스를 포함하여 1주일 요금 899달러부터.

1-800-CLUB MED로 전화해 주시든지 당신이 주로 거래하시는 여행사에게 문의해 주십시오.

THEY WANTED A BOUTIQUE HOTEL
IN SINGAPORE. SOMEWHERE SMALL.
STAFF WHO KNEW THEIR NAMES.

THEY ALSO WANTED A
SIXTY-SIXTH FLOOR VIEW FROM
THEIR BATH TUB.

THEY GOT IT.

WHO ARE THEY SLEEPING WITH?

WESTIN
HOTELS & RESORTS®
http://www.asia-online.com/westin

The Stamford Crest at The Westin Stamford, Singapore. Only 28 suites. 24-hour guest-only gym.
A Bose Lifestyle 5 hi-fi system in your suite. And the lowest floor is 64 storeys in the air. This must be what they mean by the high life.

CHOOSE YOUR TRAVEL PARTNER WISELY.

BANGKOK • CHIANGMAI • KENTING • KYOTO • MACAU • MANILA • OSAKA
PUSAN • SEOUL • SHANGHAI • SINGAPORE • SURABAYA • TOKYO • JAKARTA 1999

호텔이란 곳처럼 극과 극이 미묘한 조화를 이루고 있는 곳도 드물다. 고객들이 다니는 업장은 조용하고 고상한 분위기를 갖추고 있으면서도 그 뒤쪽에는 그 끊임없이 바뀌는 고객들을 조용하고 고상하게 모시기 위해 정신없이 뛰어다니는 종업원들이 있다. 종업원들의 종류도 다양한데 그 중 호텔의 상징처럼 되어 있는 벨캡틴의 특별한 점에 대해 간단하게 살펴본다.

벨캡틴*

산업사회가 되고 모든 것이 물량화되면서 사람들이 겪는 가장 큰 고통 중의 하나는 우리가 주민등록번호, 면허증번호, 학번, 아파트 동·호수 번호 등과 같이 번호의 하나로 취급받는 것, 즉 비인간화된다는 것인 듯하다.

그래서 사람들은 자기 물건에 이름을 새겨 넣기도 하고(personalize), 자기 개인 명의로 오지 않은 집단 우편물(bulk mail) 등은 열어보지도 않고 버려 버리곤 하는 것 같다. 사람들이 자기를 불러줄 때 이름으로 불러 주기를 바란다.

미국에서 단체관광을 해보면 놀랍게도 관광안내원이 관광단에 있는 관광객 한 명 한 명의 이름을 모두 기억할 뿐 아니라 각 사람이 이야기한 내용을 상세하게 기억해 두었다가 말을 붙이곤 한다. 매우 놀라운 일이다. 이런 안내원이 팁을 많이 받는 것은 말할 나위도 없다.

호텔에는 호텔의 잡무를 맡고 있는 도어맨, 벨보이들 중에서 가장 높은 사람으로 벨캡틴(bell-captain)이라고 하는 사람이 있다. 어떤 벨캡틴은 호텔 사장의 몇 배가 되는 월급을 받기도 한다. 그 이유는 이렇다. 이 벨캡틴들은 손님이 check-in할 때 이름을 봐두었다가 다음 번에 이 사람이 지나가면 'Good morning, Mr. Smith!'라고 불러 준다. Mr. Smith에게는 놀랍기 이를 데 없는 일일 것이다. 물론 행복한 놀라움이다. Mr. Smith는 다음 번에도 기회가 되면 다시 이 호텔에 올 것이다. 대개 호텔들의 객실이 수

백실이나 되고 손님이 매일 바뀌는데도 대부분의 투숙객의 이름을 외운다는 것은 실로 기적에 가까운 일이 아닐 수 없다. 이런 사람들에게 한 번 이야기를 들어보니 이런 사람들은 상대방의 특징을 이용하여 이름을 외우는 것뿐만 아니라 자신의 신체 부위 부위마다 사람의 이름을 저장하는 등 별 이상한 방법으로 사람 이름을 외운다고 한다. 이와 같은 기억술을 mnemonics(니마닉스)라고 한다.

최근 "Best doorman in U.S."로 뽑힌 리츠칼튼호텔의 Marty Premtaj란 벨캡틴도 성공의 열쇠는 투숙객 이름을 다 외우는 데 있다고 한 바 있고, Joseph DiCaetano라는 한 벨캡틴은 아인슈타인 앞에서 자기 호텔의 투숙객 300명의 이름을 외워 아인슈타인을 놀라게 한 적도 있다고 한다. 잘 아는 사람 이름도 자주 까먹는 보통 사람으로서는 그저 혀를 내두를 일이다.

|본|문|해|설|

They wanted a boutique hotel in Singapore.

a boutique hotel: ● ● ● ●

원래 부띠끄란 조그마한 여성 의류나 악세서리 전문 가게를 가리키는 것인데 여기에서는 '세련되고 아담하고 고급스러운' 느낌이 드는 호텔을 가리키는 말로 썼다. 사실 조금 우스운 것은 이 부띠끄라는 불어단어가 원래는 그리이스어의 '창고'라는 단어에서 온 것이다. 이처럼 때로는 다른 언어에서 단어를 빌려다 쓸 때에 원래의 뜻보다 더 고상한 단어로 쓰이기도 한다.

Staff who knew their names.

staff who knew their names: ● ● ● ●

'이름을 알아주는 종업원'. 우리나라에서는 영어의 staff를 스탭이라는 말로 차용해다가 쓰는데 한 사람만을 가리켜서도 '그 사람 우리 회사 스탭이에요'처럼 쓰고 그래서 'I am a staff at my company'라고 하는 사람들도 있다. 이것은 한국인이 가장 자주 범하는 영어 실수 중 하나다. staff 는 직원들 전체를 가리킬 때 쓰는 말이므로 그런 상황에서는 He is a member of the staff 또는 He is a staff member라고 해야 한다. I am on the hospital staff처럼 쓸 수도 있다. staff는 '지팡이'라는 뜻으로도 자주 사용되는데 물론 직원이란 '받쳐주는 사람들'이므로 이 지팡이의 뜻에서 발전한 것이다. 참고로, 군대에서 말하는 참모총장은 Chief of Staff, '참모들 중의 장'이라고 한다.

They also wanted a sixty-sixth floor view from their bath tub.

sixty-sixth floor view: ● ● ● ●

'66층에서 바라보는 전경'. 미국인들처럼 view에 민감한 사람들도 적을 것 같다. 같이 여행을 해보면 호텔에서 가장 신경을 쓰는 것이 view이다. 물론 바다가 보이는 view가 최고일 것이고, 그 외에도 산이나 도시 전경이 보이는 view도 다른 건물과 접해 있는 view하고는 비교가 안 될 것이다. 우리나라의 특급호텔들도 이처럼 view에 따라 요금을 달리 적용하는데 외국의 경우에는 이 요금차이가 상당히 큰 경우가 많다.

Who are they sleeping with?

Who are they sleeping with?: ● ● ● ●

'이들이 누구와 잠을 잘까요?'. 이 문구가 하필이면 두 사람이 옷을 벗은 채로 목욕을 하는 모습 위에 쓰여 있어서 이상한 호기심을 자아낸다. 물론 이런 효과는 의도적인 것이 분명하다. 모든 광고는 독자의 눈길을 끌지 못하면 일단 시작부터 실패하는 것이니까. 그런데 이 문구가 가지고 있는 다른 측면이 있다. 영어에서는 회사와 같은 단체를 표현상 사람으로 나타내는 예가 많다. 예를 들어 '어디에서 일하세요?'를 'Where do you work?'라고 해도 틀리는 것은 아니지만 'Who do you work for?'라고 많이 쓴다. 또한 'I work for Osung Corporation' 'I work for Mr. Park' 'I am with Osung'

등이 모두 적절하다. 또한 '(주)오성은…'과 같은 표현도 'We at Osung…'처럼 쓰는 것을 보면 회사와 사람이 비슷하게 취급되는 것을 알 수 있다. 따라서 여기에 나온 선전문구 'Who are they sleeping with?'는 실상 '이들은 어디에서 잡니까?'의 자연스러운 영어표현이다. 한국인의 직관과는 잘 안 어울릴지도 모르겠지만 그러기 때문에 더욱 조심해서 알아두어야 할 표현 방식이다.

And the lowest floor is 64 storeys in the air.

lowest floor is 64 storeys in the air: ● ● ● ●

'가장 낮은 층이 공중의 64층입니다'. 여기에는 우리말 '층'에 해당하는 두 개의 영어 단어, 'floor'와 'storey(미국식은 story)'가 있다. 많은 사람이 익히 잘 알고 있는 것이지만, 바닥 기준 즉 각 층을 기준으로 할 때에는 floor를 쓰고 전체 건물의 층수와 관련해서 각 층을 한 덩어리로 취급해 쓸 때에는 story/storey를 쓴다. 원래는 중세 시대에 방 창문에 어떤 이야기나 사건 등을 그려 넣은 그림들을 story, history라고 하던 데에서 유래한 단어이다. 즉 다섯 개의 '이야기, 사건, 역사 그림'이 그려진 것은 5'층'짜리 건물이었던 셈이다. story와 floor는 다음과 같은 예문으로 외워두면 편리할 것이다.

● I live on the 6th floor of a 15-storied apartment building.

'나는 15층짜리 아파트의 6층에 살아요.'

This must be what they mean by the high life.

the high life: ● ● ● ●

'상류생활'. 여기서는 이 호텔의 층수가 매우 높기 때문에 '높은 곳에 투숙한 생활', 즉 문자적인 '높은 생활'과 '상류생활'의 이중적 의미 효과를 노린 표현이다. 영어에서는 대개 은유적으로 high는 좋은 것과 low는 좋지 않은 것과 관련되어 있다.

⏩ I'm feeling up/down.	'난 기분이 아주 좋아/나빠.'
⏩ You're in high spirits.	'너 요즘 기분이 좋구나.'
⏩ He's really low these days.	'그 친구 요즘 영 기분이 엉망이야.'
⏩ Things are at an all-time low.	'요즘 사정이 사상 최악이야.'

They wanted a boutique hotel in Singapore. Somewhere small. Staff who knew their names.

They also wanted a sixty-sixth floor view from their bath tub.

They got it.

Who are they sleeping with?

Westin Hotels & Resorts.

http://www.asia-online.com/westin.

The Stamford Crest at The Westin Stamford, Singapore. Only 28 suites. 24-hour guest-only gym. A Bose Lifestyle 5 hi-fi system in your suite. And the lowest floor is 64 storeys in the air. This must be what they mean by the high life.

Choose your travel partner wisely.

 해석

그들은 싱가포르의 부띠끄 호텔에 머물고 싶었습니다. 자그마한 곳. 스태프들이 자기들 이름을 기억해 줄 수 있는 그런 곳.

또 그들은 목욕탕에서 밖을 내다볼 때에 66층의 전망을 원했습니다.

그런 곳을 찾았지요.

이들이 어디에서 자느냐고요?

Westin 호텔 & 휴양지.

싱가포르의 The Westin Stamford에 있는 Stamford Crest호텔. 객실은 28실뿐입니다. 투숙객 전용의 24시간 개방 체육관이 있습니다. Bose회사의 Lifestyle 5번 모델의 하이파이 스테레오 시스템이 당신의 객실에 설치되어 있습니다. 가장 낮은 층이 공중의 64층입니다. 상류생활이란 건 이런 걸 말하는 것이 틀림없겠지요.

여행에는 동반자를 잘 고르셔야 됩니다.

Sponsor a Child for Only $14 a Month.

At last! Here is an affordable $14 sponsorship program for Americans who are unable to send $20, $22 or $24 a month to help a needy child.

And yet, this is a full sponsorship program because for $14 a month you will receive:

• A 3 ½" x 5" photograph of the child you are helping.

• Two personal letters and an updated photo from your child each year.

• A complete Sponsorship Kit with your child's case history and a special report about the country where your child lives.

• Issues of our newsletter, "Sponsorship News."

You can really make a difference!

$14 a month may not seem like much – but as a sponsor, your monthly support will help provide so much:

• Emergency food, clothing and medical care.

• A chance to attend school.

• Help for the child's family and community, with counseling on housing, agriculture, nutrition and other vital areas to help them become self-sufficient.

All this for only $14 a month?

Yes — because we look for ways to keep costs down without reducing the help that goes to the child you sponsor.

For example, your child does not write each month, but two letters a year from your child keep you in contact. And, of course, you can write to your child just as often as you wish.

A child needs your love!

Here is how you can sponsor a child immediately for only $14 a month:

1. Fill out the coupon and tell us if you want to sponsor a boy or a girl, and check the country of your choice.

2. Or mark the "Emergency List" box and we will select a child for you who most urgently needs your love and support.

3. Send your first $14 monthly payment in right now with the coupon to Children International.

Then, in just a few days, you will receive your child's name, photograph and case history.

May we hear from you? We believe that our Sponsorship Program protects the dignity of the child and the family and at the same time provides Americans with a positive and beautiful way to help a needy youngster.

Carlos lives in a one-room shack with a dirt floor and no furniture. He needs nutritious food, clothing, and an education. Won't you help a child like Carlos?

Sponsorship Application
_{kbtw}

☐ Yes, I wish to sponsor a child. Enclosed is my first payment of $14. Please assign me a ☐ Boy ☐ Girl ☐ Either.

Country preference: ☐ India ☐ The Philippines ☐ Thailand ☐ Chile ☐ Honduras ☐ Dominican Republic ☐ Colombia ☐ Guatemala ☐ Ecuador ☐ Special Holy Land child program

☐ **OR, choose a child who most needs my help from your EMERGENCY LIST.**

NAME _____

ADDRESS _____

CITY _____

STATE _____ ZIP _____

☐ Please send me more information about sponsoring a child.
☐ I can't sponsor a child now, but wish to make a contribution of $_____.

Please forward your U.S. tax-deductible check, made payable to:

Children International®

Joseph Gripkey, Chief Executive
2000 East Red Bridge Road • Box 419413
Kansas City, Missouri 64141

A worldwide organization serving children since 1936. Financial report readily available upon request.

어린이 후원*

미국인들의 마음을 가장 쉽게 움직이게 하는 것, 즉 영어로 'soft spot'은 아이들이다. 그래서 잘못한 사람을 호되게 질책하다가도 그 잘못이 아이에게 잘 해주려다가 잘못된 것이었을 때에는 아주 쉽게 관용적인 태도로 변한다. 그래서 그런지 미국인들이 아이들을 배려하는 것은, 학교구역에만 가면 모든 차들이 살금살금 간다든가, 아이가 횡단보도 근처에 나타나면 일제히 모든 차가 선다든가, 학교버스가 서 있으면 절대 추월을 안 하고 기다린다든가 하는 것을 통해서도 잘 알 수 있다. 노란색 스쿨버스가 아이를 내리게 하기 위해 차를 세우고 운전기사가 운전석에서 일어나 아이의 안전벨트를 풀어주고 아이를 버스 밖에서 기다리던 부모에게 전해 주면서 인사와 이런 저런 얘기를 하고 바이바이를 해가며 오랜 동안 지체를 해도 스쿨버스 뒤에는 수없이 많은 차들이 스쿨버스 출발하기를 조용하게 기다릴 뿐 전혀 불평 한 마디 없는 것을 보면 이것이 제도의 힘인지 미국인들의 인내심의 힘인지 의아할 수밖에 없다. 그래서 불우한 아이들을 정기적으로 후원하거나 입양하는 예가 많다. 특히 인종적인 차이와 관계없이 아이들을 입양하는 것이나, 재혼에 있어서 대개 아이들을 크게 문제삼지 않는 것 등은 우리와 참 다르다. 전 세계에 미국인들의 후원이 안 미치는 곳이 별로 없기는 하지만 미국인들은 같은 미주대륙에 살면서도 경제적으로 고통을 겪고 있는 중남미 나라의 아이들에게 특히 많은 후원을 하고 있다. 하긴 1인당 GNP가 3만 달러에 이르는 미국인들로서는 2천 달러 정도밖에 안 되는 이웃들에게 특별한 연민을 느낄 만도 하지만, 또 부자가 오히려 더 인색하다는 말도 있으니 그들의 인간애는 어쨌든 높이 살만하다.

|본|문|해|설|

At last!

At last: ● ● ● ●

'드디어'. 어떤 글의 첫 문구로 이런 말을 쓰면 쉽게 주의를 끌 수 있다. '너무나도 기다리고 기다렸다'고 할 때에는 At long last라고 한다. after a long wait란 말도 있지만 감탄적인 뉘앙스보다는 단순히 설명체 같은 느낌을 준다.

A complete Sponsorship Kit with your child's case history and a special report about the country where your child lives.

case history: ● ● ● ●

'사례 이력'. 대개 사회복지와 관련된 일을 하는 사람(social worker)들은 자기가 담당하는 사람들이 정해져 있다. 그래서 case worker라고도 한다. 이들의 case history에는 상세한 내용이 이력서처럼 기록되어 있다.

your child: ● ● ● ●

'당신이 후원하는 아이'. 영어에서 '소유격'은 어느 정도의 소유까지를 가리키느냐가 소위 의미론을 공부하는 학자들 사이에서도 자주 연구된다. 여기에서 후원하는 아이도 your child라 한 것이 이상할지 모르지만 실제로 많은 경우 후원을 받는 아이는 후원자를 '아빠' '엄마'라고 부른다.

You can really make a difference!

you can really make a difference: ● ● ● ●

'당신이 함께 하면 정말 달라집니다. 당신의 힘으로 상황을 바꿀 수 있습니다'. 미국인들이 상대방의 참여를 권장할 때 가장 잘 쓰는 표현이다. 미국에서는 어떤 법안이 국회에서 통과되려고 할 때 그것을 지지하거나 저지해 달라고 부탁하는 경우가 많은데 이들은 거의 한결같이 이 말을 쓴다.

$14 a month may not seem like much — but as a sponsor, your monthly support will help provide so much:

so much: ● ● ● ●

'매우 많이'. 원래 이 말은 반드시 so … that 구문, 즉 '너무 …해서 그 결과 …하다'라는 뜻으로만 사용되던 것이었는데 요즘은 구어체로 very much와 똑같게 사용한다. 아직도 점잖은 문장에서는 틀렸다고 보는데, 여기서는 후원금이 아주 많이 도움이 된다는 감탄이 섞인 구어적 특징을 보이고 있어서 그렇게 쓴 것이다. 우리말의 '너무'도 원래는 '너무 …해서 그 결과 안 좋다'는 의미에서 출발했지만 지금은 단순히 '아주'라는 의미로 변한 것은 정확하게 평행적인 현상이다.

Fill out the coupon and tell us if you want to sponsor a boy or a girl, and check the country of your choice.

fill out the coupon: ● ● ● ●

'쿠폰을 기록하세요'. 어떤 양식을 기록할 때는 fill out이라고 한다. 괄호나 빈칸에 어떤 내용을 써넣을 때에는 fill in이라고 한다. coupon을 우리는 보통 쿠폰이라고 하지만 미국인들은 대개 '큐판'이라고 발음한다.

> Carlos lives in a one-room shack with a dirt floor and no furniture.

one-room shack with a dirt floor: ● ● ● ● ━━━━━━━━━━━━━━━━

'흙바닥으로 된 방 하나짜리 판잣집'. shack은 판잣집뿐 아니라 허름하게 지은 집을 다 shack이라 한다. dirt는 흙이나 먼지인데 여기에서 나온 dirty는 실제로 흙이 묻어서 더러운 것이 아니어도 더러우면 dirty라고 한다. 여기 dirt floor는 장판이 없는 맨 방바닥을 말하는 것이다.

> Please forward your U.S. tax-deductible check, made payable to: Children International.

tax-deductible: ● ● ● ● ━━━━━━━━━━━━━━━━

'세금 감면 적용을 받는'. 우리나라도 마찬가지이지만 미국에서도 자선기금이나 헌금 등으로 낸 것은 세금에서 그 만큼 감면을 받는다.

> Financial report readily available upon request.

financial report readily available upon request: ● ● ● ● ━━━━━━━━━━━━━━━━

'회계보고서는 요청하시면 즉시 보내드림'. 자선기관들은 자금의 횡령을 염려하는 사람들을 위해 거의 항상 회계보고서를 준비해 놓고, 누구든지 부탁을 하면 바로 우송을 해준다.

Sponsor a Child for Only $14 a Month.

At last! Here is an affordable $14 sponsorship program for Americans who are unable to send $20, $22 or $24 a month to help a needy child.

And yet, this is a full sponsorship program because for $14 a month you will receive:

- A 3½" x 5" photograph of the child you are helping.
- Two personal letters and an updated photo from your child each year.
- A complete Sponsorship Kit with your child's case history and a special report about the country where your child lives.
- Issues of our newsletter, "Sponsorship News."

   You can really make a difference!

   $14 a month may not seem like much — but as a sponsor, your monthly support will help provide so much:

- Emergency food, clothing and medical care.
- A chance to attend school.
- Help for the child's family and community, with counseling on housing, agriculture, nutrition and other vital areas to help them become self-sufficient.

   All this for only $14 a month?

   Yes — because we look for ways to keep costs down without reducing the help that goes to the child you sponsor.

For example, your child does not write each month, but two letters a year from your child keep you in contact. And, of course, you can write to your child just as often as you wish.

A child needs your love!

Here is how you can sponsor a child immediately for only $14 a month:

1. Fill out the coupon and tell us if you want to sponsor a boy or a girl, and check the country of your choice.

2. Or mark the "Emergency List" box and we will select a child for you who most urgently needs your love and support.

3. Send your first $14 monthly payment in right now with the coupon to Children International.

Then, in just a few days, you will receive your child's name, photograph and case history.

May we hear from you? We believe that our Sponsorship Program protects the dignity of the child and the family and at the same time provides Americans with a positive and beautiful way to help a needy youngster.

Children International.

A worldwide organization serving children since 1936. Financial report readily available upon request.

해석

한 달에 15달러로 어린이 한 명을 후원하십시오.

그동안 한 달에 20달러, 22달러, 24달러씩 후원을 하실 수 없었던 분들을 위해 드디어 부담이 없는 14달러짜리 후원프로그램이 나왔습니다.

그래도 이 프로그램은 완전한 프로그램입니다. 왜냐하면 한 달에 14달러씩의 후원금으로 당신께서는

- 후원하고 계신 아이의 3.5인치 x 5인치짜리 사진
- 후원하고 계신 아이로부터 매년 두 통의 개인적인 편지와 달라진 사진
- 아이가 사는 나라에 대한 특별한 리포트와 아이의 상세한 내용이 들어 있는 완벽한 후원서류세트
- 저희가 발행하는 "Sponsorship News" 뉴스레터를 받으실 수 있습니다.

당신의 힘으로 바꿀 수 있습니다.

한 달에 14달러라면 얼마 안 되는 것처럼 보일 수도 있습니다. 그렇지만 후원자로서 매달 도와주시면

- 응급 구호식량, 옷, 치료
- 학교에 취학할 수 있는 기회
- 주택문제, 농업, 영양 기타 여러 가지 문제에 대해 상담을 해 줌으로써 아이의 가족과 사회가 자립할 수 있도록 돕는 등 크게 도움이 됩니다.

이게 전부 한 달에 14달러로 가능해요?

네, 가능합니다. 왜냐하면 당신께서 후원하고 계신 아이에게 가는 도움을 줄이지 않으면서 비용을 줄이는 방법을 모색하고 있기 때문이지요.

예를 들어, 아이가 매달 편지를 쓰지는 않더라도 일년에 두 번 정도면 계속 연락은 되는 것이지요. 또 물론 당신께서는 편지를 쓰고 싶으실 때마다 쓰실 수 있습니다.

아이에겐 당신의 사랑이 필요합니다.

한 달에 14달러로 아이를 지금 즉시 후원하기 위한 방법입니다.

1. 쿠폰을 기록하시고, 어느 나라, 남자아이, 여자아이를 선택하세요.
2. 아니면 Emergency List 칸에 표시를 하시면 당신의 사랑과 후원이 가장 필요한 아이를 저희가 골라 드리겠습니다.
3. 첫 달 후원금 14달러를 Children International로 쿠폰과 함께 지금 보내주세요.

그러면, 며칠 내로 아이의 이름과 사진 그리고 자세한 이력을 보내드리겠습니다.

소식을 기다려도 될까요? 저희 후원프로그램은 아이와 아이의 가족의 자존심을 지켜주면서 아울러 미국인들이 도움이 필요한 아이를 긍정적이고도 아름다운 방법으로 도울 수 있게 하는 방법이라고 확신합니다.

Children International.

1936년부터 어린이를 위해 봉사하는 국제단체. 요청시 회계보고서를 즉시 보내드림.

"Let my heart be broken with the things that break the heart of God."

A young minister, Bob Pierce, wrote those words on the flyleaf of his Bible 40 years ago.

It was during the Korean War, and he was deeply moved by the suffering of the children he saw there. When he returned home, he couldn't stop thinking of those little ones. Motivated by Jesus' example of compassion and love toward children, he began recruiting friends, relatives and acquaintances to sponsor impoverished children.

That is how World Vision was born.

Over the last 40 years, the motivation, the caring, and the love, have never changed. In every hungry child's eyes, in every sick child's cry, in every outreached hand, Jesus calls us.

And what began as one man responding out of a heart of compassion to help the young victims of one war, is now hundreds of thousands of caring people sponsoring over 900,000 needy children across the globe.

You can be a Childcare Sponsor, too. You can provide a needy child with things like food, clothing, medical care, education, and the opportunity to know about God's love.

In addition to helping a needy child, your sponsorship gifts help your child's family and community become more self-reliant.

For less than $5 a week — $20 a month — you can change a child's life forever. And you'll come to know that child and follow his or her progress through personal letters and regular updates.

To start your sponsorship, just return the coupon. You'll receive information and a photograph of a child who needs your help.

Let *your* heart be broken... respond to the needs of an innocent child. Become a Childcare Sponsor today.

Bob Pierce
Founder of World Vision

 WORLD VISION

World Vision is a Christian relief and development organization helping the poor in the name of Christ in over 90 countries.

Yes, my heart is broken by the needs of a child.

☐ Please send me information and a photograph of a child who needs my help.
  I prefer to sponsor a ☐ boy ☐ girl
  living in ☐ Africa ☐ Asia ☐ Latin America ☐ where the need is greatest.
☐ Enclosed is my first month's gift of $20.
☐ I will send my first month's gift of $20 within 10 days of receiving my sponsorship packet, or I will return it so someone else can help.
☐ I can't sponsor a child right now, but I would like to contribute $_____.

1700

NAME _____

ADDRESS _____

CITY/STATE/ZIP _____

Thank you! Please make your check payable to World Vision.   A151W9

Mail to: ✝ **WORLD VISION** Child Sponsorship
P.O. Box 1131 • Pasadena, CA 91131 • 1-800-448-6437

문화나 문명이란 말은 학자들의 용어가 아닐 때는 보통 세련된 상식과 동일시되고 결국 '남에 대한 배려'가 그 핵심이라 할 수 있다. 산업화 속에서 각박해지는 현실에 대한 유일한 대응책은 남을 생각해 주는 봉사정신일 듯한데 가장 높은 수준의 산업화를 이룬 미국사회 속에서 그들의 봉사정신은 어떠한지를 살펴보기로 한다.

봉사정신*

미국인들은 기본적으로 개척민으로 출발한 사람들이기 때문에 자연을 이용하고 개발하는 데에 매우 적극적이어서 그 결과 많은 과학적 발전을 이룩했다. 그런데 이처럼 '도전정신'에 바탕을 둔 나라라면 사람들이 같이 살기에는 매우 무서운 세상이 되었을 텐데 그래도 세상에서 가장 살기 좋은 나라 중 하나로 생각되는 것은 미국인들이 다른 사람에게는 인정이 많고 따뜻한 사람들이기 때문이다.

미국에 가서 살아본 사람들은 봉사가 얼마나 그들 문화에 깊이 뿌리박혀 있는지에 대해 경탄하게 된다. 어른들은 물론이고 아이들도 자원봉사를 많이 하고, 대학생들 중에는 매주 시간표를 짜놓고 자원봉사를 하는 사람도 많이 있다. 미국은 도시를 벗어나면 인적이 끊기는 곳이 많은데 그런 도로상에서 차가 고장이 나면 난감하기 이를 데 없다. 차가 고장이 나서 갓길(shoulder)에 서 있으면 금방 다른 차가 와서 도움이 필요하냐고 묻는다. 때로는 강도 등의 위험으로 차에서 내리지는 않고 유리창으로 대화만 하는 경우도 있지만, 경찰에게 연락을 해주겠다는 정도의 호의는 거의 모든 차들이 베풀어준다. 특히 아이나 노인, 장애인과 같이 특별한 도움이 필요한 사람들에게는 대부분의 사람들이 헌신적으로 도움을 베푼다.

최근 발표된 통계에 보면 자선 모금 비교에서 1인당 자선금 기부액이 미국은 14만 8800원으로 세계 1위, 캐나다가 만원, 한국은 400원이라는 발표가 있었다. 여기 광고의 월드 비전은 6.25 전쟁고아를 돕기 위해 생겨난 단체인데, 도움을 받으며 시작했던 우리가 이제는 도움을 나눠줘야 할 때가 된 것 같다. 현재 세계 100여 개 국에서 활동하고 있는 기독교 정신의 자선단체이며 한국에서도 매우 활발하게 활동하고 있다. 한국인이 내는 월드비전 후원금은 미국월드비전에서는 접수하지 않으며 한국월드비전으로 내야 한다(www.worldvision.or.kr).

|본|문|해|설|

Let my heart be broken with the things that break the heart of God.

let my heart be broken: ● ● ● ●

'내 마음이 아프게 되기를'. 이런 표현은 너무 생소해서 사람의 마음을 금방 사로잡는다. 마음이 아프게 되길 원하는 사람이 아무도 없기 때문이다. It broke my heart. My heart was broken with that. '그 일로 내가 너무 마음이 아팠어'라는 구문은 흔히 볼 수 있지만 여기서처럼 청유문 형식은 잘 안 쓰인다. 그 파격적 효과를 노린 문구이다.

A young minister, Bob Pierce, wrote those words on the flyleaf of his Bible 40 years ago.

flyleaf: ● ● ● ●

'책표지'. 이것은 책의 맨 앞 장이 아니라 책을 감싸고 있는 종이로 된 카버, 즉 jacket 끝을 접어 책 안쪽으로 넣은 그 부분을 가리키는 것이다. 주로 이 부분에 책에 대한 서평, 저자소개, 그 출판사의 다른 책들을 소개하는 글이 실려 있다.

> It was during the Korean War, and he was deeply moved by the suffering of the children he saw there.

was deeply moved: ● ● ● ● ━━━━━━━━━━━━

'감동을 받았다. 마음이 움직였다'. move가 가진 '움직이다'의 뜻이 그대로 살아 있다. 사람이 주어가 되면 수동태로, 감동적인 것이 주어가 되면 능동태로 쓴다. 영화를 보고 감동했다면 다음과 같은 표현이 모두 가능하다.

○ I was moved by the movie.

○ The movie moved me.

○ The movie was moving.

> When he returned home, he couldn't stop thinking of those little ones.

little ones: ● ● ● ● ━━━━━━━━━━━━

'어린 아이들'. one을 사람에게는 대명사적인 용법 말고는 잘 안 쓰는데 관용적으로 굳어져 있는 것이 바로 이 little ones(=children)와 loved one(사랑하는 사람, 또는 고인, 죽은 사람)의 경우이다. 그 외에 the HolyOne (신), the Evil One(악마)은 특수한 예이다.

> And what began as one man responding out of a heart of compassion to help the young victims of one war, is now hundreds of thousands of caring people sponsoring over 900,000 needy children across the globe.

caring: ● ● ● ● ━━━━━━━━━━━━

'보살피는'. care는 love와 거의 동의어로 쓴다. 그러나 love가 감정적인 요소가 강조된 데에 비하면 care는 행동적인 요소가 강조되는 때가 많다. 즉 caring person은 '사랑을 가지고 돕는 일을 하는 사람'이란 의미가 강하다.

needy: ● ● ● ● ▬▬▬▬▬▬▬▬▬▬▬▬▬▬▬▬▬▬▬

'가난한'. 원래는 '뭔가가 필요한'이란 뜻에서 발전한 단어이다. 이것은 need의 경우에도 비슷해서 a needy child와 a child in need는 같은 뜻이다.

across the globe: ● ● ● ● ▬▬▬▬▬▬▬▬▬▬▬▬▬▬▬▬▬

'전 세계에서'. 전치사를 사용할 때, 지구(globe)를 쓸 때에는 across를, 세계(world)를 쓸 때는 throughout을 쓴다. 전치사가 없이 쓸 때에는 all over the world나 all over the globe가 다 쓰인다. 비슷한 표현으로 all the world over, the whole world over 등도 있다.

Please make your check payable to World Vision.

make your check payable to xxx: ● ● ● ● ▬▬▬▬▬▬▬▬▬▬▬▬

'xxx에게 지급이 가능하게 수표를 써 주십시오'. 미국인들은 주로 개인수표(personal check)를 쓰기 때문에 수표의 수취인 난에 이름만 써 주면 된다. 이 난은 "Pay to the order of: _____"라고 되어 있다.

"Let my heart be broken with the things that break the heart of God."

A young minister, Bob Pierce, wrote those words on the flyleaf of his Bible 40 years ago.

It was during the Korean War, and he was deeply moved by the suffering of the children he saw there.

When he returned home, he couldn't stop thinking of those little ones. Motivated by Jesus' example of compassion and love toward children, he began recruiting friends, relatives and acquaintances to sponsor impoverished children.

That is how World Vision was born.

Over the last 40 years, the motivation, the caring, and the love, have never changed. In every hungry child's eyes, in every sick child's cry, in every outreached hand, Jesus calls us.

And what began as one man responding out of a heart of compassion to help the young victims of one war, is now hundreds of thousands of caring people sponsoring over 900,000 needy children across the globe.

You can be a Childcare Sponsor, too. You can provide a needy child with things like food, clothing, medical care, education, and the opportunity to know about God's love.

In addition to helping a needy child, your sponsorship gifts help your child's family and community become more self-reliant.

For less than $5 a week — $20 a month — you can change a child's life forever. And you'll come to know that child and follow his or her progress through personal letters and regular updates.

To start your sponsorship, just return the coupon. You'll receive information and a photograph of a child who needs your help.

Let your heart be broken⋯ respond to the needs of an innocent child. Become a Childcare Sponsor today.

"하나님의 마음을 아프게 하는 일이 내 마음도 아프게 하길."

지금으로부터 40여 년 전 한 젊은 목사였던 Bob Pierce 목사는 이 글을 자신의 성경책 표지에 적었었습니다.

이때는 한국 전쟁 중이었고, 한국에서 아이들이 고통당하는 것을 보고 마음이 많이 아팠습니다. 본국으로 돌아와서 그 어린 생명들을 잊을 수가 없었습니다. 아이들에 대해 사랑과 연민을 보이셨던 예수님의 모범을 본받아 그는 불쌍한 아이들을 후원하도록 친구, 친척, 아는 사람들을 확보하기 시작했습니다.

이렇게 해서 월드비전이 탄생한 것입니다.

지난 40년 동안, 바로 그 관심, 그 보살핌, 그 사랑은 변하지 않았습니다. 모든 배고픈 아이의 눈 속에서, 모든 아픈 아이의 울음 속에서, 모든 도움을 청하는 손길 속에서, 그 속에서 예수님은 우리를 부르십니다.

처음에는 한 전쟁에서 고통당하는 아이들을 돕고자 하는 연민의 마음을 가진 한 사람으로 시작된 것이 이제는 지구상에 있는 90만 명 이상의 가난한 아이들을 후원하는 수십만 명이 되었습니다.

당신께서도 Childcare Sponsor가 되실 수 있습니다. 가난한 아이에게 꼭 필요한 음식, 옷, 치료, 교육, 그리고 하나님의 사랑을 알 수 있는 기회를 제공해 주실 수 있습니다.

당신의 후원은 단순히 가난한 아이를 도울 뿐 아니라 그 아이의 가족과 그 지역사회가 더 경제적으로 독립할 수 있게 해 줍니다.

한 주에 5달러 즉 한 달에 20달러도 안 되는 돈으로 한 아이의 인생을 영원히 바꾸어 놓을 수 있습니다. 당신은 개인적인 편지나 정기적인 소식지를 통해 그 아이에 대해서 자세히 알게 되고 변해 가는 상황을 알게 됩니다.

후원을 시작하시려면 밑의 쿠폰을 보내 주시기만 하면 됩니다. 그러면 당신의 도움을 필요로 하는 아이의 사진과 상세한 정보를 받으실 수 있습니다.

이제는 바로 당신 의 마음이 아프길 바랍니다. 천진난만한 아이들의 필요에 반응을 보이십시오. 지금 Childcare Sponsor가 되십시오.

The problem with illiteracy is it's so contagious.

In America, illiteracy is spreading like the worst kind of disease. At least 23% of American women are functionally illiterate. And since women are still the primary caretakers of children, the cycle continues to be passed down, from generation to generation.

Coors would like to help you get involved in our nation's fight against illiteracy. Call 1-800-228-8813 and we'll send you information about volunteer and adult learning opportunities in your community. Do it now. And help us give women and their children a healthier future. *Literacy. Pass it on.*

Coors Foundation For Family Literacy.

인류의 역사에 있어서 문자의 발명처럼 놀라운 것도 없을 것이다. 지금도 문자가 없이 구전으로만 의사소통을 하고 유산이 전해져 내려오는 소위 orate society가 있기는 한데 문자를 가진 사회와는 여러 가지 면에서 상상을 초월하는 차이가 있다. 문자도 있고 산업도 발달한 나라들에도 문맹자들이 있어서 큰 사회적인 문제로 등장하고 있다. 여기서는 미국의 문맹퇴치운동에 대해 간단하게 살펴본다.

문맹퇴치운동*

문맹은 전 세계가 관심을 가지고 있는 큰 이슈 중의 하나다. 유엔 통계에 의하면 미국은 전체 국민의 99%가 문자해득을 하고 있어서 1% 미만이 문맹인 것으로 나타나고 있지만, 점점 늘어나고 있는 이민자들의 경우에는 영어를 못하는 사람들이 많아서 문맹이 큰 문제로 등장하고 있는 것 같다. 원래 미국 이민법에 의하면 문맹인은 이민비자를 받지 못하도록 되어 있지만 모국어 때문에 비록 완전 문맹은 아니어도 영어에 대해서는 사실상 문맹자나 다름없는 사람들이 많은 셈이다. 또한 여기에 밀입국자들이 가세하고 있는 실정이다. 특히 여성의 경우에는 문맹이 더 심한 상황이고 또 이 사람들이 아이들을 학교에 안 보내고 집에서도 교육을 안 하게 되면 문맹은 정말 쉽게 전염이 되는 셈이다. 1997년에는 미국 클린턴 대통령이 소위 "America Reads(미국은 글을 읽을 수 있다)" 이니셔티브 운동을 시작하여 이른바 문맹과의 전쟁을 시작했는데, 이 프로그램의 목표는 전 미국인이 8살에는 글을 읽을 수 있고 12살에는 학교를 통해 모든 사람들이 인터넷 접속을 할 수 있게 한다는 것이다. 한국의 문자해득률은 한글 덕분에 세계적으로 가장 높은 나라들 중에 들어가는데 유엔의 통계에 따르면 약 97.5%이고, 북한의 비공식 통계는 95%이다. 한자를 사용하는 중국의 문자해득률이 69%에 불과한 것을 생각하면 한자 대신 한글을 사용할 수 있게 해 준 세종대왕은 참 고맙기 이를 데 없는 분이다. 한국에서는 이 훌륭한 문자언어를 기념하는 한글날이 공휴일 목록에서 쫓겨났는데, 미국의 시카고 대학 같은 데에서는 한글을 온 인류가 기념해야 할 유산이라고 생각하여 언어학과를 중심으로 "한글날" 기념행사나 기념파티를 하고 있는데 아이러니가 아닐 수 없다.

↗ |본|문|해|설|

The problem with illiteracy is it's so contagious.

illiteracy: ● ● ● ●

'문맹'. 물론 그 반대는 literacy(문자해득)이다. illiteracy에는 첫 음절에 강세가 없어서 이 두 단어가 거의 똑같이 들린다. 대개 많이 사용되는 형태는 형용사로 literate, illiterate이다. 그런데 이 단어들은 반드시 문자해득만을 뜻하는 것에서 더 확장되어 이제는 어떤 문제에 대해서 잘 알고 모르고를 가리킬 때에도 쓴다. 마치 컴퓨터를 기능적으로 못 다루는 사람을 '컴맹'이라고 하는 것과 비슷한 발상이다. 이처럼 I'm computer-illiterate.라고 쓸 수 있다. 또, 어떤 책이 유태인에 대해서 설명하여 유태인들에 대한 이해를 돕기 위한 책이라면 Jewish Literacy처럼 제목을 붙일 수도 있다.

At least 23% of American women are functionally illiterate.

functionally illiterate: ● ● ● ●

'기능적으로 문맹인'. 완전한 문맹이라면 철자도 못 읽는 것이겠지만 기능적으로 문맹이라면 글자를 조금은 알더라도 일상생활에서 필요한 만큼 적절한 속도와 범위로 해득을 못하는 것을 말한다. 기능은 대개 형태 또는 외관과 대조를 보이는 개념이어서 만일 I have a functional problem with my car라고 한다면 이 차는 운행을 할 수 없는 고장, 즉 drivability에 문제가 있는 것이다. 예를 들어 차에 조금 "기스"(scratches)가 나거나 약간 찌그러졌다면(dent) 이런 것들은 functional problem

은 아니다.

> **And since women are still the primary caretakers of children, the cycle continues to be passed down, from generation to generation.**

caretaker: ● ● ● ●
'돌봐주는 사람'. 일반적으로 아이들의 caretaker는 엄마, 가정보모, 보육원보모, 유치원 선생님 정도가 될 것이다. 이런 사람들은 늘 아이와 이야기를 하기 때문에 그 말에 독특한 단어, 구문과 억양이 사용되는데 이런 언어들을 teacherese, motherese라고 부르기도 한다.

pass down: ● ● ● ●
'세습하다'. pass는 pass on '전달하다/물려주다', pass over '넘기다', pass out '기절하다', pass away '죽다' 등 흔히 쓰이는 표현이 매우 많다. 형제들이 많을 때, 형이나 누나로부터 물건을 물려받는 것, 특히 헌옷가지나 장난감 등을 물려 쓸 때 이런 물건들을 hand-me-down, 복수로는 hand-me-downs라고 한다. 그러나 흥미로운 것은 미국에서도 성차별은 있어서 오빠가 쓰던 자전거는 물려서 여동생이 타지만 누나가 타던 여자용 자전거는 남동생이 물려 타지 않는다. 친구들에게서 놀림감이 되기 때문이다. 어떤 사람들은 만년필 같은 것을 3대, 4대씩 물려 쓰고 또 물려주곤 하고, 잘 닳지 않는 프라이팬(frying pan) 같은 것은 몇 대를 대물림하는 경우도 많다.

> **Coors would like to help you get involved in our nation's fight against illiteracy.**

help you get involved in⋯: ● ● ● ●
'당신이 ⋯에 참여하도록 도와주다'의 뜻인데 문맹퇴치 운동에 '참여'한다고 함으로써 이 말을 듣는 문맹인들의 자존심을 상하지 않도록 문구에 신경을 쓴 것을 볼 수 있다. 문맹퇴치 운동에 참여하는 것에는 스스로 문맹을 깨치는 것도 있을 수 있고 문맹을 벗어나도록 도와주는 것도 있을 수 있다.

이 재단이 실현하려는 가장 궁극적인 목표는 문맹을 퇴치하는 것이니까 이 문맥에서 일차적으로 의도된 것은 전자 즉, 문맹을 깨치도록 공부하는 것이고, 문맥상의 효과는 후자, 즉 문맹퇴치운동에 참여하는 자원봉사의 맛이 나도록 한 것이다.

our nation's fight against: ● ● ● ●

'…와의 범국민적인 전쟁'. 이런 표현은 our nation's fight against drug(마약과의 전쟁), our nation's fight against crimes(범죄와의 전쟁) 등처럼 흔히 사용할 수 있다. 특히 이런 구문에서는 우리말로는 '-와의'가 되지만 with를 쓰지 않는 것에 유의해야 한다. 실제로 어떤 Tour guide에게 미국인 관광객이 세종로에 있는 이순신 동상에 대해서 질문을 하자 Oh, it's the statue of Admiral Yi Soon-shin. He fought with Japanese in the 16th century.라고 했더니 미국인이 Against whom? 이라고 되물었던 적이 있다. 즉 '한일연합군'이 어떤 나라를 합동으로 쳐들어간 것으로 생각했던 것이다. fight란 단어는 동사로 쓸 때에는 with가 없이 바로 목적어를 쓰고, 명사로 쓸 때에는 전치사를 조심해서 써야 한다. 아마 동사로는 fight xx로 외워두고, 명사로는 fight with A against B for C와 같은 구문으로 정리해서 알아두면 좋을 것이다.

The problem with illiteracy is it's so contagious.

In America, illiteracy is spreading like the worst kind of disease. At least 23% of American women are functionally illiterate. And since women are still the primary caretakers of children, the cycle continues to be passed down, from generation to generation.

Coors would like to help you get involved in our nation's fight against illiteracy. Call 1-800-228-8813 and we'll send you information about volunteer and adult learning opportunities in your community. Do it now. And help us give women and their children a healthier future. *Literacy. Pass it on.*

Coors Foundation For Family Literacy.

문맹의 문제는 그것이 너무나도 강한 전염성을 가지고 있다는 것입니다.

미국에서는 문맹이 최악의 질병처럼 확산되고 있습니다. 최소한 23%에 해당하는 여성들이 기능적으로 문맹입니다. 아이들을 돌보아 주는 사람들은 주로 여성들이기 때문에 이 순환은 한 세대에서 다음 세대로 계속 대를 물리고 있습니다.

Coors회사는 당신이 범국민적으로 시행하고 있는 문맹과의 전쟁에 참여할 수 있도록 도와드리고 싶습니다. 1-800-228-8813으로 전화를 주시면 당신이 거주하고 계신 곳에서 자원봉사를 하거나 학습을 할 수 있는 기회에 대한 안내문을 보내드리겠습니다. 지금 전화를 주십시오. 저희가 여성들과 그 자녀들에게 더 밝은 미래를 줄 수 있도록 힘을 더해 주십시오. 문자해득. 그것을 대대로 물려줍시다.

가족의 문자해득을 추구하는 Coors 재단.

Models courtesy of The LEGO Group.

HOW DOES IT FEEL?

Imagine this.

You've lived all your life at peace. Home, family, friends, all normal. Then, without warning, your whole world changes.

Overnight, lifelong neighbours become lifelong enemies. Tanks prowl the streets and buses burn. Mortar shells shatter the mosques. Rockets silence the church bells.

Suddenly everything you've known and owned and loved is gone and, if you're lucky enough to survive, you find yourself alone and bewildered in a foreign land.

You are a refugee.

How does it feel?

The fact is, refugees are just like you and me, except that they have nothing. And that's exactly what they'll always have unless we help.

We're not asking for money (though every penny helps), but only this:

When you do meet a refugee, imagine for

a moment what it must be like, and then show her your smile. Instead of your back.

It may not seem much. But to a refugee it can mean everything.

UNHCR is a strictly humanitarian organization funded only by voluntary contributions. Currently it is responsible for more than 19 million refugees around the world.

**UNHCR Public Information
P.O. Box 2500
1211 Geneva 2, Switzerland**

Newsweek

United Nations High Commissioner for Refugees

난민과 이민*

전 세계적으로 난민(refugee)의 문제는 매우 심각하다. 무엇보다도 난민들은 비인간적인 고통 때문에 본토를 탈출하고, 이들이 외지에서 당하는 고통 또한 비인간적이기 때문이다. 난민은 주로 경제적, 정치적, 종교적인 이유로 박해를 받아 이를 피하려고 고향을 떠난 사람들을 가리킨다. 현재 세계에는 2천만 명에 가까운 난민들이 있는데, 국경을 넘지 못하고 국내 타지에 떠도는 사실상의 난민이 2천 5백만 명이나 되고, 여권도 없이 타국에 밀입국해서 떠도는 사람들은 미국에만도 3백만 명이 있으며, 매년 30만 명씩이 늘고 있다고 한다. 통계에 따르면 1990년대에는 하루 평균 만 명이나 되는 난민이 생겨난 해도 있었다. 이 난민들의 문제를 해결하기 위한 유엔 기구가 UNHCR이다.

미국은 세계 각지에서 사람들이 이민으로 들어오거나 불법으로 들어와 나중에 정식 국민으로 대우를 받게 된 사람들로 이루어져 왔다. 우리나라의 경우에도 현재 미국에 2백만 명 이상의 이민자들이 살고 있는데, 1902년 하와이 사탕수수 농장에 노동자로 700명이 이민을 간 것이 처음이라고 한다. 지금도 하와이에는 한국계 미국인들 사이에 한국어, 일본어, 영어가 서로 혼성된 소위 Hawaiian Pidgin English를 쓰는 사람들도 있다. 미국 내의 여러 민족들은 소위 ethnic community를 형성하고 있어서 각각 자기네끼리의 구역을 형성하고 산다. 어떤 도시들은 거의 모든 거주자가 한 민족으로 되어 있는 경우도 있다. 미국 내 일부 대학도 거의 모든 학생이 유태인이거나 흑인인 경우도 있다. 사람들은 역시 자기와 다른 것과 조화를 이루면서도 자기와 같은 것과 일체감을 느끼며 살아야 마음이 편안한가 보다.

|본|문|해|설|

How does it feel?

How does it feel?: ● ● ● ●

'그 기분이 어때요?' feel은 특이하게 감정을 느끼는 주체, 즉 사람을 주어로 쓰기도 하고, 감정을 느끼게 해 주는 객체 즉 사물을 주어로 쓰기도 한다. 다만 뉘앙스만 좀 다르다. How do you feel?이라 하면 상대가 주체적으로 느끼는 감정에 초점이 있고, How does it feel?이라 하면 그 상황에 대한 상대방의 판단에 초점이 있다.

Home, family, friends, all normal. Then, without warning, your whole world changes.

without warning: ● ● ● ●

'경고도 없이'. 즉 '예고도 없이, 별안간'의 뜻이다. 뒷부분이 부정적인 내용이기 때문에 warning을 썼다. 중립적인 내용이라면 without notice, without advance notice, without notice in advance처럼 쓴다. 회사가 직원을 파면할 때, 세입자가 건물주의 집에서 이사 나갈 때, 얼마 동안의 기한 전에 사전통보를 할 때 이런 표현을 쓸 수 있다.

○ The employer must give a 30 day advance notice to the employee before dismissal.

'고용주는 피고용인에게 파면 30일 전에 통보해야 한다.'

Tanks prowl the streets and buses burn.

tanks prowl the streets: ● ● ● ●

'탱크가 거리를 누빈다'. prowl은 전형적으로 사자가 밀림을 누비며 다니는 것을 연상시킨다. 그러나 도둑들이 활개치고 다니는 것도 이렇게 표현할 수 있다.

⟫ Thieves prowl the city at night when the police is not on patrol.
'경찰이 순찰을 안 할 때는 밤에 도둑들이 설치고 다닌다.'

Rockets silence the church bells.

silence: ● ● ● ●

'조용하게 하다'. 이 단어를 동사적으로 쓰는 용법을 주의해 둘 필요가 있다. 이 동사에서 파생하여 흔히 볼 수 있는 단어로 silencer가 있는데, 이것은 총 같은 데에 붙여서 소리를 안 나게 하는 장치로 흔히 액션영화에서 저격수(sniper)가 쓰는 총에 붙어 있는 것이다.

The fact is, refugees are just like you and me, except that they have nothing. And that's exactly what they'll always have unless we help.

what they'll always have: ● ● ● ● ●

'그들이 늘 가질 것'. 여기서는 have의 목적어가 사실상 nothing '아무 것도 못 가짐'이다. 영어에서는 부정성이 명사에도 들어 있어서 여기서처럼 nothing이 have의 목적어가 될 수 있지만, 한국어에서는 부정성이 주로 동사, 형용사에만 붙을 수 있다. 따라서 문자적으로 '없는 것을 가지다'가 한국어로는 성립되지 않는다. 이것이 영어와 한국어의 큰 차이 중에 하나이다.

⊙ Nobody went home.

없는 사람이 집에 갔다. 아무도 집에 가지 않았다.

⊙ I ate nothing.

아무 것도 없음을 먹었다. 아무 것도 못 먹었다.

⊙ Nothing happened.

아무 것도 없음이 일어났다. 아무 일도 일어나지 않았다.

미국인들도 영어에 있는 이 현상이 특별하다는 것을 알고 있어서, 한 약장수가 Nothing is better than this medicine.이라고 하자 고객이 Then, give me 'nothing'.이라고 대답했다는 농담도 있다.

We're not asking for money (though every penny helps), but only this:

every penny helps: ● ● ● ●

'1원도 도움이 된다, 한 푼도 소중하다'. 이와 비슷한 표현으로 every penny counts라고 쓸 수 있다.

⊙ Let's protest to the government. Send letters. Everybody counts.

'정부에 항의합시다. 서신을 보냅시다. 한 사람도 소중합니다.'

When you do meet a refugee, imagine for a moment what it must be like, and then show her your smile. Instead of your back.

what it must be like: ● ● ● ●

'그게 어떤 것인지'. 이와 같이 what xxx is (really) like를 알아두면 유용하게 쓸 수 있다. 예를 들어, I will show you what Taekwondo is really like. '태권도가 뭔지를 보여 주마. 태권도의 진수를 보여 주겠다'.

How does it feel?

Imagine this.

You've lived all your life at peace. Home, family, friends, all normal. Then, without warning, your whole world changes.

Overnight, lifelong neighbours become lifelong enemies. Tanks prowl the streets and buses burn. Mortar shells shatter the mosques. Rockets silence the church bells.

Suddenly everything you've known and owned and loved is gone and, if you're lucky enough to survive, you find yourself alone and bewildered in a foreign land.

You are a refugee.

How does it feel?

The fact is, refugees are just like you and me, except the they have nothing. And that's exactly what they'll always have unless we help.

We're not asking for money (though every penny helps), but only this:

When you do meet a refugee, imagine for a moment what it must be like, and then show her your smile. Instead of your back.

It may not seem much. But to a refugee it can mean everything.

UNHCR is a strictly humanitarian organization funded only by voluntary contributions. Currently it is responsible for more than 19 million refugees around the world.

Models courtesy of The LEGO Group.

해석

기분이 어때요?

이런 상황을 생각해 보세요.

당신은 지금까지 평화롭게 살아 왔습니다. 가정, 가족, 친구들, 모두 다 정상적으로. 그러다가, 느닷없이 세상이 변합니다.

평생 이웃으로 살던 사람들이 하룻밤 사이에 평생의 적으로 변합니다. 탱크가 거리를 누비고, 버스들이 불탑니다. 박격포탄이 모스크회당을 산산조각으로 만들고, 로켓포가 교회 종소리를 멈추게 합니다.

지금까지 당신이 알아오고, 소유해 오고, 사랑했던 모든 것들이 순식간에 사라져 버리고, 당신은 그나마 운이 좋아 이 속에서 살아남았지만, 당신은 혼자되어 이국땅에서 황망해 하고 있습니다.

당신은 이제 난민입니다.

느낌이 어떠십니까?

사실 따지고 보면, 난민은 당신이나 나와 똑같은 사람들입니다. 다른 점이라면 난민은 아무 것도 가진 게 없다는 것이지요. 아무 것도 없다는 것, 바로 그것입니다.

우리가 그들을 도와주지 않으면 그들은 늘 아무 것도 갖지 못할 것입니다. 우리는 돈을 바라지 않습니다. (물론 단돈 1원이라도 크게 도움이 되지만). 우리가 바라는 것은 이것 한 가지입니다.

당신이 난민을 만날 때, 난민이 된다는 게 어떤 것일지 잠깐만이라도 상상을 해보고, 그에게 미소를 보여 주십시오. 등을 돌리지 마시고. 별 대단한 것이 아닌 것처럼 보일 수도 있습니다.

그렇지만 난민에게 그것은 큰 의미가 있습니다.

UNHCR은 자원 헌금에 의해서만 운영되는 철저하게 인도적인 단체입니다. 현재 저희는 전 세계 1900만 명의 난민을 책임지고 있습니다.

(모델은 레고 그룹 제공)

The resource is people. The tools are education and training. We offer our partners these tools in many disciplines, from oil exploration to finance. We have even provided technical and academic courses at universities. These tools are offered to our employees in the countries where we operate. But, in the end, they benefit us all. Because by helping build a country's work force, we're also developing an industry's next generation of leaders.

Chevron
The symbol of partnership.

⚠ |문|화|해|설|

자동차가 급속도로 많아지면서 저절로 나타난 현상 중에 하나가 주유소가 늘어나는 것이다. 미국의 대부분 지역에서는 인구가 밀집되어 있지 않아 주유소가 별로 없는 곳이 많고 그래서 장거리 여행을 할 때에는 주유소가 눈에 띌 때마다 무조건 기름을 넣으라는 말도 있다. 세계적인 정유 회사인 쉐브론의 광고문을 살펴보면서 미국의 주유소와 쉐브론 문양에 대해 간단하게 살펴본다.

주유소*

　최근 한국의 주유소는 미국의 주유소와 많이 비슷해져 가고 있다. 즉 주유소 옆에 대개 간단한 경정비를 하는 곳이 딸려 있거나, 자동세차장이 같이 있거나, 안에 간단한 편의점이 같이 있는 것 등이다. 그래도 아직 미국의 주유소와 한국의 주유소는 몇 가지 점에서 다르고 이런 차이는 미국에 가서 당장 직면하게 되는 문제이므로 잘 알아둘 필요가 있다. 우선 미국의 주유소는 Full Service Pump와 Self Service Pump가 나뉘어 있다. Full Service칸으로 들어가게 되면 종업원이 나와서 기름을 넣어 주고, 각 타이어의 공기압력을 체크해주고 앞 뚜껑(hood라고 함)을 열고 브레이크 액, 워셔 액, 엔진 오일(미국에서는 motor oil이라 함)을 체크해준다. 물론 Self Service보다 많이 비싼데 대개는 할머니들이 Full Service를 자주 이용한다. 또 다른 점은 휘발유가 옥탄가에 따라 regular, premium, super 등으로 나뉘어 있고 그 값도 다르다. 비싼 차들은 고급 휘발유만 쓰도록 하기 위해 차의 휘발유 탱크 구멍이 작고 주유펌프의 싼 휘발유 주유기 노즐은 굵어서 안 들어가게 되어 있다. 또 우리나라에서는 보통 플라스틱 통에 기름을 넣어 가기도 하지만 미국에서는 방화를 방지하기 위해서, 보통 통에 기름을 넣으면 즉시 소방관이 나와서 딱지를 뗀다.

　여기 회사의 로고에 나타난 갈매기모양의 띠를 쉐브론(Chevron)이라고 한다. 원래 쉐브론은 중세시대의 기사들의 갑옷이나 방패 등에 문양으로 흔히 사용되어 일종의 기사도와 정의감, 봉사정신 등이 이것과 연상작용을 일으키고 있는 것 같다. 우리나라의 경우에도 그렇고 많은 나라에서는 쉐브론으로 군대 부사관의 계급을 표시하는 데 사용한다. 이 회사는 1930년경부터 이처럼 쉐브론이 들어 있는 로고를 사용했는데 이 로고가 주유소 표지판으로 등장해 큰 인기를 모았다고 한다. 그 역사적인 이미지도 그렇고, 또 불어에서 들어온 발음이 주는 고상한 이미지 때문에 크게 유행한 것이 아닌가 싶다. 미국에서 가장 흔하게 볼 수 있는 주유소가 이 쉐브론 주유소이다.

▲ |본|문|해|설|

> **We have tools to help you develop the most important resource of all.**

the most important resource of all: ● ● ● ● ▬▬▬▬▬▬

'가장 중요한 자원'. the most ⋯ of all과 같이 of all을 최상급과 함께 쓰면 '무엇보다도'의 의미가 있어 더 강한 느낌을 준다. 여기에서의 자원은 물론 '사람, 인력'을 가리키는 것이기 때문에 최상급을 쓴 것에 대해 시비를 할 '사람'은 없을 것이다. 일반적으로 resource라 할 때에는 자원을 가리키고 따라서 natural resources라 하면 천연자원 주로 지하자원을 가리킨다. 석유회사가 자원을 언급하게 되면 석유를 가리키는 것일 거라고 추측하게 될 것이다. 더구나 '가장 중요한 자원'이라고 하면 더더욱 석유를 가리키는 것으로 생각하게 된다. 이런 점을 역이용해서 가장 중요한 자원은 '사람'이라고 말하고 있다. resource라는 단어는 사람에 따라서 어떤 사람은 '리쏘스'로, 어떤 사람은 '리조스'로 발음하는 것을 주의해 알아 둘 필요가 있다.

> **We offer our partners these tools in many disciplines, from oil exploration to finance.**

offer our partners these tools: ● ● ● ● ▬▬▬▬▬▬

'우리 동반자에게 이 도구들을 제공해 드립니다'. 이 offer란 단어는 여기서처럼 offer A B라고 하면

A에게 B를 제공한다, 권한다는 뜻을 가진 구문이 된다.

> He offers a teenage girl a drink — Now I know he has a screw loose.
> '십대소녀한테 술을 권하다니 그 친구 머리가 약간 돌았구만'

discipline: ● ● ● ● ▬▬▬▬▬▬▬

'분야'. 원래 이 단어는 다양한 뜻을 가지고 있다. 학문 분야를 area라고도 하는데 discipline을 쓰면 더 학술적이고 전문적인 느낌을 준다. 요즘은 학문분야들 간의 벽이 허물어지고 학문분야간 교류가 활발해서 소위 interdisciplinary research '학제 간 연구'라는 새로운 개념이 생겨나고 있다. 일반적으로 군대에서의 '군기' 또는 학교에서의 '풍기' 등을 discipline이라고 해서 군대의 구호나 학교 급훈에도 Discipline! '군기 확립!' '교풍 확립!' 등으로 자주 사용된다. 흥미로운 것은 이와 같은 일을 위해 필요한 훈련을 discipline이라고 해서 self-discipline이라고 하면 '자기 수양'이 되고, 벌을 주는 것도 discipline이라고 한다.

> The youth are not quite respectful to the elderly. What do you think?
> '요즘 젊은이들이 노인들을 별로 공경하지 않는데 당신 생각은 어때요?'
> Yeah, I think it's all because of the lax discipline.
> '그게 다 기강이 해이해져서 그래요.'

But, in the end, they benefit us all.

they benefit us all: ● ● ● ● ▬▬▬▬▬▬▬

'우리 모두를 유익하게 합니다'. 한국 학생들 사이에서는 benefit을 대개 명사로만 사용하는데 benefit은 동사로도 빈번하게 쓰이고 또 '-에게 도움을 주다'라는 타동사 형식이어서 이렇게 동사로 사용하면 한결 멋이 있다. 또 수동태로 자주 쓰여서 I was greatly benefited from seeing him.처럼 쓰인다. '그를 만나서 덕을 봤다, 도움을 입었다' 등의 뜻이 된다.

in the end: ● ● ● ●

'결국에 가서는, 결과적으로는'. 우리가 흔히 '궁극적으로는'이란 말을 자주 사용하는데 이에 해당하는 표현이다. ultimately를 써도 마찬가지 뜻이다. 단순하게 순서상으로 끝 부분을 가리킬 때에는 at the end를 쓴다. 기다리던 상황이 기다림 끝에 드디어 생겨날 때에는 at last 또는 at long last를 쓴다.

○ What happened to the prince and the beauty in the end?

  '결국 왕자와 미인은 어떻게 됐어요?'

○ They married and lived happily ever after. That's how the story goes.

  '결혼해서 끝까지 행복하게 잘 살았대요. 얘기가 그렇게 됐대요.'

> **Because by helping build a country's work force, we're also developing an industry's next generation of leaders.**

work force: ● ● ● ●

'일꾼들, 역군들'. 포괄적인 의미의 노동력을 가리키는 것인데 비슷한 개념으로 manpower라고 하는 것이 있다. 이 manpower는 여성인권운동가들이 man에 대한 불만을 가지고 있어서 요즘은 work force라는 용어로 바뀌어 사용되고 있다.

an industry's next generation of leaders: ● ● ● ●

'한 산업의 차세대 지도자들'. 차세대란 말이 영어로 좀 어려울 듯해도 생각해 보면 아주 쉽다. 이 next generation이란 표현은 복합어로 만들 때 형용사적으로도 잘 쓰여서, next generation computer '차세대 컴퓨터', next generation technology '차세대 테크놀로지'처럼 쓰인다.

We have tools to help you develop the most important resource of all.

The resource is people. The tools are education and training. We offer our partners these tools in many disciplines, from oil exploration to finance. We have even provided technical and academic courses at universities. These tools are offered to our employees in the countries where we operate. But, in the end, they benefit us all. Because by helping build a country's work force, we're also developing an industry's next generation of leaders.

Chevron.

They symbol of partnership.

우리는 세상에서 가장 중요한 자원을 개발하는 도구를 가지고 있습니다.

자원은 사람입니다. 도구는 교육과 훈련입니다. 우리는 우리 동업자들에게 석유 탐사로부터 재정에 이르기까지 다양한 분야에서 이러한 도구를 제공하고 있습니다. 우리는 심지어 대학에서 기술적인 강좌나 학술적인 강좌를 제공하기까지 하였습니다. 이 도구들은 우리 기업이 사업을 펼치고 있는 각 나라들의 우리 종업원들에게 제공되고 있습니다. 그러나 결국에는 그들이 우리 모두에게 혜택을 주고 있습니다. 한 나라의 산업역군들을 형성하는데 도움을 줌으로써 우리 또한 한 산업의 차세대 지도자들을 육성시키고 있는 것이기 때문입니다.

Chevron.

동반자의 상징.

To know who we are just look at where we've been.

Within each country live the histories and hopes of millions of people. Honoring their differences guides how we do business. As one of the world's largest international petroleum companies, Chevron has established lasting partnerships with more than 70 nations. We share innovative technologies, provide numerous job opportunities and maintain some of the highest environmental standards on earth. Together we not only develop petroleum resources for today, we help deliver prosperity for tomorrow.

Chevron

The symbol of partnership.

석유산업*

세계적으로 가장 중요한 자원 중의 하나인 석유는 그 매장량에 있어서나 생산에 있어서 그리고 그 비축량에 있어서 미국이 으뜸가는 나라이다. 1970년대에는 석유를 가장 많이 생산하던 시기였고 따라서 이때에 석유를 개발하던 텍사스를 비롯한 몇 주에는 돈이 넘쳐나게 되었다. 따라서 석유사업을 통해 갑부가 된 세계적인 부자들이 천문학적인 발전기금을 내고 주 정부도 엄청난 돈을 학교 발전을 위해 투자하게 되어 석유산업은 텍사스 대학을 비롯한 여러 남부쪽 대학들이 세계적인 명문대학이 되도록 하는 데에 크게 기여했다. 그러나 석유는 한 번 고갈되면 다시 채워지지 않는다는 것을 우려한 사람들이 석유 생산의 자제를 요구했고 따라서 현재 미국은 생산량을 과감하게 줄였다. 단적으로 1920년대에는 미국이 전 세계 석유생산의 63%에 해당하는 석유를 생산했는데 요즘은 전 세계 생산량의 2% 남짓밖에 생산하지 않고 있다. 현재로는 중동지역의 석유가 전 세계 석유 생산량의 67% 정도로 1위이고 미국은 원래 덩치가 크다 보니 적게 생산을 해도 순위상으로는 그래도 2등이다. 이처럼 생산량을 줄이게 되자 미국은 생산하는 것보다 더 많은 양의 석유를 수입하고 있다. 전 세계의 석유자원이 고갈될 때에 풍성한 에너지를 쓰기 위해서 참고 있는 셈이다. 이 사람들의 "통 큰 정책"에는 감탄하지 않을 수 없다. 현재 전 세계적으로 석유개발에 참여하고 있는 회사들은 미국의 4개 기업이 가장 주도적이다. 이 회사들은 전 세계를 무대로 석유개발을 하고 있다. 석유개발은 환경오염이 부수적으로 따르는 산업이기 때문에 석유회사들이 환경 보존을 위해 막대한 지원을 하고 있다. 또한 이러한 노력을 하고 있는 회사의 이미지를 널리 알리려고 홍보용 광고도 폭넓게 내고 있다.

|본|문|해|설|

Honoring their differences guides how we do business.

honoring their differences: ● ● ● ●

'그들의 차이점을 존중하는 것'. 이런 맥락에서 respect와 같은 의미를 가지는 honor를 사용한 것을 주시해 볼 만하다. honor는 단순한 존중이 아니라 좀 더 영광스럽고 도덕적인 판단과 관련된 존중이라고 볼 수 있다. 사실상, 인간사회에서 차이점을 존중하는 일은 여간 어려운 일이 아니다. 사람은 다른 동물들과 마찬가지로 자기와 다른 것에 대해서는 배타적이 되도록 되어 있다. 인종차별, 교육차별, 빈부차별 등은 모두가 이런 '다른 점'에 대해 관용하지 못하는 데에서 오는 것이다.

● Nancy and I are just not cut out for each other. She's always too rash.

'낸시하고 난 정말 안 맞아. 낸시는 너무 덤벙대.'

● Joe, you must honor her differences.

'죠, 낸시가 너와 다른 점을 존중해 줘야지.'

do business: ● ● ● ●

'업무를 수행하다'. 한국어에서는 동사로 쓸 때 '…하다'가 흔히 사용되기 때문에 '공헌하다', '제안하다' 등에서 do를 사용하는 오류를 흔히 범하기 쉬운데 business는 do를 쓰면 제대로 쓰는 것이다. business는 원래 영리를 목적으로 하는 일을 가리키는 것이었지만 요즘은 오히려 '본격적인' '진지한' 성격이 강조된다. 예를 들어 I mean business라고 하면 '나 이거 농담 아냐' 하는 표현이 된다.

As one of the world's largest international petroleum companies, Chevron has established lasting partnerships with more than 70 nations.

one of the world's largest···: ● ● ● ● ●

영어에서 최상급을 쓸 때에는 거의 항상 one of ···를 동반하는데 그것은 정말 최고인지에 대해 논란의 여지가 있기 때문이다. 대개 광고문에서는 최상급을 쓰면 인용하는 통계자료를 함께 표시하든지 아니면 작은 글씨로 색인을 붙이고 난외에 주석으로 통계의 출처를 표시한다.

petroleum: ● ● ● ●

'석유'. 통칭 석유를 가리킬 때 petroleum을 쓴다. 그러나 영국에서는 petrol이라 하면 자동차 휘발유를 가리키는데 미국에서는 자동차 휘발유는 gas 또는 gasoline이라 한다. '가스'도 gas라고 하기 때문에 미국에서는 gas라 하면 휘발유와 가스 양쪽이 가능하기 때문에 모호하다. 그래도 대개는 오해 없이 잘 사용한다. 미국에서는 가정 연료가 거의 대부분 도시가스이다. 이 도시가스 제공업체는 gas company라 하고 주유소는 gas station이라 하는 데에서 차이가 있다.

We share innovative technologies, provide numerous job opportunities and maintain some of the highest environmental standards on earth.

job opportunity: ● ● ● ●

'일자리'. 영어에서 job은 대개 고용과 관련된 용어로서보다는 '일' 자체를 가리키는 경우가 많아서 '정말 잘했다!'라고 할 때에 You did a good job! 혹은 간단하게 Good job!이라고 한다. 따라서 구체적으로 고용과 관련해서는 job opportunity라고 쓰는 것이 흔하다. 구직광고에도 광고제목으로 흔히 쓰인다. 때로는 Now Hiring(현재 직원 모집 중)이란 사인을 내 걸기도 한다.

⊙ I'm calling for your job opportunity.

'일자리에 대해 알아보려고 전화했는데요.'

---

maintain high standards: ● ● ● ● ━━━━━━━━

'높은 수준을 유지하다'. standard는 대개 복수로 쓰는데 단순히 수준보다는 규범, 또는 요구되는 수준을 가리킨다. 따라서 she has high standards라고 하면 '눈이 높다'는 뜻이다. maintain high standards란 표현은 높은 기대수준을 타협함이 없이 유지한다는 뜻이다.

⊙ How come you have no boy-friend yet?

'넌 어째 아직도 남자애인 하나도 없냐?'

⊙ Well, there doesn't seem to be anyone that suits me.

'글쎄 나한테 맞는 남자가 없는 것 같애.'

⊙ Isn't it that you have too high standards?

'네가 눈이 너무 높아서 그런 거 아냐?'

⊙ No. Anyone who's handsome, smart, rich, kind and loving will be fine.

'아냐, 그냥 잘 생기고 똑똑하고 돈 많고 친절하고 날 사랑해 주는 남자면 다 괜찮아.'

> **Together we not only develop petroleum resources for today, we help deliver prosperity for tomorrow.**

deliver prosperity: ● ● ● ● ━━━━━━━━

'번영을 가져오다'. 관용적인 표현은 아니지만 deliver란 표현을 씀으로써 마치 Chevron 회사가 미래에 번영을 '배달하는' 것 같은 강한 이미지를 준다. 아이를 낳는 일은 엄마가 매체가 되어 뱃속의 아이를 바깥쪽으로 '배달'하는 일이기 때문에 분만실을 delivery room이라고 부른다.

To know who we are just look at where we've been.

Within each country live the histories and hopes of millions of people. Honoring their differences guides how we do business. As one of the world's largest international petroleum companies, Chevron has established lasting partnerships with more than 70 nations. We share innovative technologies, provide numerous job opportunities and maintain some of the highest environmental standards on earth. Together we not only develop petroleum resources for today, we help deliver prosperity for tomorrow.

Chevron.

The symbol of partnership.

우리가 어떤 회사인지를 알고 싶으시면 우리가 어디에 가보았는지를 보시면 됩니다. 각 나라에는 수백만 사람들의 역사와 희망이 살아 있습니다. 그 다양함을 존중하는 마음이 우리의 사업 방향을 인도해 줍니다. 세계 최대 규모의 국제석유회사 중의 하나인 Chevron은 70여 개의 나라들과 함께 지속적인 동반자 역할을 맺고 있습니다. 우리는 함께 혁신적인 기술을 공유하고, 수없이 많은 일자리들을 제공하고, 지구상에서 가장 차원이 높은 환경규범들을 지키고 있습니다. 우리는 모두 함께 오늘을 위해 필요한 석유자원을 개발할 뿐 아니라 내일을 위한 번영을 가져오도록 노력하고 있습니다.

Chevron.

동반자의 상징.

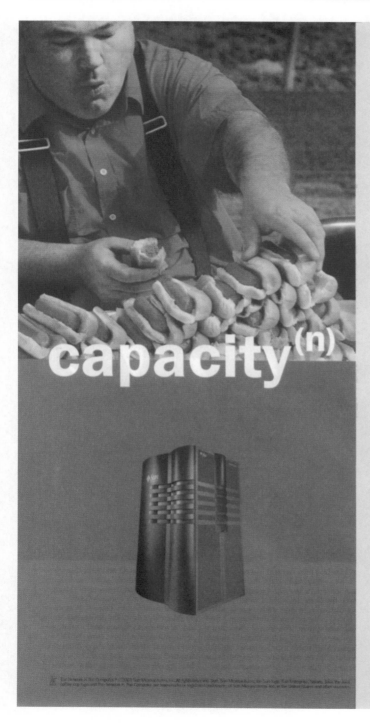

Sun Enterprise 10000 Server | **n**th ready

It consumes data like it's got an iron stomach. Which, of course, it does.

When you're looking for a mainframe-class server to run the most demanding, multi-terabyte applications, you need a heavyweight. You need a rock. You need the Sun Enterprise 10000 server running on the Solaris Operating Environment — a powerful combination for all your mission-critical applications. For the performance-hungry, the E10000 can go from 4 to 64 processors while the system is still running. For increased uptime and reliability, you can create up to 16 domains within a single cabinet or cluster up to eight E10000s together. All this makes the E10000 the optimal platform for your database or ERP applications. So go ahead and order everything on the menu. The E10000 will devour it in a hurry.

The E10000 eats the competition for lunch:

Features	Sun	IBM-AIX, HP-UX
64 SMP CPUs in a Single Cabinet	1993	not yet
Full Dynamic Partitioning	1997	not yet
Hot Swap CPU and Memory	1997	not yet
InterDomain Networking	1999	not yet
Automated Dynamic Reconfiguration	2000	not yet
Clustered File Systems	2000	not yet
Global Network Services	2000	not yet

sun.com/e10k

take it to the nth **Sun** microsystems

컴퓨터를 다루는 사람들의 관심은 용량과 속도인데 이것을 컴퓨터의 파워라고 보고 있다. 이 광고문에서는 강력한 용량과 속도를 가진 컴퓨터를 선전하기 위해 건장한 사람이 먹기대회에서 핫덕(hot dog)을 먹는 장면을 모티브로 하고 있다. 이런 계기에 미국사회에서의 먹기대회에 대해 간단하게 살펴보기로 한다.

먹기 대회*

　미래지향적인 사람들은 대개 현실에 불만을 갖고 있다고 하는데, 미국인들처럼 '발전'에 정신을 빼앗기고 있는 사람들이 낙천적인 생활태도를 갖고 있는 것은 특이한 일이다. 이들의 낙천적인 태도는 늘 유머를 즐기고 자주 파티를 벌이고 모르는 사람들에게도 상냥한 데에서 잘 나타난다.

　미국인들의 파티는 그 종류가 매우 다양한데 그 중 흥미로운 것은 먹기대회행사들이다. 여기 광고에 나오는 것처럼 핫덕(hot dog)을 먹는다든가(미국에서 핫덕이라 하면 핫덕은 물론 빵까지 포함된다), 매운 고추를 먹는다든가, 팬케이크를 먹는다든가, 손을 뒤로 묶은 채 파이를 먹는 등 별별 대회가 다 있고 따라서 별별 챔피언도 다 있다. 흥미로운 기록들을 보면 3분 동안 세상에서 가장 매운 고추인 삐노이 고추를 350개 먹은 기록, 스파게티 한 접시를 2초만에 먹은 기록, 한 자리 앉아서 갈비를 65대 먹은 기록, 바닷가재를 56파운드(약 26킬로) 먹은 기록, 팬케이크를 5분에 22개 먹은 기록, 삶은 계란을 2분에 11개 먹은 기록, 핫도그를 12분에 25개 먹은 기록, 중국식 고기만두빵을 12분에 30개 먹은 기록, 심지어는 콜라드 배추를 7파운드 먹은 기록도 있다. 대개 먹기 대회에서는 토하면 실격인데 대부분 토하는 사람들이 많기 때문에 토하는 장소를 따로 지정해 놓기도 한다. 먹기대회에는 늘 앰불런스와 의사가 응급사태를 위해 대기한다. 한국에 주둔해 있는 주한미군들도 간혹 뜨거운 라면먹기 대회를 하는데 미국인들은 면 종류를 모두 포크에 돌돌 말아 호호 불어서 차갑게 해서 먹기 때문에 미군들이 라면 한 그릇을 먹으려면 무척 오래 걸린다.

따라서 라면마라톤에서는 뜨거운 라면에 익숙한 한국군 배속병인 카투사(KATUSA: Korean Augmentation To U. S. Army)들이 상을 싹쓸이하는 게 전통이다. 이처럼 지위고하, 남녀노소를 막론한 먹기대회는 미국인들의 낙천적인 생활태도를 보여 주는 대표적인 예이다.

|본|문|해|설|

> It consumes data like it's got an iron stomach. Which, of course, it does.

an iron stomach: ● ● ● ●

'철판 위장'. 뭐든지 먹을 수 있고 소화시킬 수 있다는 뜻이다. 먹는 것과 관련해서 너무 배고플 때에는 I'm so hungry, I think I can eat a horse(말을 한 마리 먹어치울 수 있을 것 같애) 또는 I think I can eat anything that isn't moving(살아서 꿈틀대는 것만 아니면 다 먹을 수 있을 것 같애)라는 말을 쓴다. 살아서 움직여야 더 값이 비싸게 나가는 생선회를 생각하면 이런 말은 한국 사람에게는 안 맞는 말이다. 컴퓨터는 데이터 처리장치가 쇠로 되어 있으니 철통위장이란 말이 문자적으로 맞는다.

> When you're looking for a mainframe-class server to run the most demanding, multi-terabyte applications, you need a heavyweight.

most demanding: ● ● ● ●

'가장 힘든, 아주 힘든'. 뭔가가 힘들다고 할 때 difficult만을 연상하는 경우가 많은데 demanding은 아주 좋은 표현으로 알아둘 만하다. '요구를 많이 하는'이란 뜻이므로 곧 '힘드는'이란 말이 된다.

Oh, this is a demanding job.

'야 이 일 정말 힘들다!'

He is working for a very demanding boss.

'그 친구 깐깐한 상사 밑에서 일하고 있어.'

For the performance-hungry, the E10000 can go from 4 to 64 processors while the system is still running.

performance-hungry:

'일처리를 제대로 하기를 갈망하는'. 영어에서는 '-hungry'를 이용하여 새로운 표현들을 잘 만들어낸다. 예를 들어 '인기에 급급한'은 popularity-hungry, '명성에 급급한'은 fame-hungry, '공부를 하고 싶어 못 견디는'은 education-hungry 등으로 표현할 수 있다.

For increased uptime and reliability, you can create up to 16 domains within a single cabinet or cluster up to eight E20000s together.

uptime and reliability:

'컴퓨터 가용시간과 신뢰도'. 컴퓨터가 생겨나면서 영어에 새로 등장한 표현이 down-time인데 컴퓨터가 문제가 생겨서 사용할 수 없는 시간을 가리킨다. 이에 반대되는 표현으로 최근 새로 생겨난 것이 uptime이다.

Is the computer up yet?

'컴퓨터가 이제 제대로 돼요?'

No, it's still down.

'아니오, 아직도 안 돼요.'

So go ahead and order everything on the menu.

go ahead: ● ● ● ●

'자, 어서 하세요'. 문자적으로는 '앞으로 나가세요'인데 하고 싶은 바를 망설이지 말고 하라는 것이다. 상대방이 뭔가를 쓰고 싶어할 때 '염려 말고 쓰십시오'라는 뜻으로 편리하게 쓸 수 있다.

▶ May I use your cell phone one sec?

'휴대전화 좀 잠깐만 빌려 써도 될까요?'

▶ Go ahead. Here you are.

'자, 어서 쓰세요. 여기 있습니다.'

The E10000 will devour it in a hurry.

in a hurry: ● ● ● ●

'순식간에'. 이와 비슷하게 요즘 구어체에서 자주 쓰이는 표현으로 'in a jiffy'라는 표현이 있다. 원래 jiffy란 100분의 1초를 나타내는 실제 단위였지만 이런 사실을 아는 사람은 거의 없다. 그러나 jiffy 가 짧은 시간을 나타내는 단어로 널리 통용되고 있기 때문에 일을 금방 처리해 주는 곳이란 뉘앙스를 갖는 상호명으로 Jiffy가 자주 쓰인다. 대표적인 예로는 자동차 엔진오일(영어에서는 motor oil) 교환업소 중에 Jiffy Lube라는 체인점이 있다. 물론 Lube는 lubricating oil(윤활유)의 약어이다.

take it to the nth

take it to the nth: ● ● ● ●

'무한대로 확장시키십시오'. 원래 숫자의 제곱 (x2), 세제곱 (x3) 등에서 불특정수제곱을 n제곱, n승 (xn)이라고 하는데 이것을 영어로는 nth라고 한다. 여기서는 용량이 무한하다는 것을 수학적 표시를 써서 capacity(n)이라고 함으로써 더 수학적이고 과학적인 느낌을 주고 있다.

It consumes data like it's got an iron stomach. Which, of course, it does.

When you're looking for a mainframe-class server to run the most demanding, multi-terabyte applications, you need a heavyweight. You need a rock. You need the Sun Enterprise 10000 server running on the Solaris Operating Environment — a powerful combination for all your mission-critical applications. For the performance-hungry, the E10000 can go from 4 to 64 processors while the system is still running. For increased uptime and reliability, you can create up to 16 domains within a single cabinet or cluster up to eight E10000s together. All this makes the E10000 the optimal platform for your database or ERP applications. So go ahead and order everything on the menu. The E10000 will devour it in a hurry.

The E10000 eats the competition for lunch.

이 컴퓨터는 마치 철통위장을 가진 것처럼 데이터를 먹어 치웁니다. 이 말은 물론 사실이지요(강철로 된 처리장치가 내장되어 있으니까).

요구되는 사양이 많고 멀티테라바이트의 용량이 필요한 응용장치들을 작동시키기 위한 메인프레임급의 서버가 필요하시다면 헤비급이 필요하시지요. 바위덩어리 같은 놈이 필요하시지요. Sun Enterprise 10000서버가 필요하시지요. 이 서버는 Solaris Operating Environment에서 작동됩니다. 이 두 가지는 당신의 모든 작업을 위해 필수적으로 필요한 응용장치들을 위한 막강한 콤비입니다. 일을 제대로 처리하는 것을 목표로 삼는 분들을 위해서 이 E10000서버는 시스템이 가동 중인 상태에서 4개에서 6개의 프로세서를 가동할 수 있습니다. 컴퓨터 가용시간을 늘리고 신뢰도를 향상시키기 위해, 당신은 하나의 캐비닛에 최고 16개까지의 도메인을 만들 수 있고, E10000 8대를 연결할 수 있습니다. 이 모든 특징은 E10000이야말로 당신의 데이터베이스나 ERP 응용장치들을 위해 최고의 플랫폼임을 입증해 줍니다. 뭘 망설이십니까. 어서 메뉴에 있는 모든 것을 주문하십시오. E10000이 순식간에 먹어치우겠습니다.

E10000서버는 경쟁제품들을 점심거리로 먹어 치웁니다.

No 44 **3com** 무선네트워크

Six Wall Street analysts.

One missing piece of data.

Where the hell is the
computer hookup.

Wireless Network, anyone?

3com

Simple sets you free.

3Com Wireless Networks

Go to 3Com.com and learn how you can free yourself from the burden
of wires and LAN jacks. Have instant access to your network and
accomplish great things, wherever you are. Simple to set up. Simple
to use. Now you really do have all the answers. Home. Office. Beyond.

> **!|문|화|해|설|**
>
> 미국인들은 보통 다른 사람들 앞에서 자기 할 말을 잘 한다고들 한다. 미국에서는 어디서든지 일단 불평부터 하고 보라는 말이 나올 정도로 말을 하면 그 덕을 보는 것이 미국사회이다. 여기 광고에서는 다른 사람들 앞에서 프레젠테이션을 하다가 별안간 긴급한 상황을 맞은 장면을 모티브로 사용하고 있는데 미국인들의 발표문화에 대해 간단하게 살펴본다.

발표[*]

우리 한국인이 미국문화 중에서 가장 적응하기 힘든 것 중의 하나가 프레젠테이션, 즉 발표문화이다. 잘 알려진 대로 미국인들은 기업의 설명회나 협상회의 같은 것을 발표형식으로 하는 것은 말할 것도 없고 직장을 구할 때에 하는 발표인 소위 job talk나 강의실에서의 발표 등 거의 프레젠테이션의 홍수 속에 산다고 해도 과언이 아닐 정도이다. 미국인들은 의견 발표를 잘 발표하기로 유명한데, 그것은 학교 교육의 영향이다. 유치원 때부터 소위 "Show & Tell"이라 해서 집에서 뭔가를 갖고 와서 반 전체 앞에서 설명하는 일이 대개 1주일에 한 번씩 있다. 여자아이들은 인형, 남자아이들은 장난감을 갖고 와서 show & tell을 하는데, 자기에게 가장 익숙한 물건에 대해 자신감을 갖고 친구들에게 설명을 하게 한다는 점에서 매우 효과적인 교육방법이라고 할 수 있다.

이처럼 발표를 생활화하게 되면서 어디서나 자기 생각을 분명히 말할 수 있는 당당한 사람들이 길러지는 것이다. 특히 미국 문화는 겸손을 중요시하면서도 겸손보다는 진취적이고 당당한 태도를 더 중시하기 때문에 심지어는 Sell yourself!라고 하는, 자신을 잘 팔아먹으라는 표현을 긍정적으로 사용하기까지 한다. 취업인터뷰에서 겸손하게 '저는 뭐 별로 잘 하는 게 없습니다' 하는 식으로 말해서는 백발백중 떨어지게 되어있다. 그래서 특이하게도 한 직장에 계속 머무는 사람보다는 이곳저곳으로 계속 자리를 옮기는 사람이 훨씬 더 성공적이다.

프레젠테이션에서는 반드시 웃으면서 말을 해야 자신감이 있다고 생각한다. 그런데 물론 성격적으로 소심한 사람들도 있고, 때로는 모임의 성격상 긴장하지 않을 수 없는 상황도 있는데 그런 장소에 프레젠테이션을 하러 가는 사람에게 으레 해 주는 조언은 청중들 앞에 서서 속으로 "I can see you naked"라고 말해 보라는 것이다. 앞에 앉은 점잖은 사람들이 모두 벌거벗고 앉아 있는 모습을 생각해보면 우스워서 저절로 미소가 나오게 되는데, 이것이 앞에 앉아서 발표자를 보고 있는 사람들에게는 자신만만하고 당당하게 보이기 때문이다.

|본|문|해|설|

Six Wall Street analysts. One missing piece of data.

one missing piece of data: ● ● ● ●

'없어진 한 가지 자료, 찾을 수 없는 한 가지 데이터'. missing은 못 찾는 것을 가리키기 때문에 흔히 '행방불명'이란 말에 missing을 쓴다. MIA는 missing in action이라고 해서 '전투 중 행방불명'을 가리킨다. data는 원래 datum의 복수인데, datum이 안 쓰이다보니 data를 단수처럼 생각해서 datas라고 복수를 쓰는 사람들이 미국인들 중에도 있다. 한국인으로서는 data를 주어로 썼을 때 동사를 복수로 일치시키는 일이 쉽지 않다. 또 영어를 너무 영어처럼 발음하려다보면 data에 r 발음을 붙여서 발음하는 사람들이 있는데 그런 경우에는 dater 즉, 날짜를 찍는 스탬프를 가리키는 새로운 단어가 되므로 조심해야 한다. 이 광고에 나오는 발표자는 발표 도중 데이터 한 가지가 없는 것을 깨닫고는 자기 회사 컴퓨터에 빨리 접속해서 그 정보를 찾으려고 하는 다급한 상황이다.

Where the hell is the computer hookup.

where the hell is⋯: ● ● ● ● ▬▬▬▬▬▬

'⋯가 도대체 어디 있는 거야?' the hell은 점잖게는 '도대체' 정도라고 해석되지만 실제로는 '이 빌

어먹을 ⋯가 도대체 어디 있는 거야?'가 더 정확하다고 할 수 있다. the hell은 who, where, what,

how, when, why 등 의문사와 함께 주로 쓰인다. hell은 like hell처럼 써서 '지독하게'라는 뜻으로도

쓰고, a hell of a처럼 써서 '지독한, 기막힌, 대단한'의 뜻으로도 쓰는데 이 표현은 글로 쓸 때는

helluva라고 쓰기도 한다.

⊙ Did you get some sleep on the bus?

'버스에서 눈 좀 붙였어요?'

⊙ Get some sleep? The window at my seat rattled like hell!

'눈 좀 붙여요? 내 자리 창문이 지독하게 덜렁대서 하나도 못 잤어요!'

---

the computer hookup: ● ● ● ● ▬▬▬▬▬▬

'컴퓨터 꽂는 데'. 컴퓨터나 기계장비가 다른 장치에 접속되는 것을 hookup이라고 한다. 전기플러

그를 꽂는 것은 그냥 plug in이라고 한다. 플러그를 빼는 것은 unplug라고 한다. 또 한국인은 전기

를 꽂도록 벽에 붙어 있는 구멍을 '콘센트(consent)'라고 하는데 영어에서는 outlet, 또는 power

outlet이라고 한다.

Wireless network, anyone?

⋯, anyone?: ● ● ● ● ▬▬▬▬▬▬

'아무도 없어요?' 이 표현은 아주 구어적이다. 여기서처럼 '⋯가진 사람 아무도 없어요?'의 뜻이 될

수도 있고, 'Coffee, anyone?'이라고 한다면 '커피 드실 분 없어요?'의 뜻이 될 수도 있다. 이런 식으

로 '⋯, anyone?'은 유용하게 쓸 수 있는 형식이다.

Simple sets you free.

Simple sets you free.: ● ● ● ● ▬▬▬▬▬▬▬▬▬▬▬▬▬▬▬

'Simple이 당신을 해방시켜드립니다.' 이런 표현은 원래 성경에 있는 The truth will set you free. '진리가 너희를 자유케 하리라'라는 성구를 떠올리게 하여 마치 중요한 선언처럼 들리게 한다. simple을 여기서처럼 명사로 쓰는 일은 아주 드문데 물론 '간단하게' 말하기 위해 의도적으로 그런 효과를 노린 것이다. 이처럼 '해방'과 관련된 이미지를 위해 이 회사의 로고에서도 세 개의 고리 중에서 한 개가 풀려 있는 모습을 보여 주고 있다. Set이란 단어는 그 의미가 광범위해서 그 쓰임새가 아주 넓다. 특히 다음과 같은 표현들을 잘 알아 두면 유용하다.

▶ It's all set.

　'그 일은 이제 다 끝났어. 결말이 났어.'

▶ Joe has his heart set on passing the exam.

　'Joe는 오로지 시험 합격 말고는 다른 데 관심이 없어.'

Go to 3Com.com and learn how you can free yourself from the burden of wires and LAN jacks.

free yourself from the burden of …: ● ● ● ● ▬▬▬▬▬▬▬▬▬▬▬

'…의 부담을 털어 버리십시오.' free를 동사로 사용하는 경우가 종종 있는데 이런 경우에는 대개 from을 같이 쓴다. free가 형용사로 사용되면 약간 상황이 달라져서, 어떤 속박이 되는 것이 없을 때에는 from을 쓰고, 그냥 단순히 뭔가가 없을 때에는 of를 쓴다.

▶ Try some of these. They are free of charge.

　'이것 좀 먹어보세요. 무료예요.'

▶ He lives a life free from care and anxiety.

　'그 사람은 아무 걱정 없는 인생을 살고 있어요.'

Home. Office. Beyond.

Home. Office. Beyond.: ● ● ● ● ▬▬▬▬▬▬▬▬▬▬▬▬▬▬▬▬▬▬

'댁에서나, 직장에서나, 그 밖에 어디에서도.' 이처럼 항목들을 나열한 후 맨 끝에 'more'나 'beyond'를 쓰는 것은 광고문에 자주 등장하는 수사적 기법이다. 기술된 것 이외에 더 많은 긍정적인 것들이 많음을 함축적으로 시사해주는 표현이다.

Six Wall Street analysts.

One missing piece of data.

Where the hell is the computer hookup.

Wireless network, anyone?

3COM Simple sets you free.

Go to 3Com.com and learn how you can free yourself from the burden of wires and LAN jacks. Have instant access to your network and accomplish great things, wherever you are. Simple to set up. Simple to use. Now you really do have all the answers. Home. Office. Beyond.

여섯 명의 월스트리트 증권분석 전문가.

찾을 수 없는 한 가지 데이터.

아니, 도대체 컴퓨터 전원 꼽는 데가 어디 있는 거야?

혹시, 무선 네트워크 가진 분 안 계세요? 3Com 무선 네트워크. 간단한 것이 당신을 자유롭게 합니다.

3Com.com에 접속하셔서 어떻게 와이어나 랜 잭으로부터 해방되실 수 있는지 보십시오. 당신이 어디에 계시든 당신의 네트워크에 즉각적으로 접속하여 큰 일들을 성취해 내십시오. 설치가 간단합니다. 사용법도 간단합니다. 이제 당신은 필요한 해답을 다 얻으신 것입니다. 댁에서나, 직장에서나, 그 밖에 어디에서도.

DOESN'T ANYTHING STAY
THE SAME?

The winner has become the loser.
Padraic O'Tuairisc from Ireland won $3.2 million in a Lotto draw but lost his winning ticket.

Communism embraces Capitalism.
On 1 July 1997, Hongkong will become part of mainland China.

Sheep need not mate to multiply.
The world's first clone of an adult animal was developed using one cell from a sheep's udder.

CANON SERVICE DOES.

You can, at least, depend on us in this ever-changing world. Canon technicians throughout Asia undergo rigorous training at a regional training centre before they're allowed to service your Canon product. And all who respond to your call do so with competence wherever you are. When you buy a Canon product, you can be sure of consistent quality service. It means less downtime, greater efficiency and true reliability for you, all over Asia.

ONE STANDARD. ONE GUARANTEE. ALL OVER ASIA.

CANON SINGAPORE PTE. LTD. 79 ANSON ROAD #09-01/06, SINGAPORE 079906. TEL: (65) 532 4400 FAX: (65) 221 2128 • HTTP://WWW.CANON.COM.SG

복권*

일반적으로 미국인들이 "노는 스케일이 크다"는 얘기를 간혹 하긴 하지만 미국의 복권문화(lottery)를 보면 여간 입이 벌어지는 게 아니다. 우리나라의 경우 지난 몇 년 사이 로또 당첨금이 천문학적 액수가 되었지만 그 전에는 대개의 복권은 당첨금이 1억, 2억원 정도 되었었다. 미국의 경우에는 복권의 액수가 보통 million dollars, 우리 돈으로 10억원대가 된다. 뉴욕의 경우에는 2000년 신정 전야에 130 million, 즉 약 1500억원의 당첨금이 걸린 복권이 나와 각 사람당 평균 7달러 정도의 복권을 샀다는 통계가 나왔다. 뉴욕의 한 해 복권판매 액수가 4 billion(약 5조원)이 된다니 놀랍기 그지없다. 역사상 가장 큰 jackpot은 363 million(약 5천억원)짜리였는데, 수학적으로 당첨확률이 7600만분의 1이었다고 한다. 통계상으로 보면 이 확률은 해외여행 중 테러리스트에게 죽을 확률의 118배, 벼락을 맞아 죽을 확률의 125배에 해당한다고 한다.

미국인들은 복권에 많은 관심을 가지고 있고 복권판매도 엄청난 수입원이 되기 때문에 많은 주에서는 주정부에서 Lottery Commission이라는 부서를 행정관청으로 가지고 있다. 이 기관장을 주지사가 직접 임명을 하는 것을 보면 복권이 정부에게도 얼마나 중요한가를 알 수 있다. 일부에서는 정부가 복권을 이용해 빈민들의 돈을 긁어모은다고 해서 비윤리적이라고 비난을 하기도 하지만, 통계에 따르면 오히려 중산층이 복권에 더 많이 투자한다고 한다.

대개의 복권들은 3개 또는 6개의 두 자리 숫자를 아무렇게나 적어 넣고 이 숫자가 컴퓨터에 의해 나온 숫자와 맞는 경우 당첨이 되는 방식이다. 우리나라의 즉석당첨처럼 바로 긁어서 당첨을 확인하는 scratch & win, 또는 scratch off 복권들도 있다. 텍사스에서는 어떤 사람이 맥도날드에서 나눠준 백만달러짜리 당첨복권을 달라스에 있는 아동병원에 이름도 밝히지 않고 우편으로 기증해서 사람들을 놀라게 한 적도 있다. 원래이 복권은 타인에게 양도하면 무효가 되는데 맥도날드 이사회는 익명기증자의 뜻을 높이 평가해 아동병원에 당첨금을 지급하기로 결정하였다.

|본|문|해|설|

Doesn't anything stay the same?

stay the same: ● ● ● ●

'변하지 않다'. doesn't change라고도 할 수 있는데 이 표현은 쉽게 쓸 수 있겠지만 stay the same은 정관사 the가 붙어있는데도 형용사적으로 쓰이기 때문에 익숙하지 않고 따라서 비교적 쓰기 쉽지 않은 표현이므로 특히 관심을 가질 필요가 있다. the same은 unchanged와 같다.

The winner has become the loser.

winner, loser: ● ● ● ●

'승자, 패자'. 우리말에서는 '순이가 철수를 이겼다'고 할 때에 win을 쓸 수 있을 것처럼 보이고 이런 실수가 가장 흔한 영어 실수 중 하나다. 이런 '이기다'는 defeat를 써야 한다. win은 '…에서 이겨 …을 얻다'의 의미가 강하므로, win 다음에 나오는 것이 대개 승자의 것이 되어야 한다.

⬭ He won a trophy.

  '트로피를 얻다.'

⬭ He won her heart.

  '사랑을 얻다.'

⬭ I won the game.

  '게임에서 이기다.'

⬭ Her kindness won her many supporters.

  '친절해서 지지자를 많이 얻다.'

복권과 관련해서 쓰이는 win으로는 당첨된 복권을 winning ticket, 당첨된 번호를 winning number 같은 표현이 있다. 그런데 loser는 단순히 지는 것을 가리키기도 하지만 '전과자'를 가리키는 때도 많으므로 사용에 조심해야 한다. 졌을 때에도 품위를 잃지 않고 멋을 갖추는 것을 be a good loser 라고 한다. 물론 여기서는 단순하게 '(물건을) 잃어버린 사람'이란 뜻인데 단어상 winner와 loser를 대조시키기 위한 것이다.

> **Padraic O'Tuairisc from Ireland won $3.2 million in a Lotto draw but lost his winning ticket.**

Lotto draw: ● ● ● ● ●

'Lotto복권 뽑기' Lotto는 복권의 이름이다. draw는 명사나 동사로 쓸 수 있다. '뽑았는데 꽝이 나왔어'라고 할 때에는 'I drew a blank.'라고 하는데 실제 복권뿐만 아니라 일이 실패했을 때에도 이런 표현을 쓸 수 있다. winning ticket은 '당첨된 복권'이다. 이 사건은 1996년 9월에 아일랜드에서 있었던 사건인데 휴가를 즐기다가 슈퍼마켓에서 복권을 산 배우 O'Tuairisc이 320만 달러짜리 잭팟에 당첨된 복권을 잘못해서 유스호스텔 쓰레기통에 버려버린 사건으로 수많은 사람들이 쓰레기 더미를 뒤졌으나 결국 못 찾고 지급기한 90일을 넘겨서 무효가 되고 만 미해결 사건이다.

Communism embraces Capitalism.

embrace: ● ● ● ● ━━━━━━━━━━━━━━━
'포옹하다'. 이 단어는 양팔로 껴안는 로맨틱한 포옹으로부터 생각이나 제안 등을 받아들이는 것과 같이 추상적인 행위까지 다 포함하는 폭넓은 의미를 가지고 있다.

Sheep need not mate to multiply.

a sheep's udder: ● ● ● ● ━━━━━━━━━━
'양의 젖통'. 동물들은 여러 젖꼭지(teat)를 갖고 있는데 udder는 이 젖꼭지들이 달린 대개는 젖소에서 흔히 보는 것 같이 축 늘어진 젖통을 말하는 것이다. 이 udder나 teat는 사람에겐 쓰지 않는다. 사람에게 쓰면 모욕적인 발언이 된다. (다만 마녀의 젖꼭지는 witch's teat라고 해서 아주 지독하게 추울 때 It's colder than the witch's teat라고 하는 표현이 있다.) 여성의 경우에는 젖가슴은 breast, 젖꼭지의 경우에는 nipple이라 한다. 여기에 나온 복제양 Dolly의 이야기는 1997년 스코틀랜드의 Roslin 연구소에서 과학자 Wilmut 팀에 의해 만들어진 복제양에 대한 것이다. 그 후 복제양 돌리가 관절염에 걸린 것이 확인되어 복제상 결함 때문은 아닌지 우려하였는데 결국 2004년 2월 안락사로 끝을 맺게 되었다.

You can, at least, depend on us in this ever-changing world.

this ever-changing world: ● ● ● ● ━━━━━━━
'변화무쌍한 세상'. ever-를 이용한 새 단어 조어법도 자주 사용된다. 예를 들어 가격이 계속 오를 경우 ever-increasing prices, 점점 수요가 줄어들 경우 ever-decreasing demand 등과 같이 말할 수 있다. everlasting도 이런 방식에서 굳어져 한 단어가 된 것이다.

> **Canon technicians throughout Asia undergo rigorous training at a regional training centre before they're allowed to service your Canon product.**

Canon technicians: ● ● ● ●

'Canon 기술자'. 요즘 같은 산업화 사회에서는 소위 blue collar와 white collar의 구별이 선명하지 않다. 기술자 중에도 힘이 많이 드는 일을 하는 자동차 정비공은 mechanic이라 한다. 그러나 컴퓨터나 전자제품을 고치는 기술자는 mechanic이라 하지 않고 technician이라 한다. 물론 technician은 좀 더 대접을 받는 말로 여겨진다. 따라서 mechanic을 technician이라 부르는 것은 좋지만 technician을 mechanic이라고 부르면 기분이 몹시 상해한다.

Doesn't anything stay the same?

The winner has become the loser. Padraic O'Tuairisc from Ireland won $3.2 million in a Lotto draw but lost his winning ticket.

Communism embraces Capitalism. On 1 July 1997, Hongkong will become part of mainland China.

Sheep need not mate to multiply. The world's first clone of an adult animal was developed using one cell from a sheep's udder.

Canon Service Does.

You can, at least, depend on us in this ever-changing world. Canon technicians throughout Asia undergo rigorous training at a regional training centre before they're allowed to service your Canon product. And all who respond to your call do so with competence wherever you are. When you buy a Canon product, you can be sure of consistent quality service. It means less downtime, greater efficiency and true reliability for you, all over Asia.

Canon.

One Standard. One Guarantee. All Over Asia.

 해석

변하지 않는 것은 없는 걸까요?

승자가 패자가 되다: 아일랜드의 Padraic O'Tuairisc가 복권에서 3백2십만 달러짜리 복권에 당첨되었으나 당첨된 복권을 잃어 버렸습니다.

공산주의가 자본주의를 수용하다: 1997년 7월 1일 홍콩이 중국의 일부가 됩니다.

양이 새끼를 낳기 위해 교미할 필요가 없어지다: 성숙한 동물의 세계 최초 복제가 양의 유방에서 추출한 세포 하나로부터 만들어졌습니다.

Canon 서비스는 변하지 않습니다.

최소한 당신은 이 변화무쌍한 세상에서 저희를 믿으실 수 있습니다. 아시아 전역에 걸쳐 활동하는 Canon의 기술자들은 당신의 Canon 제품을 수리할 수 있는 허락을 받기 전에, 각 지역의 연수원에서 엄격한 연수를 거치게 됩니다. 당신이 어디에 계시든지 당신의 전화를 받는 모든 Canon 직원들은 자신감이 넘치는 사람들입니다. Canon 제품을 사시면 변하지 않는 제품 서비스를 받으실 것을 확신하실 수 있습니다. 즉 당신께서 아시아 어느 곳에 계시든 제품을 못 쓰게 되는 시간이 더 적고, 효율성과 진정한 신뢰성이 더 높은 것을 뜻합니다.

Canon.

하나의 표준, 하나의 보장, 아시아 전역에서.

© 2000 Canon Inc.

Reality. digitally enhanced.

When the impossible is this easy, it's hard to tell where reality ends
and imagination begins. From capture to output, Canon's digital imaging
technology lets you create your own reality.

www.canon.com

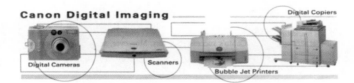

Canon Digital Imaging

Digital Copiers

Digital Cameras

Scanners

Bubble Jet Printers

Canon

사진*

19세기 초에 카메라가 발명된 이래 최근 디지털 카메라의 발명에 이르기까지 사진업계는 눈부신 발전을 해 왔다. 실물이미지를 시간에 관계없이 계속적으로 보관하고 다시 볼 수 있다는 것은 우리의 인식세계에도 큰 변화를 가져왔음이 틀림없고 그런 점에서 사진의 발명은 인류역사에 있어 혁명이라고 할 수 있다.

요즘은 관광지나 명소 어딜 가든지 카메라를 가지고 다니는 사람들이 많아서 때로는 사진찍는 사람들에게 방해가 안 되게 다니는 일이 거의 불가능하기도 하다. 그러나 얼마 전까지만 해도 한국의 노인들은 카메라에 사진이 찍히면 영혼이 그만큼 빼앗기기 때문에 오래 살지 못한다고 해서 사진을 안 찍기도 했다. 아직도 사찰에서는 대개 불상의 사진을 찍지 못하게 한다. 미국인들은 사진찍기를 무척 즐긴다. 아이들하고 놀러갈 때에는 카메라나 비디오 촬영기를 가지고 가서 아빠는 거의 카메라맨 노릇만 하는 때도 많다. 얼굴을 정면으로 대고 찍는 것은 full-face라고 하는데 이런 경우에는 대개 사진 찍는 사람이 'Say chee~eez!'라고 하고 사람들은 모두 '치~즈'라고 하면서 웃는 얼굴을 찍는다. 우리나라에서 '김치~' 하는 것과 비슷하다. 미국의 학교에는 picture day라는 날이 있어서 외부 스튜디오의 전문 사진기사가 학교에 나와 모든 아이들의 사진을 찍어 준다. 여러 가지 사이즈의 사진들을 패키지로 팔게 되는데 대개 스튜디오는 학교에 10-20% 정도의 발전기금을 낸다. 학교는 이런 내용을 학부모들에게 미리 통보해 주고 사진을 찍는 것이 학교 기금 모으는 데에도 도움을 준다는 것을 알려 준다. 그래서 아이들에게 picture day는 옷을 잘 입고 학교에 가는 날로 인식되어 있다. 또 picture day에 찍은 사진들은 대개 패킷으로 팔기 때문에 다양한 싸이즈의 사진들을 여러 장 받게 되고 때때로 아이들끼리 서로 교환하기도 하고 뒤에 서로 메시지를 써서 교환하기도 해서 아이들은 이런 사진을 취미로 모으기도 한다. 또한 일반인들도 전문스튜디오에 가서 연례행사처럼 가족사진이나 아이들 사진을 찍는데, 어른들에게는 광고모델처럼 분장을 해주거나 특수의상을 입혀주고 사진을 찍기도 한다. 미국 생활에서 사진은 중요한 한 부분이다.

|본|문|해|설|

Reality, digitally enhanced.

digitally enhanced: ● ● ● ●

‘디지털 기술로 한 단계 높여진’. enhance란 단어는 질이나 가치를 높인다든가, 강도를 높인다든가, 정신적으로 고양시킨다든가 하는 뜻을 가진 고상한 단어여서 잘 알아두면 멋있게 쓸 수 있다. 그러나 She was enhanced처럼 사람을 enhance한다고는 쓰지 못한다. 영화업계에서는 옛날 1950년대 1960년대에 촬영을 해 만들었던 대작들을 디지털로 바꾸어서 마치 새 영화처럼 매우 선명한 화질로 만들어 출시하기도 한다. 이런 제품에는 ‘Digitally Enhanced’라는 표시가 붙어 있다. 또한 선명도가 떨어지는 중요한 사진들을 미국의 FBI에서 디지털로 재생하여 선명도를 높이는 작업을 하는데 이렇게 해서 가짜 UFO 사진들을 확인해내기도 하고, 사진에 모습이 잘 안 나온 범죄자들을 잡아내기도 한다.

◗ Is this the new model?

‘이게 새 모델 제품인가요?’

◗ Yes, ma'am. It's been quite enhanced by the ultra-modern technology.

'네, 손님. 최신 기술로 질이 많이 향상되었지요.'

> **When the impossible is this easy, it's hard to tell where reality ends and imagination begins.**

the impossible: ● ● ● ●

'불가능한 일들'. 잘 알려진 [the + 형용사] 구문이다. 불가능한 일들 전체를 가리킨다. impossible은 사람을 수식할 수 없다. 따라서 He is impossible to…라고 하면 안 되고 반드시 … is impossible for him식으로 써야 한다. 그렇지만 한 남자가 한 여자를 자꾸 쫓아다니고 추근덕댈 때 You are impossible!이라고 할 수 있는데 이럴 때의 뜻은 '흥, 별꼴이야' 같은 뜻이 된다.

it's hard to tell: ● ● ● ●

'말하기가 어렵습니다'. 이 표현은 그대로 외워둘 만하다. 자기 의견을 그대로 말하지 않고 얼버무릴 때 효과적으로 쓸 수 있다.

◉ Between the government and the environmentalists who do you think is right?

　'정부하고 환경운동가들 중에서 누가 옳다고 생각하십니까?'

◉ Well, it's hard to tell.

　'글쎄요. 뭐라고 딱 잘라 말하기가 힘드네요….'

---

where A ends and B begins: ● ● ● ●

'어디에서 A가 끝나고 어디에서 B가 시작되는지'. 즉 '어디까지가 A이고 어디까지가 B인지' 대개 이분법적으로 나뉘어 있는 것들을 이런 구문에 넣어서 쓰면 편리하다.

◉ It's hard to tell where the good ends and the evil begins.

　'어디까지가 선이고 어디까지가 악인지 참 어렵다.'

◉ It's hard to tell where the right ends and the wrong begins.

'어디까지가 정의이고 어디까지가 불의인지 참 어렵다.'

From capture to output, Canon's digital imaging technology lets you create your own reality.

output: ● ● ● ●
'출력'. 이 단어는 19세기 중반부터 쓰이기 시작했으나 별로 자주 쓰이지 못하다가 최근 컴퓨터 용어로 채택되면서 활발하게 쓰이게 되었다. 엔진, 전기장치 등의 출력을 가리키다가 요즘은 주로 결과물로 나오는 것들, 즉 인쇄물, 생산량 등을 가리키는 말이 되었다. 그 반대말은 input이다.

▶ The confectionary reported a record output of ice-cream this month.
'그 제과회사는 이번 달에 기록적인 아이스크림 생산량을 보였다.'

create your own reality: ● ● ● ●
'당신만의 현실을 창조하세요'. 여기서는 '꿈을 현실화하다'의 뉘앙스가 강하다. 꿈이 현실화될 때 realize 같은 동사를 쓰기도 하고 명사적으로 become a reality라고 하기도 한다. 즉 Her dream was realized. 또는 Her dream became a reality라고 쓸 수 있다. reality라는 말은 흔히 '비현실'과 대조를 이루는 뉘앙스를 강하게 가지고 있어서 말을 시작할 때 In reality, …라고 하면 앞에서 한 말과 반대되는 어감을 포함하는 경우가 많다.

▶ I thought he was a nice guy. In reality, he was not.
'좋은 친구라고 생각했더니 알고 보니 그게 아냐.'

Digital Copiers

'복사기' 원래는 photocopier라 해야 정식이지만 간단하게는 copier라 한다. 한 때 제록스(Xerox)회사 복사기가 많이 쓰여서 한국에서도 복사하는 것을 '제록스한다'고 했었는데 미국에서도 마찬가지로 그런 적이 있었다. 최근에는 xerox copy란 말은 별로 잘 안 쓰인다. 그냥 copy 또는 photocopy라 하면 된다. 그와 같이 원래 제조업체의 이름이 그 제품의 일반명사처럼 쓰이거나 어원과 관련된 이름들이 보통명사가 되는 경우를 전문적으로는 eponym이라고 하는데, 유명한 예들로는 화장지를 말하는 Kleenex, 지도를 가리키는 atlas, 스승을 가리키는 mentor, 간단하게 걸치는 스웨터를 가리키는 cardigan, 수영복을 가리키는 bikini, 군대에서 더블백이라고 부르는 duffle bag을 비롯하여 턱시도 tuxedo, 니코틴 nicotine, 심지어는 dollar까지도 지명이나 사람이름, 제조업체와 관련된 것들이다. 한국에도 자생적으로 만들어진 '미원' '파스' '대일밴드'를 비롯하여 외국으로부터 들어와 만들어진 것들로 스카치테잎, 호치키스, 레이방 안경, 바바리코트, 자동차의 크락숀 등 예가 실로 다양하다.

Reality, digitally enhanced.

When the impossible is this easy, it's hard to tell where reality ends and imagination begins. From capture to output, Canon's digital imaging technology lets you create your own reality.

www.canon.com.

Canon Digital Imaging.

Digital Cameras.   Scanners.   Bubble Jet Printers.   Digital Copiers.

현실, 디지털 기술로 한 단계 높여졌습니다.

불가능한 일들이 이렇게 쉽게 이루어질 수 있다면 어디까지가 현실이고 어디까지가 상상인지 말하기가 참 어렵습니다. 포착하는 데서부터 출력하는 데 이르기까지 당신만의 현실을 창조해낼 수 있도록 캐넌의 디지털 이미징 기술이 도와드립니다.

www.canon.com.

캐넌 디지털 이미징.

디지털 카메라.   스캐너.   버블젯 프린터.   디지털 복사기.

**FOR A 24-HOUR WORLD.
THE 24-HOUR WATCH.**

Like all the best ideas, it's a simple one; and Rolex were the first to develop it. The Rolex GMT-Master has a conventional hour hand that goes round once every twelve hours, and another hand (the red one) that goes round once every 24 hours. Combined with a rotatable bezel, this means the wearer can tell at a glance what the time is in two different time-zones. This is, of course, an invaluable aid for airline pilots and other frequent flyers. But it could prove equally handy next time you pick up the phone to call your client on the other side of the world. After all, you wouldn't want to go spoiling his beauty sleep, would you?

ROLEX
of Geneva

GMT-Master.
Officially Certified Swiss Chronometer.

우리나라처럼 나라 전체가 단일 시간구역에 있어서 온 국민이 같은 시간을 쓰는 나라에서는 여러 개의 시간구역을 가진 나라 사람들의 생활이 생소한 때가 많다. 비슷한 예로 라디오나 TV에서도 어떤 사건이나 행사의 시간이 어느 기준시를 이용한 것인지를 꼬박꼬박 밝혀줘야 하기 때문이다. 미국의 시간구역과 써머타임제도에 대한 내용을 간단하게 살펴본다.

시간구역*

미국이 땅이 넓어서 여러 개의 시간구역(time zone)으로 나뉘어 있다는 것은 잘 알려져 있다. 북미에는 전체 7개의 시간구역이 있는데, 미국 본토에는 동부시간(EST: Eastern Standard Time), 중부시간(CST: Central Standard Time), 산악지역시간(MST: Mountain Standard Time), 태평양시간(PST: Pacific Standard Time)의 4개 시간구역이 있다. 그리고 캐나다 땅으로 동부시간에서 더 동부쪽인 대서양시간(Atlantic), 알래스카시간(Alaska), 하와이시간(Hawaii)의 세 개 시간구역이 더 있다. 이 시간구역은 대서양 〉 동부 〉 중부 〉 산악 〉 태평양 〉 알래스카 〉 하와이의 순서로 1시간씩 앞서 간다. 이처럼 복잡한 시간구역은 대륙을 횡단하는 철도들이 서로 시간을 맞추기 위해 1883년에 처음으로 만들었다고 한다.

이처럼 복잡한 시간체계를 더 복잡하게 하는 것은 우리가 간혹 써머타임(Summer Time)이라고 부르고, 미국인들은 주로 Daylight Saving Time(DST)이라고 하는 여름철 시간이다. 이 시간이 실시되면 한 시간씩 시간이 빨라진다. 이 제도를 간단히 하면 Spring forward, Fall back.(봄에는 앞으로, 가을엔 뒤로)인데, 이 말은 그 단어상의 중의성으로 '앞으로 튀어나가라. 뒤로 넘어져라'라는 말과 같아서 기억하기 좋다. 원칙적으로는 봄, 즉 4월 첫 일요일 새벽 2시에 한 시간씩 앞으로 당기고, 가을, 즉 10월 마지막 일요일 새벽 2시에 한 시간씩 뒤로 미루게 되어 있는데 실제로 사람들은 대개 토요일 날 밤 자기 전에 한 시간씩 조절을 해놓고 잠자리에 든다. 이렇게 하여, 시작하는 날에는 한 시간이 없어지고 끝나는 날에는 한 시간이 늘어나는 셈이다. 따라서 4월 첫 일요일에는 교회 예배에 늦는 사람들이 생긴다. 이런 제도는 이미 20세기 초반부터 시행되다가 미국에서는 1966년에 정식으로 법이 되었다. 그러나 모든 주가 이것을 지키는 것은 아니다. 예를 들어, 하와이나, 사모아, 괌, 푸에르토리코, 버진아일랜드, 인디애나주 일부, 대부분의 아리조나주에서는 여름시간을 지키지 않는다. 여름시간을 지키게 되면 사람들이 한 시간 일찍 잠들어 전기를 절약하고, 환할 때 퇴근을 해서 퇴근길 교통사고가 줄고, 사람들이 더 많은 야외활동을 할 시간을 갖게 되고, 또 범죄가 줄어든다고 한다. 현재 약 70여 개 국에서 시행되는데 우리나라에서도 1980년대에 잠시 써머타임을 시행한 적이 있었다.

|본|문|해|설|

> Like all the best idea, it's a simple one; and Rolex were the first to develop it.

ideas: ● ● ● ●

'아이디어들'. 영어처럼 단수와 복수의 구별이 뚜렷하고 복수로 쓸 수 없는 단어의 종류가 분명한 언어에서 idea를 복수로 할 수 있다는 것은 한국인에게 좀 뜻밖이다. ideas는 영어를 너무 '영어처럼' 하려는 사람들이 혀를 굴리는 r 발음을 넣어, idears처럼 발음하는 사람들이 있는데 그렇게 되지 않도록 유의해야 한다.

the first to develop it: ● ● ● ●

'처음으로 개발한 사람'. the first to …의 구문은 잘 알아둘 필요가 있다. I was the first to swim across the river. '그 강을 헤엄쳐서 건넌 건 내가 처음이다.'

> The Rolex GMT-Master has a conventional hour hand that goes round once every twelve hours, and another hand (the red one) that goes round once every 24 hours.

hour hand: ● ● ● ● ▬▬▬▬▬▬▬▬▬▬▬▬▬▬▬▬▬

'시계의 시침'. 물론 분침은 minute hand라고 한다. 여기 시계에서 빨간색 바늘은 초침이 아니라, 24시간표시 바늘이다. 이것은 다른 시간구역의 시간에서 그 시간이 낮인지 밤인지를 알기 위해 쓰는 것이다.

> Combined with a rotatable bezel, this means the wearer can tell at a glance what the time is in two different time-zones.

rotatable bezel: ● ● ● ● ▬▬▬▬▬▬▬▬▬▬▬▬▬▬▬▬▬

'회전이 가능한 베젤'. 베젤은 여기 그림에서 보는 둥근 창을 끼워놓은 원판형 틀을 말하는 것이다. 여기 빨간색과 파란색으로 되어 있는 틀이 베젤이다. 창은 유리나 플라스틱, 또는 수정을 쓰기도 한다.

at a glance: ● ● ● ● ▬▬▬▬▬▬▬▬▬▬▬▬▬▬▬▬▬

'한번만 슬쩍 봐도, 한눈에'.

◐ I could tell it was a fake at a glance.

'척 보니까 가짜더라구.'

> But it could prove equally handy next time you pick up the phone to call your client on the other side of the world.

pick up the phone: ● ● ● ● ▓▓▓▓▓▓▓▓▓▓▓▓▓

‘전화를 받다, 전화의 수화기를 들다’. pick up the receiver와 같다. 전화를 끊을 때 hang up이라 하는데, up을 쓰는 것은 옛날의 전화는 벽 높은 곳에 설치되어 있었고 그래서 전화를 끊을 때는 수화기와 송화기를 벽 위 전화기에 걸었기 때문이다.

> After all, you wouldn't want to go spoiling his beauty sleep, would you?

after all: ● ● ● ● ▓▓▓▓▓▓▓▓▓▓▓▓▓

‘따지고 보면, 결국’. after all은 대개 지금까지 한 얘기에서 약간 극적인 이야기를 할 때 자주 쓰이는 표현이다.

beauty sleep: ● ● ● ● ▓▓▓▓▓▓▓▓▓▓▓▓▓

‘단잠’. 원래는 ‘미용을 위한 잠’을 가리키는 것이어서, 중요한 일 전에 얼굴에 피로한 기색이 없도록 잠깐 눈을 붙이는 것을 가리키던 표현이었는데 요즘은 단순하게 ‘달콤한 잠’을 가리키기도 하고, 특히 잠이 가장 달콤한 처음 두 세 시간을 가리키기도 한다.

> GMT-Master. Officially Certified Swiss Chronometer.

chronometer: ● ● ● ● ▓▓▓▓▓▓▓▓▓▓▓▓▓

‘시계’. chron은 시간을 나타내고 meter는 계기를 가리킨다. 여기에서 ‘시간을 재는 기계’라는 뜻이 만들어진 것이다. 단순히 watch나 clock보다는 좀 더 품위가 있는 단어이다. -meter가 계기를 나타내는 경우에는 강세가 늘 -meter 앞에 있다. 참고로 미국에서 Rolex처럼 비싼 시계들을 판매하는 대리점들은 시계와 그 시계를 산 사람의 정보, 즉 일종의 족보를 보관하고 있다. 스위스에 가보면, 많은 시계점들이 원하는 시계를 원하는 사양에 따라 수공제작해주겠다는 안내문들을 상점 앞에 붙이고 있다. 주문에 따라 각종 보석을 달아주기도 하고, 거기에 따라 가격폭도 매우 크다. 대량생산된 전자시계의 홍수 속에서 보면 약간은 이상하게 느껴질 정도이다.

For a 24-hour world. The 24-hour watch.

24-hour watch: ● ● ● ●

'24 시간제 시계'. 일반적으로 24 hour system은 12시 이후에 13시, 14시 등으로 표시되는 것을 가리키는데 여기서는 단순히 오전과 오후가 구별되어 24시간 변별적인 시간을 알 수 있는 시계라는 뜻으로 사용되었다. 24시간제에서는 13:00을 "thirteen hundred hours"라고 부른다.

For a 24-hour world. The 24-hour watch.

Like all the best ideas, it's a simple one: and Rolex were the first to develop it. The Rolex GMT-Master has a conventional hour hand that goes round once every twelve hours, and another hand (the red one) that goes round once every 24 hours. Combined with a rotatable bezel, this means the wearer can tell at a glance what the time is in two different time-zones. This is, of course, an invaluable aid for airline pilots and other frequent flyers. But it could prove equally handy next time you pick up the phone to call your client on the other side of the world. After all, you wouldn't want to go spoiling his beauty sleep, would you?

ROLEX of Geneva.

GMT-Master. Officially Certified Swiss Chronometer.

해석

24시간 세상을 위한 24시간제 시계

최고의 아이디어는 모두 다 그렇듯이, 이것은 참 간단한 것이고 또 Rolex가 처음으로 개발한 것입니다. Rolex GMT-Master는 12시간에 한 번씩 도는 전통적인 시침이 있고, 24시간에 한 번씩 도는 또 다른 바늘(빨간색)이 있습니다. 회전할 수 있는 유리틀을 장착함으로써 시간구역이 다른 곳의 시간을 한 번에 알 수 있습니다. 이 시계가 비행기 파일롯트나 비행기 여행을 자주 하는 분들에게 매우 유용한 것은 물론입니다. 그렇지만 당신께서 지구 반대쪽에 있는 당신의 고객에게 전화를 하기 위해 수화기를 드실 때에도 마찬가지로 편리함을 아시게 될 겁니다. 따지고 보면, 귀한 고객이 단잠 자는 걸 깨우실 생각은 없으시잖아요, 그렇지요?

제네바의 Rolex.

GMT-Master. 공인된 스위스제 시계.

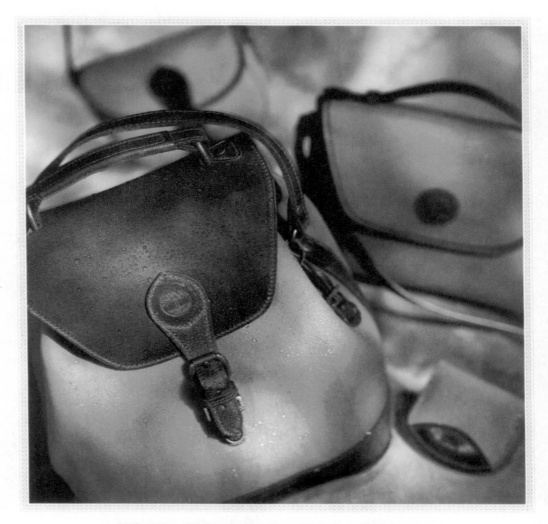

THE STYLE IS TIMELESS.
THE LEATHER MAY LAST EVEN LONGER.

Introducing the Timberland® handbag collection. Inspired by a 22-year commitment to building waterproof leather gear

that outlasts any trend, they're crafted in the U.S.A., in classic silhouettes, from the finest waterproof leathers on earth.

Where they remain stylishly oblivious to the whims of nature and fashion. To see the

Timberland handbag collection, please call 1-800-445-5545 for the store nearest you.

보통사람이라면 헝겊이나 화학적인 합성 제품보다는 가죽제품을 선호하는 것이 일반적이라 할 수 있다. 그러나 동물보호에 대해 특별한 관심을 가진 소수 미국인들은 스스로 가죽사용을 거부하고 다른 사람들이 가죽제품을 이용하는 것도 막으려 한다. 가죽 가방의 광고문을 살펴보면서 아울러 동물보호에 대해 간단하게 알아보기로 한다.

동물보호*

세상 어느 문제도 일반화하기는 쉽지 않은 일이지만 가죽에 대한 미국인들의 태도는 그 중에서도 개인차가 특히 심한 문제인 것 같다. 미국인들은 대부분 가죽제품을 무척 좋아하고 따라서 가죽제품의 값도 매우 비싸다. 가죽제품이 아닌 비닐제품(영어로는 plastic)은 훨씬 싸다. 가죽제품을 미국인들이 선호하는 것은 가죽공예(leather-craft)를 강습하는 곳도 많고 집에서 취미로 가죽제품을 만드는 사람들도 많이 있다는 데서 쉽게 알 수 있다. 보편적으로 미국인들이 동물 학대에 대해 특히 민감한 것은 잘 알려져 있다. 심지어는 시청에 소위 Humane Society라고 하는 곳이 있는데 이들이 하는 일은 동물들을 보호해주는 것이다. 동물들이 쓰레기통(dumpster) 같은 데에 갇히거나 곤경에 처하면 시청의 이 부서에서 나와 동물들을 도와주기도 하고 때로는 죽은 동물들을 치워다가 장사지내 주기도 한다. 동물학대자를 전문으로 체포하는 animal police도 있다. 특이한 것은 미국 전체 국민의 4% 정도에 해당하는 사람들은 동물보호에 극단적인 입장을 취한다는 것이다. 이 사람들은 계란, 치즈, 요구르트 등까지 포함하는 모든 동물성 음식을 안 먹는 것은 물론 동물을 어떤 목적으로도 사용하지 못하게 하는 일에 열심이어서 동물실험을 하는 연구소를 폭파하기도 하고 모피를 입은 사람들을 길에서 칼로 찌르거나 색깔이 들어있는 스프레이 페인트를 뿌리고 도망하기도 한다. 미국의 FBI는 극단적인 동물보호단체 중의 하나인 '동물해방전선(Animal

Liberation Front)'이라는 단체를 테러단체 명단에 올리기까지 하였다. 또 유명한 동물 보호단체 중에는 PETA(People for the Ethical Treatment of Animals; 동물의 윤리적 대우를 위한 사람들)이라는 단체가 있는데 이 단체에서는 "6백만 명의 사람들이 수용소에서 죽어갔지만 올해 한 해 동안만도 약 60억 마리의 닭이 도살장에서 죽어간다"고 개탄을 한 적이 있다. 이처럼 사정이 복잡한 가운데 상당히 많은 미국인이 채식주의자인데 채식주의자들 중 일부는 또 극단적이어서 일체의 가죽제품을 사용하지 않는다. 심지어는 이런 사람들을 위한 웹 사이트가 있어서 가죽을 이용하지 않는 제품들을 안내해 주고 있기도 하다. 그 반면에 모피가 가장 많이 팔리는 뉴욕을 선두로 해서 전체 미국 내에서 1년에 판매되는 모피옷이 거의 13억 달러어치에 이른다니 이것도 놀라운 일이 아닐 수 없다.

↗ |본|문|해|설|

The style is timeless. The leather may last even longer.

The style is timeless: ● ● ● ●
'스타일은 시간에 구애받지 않습니다'. 스타일은 원래 어떤 정형화된 모양만을 가리키기도 하지만 그런 모양들 중에서 특히 멋있는 모양을 가리키기도 한다. 이것은 우리말에서도 '맛'이 그냥 중립적으로 여러 가지 종류의 미각적 자극을 가리키기도 하지만 좋은 맛을 가리키기도 해서 '맛이 좋으냐 나쁘냐' 할 수도 있고 '맛이 있다 없다'고 할 수도 있는 것과 같다. 이것은 영어도 마찬가지다. 미국의 대통령이 자기 임기가 끝나갈 즈음에 다른 대통령이 뽑히게 되면 나머지 임기 동안은 맥을 못 쓰는 힘 빠진 대통령(lame duck; 절름발이 오리)이 되는데 새 대통령이 확정되고 나면 늘 하는 말이 'Let's finish it in style(끝을 멋지게 장식합시다)'라고 한다.

> **Introducing the Timberland handbag collection.**

Introducing…: ● ● ● ● ━━━━━━━━━━━━━━━━━

'…을 소개합니다'. 광고문구에 사용되는 전형적인 문형이다. 구태여 따지자면 'We are now introducing…'이 간략해진 것으로 볼 수 있다.

handbag: ● ● ● ● ━━━━━━━━━━━━━━━━━

'핸드백'. 일반적으로 손에 들고 다니는 모든 가방은 handbag이라고 할 수 있다. 그러나 여성들이 손에 들고 다니는 '핸드백'을 미국인들은 통상 purse라고 부른다. 물론 돈지갑은 남성 여성용을 불문하고 wallet 또는 billfold라고 한다.

> **Inspired by a 22-year commitment to building waterproof leather gear that outlasts any trend, they're crafted in the U.S.A., in classic silhouettes, from the finest waterproof leathers on earth.**

outlast the trend: ● ● ● ● ━━━━━━━━━━━━━━━━━

'시류가 지난 다음에도 꿋꿋이 남다'. 여기의 outlast는 '…보다 질겨서 더 오래가다'라는 뜻이기 때문에 가죽제품을 선전하는 여기의 맥락에서 아주 적절하고도 독특한 느낌을 준다. 이 outlast 같은 유의 단어는 한국인들에게는 그 용법이 매우 어려운 단어이다. 왜냐하면 여기서의 out-은 '…보다 더'라는 뜻을 가지고 있는데 다음 예에서 보는 것처럼 한국어와 정확한 일대일 대응관계를 찾기가 어렵기 때문이다.

◐ x outdates the book:

　　x가 그 책보다 더 새로워서 그 책을 구식으로 만들다.

◐ x outgrows the jacket:

　　x가 키가 커서 그 재킷이 더 이상 안 맞다.

◐ x outnumbers the enemy:

x가 적군보다 숫자상으로 더 우세하다.

◑ x outruns the income:

x가 수입보다 더 앞질러 돈을 쓰다.

finest waterproof leathers on earth: ● ● ● ●

'지구상에서 가장 훌륭한 방수 가죽'. 좋은 것을 가리킬 때 가장 흔하게 사용되는 것은 fine이라는 단어이다. 그러나 이 단어의 비교급과 최상급인 finer, finest는 그 쓰이는 경우가 아주 드물다. finer 는 거의 찾아보기 어렵고 finest는 광고문구에 비교적 자주 등장한다. 이 단어는 그 쓰임새가 드문 것과도 관계가 있겠지만 매우 느낌이 좋은 단어이다. 비록 한국어의 대응 표현은 '최고급의'라는 별 매력 없는 단어이지만.

◑ We used only the finest material for this dress.

'이 드레스에는 최고급 원단만을 사용했습니다.'

Where they remain stylishly oblivious to the whims of nature and fashion.

Oblivious: ● ● ● ●

'잊은, 망각의'. '잊다'는 주로 forget을 사용하는데 이 oblivious는 훨씬 고상하고 시적인 표현이다. 무언가가 잊혀졌을 때 It was forgotten 보다는 It passed into oblivion이라 하면 더 시적이다. 여기 에서처럼 oblivious to를 쓰면 '…을 모르는'이라는 좀 더 일반적인 뜻이 된다.

whims of nature and fashion: ● ● ● ●

'성격과 유행의 변덕'. 즉 마음이 바뀌거나 유행이 변하는 것을 가리킨다. 변덕스럽다는 뜻의 형용 사는 whimsical인데 이 단어는 매우 보편적으로 사용되는 기본 단어에 속한다.

> To see the Timberland handbag collection, please call 1-800-445-5545 for the store nearest you.

the store nearest you: ● ● ● ● ▰▰▰▰▰▰▰▰▰▰▰▰▰▰▰▰▰▰▰

'당신에게 가장 가까이 있는 매장'. 이 표현이 주고자 하는 인상은 전국에 매장이 매우 많이 있으며 당신 가까이에도 매장이 있다는 것이다. 이러한 효과는 한국인들에게는 너무 섬세해서 알아차리기 어려운데 그 이유는 이러한 효과는 최상급 nearest의 영향과 아울러 거의 전적으로 the store의 정관사 'the' 때문에 생겨나는 것인데 한국어에는 관사체계가 없기 때문이다. 영어에서는 정관사가 붙으면 사물의 실제 존재를 전제하게 된다. 심리학 실험에서도 교통사고 목격자에게 Did you see the broken headlight?라고 물었을 때와 Did you see a broken headlight?라고 물었을 때, 정관사 the를 쓴 앞 문장의 경우에는 실제 사고 현장에서 헤드라이트가 깨지지 않았는데도 깨진 헤드라이트를 보았다고 대답하는 사람이 훨씬 많았다고 한다. the broken headlight의 the 때문에 일종의 세뇌를 당한 셈이다. 이 광고문에서 for a store near you 대신 for the store nearest you를 쓴 데에는 이처럼 정교하고 섬세한 계획이 숨어 있는 것이다.

The Style Is Timeless. The Leather May Last Even Longer.

Introducing the Timberland handbag collection. Inspired by a 22-year commitment to building waterproof leather gear that outlasts any trend, they're crafted in the U.S.A., in classic silhouettes, from the finest waterproof leathers on earth. Where they remain stylishly oblivious to the whims of nature and fashion. To see the Timberland handbag collection, please call 1-800-445-5545 for the store nearest you.

멋은 끝이 없습니다. 가죽은 그보다도 더 오래 갑니다.

Timberland의 핸드백 컬렉션을 소개합니다. 이 제품은 지난 22년 동안 어떤 유행의 흐름에도 흔들리지 않는 방수 가죽제품을 만드는 일에 전력해 온 영감으로 만들어냈으며, 지구상에서 가장 훌륭한 방수용 가죽을 이용하여 클래식한 실루엣 디자인을 넣어 미국에서 만든 예술품입니다. 지구상에서 이 제품은 성격과 유행이 바뀌는 데에 전혀 영향을 받지 않고 멋을 지키면서 꿋꿋이 자리를 지키고 있습니다. Timberland의 핸드백 컬렉션을 보시려면 1-800-445-5545로 연락을 주십시오. 당신 가장 가까이에 있는 매장을 알려드리겠습니다.

GREAT HEINEKEN BARS OF THE WORLD

Judge Walmsley
United Kingdom

Being a judge for Queen Elizabeth I
back in the 1700's did have its advantages.
For one, people named the village pub
after you. Today, the Judge Walmsley boasts
a hot and spicy Thai restaurant upstairs,
perfectly complemented by an abundance of cool
refreshing Heineken downstairs.
But please, don't take our word for it.
You be the judge.

The world's No.1 international premium beer
www.heineken.nl

Judge Walmsley Hotel Whalley New Road, Billington, Clitheroe, Lancashire BB7 9NT.

간혹 침팬지나 고릴라도 발효된 열매즙을 먹고 술에 취해 즐거워하는 때가 있다는 기록이 있긴 하지만 술이야말로 인간적이고 인간의 역사에 있어서 떼어놓을 수 없는 것이다. 그래서 이슬람 국가 같은 특수한 곳을 제외하고는 모든 사회에 술이 있고 술집이 있게 마련이다. 미국의 음주문 화는 한국과 다른 점이 많다. 하이네켄 맥주회사의 광고를 계기로 미국의 음주문화를 간단히 살 펴본다.

음주문화*

미국의 바는 한국 사람들이 보기에는 여러 가지로 너무 시시하게 보일 것 같다. 무엇 보다도 술을 강권하지 않기 때문에 '남에게 강제로 술 먹이는 재미'가 없고, 따라서 술 을 만취하도록 마시는 일도 아주 드물다. 술에 만취되는 일은 사회적으로 별로 용인되 지 않아서 술 취한 채로 시내 거리에 다니는 일은 찾아보기 어렵다. 이런 사람들은 알 코올 중독자로 취급되고 그렇게 되면 직장에서도 쉽게 쫓겨난다. 이런 때에 He drank out of his job.이라고 말한다. 따라서 술에 취해 거리에 쓰러져 있거나 전봇대에 실례 하거나 길거리나 모퉁이에 마구 토해놓는 일은 상상하기 어렵다. 물론 미국에도 알코 올 중독자가 있지만 국민 1인당 음주량이 가히 세계적인 우리나라에서는 비교적 자연 스러운 것도 미국적 기준으로는 허용하기 어려운 경우가 많다. 한국에 와 있는 미국인 들이 저녁에 시내에 나가보고는 한국에는 왜 이렇게 알코올 중독자가 많으냐고 놀라 는 경우를 자주 보게 된다. 음주문화가 달라서 생기는 현상을 알코올 중독자로 생각하 기 때문이다. 미국에서는 바에서 공연을 해서 그 소리가 거리에서도 들리는 경우에, 때 로는 경찰이 술집 몇 미터 앞에서 소음측정기로 소음 정도를 측정해서 특정 데시벨을 넘으면 업주를 처벌하기도 한다. 또 미국의 거의 모든 도시에서는 'No open bottle policy'라고 하는 게 있어서 도시 구역 안에서 뚜껑을 딴 술병을 들고 다니면 체포되거나 처벌받는다. 24시간 영업 편의점 앞에 경찰이 대기하고 있다가 술을 사가지고 나오는 사람들에게 일일이 신분증을 검사해 법정 음주가능 연령이 되었는지를 확인하고, 미성년인 경우에는 술을 산 사람과 판 사람이 모두 처벌을 당한다. 외관상 동양인들은 나이를 짐작하기 어려워서 거의 항상 이런 심문을 받게 된다. 그동안은 경찰이 미성년자를 상점에 보내 술을 사게 해 보아 점원을 붙잡는 방법을 자주 사용하였는데 최근에는 점원처럼 위장한 사복경찰이 술을 사러온 미성년자를 붙잡는 방법도 시작되었다. 술을 팔 때 나이를 일일이 계산하지 않도록 하기 위해 많은 주에서는 음주상 미성년의 면허증을 다르게 만들거나 크게 가로지르는 글씨로 시뻘겋게 UNDER 21이라고 쓴다. 애주가에게는 한국이 여러 가지로 천국인 것 같다.

|본|문|해|설|

> **Being a judge for Queen Elizabeth I back in the 1700's did have its advantages.**

have advantages: ● ● ● ●

‘이점이 있다’. take advantage of her와 같이 목적어로 사람을 쓰게 되면 ‘…를 이용해먹다’처럼 매우 부정적인 표현이 되므로 조심해야 된다.

▶ Why did you break up with him?

‘너 왜 그 사람하고 갈라섰어?’

▶ He tried to take advantage of me.

‘그 사람이 나를 이용해먹으려 했어.’

For one, people named the village pub after you.

for one: ● ● ● ●

'그 한 예로'. for example과 뜻은 유사하지만 여기서는 one이 advantages 중 하나를 가리킨다.

pub: ● ● ● ●

pub은 우리나라식의 전문 술집이 아니라 술도 팔고 다른 음료나 음식도 팔고 다양한 휴식활동을
할 수 있는 공간이다. 미국식에서는 bar라고 한다.

Today, the Judge Walmsley boasts a hot and spicy Thai restaurant upstairs, perfectly complemented by an abundance of cool refreshing Heineken downstairs.

an abundance of: ● ● ● ●

'많은'. 형용사는 abundant이다. 흥미로운 것은 abundance는 셀 수 있는 명사로도, 셀 수 없는 명
사로도 쓸 수 있는데 구문이 조금 다르다. 따라서 an abundance of food라고 하는 데 비해 food in
abundance라고 할 때에는 an을 쓰지 않는다. 대개 영어를 잘하는 한국인들도 늘 관사에는 틀리기
쉬운데 이걸 잘 쓰면 뛰어난 영어실력을 인정받기에 좋을 것이다.

⭕ At the wedding reception there were food and drink in abundance.

'결혼식 피로연에 음식이 넘쳐나게 많았다.'

⭕ There was an abundance of imported liquor at the party.

'파티에 수입 양주가 그득했다.'

But, please don't take our word for it.

Don't take our word for it.: ● ● ● ● ━━━━━━━━━━

'우리말을 곧이곧대로 믿지 마세요.' 광고문구에서 광고문을 믿지 말라는 말은 신선한 충격이다. 이런 표현은 원래 너무 과장이 심하거나 해서 믿기 어렵다는 뜻이었지만 여기서는 그런 뜻이 아니라 다른 의도가 숨어 있다.

◐ Don't take his word for it. He is a real bigmouth.

'그 사람 말을 절대로 곧이 들으면 안돼요. 그 사람 완전히 허풍쟁이예요.'

◐ I shouldn't have taken his word for it when he proposed.

'그 사람이 프로포즈할 때 그 말을 곧이곧대로 듣는 게 아니었는데…'

You be the judge.

You be the judge.: ● ● ● ● ━━━━━━━━━━

'당신이 판단하세요.' 직접 와서 확인해 보라는 말이다. 이 문구는 '당신이 재판관이 되세요'라는 말도 되는데 이 바는 재판관 웜슬리를 따라 이름 붙여진 곳이므로 더욱 묘미를 갖는다. 이 표현은 상대가 고집을 부릴 때, 잘 믿지 않을 때, 'Okay, you be the judge.'처럼 흔히 쓸 수 있는 표현이다. 같은 말이지만 'You judge it'와 같이 썼다면 전혀 맛이 없는 표현이 되고 말았을 것이다.

◐ Did you say the new club is really something?

'야 그 새로 생긴 클럽이 그렇게 좋다고?'

◐ Yeah, you should have been there.

'그래, 너도 가봤어야 되는데…'

◐ Do you really mean it's as good as Yellow Rose?

'아니, 그게 Yellow Rose만 하단 말야?'

⚫ Okay, you go tonight. You be the judge.

'네가 오늘밤에 한 번 가봐. 네가 직접 판단해라.'

The world's No. 1 international premium beer.

No. 1: ● ● ● ● ━━━━━━━━━━━━━━━━━━━

'최고, 넘버원'. No. 또는 no.가 number의 약자인 것은 널리 알려져 있지만 이것이 왜 Nu. 또는 nu.가 아닌가 궁금해 하는 사람은 별로 없다. 원래 이 약자는 라틴어의 numero에서 나온 것으로 앞과 뒤의 글자로 이루어진 것이다. 숫자를 여럿 쓸 때에는 nos. 1 & 5처럼 nos라 써야 한다. No. 1은 거의 모든 문화에서 공통적으로 최고라고 생각하고 있는 것 같은데 영어의 경우에는 이와 관련된 약간의 조심사항이 있다. 즉 남자들이 어느 여성을 보고 She's one. She's ten.이라고 할 때에는 one은 형편없는 것이고 ten은 가장 멋있는 것이 된다. 이것은 원래 On a scale one to ten, she's ten.처럼 '1에서 10까지 점수를 주면'이란 말에서 생겨난 것이기 때문에 그렇다. 참고로 영국에서는 Number 10이라고 하면 다우닝가 10번지를 말하는 것이 되어 영국 수상관저를 나타내는 흔한 표현이다.

premium beer: ● ● ● ● ━━━━━━━━━━━━━━━━

'극상품 맥주'. premium은 영어에서 다양한 뜻이 있는데 명사이지만 여기서는 형용사적으로 '최고로 좋은' '극상품의'의 뜻을 갖고 있다.

BB7 9NT

BB7 9NT: ● ● ● ● ━━━━━━━━━━━━━━━━━━

이것은 미국의 우편번호, 즉 zip-code처럼 쓰이는 영국의 우편번호이다. 캐나다도 V7L 5Y2식으로 우편번호를 쓴다. 미국은 78703처럼 숫자 다섯 개로만 쓰기도 하고 78703-5001처럼 첫 다섯 숫자와 뒤에 네 개의 숫자를 덧붙이기도 하는데 이 뒤의 것을 plus four라고 부른다.

우리나라와 일본도 우편번호에 숫자만 사용하는데 한국은 130-701, 일본은 112-0012처럼 숫자의

개수는 모두 다르다.

Great Heineken Bars of the World.

Judge Walmsley. United Kingdom.

Being a judge for Queen Elizabeth I back in the 1700's did have its advantages. For one, people named the village pub after you. Today, the Judge Walmsley boasts a hot and spicy Thai restaurant upstairs, perfectly complemented by an abundance of cool refreshing Heineken downstairs. But, please don't take our word for it. You be the judge.

Heineken.

The world's No.1 international premium beer.

www.heineken.nl.

Judge Walmsley Hotel Whalley New Road, Billington, Clithroe, Lancashire BB7 9NT.

해석

세계의 유수한 Heineken 바들. 영국의 Judge Walmsley 바.

옛날 1700년대에 엘리자베스 1세 여왕 밑에서 판사를 하는 것은 많은 혜택이 있었습니다. 그 한 예로, 사람들이 당신 이름을 따서 동네 술집 이름을 붙였지요. 오늘날, Judge Walmsley 바는 그 위층의 매콤하고 향신료를 많이 곁들인 타일랜드 음식점과, 그 아래층에 이와 함께 완벽한 콤비를 이루는, 얼마든지 마실 수 있는, 시원하고 상쾌한 하이네켄 맥주를 자랑하고 있습니다. 하지만 절대로 우리말을 곧이곧대로 믿지 마세요. 당신이 직접 판사가 되세요.

하이네켄.

세계 제일의 국제적인 극상품 맥주.

www.heineken.nl.

주소: Judge Walmsley Hotel, Whalley New Road, Billington, Clithroe, Lancashire BB7 9NT.

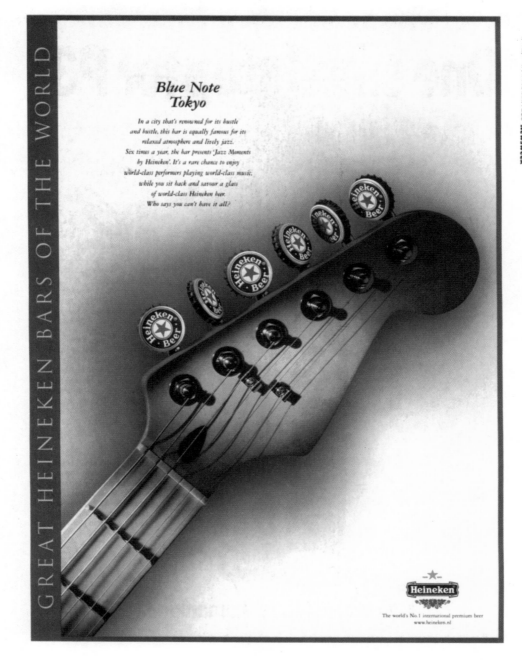

Blue Note Tokyo

In a city that's renowned for its bustle
and hustle, this bar is equally famous for its
relaxed atmosphere and lively jazz.
Six times a year, the bar presents 'Jazz Moments
by Heineken'. It's a rare chance to enjoy
world-class performers playing world-class music,
while you sit back and savour a glass
of world-class Heineken beer.
Who says you can't have it all?

Heineken

The world's No.1 international premium beer
www.heineken.nl

술집*

세계 어디서나 술과 담배 선전은 매우 기발한 것이 특징이다. 아마도 다른 상품과는 달리 술과 담배가 가지는 도덕성 시비에 따른 장애 때문에, 소비를 자극하기 위해서는 강렬한 이미지를 심어주어야 하기 때문일 것이다. 하이네켄 맥주회사는 전 세계의 유명한 Bar를 독특한 디자인과 함께 소개하고 있다.

미국의 술산업은 담배산업과 마찬가지로 법적인 문제 때문에 많은 골머리를 앓고 있는 산업이다. 예를 들어 실제로 한 술꾼이 바에서 술을 마시고 과음상태에서 차를 운전하다가 사고를 냈는데, 이 사람은 바를 상대로 소송을 걸었다. 이유는 자기가 만취상태에서 바에서 나올 때 바의 종업원이 자기가 운전을 할 것인지 아닌지 확인을 하지 않았고, 운전을 말리지 않았기 때문이라는 것이다. 우리 생각에는 참 어처구니가 없지만 더 납득하기 어려운 것은 이 사람이 소송에서 이겼다는 것이다. 미국인들은 금요일 밤에는 단체로 술집에 가는 경우가 많은데 잘 알려진 대로 이 사람들은 술을 강권하는 예가 거의 없다. 또 한 사람은 운전을 하기 위해 술을 전혀 안 마시는데 이런 사람을 DD(designated driver)라고 한다. 또 미국의 대학교들 중에는 음주운전(DWI: driving with influence; 또는 DUI: driving under influence)을 막기 위해서 보건소(Student Health Center)의 주관하에 DDP(designated driver program)라고 하는 것을 시행하고 있는데, 이 제도는 대개 목, 금, 토요일 밤에 11시부터 새벽 3시 사이에 술 취한 학생이 (학생 아닌 동행은 세 명까지 가능) 택시를 불러서 학생증을 보여주면 집 주소까지 무료로 태워다 주고 택시기사는 요금을 학교로부터 받아가는 신비로운(?) 제도이다.

|본|문|해|설|

> In a city that's renowned for its hustle and bustle, this bar is equally famous for its relaxed atmosphere and lively jazz.

renowned: ● ● ● ●

'유명한'. 원래 nown은 noun, name과 같은 조상을 가진 단어이다. 우리말로 '이름난', '이름이 알려진', 한자어의 '이름이 있는(유명한)'과 모두 같은 발상으로 만들어진 단어이다. renowned가 형용사인 걸 보면 renown은 동사일 것처럼 보이지만 이것은 명사다.

▶ Seoul and Kyungju are renowned for their long history.

  '서울과 경주는 유구한 역사로 잘 알려져 있다.'

▶ She won renown as an opera singer.

  '그녀는 오페라 가수로서 명성을 얻었다.'

---

hustle and bustle은 그 발음이 심어주는 이미지와 같이 매우 바쁘고 분주한 모습, '혼잡함, 분주함'을 나타낸다. 두 단어 모두 빠르고 힘 있고 분주한 것을 나타내주기 때문에 실상은 한 단어만 써도 되지만 두 단어를 쓴 것은 발음상 재미있는 운율이 있기 때문이다. 영어에는 이상하게 동의어를 겹쳐서 쓰는 완전히 굳어진 표현들이 있는데 예를 들어 'will and testament', 'give and bequeath', 'love and amity', 'safe and sound' 등 헤아릴 수 없이 많이 있다. 발음의 묘미를 살리기 위해서도 많은 용례들이 만들어졌는데 'razzle dazzle', 'tit for tat', 'by hook or by crook' 등이 있고 심지어는 없는 단어들도 만들어서 'hungry mungry', 'ugly shmugly', 'lunch shmunch', 'okie dokie', 'oopsie daisie' 같이 말하기도 한다.

◑ The Southgate Market was a scene of hustle and bustle!

'남대문시장은 정말 정신없이 시끌시끌하더군요'

◑ With the beginning of the school again, it's all hustle and bustle again.

'새 학기가 시작되니까 또다시 정신없이 바빠요'

relaxed atmosphere: ● ● ● ●

'아늑한 분위기'. 한 때는 우리나라의 영어문법 책들에서 atmosphere는 '공기', atmospheres는 '분위기'라고 한다고 가르친 적이 있는데 현재 영어에서는 atmosphere만으로도 '분위기'란 뜻을 가진다.

> **It's a rare chance to enjoy world-class performers playing world-class music, while you sit back and savour a glass of world-class Heineken beer.**

a rare chance to…: ● ● ● ●

이것도 익혀두면 멋지게 써 볼 수 있는 표현이다. '…하는 진귀한 기회를 가졌다' '…하는 절호의 찬스를 가졌다'라고 할 수 있다. chance 대신에 occasion을 쓸 수도 있다.

◑ I had a rare chance to see a famous movie star.

'유명한 배우를 만나는 진귀한 기회를 가졌다.'

◑ It was a rare occasion to meet with a national hero.

'전국민들로부터 영웅 취급을 받는 사람을 만나는 절호의 찬스였다.'

world-class: ● ● ● ●

얼핏 '세계적 수준이다'라는 표현을 찾기가 쉽지 않은 것 같은데 문자적으로 at the level of the world 라고 하면 우스운 말이 된다. 그러나 정답은 알고 보면 너무 쉽다. '세계 최고의'라는 표현은 'the world's best'라고 하면 된다. 잘 아는 대로 영어에서는 이런 절대적인 최상급 표현은 늘 시비의 여지가 있으므로 굳이 쓰려면 'one of the world's best…'라고 해야 한다. 여기서 주의할 것은 '한국 최고의'라고 할 때에는 Korean best가 아니라 Korea's best가 된다는 것이다.

sit back: ● ● ● ● ▬▬▬▬▬▬▬▬▬▬▬▬▬

'등을 대고 기대다'인데 대개는 'sit back and relax', 'sit back and enjoy…', 'sit back and savour…'와 같이 '편안하게 기대어 앉아 …하다'라는 표현으로 관용적으로 쓰인다. 무슨 일로 조바심하는 친구에게 'Just sit back and relax.'라고 할 수도 있다.

● Now that the exam's over, I wanna just sit back and relax.

'이제 시험도 끝났으니 좀 편안히 앉아서 숨 좀 돌리자.'

---

savour a glass of world-class Heineken beer: ● ● ● ● ▬▬▬▬▬▬

'세계적 수준의 하이네켄 맥주를 음미하다'. 여기에서 savour란 단어는 원래 맛이나 향기, 풍미 등을 가리키는 것인데 여기서는 동사로 사용되었다. 우리식으로는 '음미하다'가 가장 가까운 뜻이다. 원래 강한 맛보다는 냄새 등에서 풍겨나오는 가벼운 맛을 가리키는 것이었기 때문에 '…기미가 있다'고 할 때에도 savor (=savour)를 쓴다.

> ## Who says you can't have it all?

Who says you can't have it all?: ● ● ● ● ▬▬▬▬▬▬▬▬▬

원래 'You can't have it all'이란 표현이 있다. '모든 걸 가질 수는 없다', '두 마리 토끼를 좇지 말라' 처럼 과욕을 부리지 말라는 격언과 같은 말이다. 그런데 이 표현을 여기 광고문구와 같이 수사적 질문으로 바꾸면, '누가 두 마리 토끼를 좇지 말라고 했던가?'하는 말을 들으면서 독자는 질문이 주는 '심리적 도전'과 메시지의 내용이 주는 '호기심'을 동시에 느끼게 될 것이다. 결국 전체적인 메시지는, 바쁘게 돌아가는 도쿄의 도심에서 여유를 즐기면서 세계최고의 재즈음악가의 음악을 들으며 세계적인 명성의 Heineken맥주를 마시는 … 원하는 모든 것을 가질 수 있다는 말이 된다.

Great Heineken Bars of the World.

Blue Note. Tokyo.

In a city that's renowned for its hustle and bustle, this bar is equally famous for its relaxed atmosphere and lively jazz. Six times a year, the bar presents 'Jazz Moments by Heineken'. It's a rare chance to enjoy world-class performers playing world-class music, while you sit back and savour a glass of world-class Heineken beer. Who says you can't have it all?

Heineken.

The world's No. 1 international premium beer.

www.heineken.nl.

Tokyo의 Blue Note 바

분주하기로 유명한 도시에 있는 이 바는 그 도시가 유명한 것만큼이나 마찬가지로 아늑한 분위기와 활달한 재즈 음악으로 잘 알려져 있습니다. 일년 여섯 차례씩 '하이네켄의 재즈시간'이란 행사를 주관하는데 이것은 당신이 편안하게 기대어 앉아 세계적인 수준의 하이네켄 맥주를 음미하면서 세계적 수준의 연주자들이 세계적 수준의 음악을 연주하는 것을 즐길 수 있는 절호의 찬스입니다. 우리가 모든 걸 가질 수는 없다고 한 사람이 누구입니까?

하이네켄.

세계 제일의 국제적인 극상품 맥주.

www.heineken.nl.

I think it's something I ate.
Probably that awful copy paper
you've been feeding me.

Don't blame your printer (or other machines) when the problem is actually your paper. Georgia-Pacific Papers are guaranteed to print trouble-free. And they come in a complete menu of reasonably priced choices, from higher brightness for sharper blacks and richer colors to beefier weights to minimize

see-through. Plus, our resealable polywrap package keeps your paper clean and uncrumpled. Visit our web site at www.gp.com or call 1-800-635-6672, and watch your printer become a different animal.

The right paper makes all the difference.℠

 Georgia-Pacific Papers®

©1999 Georgia-Pacific Corporation.

동물 은유[*]

영어가 전 세계적으로 가장 많이 통용되는 여러 가지 이유 중에 영어가 가진 유연성을 드는 사람들이 많다. 즉 다른 언어로부터 많은 단어들을 차용해왔고 또 은유에 의한 표현들이 두드러지게 많기 때문이다. 그 중에 특이할 만한 것이 동물과 관련된 은유들이다.

미국 여성들이 데이트를 하고 나서 상대방이 별로 맘에 안 들었을 경우에는 My date was a bear. He was a dog.처럼 쓰기도 하고, 또 보통 맘에 안 드는 건달들을 street rat이라고 하기도 한다. 여자가 정조개념이 희박하면 an alley cat이라고 하고, 매춘부를 cat이라고 부르기도 한다. 정신이 약간 이상한 사람은 he has a bat in his belfry라고 하고, 시험이나 면접이 가까이 와서 몹시 긴장이 되면 I have butterflies in my stomach이라고 한다. 또 일을 제대로 안하고 건들거리는 것을 monkey business라고 하고, 전혀 다른 문제가 새로 생겨나 사태가 급변했을 때에도 This is a horse of a different color라고 한다. 여성을 좀 비하해서 쓰는 말 중에는 bird, chick, chicken, crow, duck, goose, hen, cow, heifer, mare, sow, mutton, bitch, filly, kitten, cat, puss, bat 등으로 부르는 걸 보면 거의 모든 동물이 여성비하어로 사용되는 것을 알 수 있다.

뿐만 아니라, 자판기가 돈을 삼키면 우리말과 비슷하게 The vending machine swallowed/ate my money라고 한다. 프린터나 복사기에 종이를 넣어주는 것을 feed

'먹이다'라고 하고 차나 기계가 말을 안 듣고 속을 썩이면 animal 또는 monster라고 부른다. 바로 이런 은유에서부터 이 광고가 만들어진 것이다. 프린터에 넣은 종이를 기계가 씹어 먹어 버려서 잼이 된 것을 가리키는 것이다.

 |본|문|해|설|

Probably that awful copy paper

awful copy paper: ● ● ● ●

'그 형편없는 복사용지'. awful이란 단어는 awe '경외심'에서 파생된 것인데 무척 나쁜 것을 가리킨다. 신기하게도 같은 단어에서 나온 awesome이란 단어는 무척 좋은 것을 가리킨다. 비슷한 현상이 terror에서 나온 terrible '지독하게 나쁜', terrific '엄청 좋은' 두 단어에서도 찾아볼 수 있다.

Don't blame your printer.

Don't blame your printer: ● ● ● ●

'괜히 프린터를 탓하지 마세요'. blame은 '탓하다' '책망'의 뜻이 있는데, '내 탓이다'라고 할 때에는 I am to blame이라고 한다.

▶ Stop blaming me!

　'내 탓 좀 그만 하시오!'

---

to print trouble-free: ● ● ● ● ━━━━━━━━━━━━

'문제가 생기지 않고 프린트를 하다' '문제없이 프린트하다'. trouble-free는 여기서처럼 부사적으로도 쓸 수 있고 또 trouble-free printing처럼 형용사적으로도 쓸 수 있다.

they come in a complete menu: ● ● ● ● ━━━━━━━━━━

'완벽한 메뉴로 출시됩니다'. 즉 '다양한 종류로 시판됩니다'. 이런 때에 in을 쓰는 것을 유의해 둘 필요가 있다. menu는 반드시 식당의 메뉴만을 가리키는 것은 아니다. 선택사항들이 다양하게 나타나는 것을 모두 menu라고 할 수 있다.

reasonably priced choices: ● ● ● ● ━━━━━━━━━━

'적정하게 값이 매겨진 선택사항들'. 영어에서는 '값이 싸다'는 표현을 할 때 cheap이라 하면 질적으로 나쁜 것을 암시하기 때문에 cheap이란 단어는 덜 쓴다. 싼값은 a reasonable price라고 한다.

beefier weights: ● ● ● ● ━━━━━━━━━━━

'좀 두툼한 무게'. 즉 두꺼운 종이를 가리킨다. beefy란 원래 beef '쇠고기'에서 나온 단어인데 여기서는 쇠고기가 아니라 근육/살이 많고 두툼한 것을 뜻한다. 종이류의 무게는 주로 안에 섬유질이 얼마나 들어있느냐에 따라 결정되는데 그래서 기록물 보관소에 들어가는 중요한 서류나 학위논문 같은 것은 제출할 때에 cotton 몇 % 이상(대개 25% 이상) 섞여 있어야 한다는 규정이 있다. 이런 종이들은 빛에 얼비쳐 보면 cotton xx%라는 watermark가 보인다. 무게로 따지기도 해서 대개 20파운드짜리면 heavy weight 종이에 들어간다. 추천서 같은 것도 이런 종이에 쓰는 경우가 많다.

to minimize see-through

to minimize see-through: ● ● ● ● ━━━━━━━━
 '얼비쳐 보이는 것을 줄이도록'. see-through는 속이 보이는 것을 가리킨다. 즉 옷감 중에도 망사나 마직 같은 것들은 입은 사람의 속이 보이기 때문에 see-through라고 한다. 그런 스타일을 see-through look이라 한다.

keeps your paper clean and uncrumpled

keeps your paper clean and uncrumpled: ● ● ● ● ━━━━━━
 '종이를 깨끗하고 구김살 없이 보존해 줍니다'. 종이나 플라스틱, 우유팩 등이 구겨지고 찌그러진 것을 crumpled라고 한다. 구김살 없는 것은 uncrumpled라고 할 수 있다.

watch your printer become a different animal

watch your printer become a different animal: ● ● ● ● ━━━━━
 '당신의 프린터가 완전히 다른 동물이 되는 것을 지켜보십시오'. 즉 '프린터가 확 달라지는 것을 지켜보십시오'. 대개 동물이 주는 느낌이 '말 안 듣고 속 썩이는 것'이기 때문에 확 달라졌다는 문구가 암시하는 것은 '말 잘 듣고 맘에 쏙 들게 잘 되는' 것이다.

The right paper makes all the difference.

makes all the difference: ● ● ● ●

‘모든 차이는 여기에서 생겨납니다’. 매우 차이가 난다고 할 때 ‘a world of difference’란 표현을 쓰기도 한다.

◐ Why aren't you joining us for the trip? I'll pay your expenses!

‘왜 여행을 같이 안 가? 내가 네 돈 다 내 줄게.’

◐ Then, that makes the difference.

‘그렇다면 문제가 다르지 (그렇다면 갈게).’

I think it's something I ate. Probably that awful copy paper you've been feeding me. Don't blame your printer (or other machines) when the problem is actually your paper. Georgia-Pacific Papers are guaranteed to print trouble-free. And they come in a complete menu of reasonably priced choices, from higher brightness for sharper blacks and richer colors to beefier weights to minimize see-through. Plus, our resealable polywrap package keeps your paper clean and uncrumpled. Visit our web site www.gp.com or call 1-800-635-6672, and watch your printer become a different animal.

The right paper makes all the difference.^{SM}

가만 있어보자. 내가 뭔가 먹은 것 같네. 어쩌면 당신이 그동안 나한테 먹인(프린터에 쓴) 그 싸구려 복사용지를 먹은 것 같애.

실제 문제는 당신이 갖다 쓴 종이 때문일 때, 공연히 프린터만 나무라지 마세요 (아니면 다른 기계도 마찬가지구요). Georgia-Pacific 종이들은 걱정없이 프린트를 해주도록 보증이 된 종이들입니다. 이 종이들은 선명한 검은 색과 더 풍부한 색상을 인쇄하기 위해 아주 밝은 종이류로부터 비쳐 보이지 않도록 해주는 더 두툼한 종이류에 이르기까지 적절한 가격에 선택을 할 수 있는 완벽한 메뉴를 갖추고 있습니다. 그 뿐만 아니라, 다시 봉해둘 수 있는 폴리랩 케이스들은 당신의 종이를 깨끗하고 구김살 없이 보관할 수 있게 해드립니다. 저희 웹사이트인 www.gp.com을 방문하시거나 1-800-635-6672로 전화해 주십시오. 그러면 당신의 프린터가 이제는 전혀 다른 동물이 되는 걸 보실 수 있습니다(당신의 프린터가 완전히 변신하는 걸 보실 수 있습니다).

종이를 제대로 쓰면 모든 게 달라집니다.

No 52   **Panasonic** 음향기기

LISTEN LIKE A REBEL.

Don't be a sheep. Dare to compare Panasonic sound to the other guys.

Mindless followers, mend your ways.

True individuals sniff out great sound by listening before they buy, not just after.

Because it's the only sure way to find portable audio gear with the defiantly righteous, undeniably brilliant sound you want.

Panasonic sound. Portable CD players, personal stereos and CD boomboxes with crystal clarity and the power to make you howl.

Hear, oh misguided ones who buy without first listening. Hear our call and dare, dare, dare to compare Panasonic to the competition.

And discover what the herd hasn't heard. To speak to a Panasonic dealer near you, call **1-800-365-1515, ext. 200.**

P
PLATINUM
COLLECTION

Dare
to
COMPARE
Panasonic sound

**Proud Sponsor
1996 U.S. Olympic Team**
36 USC 380

USA

Panasonic
just slightly ahead of our time.®

음악*

음악을 싫어하는 민족은 하나도 없겠지만 미국인들의 음악사랑은 남달리 특별한 것 같다. 음악을 녹음할 수 있는 축음기도 미국인 에디슨이 발명을 했고 그 첫 시험녹음이 어린이 동요 Mary had a little lamb이었던 것도 우연만은 아닌 것 같다. 또 식당이나 휴게소에서 돈 내고 노래를 선곡해서 들을 수 있는 노래 자판기(juke box)가 널리 애용된 곳도 미국인 것도 그렇다. 최근 통계에 따르면 약 40%에 해당하는 가정에서 5세 이상 식구 중 누군가 한 명 이상이 악기를 다룰 수 있다고 한다. 또한 미국의 젊은이들은 흔히 차에 특별한 스테레오 뮤직시스템을 장착하고 다닌다. 고출력 장치에 특히 저음을 확성시켜 주는 소위 woofer라고 하는 것을 차에 설치해서 차의 트렁크 전체가 공명통처럼 이용될 수 있도록 해 음악을 틀면 차 전체가 진동으로 휘청댈 정도로 해놓고 음악을 들으면서 다니는 젊은이들이 많다. 이런 차가 옆으로 지나가면 근처의 다른 차도 부르르부르르 떨린다. 때때로 이런 차에는 "If this is too loud, You are too OLD!"라는 범퍼스티커가 붙어 있다.

Don't be a sheep.

Don't be a sheep.: ● ● ● ●

'남하는 대로 따라하는 사람이 되지 마세요.' 원래 sheep란 양을 가리키는 단어다. 그러나 양은 순진할 뿐만 아니라 약간은 '맹한' 것이 특징이라서 목자나 양치기 개가 잘 거두지 않으면 길을 잃기 십상이다. 여기에서부터 sheep이 개성 없고 겁 많고 소심한 사람을 가리키는 뜻으로 의미가 발전했다.

Mindless followers, mend your ways.

Mindless followers, mend your ways.: ● ● ● ●

'생각 없는 추종자들이여, 네 길을 바꿀지어다'. 종교적인 냄새가 강하게 나는 문구이다.

True individuals sniff out great sound by listening before they buy, not just after.

sniff out: ● ● ● ●

'낌새를 알아채다'. 원래 냄새를 맡아서 뭔가를 찾아내는 것을 sniff out이라고 하는데 대개 개가 냄새로 먹을 거나 마약 같은 것을 찾아내는 것을 가리키는 것이었다. 많은 나라의 공항에는 수화물 속에서 마약을 찾아내는 sniffing dog이 있다. 지금은 sniff out의 의미가 확대되어 뭔가를 알아채는 것 일체를 말한다. 물론 여기에서는 그림에 있는 세파트 개에 대한 것이므로 이중적인 의미가 된다. 우리가 세파트라고 하는 개는 대개 German shepherd 종을 가리키는데 shepherd가 목동인 것처럼 원래 이 개도 양치기 개다.

Because it's the only sure way to find portable audio gear with the defiantly righteous, undeniably brilliant sound you want.

audio gear: ● ● ● ● ▬▬▬▬▬▬▬▬▬▬▬▬▬▬▬▬▬▬▬▬▬▬

'오디오 기계'. 원래 gear란 어떤 부류의 부속물을 총칭해서 일컫는 말로 아주 빈번하게 사용된다. 예를 들어 신발, 양말 등과 같이 발에 쓰이는 물건들은 foot gear, 모자, 헬멧, 귀가리개 등과 같이 머리에 쓰이는 물건들은 head gear라고 한다. 여기에서 말하는 audio gear란 CD player, tape player, head set 등 오디오 장치와 관련된 모든 것을 가리키는 것이다.

defiantly righteous: ● ● ● ● ▬▬▬▬▬▬▬▬▬▬▬▬▬▬▬▬▬▬▬▬▬▬

'도전적으로 정당한'. 원래 righteous란 정의로운 것을 가리키는 것인데 음이 정의롭다는 것은 원음에 충실한 것을 멋을 내어 표현한 것이다. 대개 원음에 충실한 것을 high fidelity(높은 절개, 높은 충절)이라고 해서 이로부터 하이파이(hi-fi) 스테레오라는 말이 생겨났다.

Portable CD players, personal stereos and CD boomboxes with crystal clarity and the power to make you howl.

power to make you howl: ● ● ● ● ▬▬▬▬▬▬▬▬▬▬▬▬▬▬▬▬▬▬▬▬

'당신을 괴성을 지르게 만드는 출력'. 원래 howl은 짐승이 소리를 지르는 것을 가리키는 것이었는데 대개 큰 소리를 다 howl이라고 한다. 구어에서는 howl이 우스꽝스러워서 폭소하는 것을 가리켜서 His gesture at the speech was a real howl이라 하면 '그 친구 연설에서 몸짓이 가관이었다'라는 뜻이 된다. 여기에서는 물론 우스꽝스럽다는 뜻이 아니라 그림 속 개가 하늘을 보고 길게 울부짖듯이 노래에 따라 괴성을 지르며 즐기는 것을 가리키는 것이다.

> **Hear, oh misguided ones who buy without first listening.**

Hear, oh misguided ones!: ● ● ● ● ━━━━━━━━━━━━━━━━━

'들을지어다, 그릇된 길을 가는 자여!' 이것은 원래 종교적인 연설에서 쓰는 표현을 갖다 쓴 것이다. 죄에 빠져 방황하는 사람들에게 회개를 촉구하는 전형적인 문구이다.

> **Hear our call and dare, dare, dare to compare Panasonic to the competition.**

hear our call: ● ● ● ● ━━━━━━━━━━━━━━━━━

'우리가 부르는 소리를 들으라'. call은 사람들 사이에서는 부르는 것이나 전화를 거는 것이나 방문하는 것 등을 나타내지만 동물세계에서는 주로 자기 짝을 찾는 소리나 동료들에게 긴급한 메시지를 보내는 소리들을 가리킨다. 여기 그림에 있는 개의 짖는 소리가 누군가에게 긴급한 메시지를 보내려 하고 있다는 강한 인상을 심어주고 있다.

dare to compare: ● ● ● ● ━━━━━━━━━━━━━━━━━

'감히 비교를 해보라'. dare란 말은 '감히 …하다'의 뜻을 가지는 단어로 상대방에게 거친 느낌을 주는 단어이다. 따라서 You don't dare. '너 그렇게 까불지 않는 게 좋아.' How dare you? '아니, 너 어떻게 그럴 수가 있어?'와 같이 쓰인다. 여기에서는 이 회사 제품을 다른 경쟁사 제품과 비교해 보는 일이 뭐 '감히 할' 일이라고 할 수는 없겠지만, 개성 없이 용기 없이 남만 따라다니는 사람들에게 향한 메시지이기 때문에 dare란 말로 도전을 하고 있는 것이다. 이야기를 약간 뒤집어 보면, 이 회사 제품은 너무 다른 것보다 좋아서 비교할 필요가 전혀 없기 때문에 다른 것들과 비교해 본다면 그것은 정말 '감히' 비교해 보는 일이라는 메시지도 된다. 이 회사의 슬로건처럼 되어 있는 Dare to Compare는 이런 의미가 더 크게 부각되어 있다. compare란 단어는 원래 compare with는 '비교하다', compare to는 '비유하다'처럼 다르게 사용되었었는데 지금은 compare to가 두 가지의 뜻으로 다 쓰인다.

> **And discover what the herd hasn't heard.**

what the herd hasn't heard: ● ● ● ● ▬▬▬▬▬▬▬▬▬▬▬

'양떼들은 아직 들어보지 못한 것', '일반 사람들은 들어보지 못한 것'. 즉 많은 사람들은 그저 개성
도 없이 다른 사람들 따라서 듣는 바람에 제대로 된 것을 들어보지 못했다는 말이다. 물론 herd와
heard가 발음이 똑같기 때문에 그런 묘미를 아울러 노리고 있다.

> **Just slightly ahead of our time.**

just slightly ahead of our time: ● ● ● ● ▬▬▬▬▬▬▬▬▬▬▬

'시대를 아주 조금 앞서갑니다'. 대개의 광고는 과장을 하게 마련이다. 그런데 여기에서 '아주 조금'
이라고 한 것은 광고에서 보기에는 너무 겸손한 표현이다. 물론 이런 겸손해 보이는 문구가 광고내
용의 신뢰도를 더 높일 것은 당연한 이치이고 또 이런 효과를 노린 것일 것이다.

Listen like a rebel.

Don't be a sheep. Dare to compare Panasonic sound to the other guys.

Mindless followers, mend you ways.

True individuals sniff out great sound by listening before they buy, not just after.

Because it's the only sure way to find portable audio gear with the defiantly righteous, undeniably brilliant sound you want.

Panasonic sound. Portable CD players, personal stereos and CD boomboxes with crystal clarity and the power to make you howl.

Hear, oh misguided ones who buy without first listening. Hear our call and dare, dare, dare to compare Panasonic to the competition.

And discover what the herd hasn't heard. To speak to a Panasonic dealer near you, call 1-800-365-1515, ext. 200.

Panasonic. just slightly ahead of our time.

도전자처럼 음악을 들으세요.

맹목적인 추종자가 되지 마세요. 파나소닉의 음질을 다른 것들과 비교할 테면 비교해 보세요.

생각 없는 추종자들이여, 행로를 바꿀지어다.

정말 개성이 있는 사람들은 사고 나서가 아니라 사기 전에 들어보고 훌륭한 소리를 찾아낼 줄 압니다.

왜냐하면 그렇게 하는 방법만이 당신이 원하는 도전적으로 충실하고 확실하게 깨끗한 음질을 갖춘 휴대용 오디오 제품을 찾을 수 있기 때문이지요.

바로 파나소닉의 음질입니다. 수정같이 맑은 소리, 당신이 괴성을 지를 수 있도록 할 수 있는 파워를 갖춘 휴대용 CD player, 퍼스널 스테레오, 그리고 CD가 장착된 붐박스 플레이어입니다.

먼저 들어보지도 않고 그냥 사는, 잘못된 길을 가는 자들이여, 들을지어다.

우리의 말을 들어보고 파나소닉의 음질을 다른 회사의 제품들과 감히, 감히 비교해 보십시오.

그리고는 무리들이 아직 들어보지 못한 것을 발견하십시오. 당신 근처에 있는 파나소닉 딜러와 상담을 원하시면 1-800-365-1515에 구내번호 200으로 연락하십시오.

파나소닉, 우리 시대를 조금 앞서갑니다.

No 53 Singapore Arts Festival

명절과 축제*

미국에는 많은 민족이 모여 살기 때문에 이 민족들이 가지고 온 다양한 명절과 축제가 있다. 연방정부에서 정하는 이른바 Federal Holiday라는 것이 있지만 미국은 각 주가 독립된 나라와 마찬가지여서 연방공휴일을 다 공통적으로 지키는 것이 아니고 각 주별로 공휴일이 다르다. 학교들도 주의 공휴일을 따라 쉰다. 연방공휴일은 1월 1일의 신정(New Year's Day), 1월의 Martin Luther King 생일, 2월의 George Washington 생일, 5월 Armed Forces Day(국군의 날)와 Memorial Day(현충일), 6월의 Flag Day(국기의 날), 7월 Independence Day(독립기념일), 9월 Labor Day(노동절), 10월 Columbus Day(콜롬버스의 날), 11월 Veterans Day(상이군인의 날)과 Thanksgiving Day(추수감사절), 12월 크리스마스가 있다. 신기한 것은 생일을 기념일로 하는 경우에도 정식 생일이 기념일이 아니라 날짜와 관계없이 월요일을 기념일로 정해서 연휴로 만들어 쉬고 있다. 후손들이 잘 놀자고 조상의 생일을 바꾸는 일은 우리 한국인의 정서와는 안 맞는 것 같다. 하긴 미국인들도 1971년부터 7년 동안 상이군인의 날을 월요일로 했었는데 상이군인들의 반발이 너무 커서 할 수 없이 11월 11일로 환원시킨 적이 있는 걸 보면, 날짜를 바꾸는 것이 미국인들에게도 그렇게 맘 편한 일은 아닌 것 같다. 정식 공휴일은 아니어도 많은 사람들이 지키는 기념일들로는 링컨 생일(2월), 밸런타인데이(2월), 성패트릭 데이(3월), 만우절(4월), 비서의 날(4월), 식목일(4월), 어머니날(5월), 아버지날(6

월), 어버이날(7월), 조부모의 날(9월), 유엔의 날(10월), 할로윈(10월) 등이 있다. 또 신기한 것은 한국 절기 중에 개구리가 겨울잠에서 깨어나는 경칩이 있는데 이와 비슷하게 미국에는 groundhog라는 동물이 겨울잠에서 깨어난다는 Groundhog Day(2월)를 공휴일로 지키는 사람들이 많이 있다.

한국계나 중국계 미국인들이 지키는 추석이나 구정을 비롯해서 유태인이 지키는 각종 종교적 절기, 불란서계 사람들이 대대적으로 벌이는 마디그라(Mardi Gras), 그 외에도 음악애호가들이 연중 내내 1,500여 개의 music festival을 벌이는 등 미국의 축제와 명절은 그야말로 다양성의 극치라고 할 수 있다.

|본|문|해|설|

If you miss the festival you'll miss more than you could ever imagine.

miss the festival:

'축제를 놓치다'. 원래 miss는 겨냥한 것을 빗나가는 것을 가리키는 단어이다. 이로부터 '그리워하다' 같은 뜻도 파생되어 나왔다. 즉 누군가가 보고싶어 쳐다보는데 그 상대가 그 자리에 없어서 시선이 빗나가는 셈이니까 '빗나가다'가 '보고싶다'가 되는 것이다. 미국인들이 헤어질 때 항상 쓰는 말은 I'll miss you. 즉 '네가 보고싶을 거야'이다. 또 구어에서는 뭔가 중요한 기회를 놓쳤을 때 miss the bus나 miss the boat를 쓴다.

- Where's everyone?
  '다들 어디 간 거야?'
- Sorry, you missed the boat.
  '안 됐지만 넌 기회를 놓쳤어.'

miss more than you could ever imagine: ● ● ● ● ⬤ ▬▬▬▬▬▬▬▬▬▬▬

'당신이 상상할 수 있는 것보다 훨씬 더 많이 놓치다'. 여기서는 '훨씬 더'를 강조하기 위해 가정법 'could'를 사용했다. 즉 비현실적인 상황까지 상상의 범위 안에 포함시켜도 그보다 더 많다는 것이다. 그냥 간단하게는 'You will miss more than you think.'라고 할 수 있다.

Singapore Arts Festival. 25 Days to Fill Your Senses.

fill your senses: ● ● ● ⬤ ▬▬▬▬▬▬▬▬▬▬▬▬

'당신의 감각을 채우다'. sense나 sensation은 둘 다 우리말로 '감각'이란 뜻을 갖고 있지만 그 뉘앙스는 퍽 다르다. 즉 sense는 좀 지적인 반응이 암시되어 있고 sensation은 감각적인 반응이 암시되어 있다. 따라서 우리말로는 '감각을 채운다'라는 말이 이상하지만 영어의 뉘앙스를 살려서 표현하면 '당신의 심미적 지적 욕구를 채우다'라고 할 수 있다.

Join us at Asia's leading arts event from 31 May to 24 June 2001.

join us at xxx: ● ● ● ⬤ ▬▬▬▬▬▬▬▬▬▬▬▬

'…에서 만납시다'. 대개 광고문에서 '…로 오십시오'를 나타낼 때 쓰는 말이다. 방송 프로그램에서도 '그럼 내일 이 시간에 이 채널에서 다시 뵙겠습니다'라고 할 때 'Join us again tomorrow at the same time at the same station.'이라고 한다.

Asia's leading arts event: ● ● ● ⬤ ▬▬▬▬▬▬▬▬▬

'아시아 최고의 예술 행사'. leading이란 말은 '선두를 달리는'이란 뜻으로 꼭 등위상 1 등을 뜻하는 것은 아니다. 우리말로는 '1등'과 '주요한'의 복합적인 뜻을 갖고 있다고 생각할 수 있다. 이런 문구에서는 Asian을 쓰지 않고 Asia's를 쓰는 것을 잘 봐둘 필요가 있다.

from 31 May to 24 June 2001: ● ● ● ● ━━━━━━━━━━━━

'2001년 5월 31일부터 6월 24일까지'. 연월일을 표시할 때의 순서는 나라마다 제 각각이다. 우리는 연월일을 영국은 일월년을, 그리고 미국은 대개 월일년을 주로 쓰고 공식서류에 간혹 일월년을 쓴다.

> Where your senses will be filled by passionate and breathtaking performances from Asia and the world.

breathtaking performances: ● ● ● ● ━━━━━━━━━━━━

'훌륭한 연기'. 여기의 breathtaking은 단순히 훌륭한 것을 넘어서 '너무 대단해 숨이 멎는 듯한'이란 뜻이다. 서커스에서 아슬아슬한 곡예를 breathtaking performance라 할 수 있다.

◐ Did you see the movie star there?

'거기서 그 영화배우 봤어?'

◐ Gorgeous! She's just a breathtaking beauty.

'대단해. 숨이 멎을 정도의 미인이야.'

---

from Asia and the world: ● ● ● ● ━━━━━━━━━━━━

'아시아와 전 세계'. 원래 영어에서는 앞에 있는 것이 뒤에 있는 것과 포함관계에 있으면 and나 or로 연결할 수 없게 되어 있다. 이것이 한국 사람들이 가장 잘 틀리는 것 중의 하나다. 예를 들어 coffee and drinks 또는 coffee or drinks는 반드시 coffee and other drinks, coffee or other drinks처럼 other를 써서 앞의 것을 제외시켜야만 된다. 그런데 점진적인 확대를 나타내는 뉘앙스를 나타낼 때에는 이런 표현이 허용된다. 여기에서 Asia and the world처럼 쓴 것은 '아시아와 더 나아가 전 세계'의 뜻으로 것이다.

> For more information call us at (65) 837 9589 or log on to www.artsfest.msn.com.sg.

(65): ● ● ● ●

이 번호는 country code라고 하는 싱가포르 국가번호이다. 대부분의 나라들은 국가번호와 지역번호가 있지만 싱가포르는 나라가 작기 때문에 국가번호만 있으면 된다. 국제적으로는 통상 국가번호를 앞에 "+"표시를 하고 지역번호는 첫 자리 "0"을 빼고 적는다. 예를 들어 서울의 961-4114 번호를 국제적으로 표기할 때에는 +82-2-961-4114 또는 (82)(2)961-4114로 적는 것이 관례이다. 미국과 캐나다는 국가번호 1, 한국은 82, 북한은 85이다. 대부분의 수도는 지역번호가 2번이어서 서울도 2(=국내 02), 평양도 2번이다.

log on to: ● ● ● ●

'…에 접속하다'. 원래 log는 '기록하다'의 뜻으로, 장부를 log 또는 log book이라고 부른다. 책 읽은 것을 기록해 두는 것을 reading log, 출결사항 점검기록은 attendance log라고 하면 된다. 컴퓨터 용어로는 log on이라 하면 자기 이름을 넣고 컴퓨터 시스템에 접속해 들어가는 것을 가리킨다.

> **Organised by National Arts Council.**

organised by National Arts Council: ● ● ● ●

'국립예술원 주관임'. 행사를 조직하고 주관하는 것을 organise라 하는데 이것은 영국식 영어의 철자이고 미국식으로는 organize라 한다. 후원하는 것은 sponsor라 한다.

If you miss the festival you'll miss more than you could ever imagine.

Singapore Arts Festival.

25 Days to Fill Your Senses.

Join us at Asia's leading arts event from 31 May to 24 June 2001. Where your senses will be filled by passionate and breathtaking performances from Asia and the world. For more information call us at (65) 837 9589 or log on to www.artsfest.msn.com.sg.

이 축제를 놓치시면 당신이 생각하는 것보다 훨씬 더 많은 것을 놓치시게 될 것입니다.

싱가포르 예술 축제.

당신의 감각을 충족시킬 수 있는 25일.

2001년 5월 31일부터 6월 24일까지 아시아 최고의 예술행사에 참여하십시오. 그곳에서 아시아와 전 세계로부터 참여하는 예술인들의 열정적이고 숨가쁜 행사들이 당신의 감각을 채워 드릴 것입니다. 더 자세한 정보를 원하시면 (65) 837-9589로 전화해 주시거나 웹사이트 www.artsfest.msn.sg에 접속하여 주십시오.

Sometimes all a talent needs is the right equipment.

Few things in life are as joyful and potentially rewarding as a child's discovery of her ability to make music. That's why having the right equipment is *so* important.

Yamaha's outstanding line of student band instruments is specially designed to answer the needs of the beginning student. They are durable, easy to play, and offer superior response and sensitivity. They also incorporate many professional-level features typically found only in more expensive band instruments.

Best of all, with practice and encouragement, your students will feel a sense of pride and accomplishment in their growing proficiency – an experience that we at Yamaha are committed to helping you make the most of with every class you teach.

Try our fine line of student band instruments at a Yamaha dealer today.

Help your youngest students with Yamaha's new optional curved headjoint.

YAMAHA®

Play the very best you can.™

© 1996 Yamaha Corporation of America, Band & Orchestral Division,
P.O. Box 899, Grand Rapids, MI 49512-0899. 1-800-253-8490.
http://www.yamaha.com

노래 부르기*

한국인들에 못지않게 미국인들도 참 음악을 좋아한다. 그래도 음악을 좋아하는 방식은 많이 다르다. 예를 들어서 한국인들은 모이면 같이 술을 먹고, 술이 웬만큼 취하면 서로 노래를 시켜 노래를 듣는다. 대개는 노래를 잘 안 하려고 하기 때문에 강제로 노래를 시키는 "안나오면 처들어간다 꿍자라작작" 같은 노래도 있다. 신기하게도 일단 노래가 시작되면 청중은 노래를 조용하게 듣는 게 아니라 다들 잡담을 하고, 노래가 끝나면 다시 앙콜을 외치거나 다른 사람에게 노래를 강요하곤 하며 이런 과정을 즐긴다. 물론 요즘은 노래방이 생기면서 조금씩 모습이 달라지고 있는 것 같다. 미국인들은 콧노래를 부르는 경우가 매우 드물어서 한국 사람이 콧노래를 부르면서 걷거나 일을 하면 즉시 "You must be in good mood today!"라고 한다. 물론 술을 강권하는 일도 노래를 강요하는 일도 그 문화에는 없다. 따라서 대개의 미국인들은 이런 한국식의 모임에 참여하는 것을 곤혹스러워 한다. 그래도 차에 타기만 하면 음악 채널을 듣고, 카 오디오에 몇 천 달러씩 투자하기도 하고, 또 전문가처럼 잘 연주하지는 못해도 피아노를 적당하게 쳐가며 노래를 할 수 있는 사람들이 퍽 많다. 이렇게 악보 없이 전적으로 기억에 의존하며 곡에 맞추어 피아노를 치는 것을 play by ear라고 하는데, 여기에서부터 '무슨 일을 제대로 사전준비 없이 해내는 것'을 가리키는 의미로도 발전하였다.

한국인들은 음악애호에 있어서도 공통점이 많다. 즉 클래식에서도 어느 정도 알고 재즈나 팝도 어느 정도씩은 알고 있다. 미국인들은 이런 음악기호가 아주 강해서 Classical, Jazz, Funk, R&B, Rap, Techno, Hard Core, New Age 등 자기가 좋아하는 음악에만 몰두하는 경향이 짙다. 또한 어려서부터 음악이나 악기에 많이 접하기 때문에 초등학교 때부터 아마추어 orchestra나 band에서 다양한 경험을 하는 학생들이 많이 있다.

|본|문|해|설|

Sometimes all a talent needs is the right equipment.

right equipment: ● ● ● ●

'제대로 된 연장'. 그림을 통해서 독자에게 보여 주는 '제대로 된 연장'이란 아이들이 이 탐스러운 수박을 먹을 수 있는 '이빨'을 가리키는 것이라는 점에서 눈길을 끈다. right는 '오른쪽, 옳다, 서투르지 않다, 중요하다'의 뜻을 가지고 있는데 이 점에 있어서 우리말의 '오른/바른', 영어의 'right', 불어의 'droit'가 다 공통적이라는 것을 생각하면 참 신기한 일이다. 많은 문화에 퍼져 있는 '오른쪽 중시'와 관계가 있다.

Few things in life are as joyful and potentially rewarding as a child's discovery of her ability to make music.

rewarding: ● ● ● ●

'보람 있는'. 경험을 통해 보면 한국인들이 가장 영어로 표현하기 어려워하는 것 중의 하나가 '보람 있는 일', '보람 있는 경험'이란 말이다. 알고 보면 아주 간단하다. 쉽게 rewarding experience라고 하면 된다.

How was your volunteer work at the environmental awareness campaign?

'환경운동 자원봉사 어땠어?

Oh, it was very rewarding experience.

'응, 아주 보람 있는 경험이었어.'

child - her: ● ● ● ●

원래 영어에서는 사람을 가리키는 대명사 one을 he라고 지칭하고 child도 대명사로 지칭할 때에는 it이나 he를 쓰게 되어 있었다. 최근에 와서는 이런 어문규정을 성차별적 어법(sexist language)이라고 단정하여 이런 표현을 쓰면 즉각적으로 비난을 받는다. 이런 경우를 she, her 등으로 지칭하는 것은 엄밀하게 따지자면 역 성차별이긴 하지만 실제로는 전혀 문제를 삼지 않는다. 이런 현상은 teacher도 성이 밝혀지지 않은 경우에는 she/her로 여성형을 쓰고, 어린애가 남자아이인지 여자아이인지 모를 때에도 she/her를 쓰면 안전하다는 데에서도 잘 나타난다.

> **Yamaha's outstanding line of student band instruments is specially designed to answer the needs of the beginning student.**

a line of instruments: ● ● ● ●

'다양한 악기들'. 원래 instrument는 악기나 연장, 도구 등을 가리키는 말이지만 거의 default로 악기를 가리킨다. 물론 musical instrument를 줄여서 부르는 것이다. instrument와 equipment는 그 의미가 비슷하지만, instrument는 개별적이고 equipment는 집합적이어서 equipment는 복수형으로 거의 쓰이지 않는다. 여기에서 쓰인 line은 우리말에 적절한 대응어가 없는데 원래는 모양이나 가격대, 품질, 제조원 등등에 따라 다양한 물건들을 좍 줄을 맞춰 진열한 것을 가리키는 말이었다. 이런 점에서 보면 우리말에서는 '다양한'이란 표현이 가장 의미상 가까운 말이 된다.

> **They are durable, easy to play, and offer superior response and sensitivity.**

offer superior response: ● ● ● ● ●

'뛰어난 반응성을 보이다'. 이것은 매우 영어적인 표현이라서 외워서 사용하지 않으면 자발적으로 는 쓰기 어려운 표현이다. 연주자가 조작하는 것에 따라 악기가 반응을 하는 것을 가리키는 것이다. 이와 유사하게, 예를 들어 활을 쏘았을 때 활과 화살이 나타내는 반응이라든가 테니스 라켓 같은 것 으로 운동을 할 때 라켓이나 공의 움직임 같은 반응들을 performance라고 부르는데 이것도 쉬운 표현이 아니다.

○ This racket will offer you excellent performance.

'이 라켓으로 하시면 아주 잘 쳐질 것입니다.'

> **They also incorporate many professional-level features typically found only in more expensive band instruments.**

incorporate: ● ● ● ●

'속에 넣다, 섞다'. 뜻으로는 add와 비슷하지만 훨씬 더 고급스러운 단어이다. 어원적으로는 corpo (몸)의 in(속으로)라는 데서 나온 것으로 외부의 것을 갖다가 안에 포함시키는 것을 가리키는 단어 이다.

> **your students will feel a sense of pride and accomplishment in their growing proficiency.**

feel a sense of pride and accomplishment: ● ● ● ●

'긍지와 성취감을 느끼다'. 영어에서는 대개 feel을 쓸 때 feel proud처럼 형용사를 사용하든지 여기 에서처럼 feel a sense of pride와 같이 a sense of를 이용하는 것이 보통이다. feel이 목적어를 동반하는 타동사로도 사용되지만 그런 때에는 주로 feel his forehead '(열이 나는지) 이마를 짚어 보다'나 feel the need '필요를 느끼다,' feel a great responsibility '무거운 책임을 느끼다'와 같은 맥락에서 주로 쓰인다.

Sometimes all a talent needs is the right equipment.

Few things in life are as joyful and potentially rewarding as a child's discovery of her ability to make music. That's why having the right equipment is so important.

Yamaha's outstanding line of student band instruments is specially designed to answer the needs of the beginning student. They are durable, easy to play, and offer superior response and sensitivity. They also incorporate many professional-level features typically found only in more expensive band instruments.

Best of all, with practice and encouragement, your students will feel a sense of pride and accomplishment in their growing proficiency — an experience that we at Yamaha are committed to helping you make the most of with every class you teach.

Try our fine line of student band instruments at a Yamaha dealer today.

Help your youngest students with Yamaha's new optional curved headjoint. Yamaha. Play the very best you can.

YAMAHA

Play the very best you can.^{TM}

때때로 재능에게는 제대로 된 연장(악기) 하나만 있으면 되기도 하지요.

어린이가 음악을 만드는 능력을 발견하는 것만큼 유쾌하고도 그 결과가 보람이 있는 일은 인생에 있어서 별로 없습니다. 그렇기 때문에 제대로 된 악기를 구비하는 일이 그렇게 중요한 것입니다.

Yamaha의 훌륭한 학생밴드 악기들은 초보 학생들의 이러한 필요에 부응하고자 특별히 디자인 된 것들입니다. 이 악기들은 탄탄하고, 연주하기 편하고, 뛰어난 반응성과 섬세한 민감성을 보여 줍니다. 뿐만 아니라, 훨씬 비싼 밴드 악기들만 갖추고 있는 여러 가지 전문가 수준의 구비사항들을 갖추고 있습니다.

무엇보다 중요한 것은, 당신의 학생들이 연습과 격려를 통해 점점 더 실력이 향상되는 속에서 긍지와 성취감을 느끼게 된다는 것입니다. 이러한 경험이야말로 당신이 가르치는 모든 클래스에서 누릴 수 있도록 저희 Yamaha가 추구하고 있는 바로 그런 경험인 것입니다.

오늘 즉시 Yamaha 대리점에서 훌륭한 학생밴드 악기들을 한번 시험해 보십시오.

아주 어린 학생들을 위해서 새로운 옵션인 커브형 헤드조인트를 이용하세요.

YAMAHA

최고의 실력으로 연주하세요.

Keeping up with Mikey's bicycle,
racing full-tilt down the path.

Playing chase with the
neighbor's dog for hours.

Making it into the big lounge
chair on the first jump.

IS YOUR DOG DREAMING OF BEING FIT & TRIM?

HOW DOES IT WORK?

Ulti-Pro™ is the key. It's the only enhanced protein system for dogs. And we put it in Fit & Trim because it helps your dog retain lean muscle mass while he loses excess fat. The bottom line – Ulti-Pro works and only Purina has it.

Purina® Fit & Trim® can give your dog back the physique he only dreams of — leaner, more fit, able to run and play like he once did. That's because Fit & Trim contains Ulti-Pro,™ the enhanced protein system specifically designed to help your dog retain lean muscle mass as he loses excess fat. It's a weight loss breakthrough and only Purina has it. Get him off his tired old dog food and put him back in the game with Fit & Trim.

To learn more, visit our web site at www.purina.com or simply pick up a bag.

CHANGE YOUR DOG FOOD. CHANGE YOUR DOG.™

동물들이 먹을 것에 대해 사람들과 경쟁상대가 되는 어려운 시기를 벗어나면 사람들은 애완동물들을 많이 기르게 된다. 그 종류는 가장 흔한 개나 고양이를 비롯하여 새나 물고기, 토끼, 다람쥐, 족제비, 도마뱀, 구렁이에 이르기까지 참으로 다양하다. 여기서는 애완견의 사료를 선전하고 있는데 미국문화 속에서의 애완동물에 대해 간단하게 살펴본다.

애완동물*

미국인들이 개를 특별히 사랑하는 것은 이미 온 세상이 잘 아는 이야기다. 최근 통계에 따르면 미국에는 5,300만 마리의 개와 6,000만 마리의 고양이가 애완동물로 길러지고 있다고 한다. 가구당 1.7마리의 개를 데리고 산다는 뜻이니 그 애견심을 가히 짐작할 만하다. 미국에는 길 잃은 개들을 데려다가 보호하는 시립 시설물(pound; animal pound)이 있는데 수많은 개들을 먹여 살리기 위해서 들어가는 시 예산이 대단하다. 따라서 신문에 광고를 내어 개들을 데려다가 기르라고 거저 주는 일이 있는데 대개 이런 때의 광고문구는 "Expand your family today.(오늘 새 식구를 맞이하세요)"라고 되어 있다. 이처럼 개를 식구 취급하는 문화권에 있는 사람들이 우리 같은 보신문화권 사람들을 보면 '식구를 잡아먹는 식인종'으로 밖에 보이지 않을 것이다. 물론 식생활이야 문화의 문제니까 다른 문화를 흠잡을 수는 없는 일이고 최근에도 스위스 일부 지방에서 개고기를 먹고 있고, 프랑스에서도 개고기를 먹은 역사가 최근까지도 있었던 것을 생각하면 한국에서 개고기 먹는 것을 트집잡는 프랑스인들의 시비는 무지와 독선에서 나온 것이라고 할 수밖에 없다.

어쨌든 미국에 이처럼 많은 애완동물이 있게 되면서 부수적으로 생겨나는 문제들이 많이 있다. 예를 들어 얼마 전 CNN에서는 미국동물보호협회의 통계에 따르면 미국 내에 매일 7만 마리의 개와 고양이가 태어나며 이들이 떠돌이 동물이 되어 돌아다니고 병원균을 퍼뜨리면서 더 문제가 심각해지고 있다는 보도도 있었다. 미국의 약 20개 주에서는 그런 동물들을 거세나 불임을 해서 새끼를 낳지 못하게 하는 것이 법률로 정해져 있는 상황이다. 이것을 neutering이라고도 하고 sterilizing이라고도 한다.

현재 많은 동물보호협회에서는 신문광고 등을 통해 동물들 분양(!)을 적극추진하고 있고, 일부 동물은 안락사시키기도 한다. 애완동물협회 중 가장 큰 것은 Greyhound Pets of America라는 그레이하운드 개를 애완동물로 기르는 사람들의 협회로 대부분의 도시에 지부가 있는 정도이다. 또한 애완동물 가게들도 매우 성업중이고 주로 뱀이나 거북이 같은 파충류가 가장 비싸게 팔리는 편인데 그 값도 수십만 원에서 수백만 원에 이르기까지 한다.

![본|문|해|설]

Keeping up with Mikey's bicycle, racing full-tilt down the path.

keeping up with Mikey's bicycle: ● ● ● ●

'Mikey 자전거를 뒤쳐지지 않고 따라가기'. 강아지들의 특징 중의 하나는 사람을 따라 다니는 것이다. 예로부터 고양이는 장소에 집착하고 개는 사람에게 집착해서, 주인이 이사를 가면 고양이는 옛날 집으로 돌아가고 개는 새 집에서 주인하고 같이 정을 붙이고 산다고 했다. 그래서 대개는 고양이보다는 개를 더 좋아하는 사람이 많은 것 같다. 동물심리학자들에 따르면 개는, 특히 들개들의 습성에서 잘 볼 수 있듯이, 본능적으로 대장(pack leader)에게 복종하며 무리를 지어 사는데 가정에서 자라는 개들은 주인을 이 대장으로 생각하고 따르는 것이라고 한다. keep up이란 뒤쳐지지 않고 따라가는 것을 말하는데 세상 시사문제에 대해 잘 알고 있는 것이나, 공부 진도를 제대로 따라가는 것, 다른 사람의 수준에 맞추는 것 등 다양하게 사용될 수 있다.

racing full-tilt down the path: ● ● ● ●

'비탈길을 최고속력으로 쏜살같이 달려 내려가기'. 원래 tilt란 중세시대에 기사들이 말을 타고서 긴

창으로 상대방 기사를 찔러 말에서 떨어뜨리는 경기를 가리키던 단어이다. 따라서 돌격하는 것이나 미끌어뜨려 떨어뜨리는 것 등을 말하기도 하고 속력을 가리키기도 하는 단어가 되었다. 속력을 나타낼 때에는 full-tilt(전속력으로)라는 거의 굳어진 표현으로 사용된다. 우리나라 아이들과 마찬가지로 미국 아이들도 자전거를 즐겨 타고 어른들도 자전거를 즐기는 사람들이 많다. 미국에서는 공원이 무척 넓고 그 안에 산책로나 자전거 전용도로들도 있고 심지어는 승마로까지 있는데 몇 시간씩을 타고 돌아도 끝에까지 갈 수 없을 만큼 큰 공원이 많다. 따라서 자가용 지붕이나 뒷범퍼에 자전거를 싣고 다닐 수 있는 거치대를 장치하고 온 식구의 자전거를 공원으로 가져가 타고 다니기도 한다. 시내버스에도 이런 자전거 거치대가 거의 대부분 설치되어 있다.

Playing chase with the neighbor's dog for hours.

---

playing chase: ● ● ● ●

'따라잡기 하며 놀기'. 개들끼리도 서로 좇아가고 쫓기는 놀이를 많이 하는 것은 모두들 많이 보아서 익숙하게 알고 있는 사실이다. 때로는 playing chase가 남녀 간의 로맨틱한 유희적인 추적을 가리킬 때에도 쓰인다. 따라서 남자가 여자들 뒤꽁무니를 쫓아다니는 것도 chase라고 한다. 70년대에 이란에서 혁명이 일어나 이란에 있던 미국대사관 외교관들이 1년 동안 인질로 억류되었다가 풀려난 적이 있는데, 풀려나서 미국공항에 도착한 한 외교관에게 취재기자가 So, after 12 long months in hostage, what are you going to do?(그 지긋지긋한 12달의 억류가 끝나고 풀려났으니 이제는 뭘 하시겠습니까?)했더니 그 외교관의 즉각적인 대답이 I will chase some girls(아가씨들 뒤꽁무니를 좀 쫓아다니겠소)라고 했다. 우리로선 좀 납득하기 어려운 것 같다. chase는 follow나 pursue하고 매우 뜻이 유사하지만 chase는 도망치는 대상을 빠르게 좇아가는 것을 강조하고, follow는 속도에 관한 느낌은 없다. pursue는 뭔가를 따라가느라 지속적으로 노력하는 것을 강조하는 단어이다.

Making it into the big lounge chair on the first jump.

making it into the big lounge chair on the first jump: ● ● ● ● ● ▬▬▬▬▬▬▬▬▬▬▬

'한 번 점프로 마루 위에 있는 큰 의자 위로 단번에 뛰어 오르기'. make it이란 '성공하다'라는 뜻이다. 흔히 '나도 할 수 있다'라고 할 때 I can make it이라 하면 I can do it보다 좀 더 구어적인 맛이 난다. lounge chair란 문자 그대로 거실 마루에 놓여진 큰 의자로 대개는 뒤로 많이 제켜지는 의자를 가리키는데 이처럼 뒤로 제켜지기 때문에 lounge recliner라고도 한다. 여기에서 주의해볼 것은 into the chair처럼 into를 쓴 것이다. 영어가 한국어보다 데 세밀한 부분까지 정밀하게 표현하려고 한다는 것은 잘 알려져 있는데 그 대표적인 예가 앉는 물건과 관련해서 쓰는 전치사이다. 예를 들어 간단한 방석 같은 데에 앉을 때에는 on이라고 한다. 보통 학교 의자 같은 데에 앉는 것도 on이라고 한다. 그러나 소파처럼 푹신해서 앉을 때 엉덩이가 소파 쿠션 속으로 깊이 들어가는 경우에는 in이라고 한다. 비슷하게 생겼으면서도 바닥이 딱딱한 공원벤치 같은 것은 그냥 on이라고 한다. 의자도 팔걸이가 있으면 윤곽상 몸이 의자에 안기기 때문에 이런 경우에도 in이라 한다. 물론 각각의 경우에 앉기 위한 이동의 동작까지 포함되면 onto, into가 된다. 이렇게까지 따지는 것은 좀 너무하지 않나 하는 생각이 들지만 그래도 우리가 영어를 바꿀 수는 없는 일이니 그대로 알아둘 수밖에 없는 것 같다.

Purina Fit & Trim can give you dog back the physique he only dreams of — leaner, more fit, able to run and play like he once did.

fit & trim: ● ● ● ● ● ▬▬▬▬▬▬▬▬▬▬▬▬▬▬▬▬▬▬▬▬

'건강한'. 원래 fit은 무슨 일을 수행하기에 적절한 능력을 갖추고 있음을 나타내던 데에서 '원기왕성한'이란 뜻으로 발전하였다. trim은 원래 나무에서 잔가지를 쳐내어 깔끔하게 해주는 것을 가리키던 단어인데 여기에서부터 '몸에 군살이 없는' '균형이 잘 잡힌'의 뜻을 가지게 되었다. 사실, 먹을 것이 너무 많은 미국 땅에서는 사람이나 동물이나 영양상태가 지나칠 정도로 좋은 경우가 많아서, 사람뿐만 아니라 애완동물들도 diet를 하는 경우가 많다. 여기서는 강아지의 꿈 내용이 fit & trim일 뿐 아니라 선전하고 있는 제품의 이름도 Fit & Trim이기 때문에, 강아지가 Fit & Trim을 꿈꾼다는 표현은 이 중의성을 겨냥하고 있다.

like he once did: ● ● ● ● ━━━━━━━━━━

'전에 그랬던 것처럼'. 원래 like는 전치사처럼은 써도 여기서처럼 접속사로는 쓸 수 없는 것인데 지난 10여 년 전부터 접속사로 쓰는 용법이 구어체에서 발달하였다. 특히 Like I say, Like I said 같은 말은 거의 숙어처럼 쓰여서 원래의 '내가 말한 대로' 뿐만 아니라 그냥 상투적으로 '글세 …라니까!' '내 말대로 …해보란 말야.'처럼 쓰여서 광고에도 잘 나오는 표현이 되었다.

○ Like I said, you get the best deal at the Moby's.
　'글쎄 Moby's에서 사는 게 제일 싸다니까요!'

The bottom line: ● ● ● ● ━━━━━━━━━━

'하한선', '아주 간단히 말하면'. the bottom line이란 일에 있어서 가장 핵심이 되는 부분 또는 협상에 있어서 더 물러설 수 없는 마지막 한도를 가리키는 것이다. The bottom line is (that) we cannot give it up. '어쨌든 아무리 양보하더라도 포기할 수는 없다는 거야.'

Keeping up with Mikey's bicycle, racing full-tilt down the path.

Playing chase with the neighbor's dog for hours.

Making it into the big lounge chair on the first jump.

Is your dog dreaming of being Fit & Trim?

Ulti-Pro.

How does it work?

Ulti-Pro^{TM} is the key. It's the only enhanced protein system for dogs. And we put it in Fit & Trim because it helps your dog retain lean muscle mass while he loses excess fat. The bottom line — Ulti-Pro works and only Purina has it.

Purina Fit® & Trim® can give your dog back the physique he only dreams of — leaner, more fit, able to run and play like he once did. That's because Fit & Trim contains Ulti-Pro,^{TM} the enhanced protein system specifically designed to help your dog retain lean muscle mass as he loses excess fat. It's a weight loss breakthrough and only Purina has it. Get him off his tired old dog food and put him back in the game with Fit & Trim.

To learn more, visit our web site at www.purina.com or simply pick up a bag.

Change you dog food. Change your dog.

해석

비탈길을 최고속력으로 쏜살같이 달려 내려가면서 Mikey 자전거를 뒤처지지 않고 따라가기.

옆집 개와 몇 시간씩 따라잡기하며 놀기.

한 번 점프로 마루 위에 있는 큰 의자 위로 단번에 뛰어 오르기.

당신 댁의 개는 균형 있고 원기왕성해지고 싶은 꿈을 꾸고 있나요?

Ulti-Pro.

비결이 뭐냐구요? 바로 Ulti-Pro 때문이죠. 이것은 개들을 위한 유일한 단백질 강화 시스템인데, 저희는 Fit & Trim에 이것을 넣습니다. 당신의 강아지가 과도한 지방을 없애고 순 근육질만을 갖게 해 주기 때문이지요. 얘기를 가장 간단히 하자면, Ulti-Pro는 효과가 있다는 것과 유일하게 Purina 사료에만 Ulti-Pro가 들어있다는 것이죠.

　Purina의 Fit & Trim은 당신의 강아지가 늘 꿈꾸는 체형 - 즉 지방이 없고, 원기 왕성하고, 예전처럼 뛰어 놀 수 있는 그런 체형을 도로 찾게 해줍니다. 그것은 당신의 강아지가 과도한 지방을 없애고 순근육만 가지게 해주도록 특별히 고안된 단백질 강화시스템인 Ulti-Pro 성분을 바로 Fit & Trim이 갖고 있기 때문에 가능한 것입니다. 체중감량에 있어서 획기적인 것이지요. 이 성분은 Purina 사료에만 들어 있답니다. 이제 그 싫증난 개사료는 그만 주시고 Fit & Trim과 함께 재미있는 게임을 할 수 있게 해주십시오.

　저희 웹사이트 www.purina.com을 방문해 주시든지 아니면 저희 사료를 한 팩 사시면 금방 더 자세히 아시게 될 것입니다.

　사료를 바꾸세요. 강아지가 달라집니다.

저자 약력: 이성하

학력사항 : 한국외국어대학교 영어교육과 졸업
　　　　　　텍사스 주립대학교 언어학 박사
　　　　　　현재 한국외국어대학교 영어학과 교수

주요경력 : 주한미국대사관 Consular Specialist
　　　　　　KBS-Live Action English (KBS 생활영어) Presenter
　　　　　　KBS-IOC 올림픽 공식방송 Scripter
　　　　　　텍사스 주립대학교 아시아학과 강사
　　　　　　스탠포드대학교 강의 및 연구교수 (Fulbright Scholar)
　　　　　　한국외국어대학교 영어교육과·영어과 교수
주요저서 : 「Semantics of Verbs and Grammaticalization」
　　　　　　「문법화의 이해」
　　　　　　「On-Line English CBT TOEFL」(I)(II)(III)
　　　　　　「Immersion Textbooks」(전 48권)
　　　　　　외 다수 논문

광고로 배우는
미국영어 미국문화 : 언어와 문화

2009년 03월 15일 초판인쇄 / 2009년 03월 15일 초판발행 / 저자: 이성하 / 발행인: 홍정표 / 발행처: 글로벌콘텐츠 / 121-854 서울특별시 강동구 길동 349-6 정일빌딩 401호 / 전화 : 02) 488-3280 팩스 : 02) 488-3281 / 등록번호 : 제25100-2008-24호 / 값 25,000원 / ISBN 978-89-961466-5-0 93740